Jaime Massot Hernández

Monumentos Históricos de Panamá

Según la enciclopedia libre Wikipedia

Ciudad de Panamá

Febrero 2017

Índice de Provincias

Descripción de la tabla que aparece en la parte inferior de cada provincia: El símbolo de # es la cantidad de monumentos según Wikipedia. La P (%) es el # entre el total de monumentos a nivel nacional expresado en porcentaje. El color ROJO es el valor mínimo en relación al total nacional, VERDE el máximo y AMARILLO los montos intermedios.

Monumentos Nacionales	Monumentos Históricos Nacionales	Conjuntos Monumentales Históricos
# (P%)	# (P%)	# (P%)

- Información abreviada de la "Distribución provincial de monumentos" - Fuente: Monumentos de Panamá / Wikipedia.

El patrimonio cultural es la herencia cultural propia del pasado de una comunidad, mantenida hasta la actualidad y transmitida a las generaciones presentes y futuras. Las entidades que identifican y clasifican determinados bienes como relevantes para la cultura de un pueblo, de una región o de toda la humanidad, velan también por la salvaguarda y la protección de esos bienes, de forma tal que sean preservados debidamente para las generaciones futuras y que puedan ser objeto de estudio y fuente de experiencias emocionales para todos aquellos que los usen, disfruten o visiten. De acuerdo a la constitución panameña, constituyen el patrimonio histórico de la Nación los sitios y objetos arqueológicos, los documentos, los monumentos históricos y otros bienes muebles o inmuebles que sean testimonio del pasado panameño. La Ley reglamenta lo concerniente a su custodia, fundada en la primacia histórica de los mismos y toma las providencias necesarias para conciliarla con la factibilidad de programas de carácter comercial, turístico, industrial y de orden tecnológico (ver Referencias Bibliográficas / Páginas Web al final de esta publicación).

En Panamá, el Instituto Nacional de Cultura (INAC) es el encargado de proteger, rescatar, difundir y conservar el Patrimonio Cultural e Histórico. Dentro de las funciones de la Dirección Nacional del Patrimonio Histórico están la de custodiar, conservar, estudiar, salvaguardar, administrar y enriquecer el Patrimonio Histórico de la Nación, que incluye los Bienes Monumentales, los Monumentos Históricos, los Sitios Arqueológicos, los Museos Nacionales, los Bienes Muebles Históricos y todo objeto o elemento que constituya una prueba documental de nuestro pasado histórico en general. Además, velar por la conservación y restauración de los bienes arqueológicos y monumentos nacionales e históricos, mediante la aprobación de todo proyecto de obra o restauración y/o conservación de los mismos.

La Ley 14 del 5 de mayo de 1982, por la cual se dictan medidas sobre custodia, conservación y administración del Patrimonio Histórico de la Nación, dispone lo siguiente en referencia a los monumentos históricos nacionales: ARTÍCULO 36: La calificación de una obra, objeto o documento como de interés histórico, arqueológico, artístico, arquitectónico, será decretada mediante Ley. ARTÍCULO 37: Podrán calificarse y declararse monumentos nacionales las áreas o conjuntos urbanos como calles, plazas, recodos, barrios, murallas, fortalezas, ruinas u otros semejantes y los lugares cuya memoria esté unida a hechos importantes del proceso histórico nacional. ARTÍCULO 38: El Instituto Nacional de Cultura, a través del órgano Ejecutivo, podrá solicitar al Consejo Nacional de Legislación la calificación y declaración de monumento nacional para cualquier obra, objeto o conjunto urbano o rural y la prevención de cualesquiera trabajos que puedan afectar la integridad de aquellos o disminuir su valor estético o histórico.

En la actualidad, Wikipedia en español es una enciclopedia de contenido libre que reúne el conocimiento humano en nuestro idioma. Fue establecida el 20 de mayo de 2001 y cuenta con más de 1 300 000 artículos redactados desde un punto de vista neutral. Aunque no es la fuente primaria de la información, todos los artículos incluyen referencias de fuentes fiables de un autor o autoridad de confianza. Gracias a que permite editar su contenido, los errores son eliminados y los datos actualizados o mejorados.

Debido a que la gran mayoría de estudiantes, profesionales, autoridades e instituciones utilizan Internet para sus estudios e investigaciones, es prioritario que los registros sobre los monumentos históricos de Panamá sean fiables y estén actualizados. Al utilizar un buscador de Internet (Google por ejemplo), para obtener información sobre los monumentos históricos de Panamá, las primeras páginas web que aparecen son de Wikipedia.

No obstante el loable esfuerzo de quienes contribuyen a estas publicaciones, una revisión del listado ilustrado de Monumentos Históricos de Panamá, según Wikipedia, revela irregularidades que deben ser subsanadas por el bien cultural del país: lugares imposibles de ubicar o sin descripción, localización o coordenadas; enumeración sin una secuencia lógica en algunas provincias; exageración en la descripción de ciertos monumentos en comparación con otros; nombres mal escritos, en inglés o sin actualizar; fotos que no coinciden con el monumento descrito; etc. Nota: No se realizaron correcciones en esta publicación.

El concurso internacional de fotografías sobre patrimonio histórico *Wiki Loves Monuments* ha tenido a Panamá como tema en los años 2012, 2013 y 2016. Advierte en sus instrucciones que el "listado está basado en la información del artículo Monumentos de Panamá y será ampliado con información obtenida con la Dirección de Patrimonio Histórico de Panamá". Ya que entre los organizadores de este concurso está la Alcaldía de Panamá y la Ciudad del Saber, es prioritario que se revise, corrija y mejore el nombre oficial, descripción, localización, coordenadas e imágenes (esta publicación incluye las captadas por el autor) de los monumentos históricos de la hoja web de Wikipedia. Lo anterior en coordinación con la Comisión Nacional de Arqueología y Monumentos Históricos quienes, por Ley, les compete la inspección, confección, inventario y catálogo de los monumentos históricos nacionales.

Debido a que sólo por Ley; un lugar, obra, objeto o conjunto urbano o rural puede ser declarado monumento histórico nacional, es preocupante que varias provincias y todas las comarcas no tengan ni un sólo monumento histórico establecido legalmente. La Guía de Arquitectura y Paisaje de Panamá (2007) de Eduardo Tejeira Davis (QEPD), que describe e ilustra con fotografías los principales monumentos del país, es una referencia obligatoria.

Dedicatoria: A mi vecina, tutora y amiga. A los 35 años de su partida.

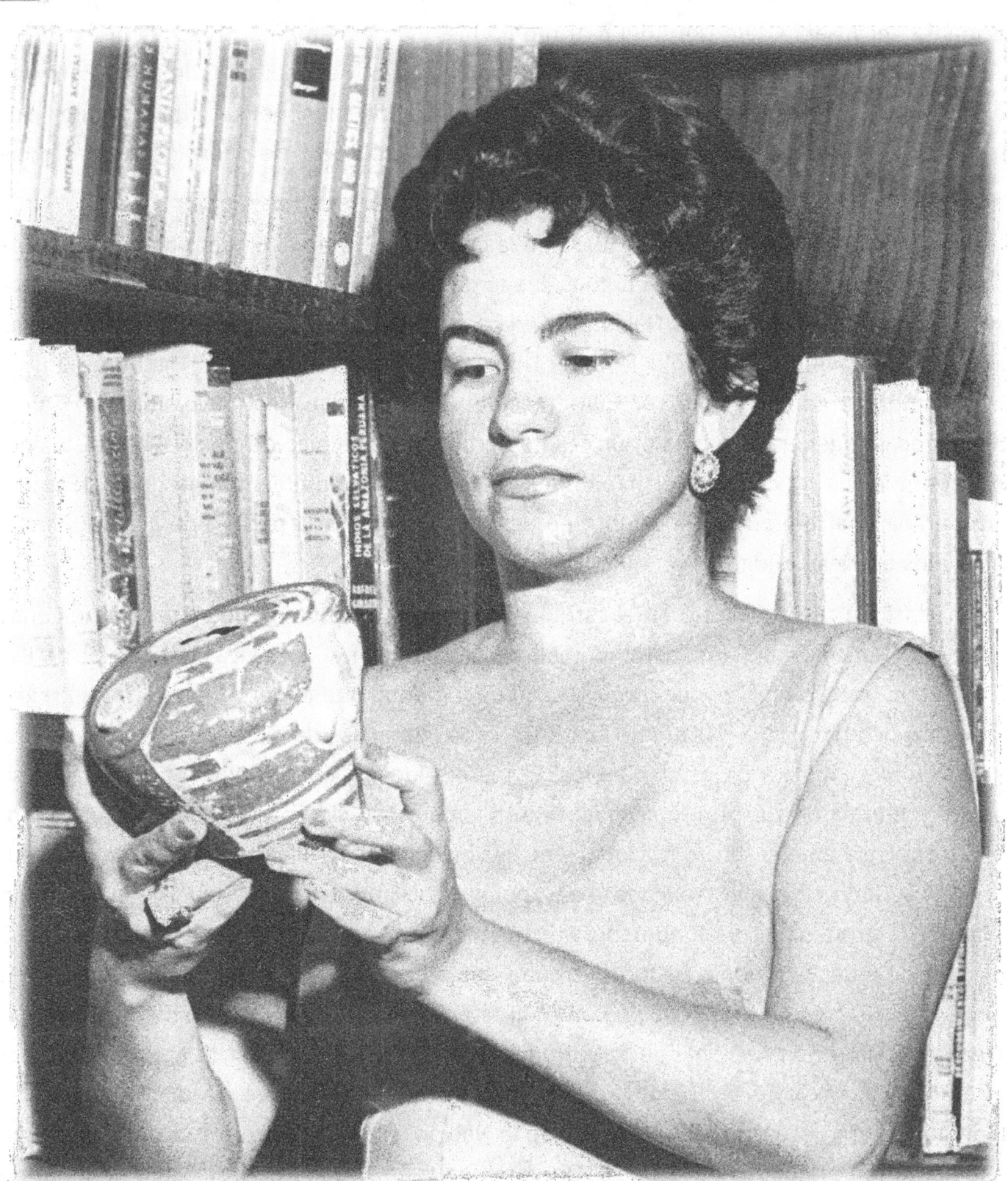

Reina Torres de Araúz

30 de octubre de 1932 - 26 de febrero de 1982

Reina Torres de Araúz: Fue una destacada profesora, antropóloga y etnógrafa panameña, considerada una figura seminal dentro de la antropología y etnografía nacional e incansable defensora del patrimonio histórico panameño. Creadora de la Dirección Nacional de Patrimonio Histórico dentro del Instituto Nacional de Cultura de Panamá, del cual fue su directora por una década. Autora de más de setenta artículos sobre historia, ecología y antropología en distintas publicaciones y de nueve libros, entre los cuales se destaca la obra "Arte Precolombino Panameño" escrita en 1972.

Biografía: Nació el 30 de octubre de 1932 en la ciudad de Panamá. Estudió un año en la Escuela Normal en la provincia de Veraguas, luego pasó al Liceo de Señoritas y finalmente obtuvo su bachiller en el Instituto Nacional, en la ciudad de Panamá. Estudió filosofía y letras con especialización en antropología en la Universidad de Buenos Aires, Argentina, donde obtuvo su doctorado en el año 1963. Además obtuvo en esta misma universidad los títulos de antropóloga general, etnógrafa, profesora de historia y técnico de museos. Su tesis doctoral sobre la cultura chocó y sus habitantes en Panamá y Colombia, publicada en 1962, es considerada una referencia importante en el tema. Dominó a la perfección cinco idiomas, entre ellos el griego antiguo y el latín .

Vida profesional: Se concentró en el estudio de las características de los pueblos indígenas panameños en su propio ambiente, mediante visitas de campo en selvas y serranías de Panamá en un trabajo teórico y de investigación documental que le permitió realizar un registro escrito y fotográfico detallado de la idiosincrasia, creencias religiosas, juegos deportivos, bailes, cantos y música de estos pueblos. El rescate ideológico del indígena panameño se convierte en una de sus principales luchas a lo largo de su vida profesional. Fue profesora de antropología en el Instituto Nacional y en la Universidad de Panamá. Dentro de esta última creó el Centro de Investigaciones Antropológicas e impulsó la creación de la Comisión Nacional de Arqueología y Monumentos Históricos. Esta comisión fue la semilla de la Dirección Nacional de Patrimonio Histórico creada dentro del Instituto Nacional de Cultura, en donde Reina Torres de Araúz fungió como directora por una década. Durante su gestión a cargo de la Dirección Nacional de Patrimonio Histórico logra impulsar la aprobación de la Ley 14 del 5 de mayo de 1982, por la cual se dictan medidas sobre la custodia, conservación y administración del Patrimonio Histórico de la Nación. Obtuvo la vicepresidencia del Comité de Patrimonio Mundial de la UNESCO y también trabajó en la Coordinación de la Comisión Técnica Multinacional de Cultura. Por su trayectoria como docente e investigadora, en 1974 la Academia Panameña de Historia la distingue formalmente como Miembro de Número de esta institución, siendo la primera mujer panameña en recibir este honor.

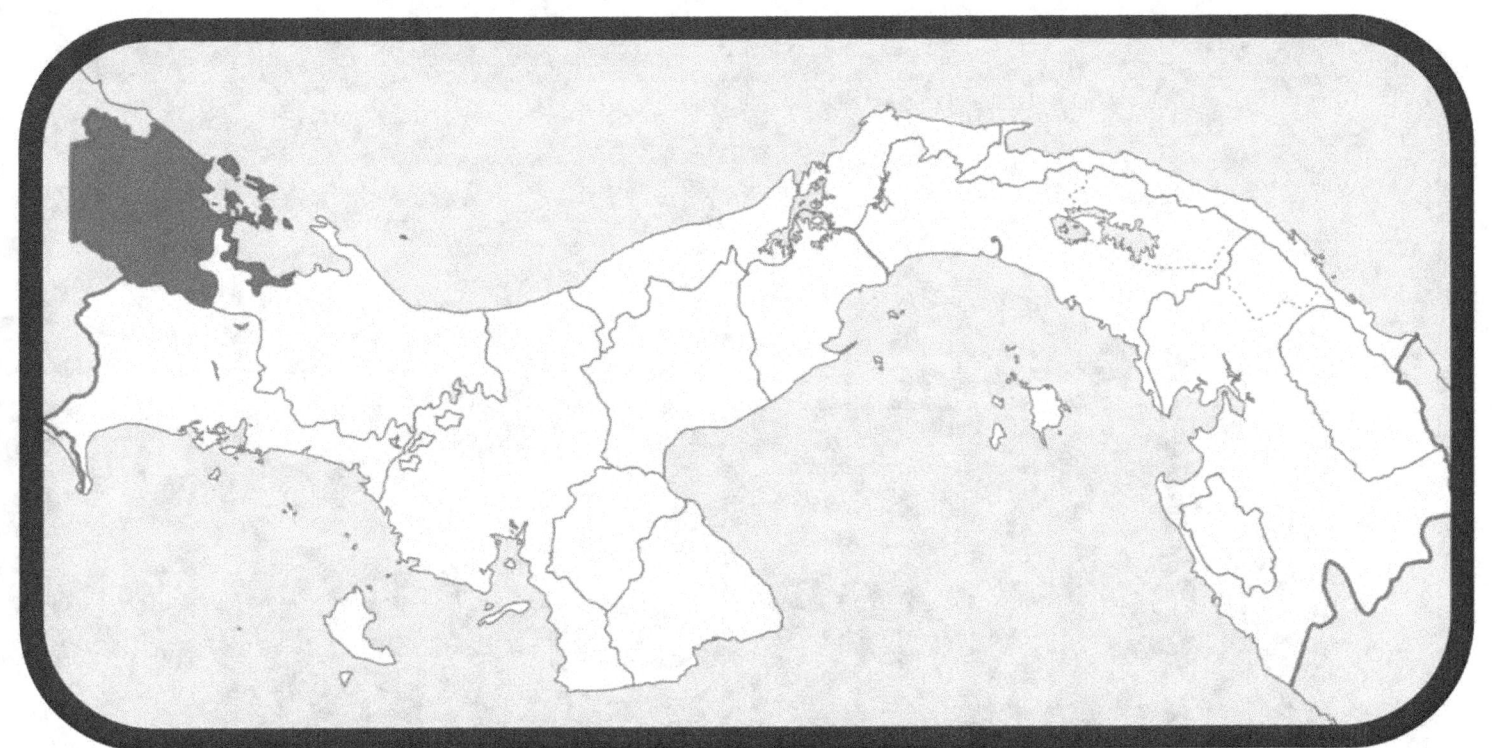

Bocas del Toro

Monumentos Nacionales	Monumentos Históricos Nacionales	Conjuntos Monumentales Históricos
0 (0%)	0 (0%)	0 (0%)

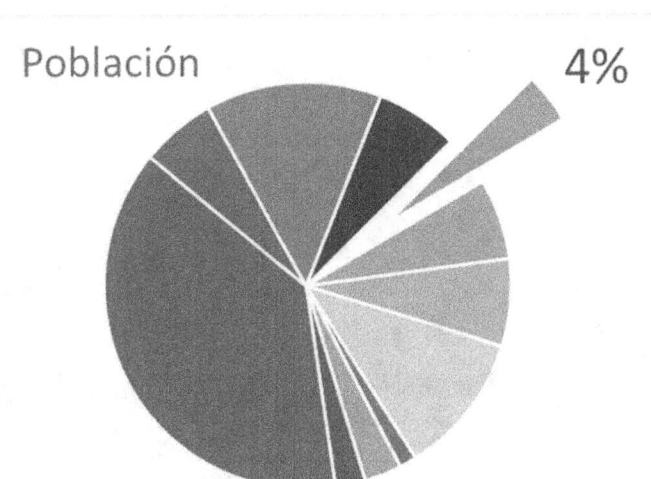

Población 4%

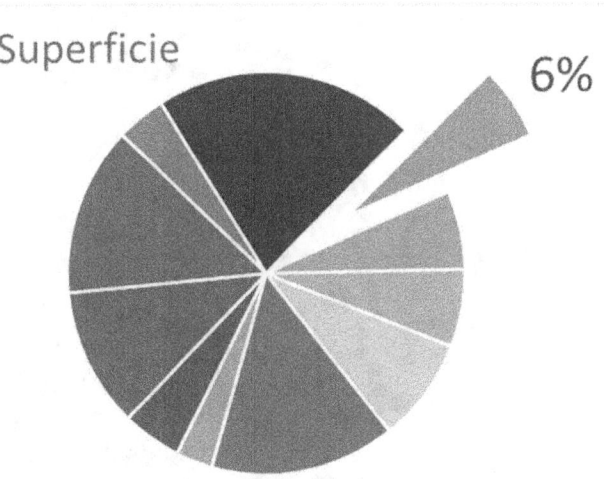

Superficie 6%

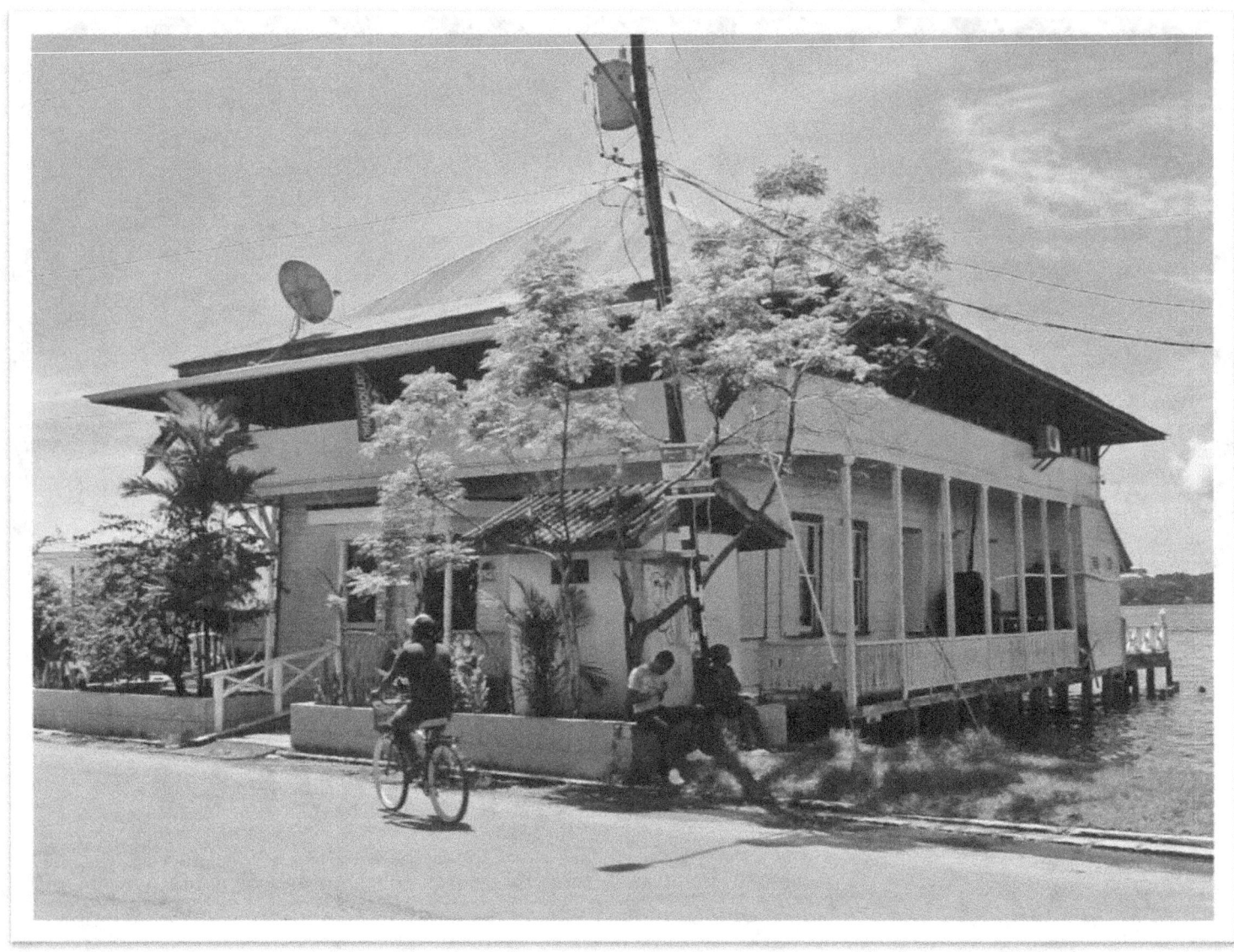

01-001
Casa Chen

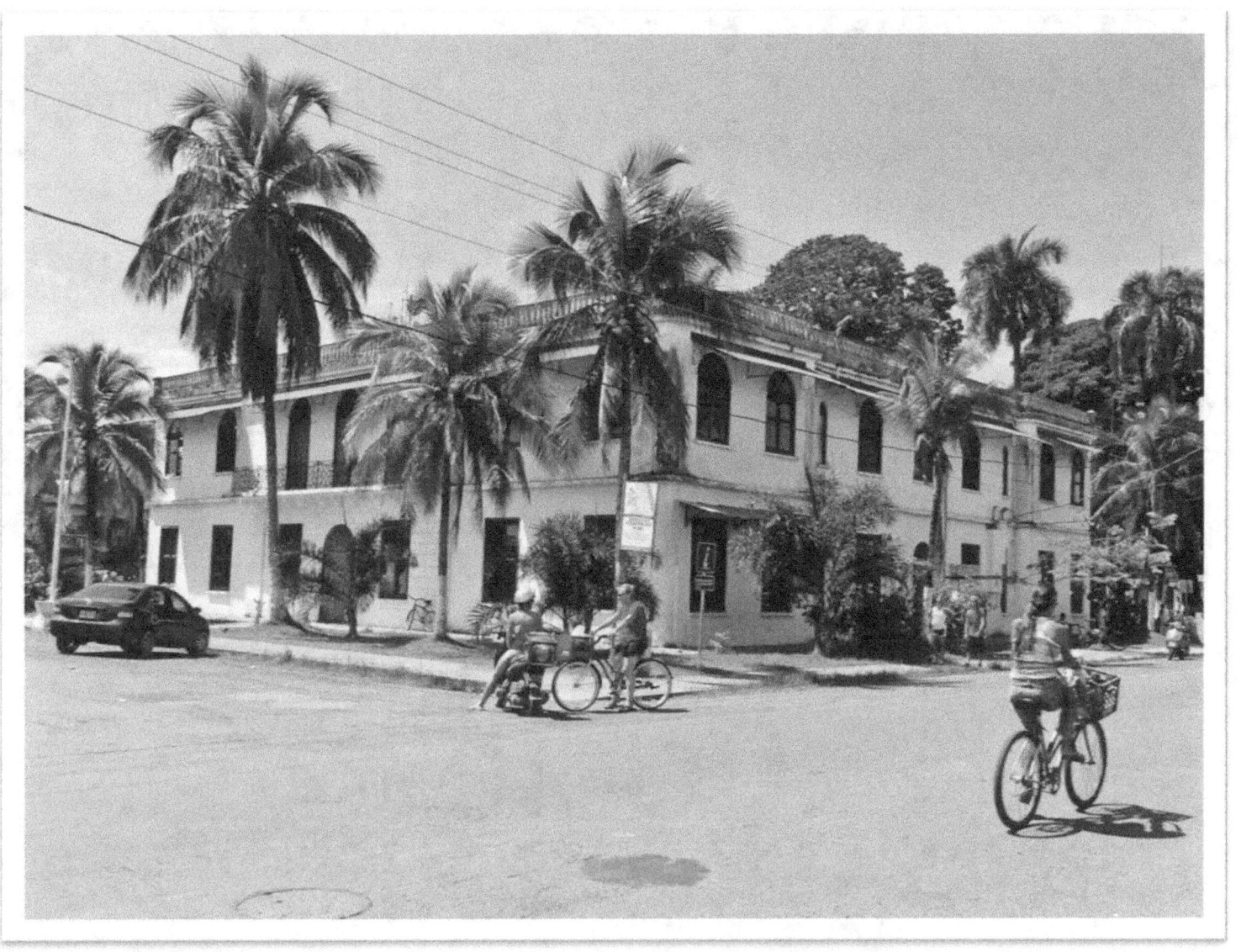

01-002

Gobernación de

Bocas del Toro

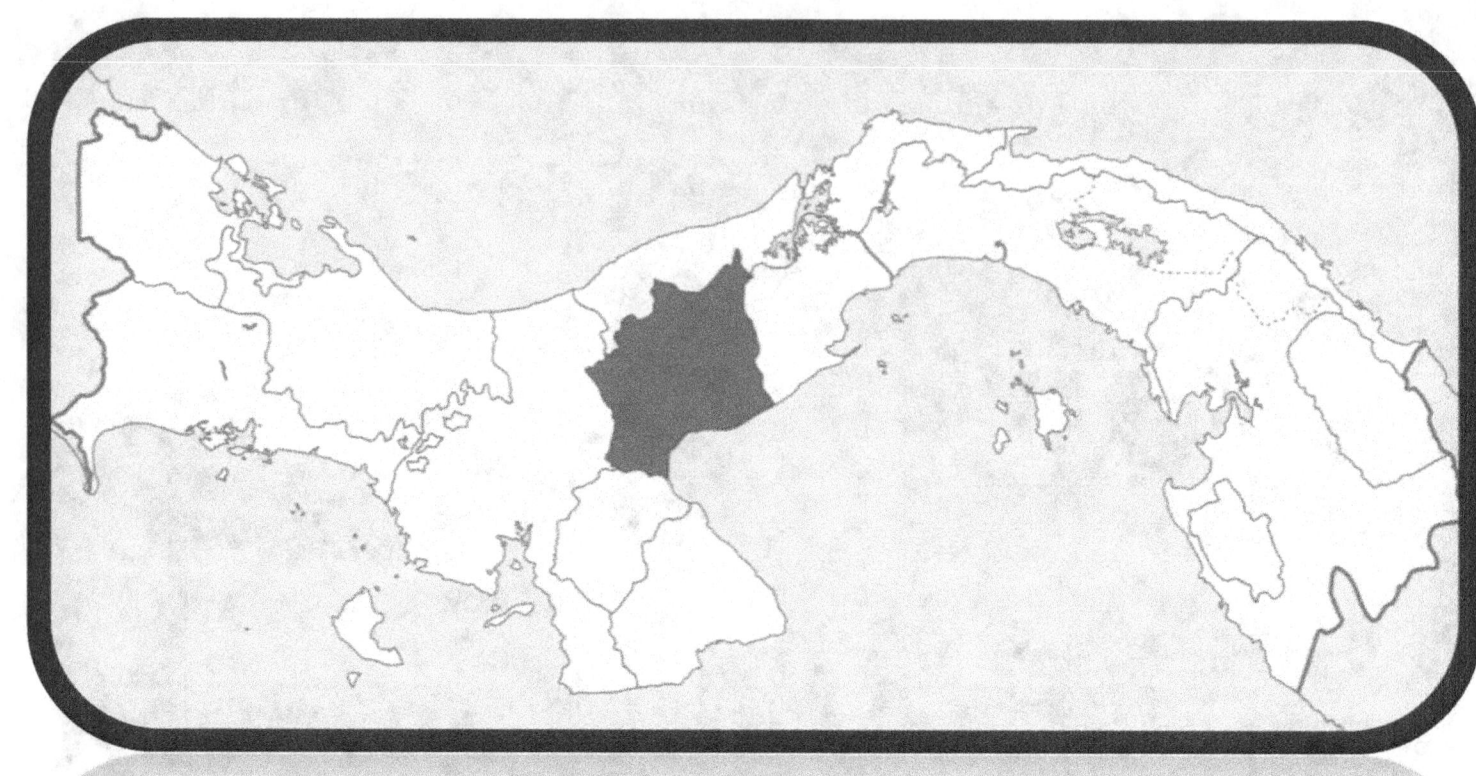

Coclé

Monumentos Nacionales	Monumentos Históricos Nacionales	Conjuntos Monumentales Históricos
0 (0%)	2 (6%)	0 (0%)

Población

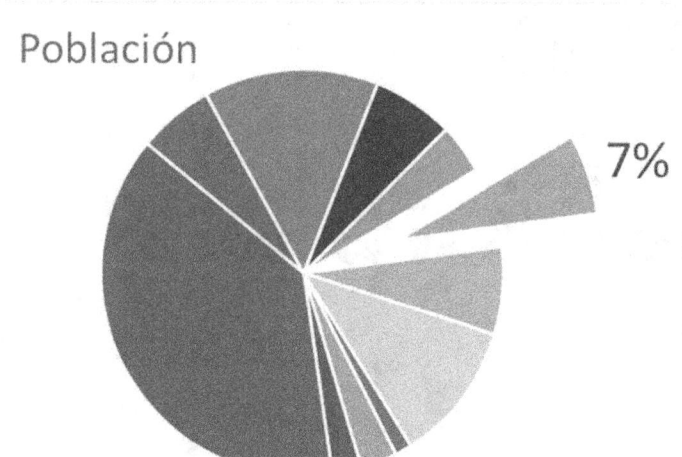

7%

Superficie

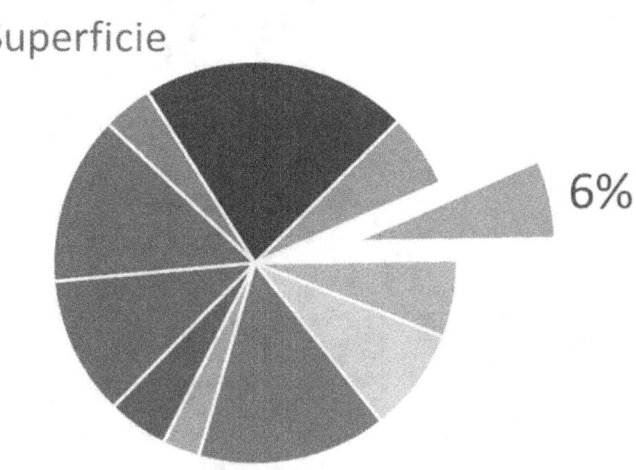

6%

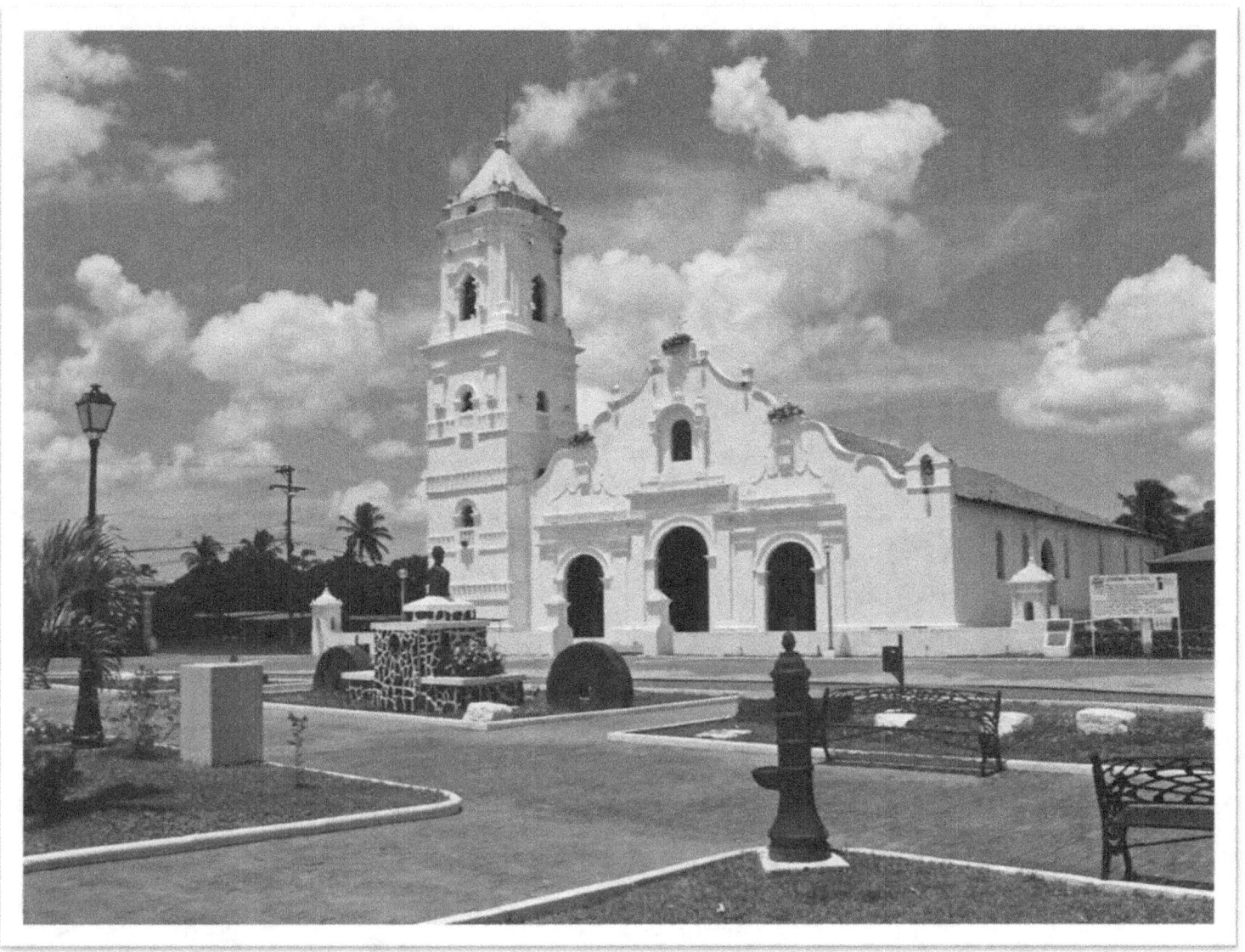

02-001-DMHN

Basílica menor de

Santiago Apóstol de Natá

de Los Caballeros

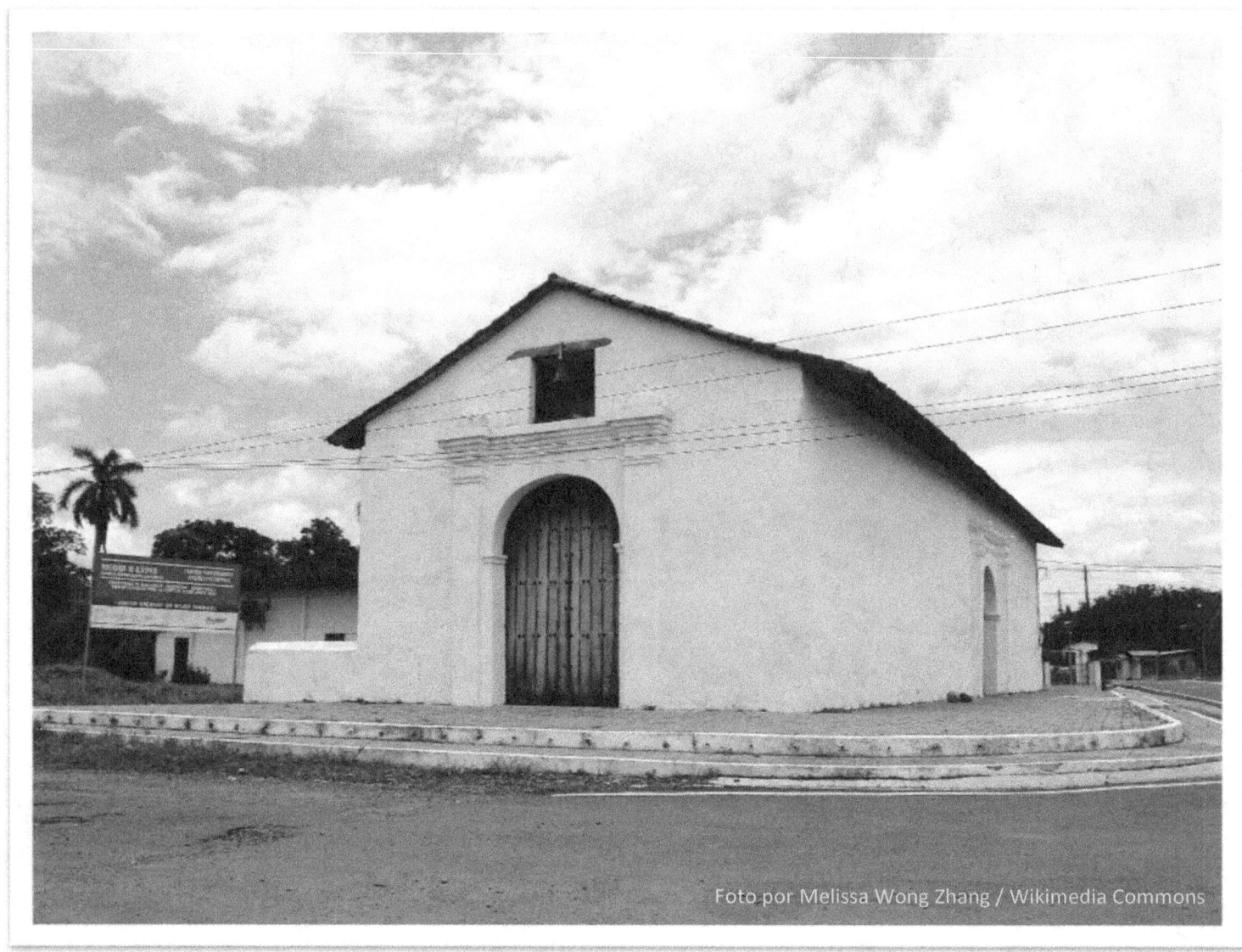

02-002-DMHN
La Capilla San Juan
de Dios de Natá

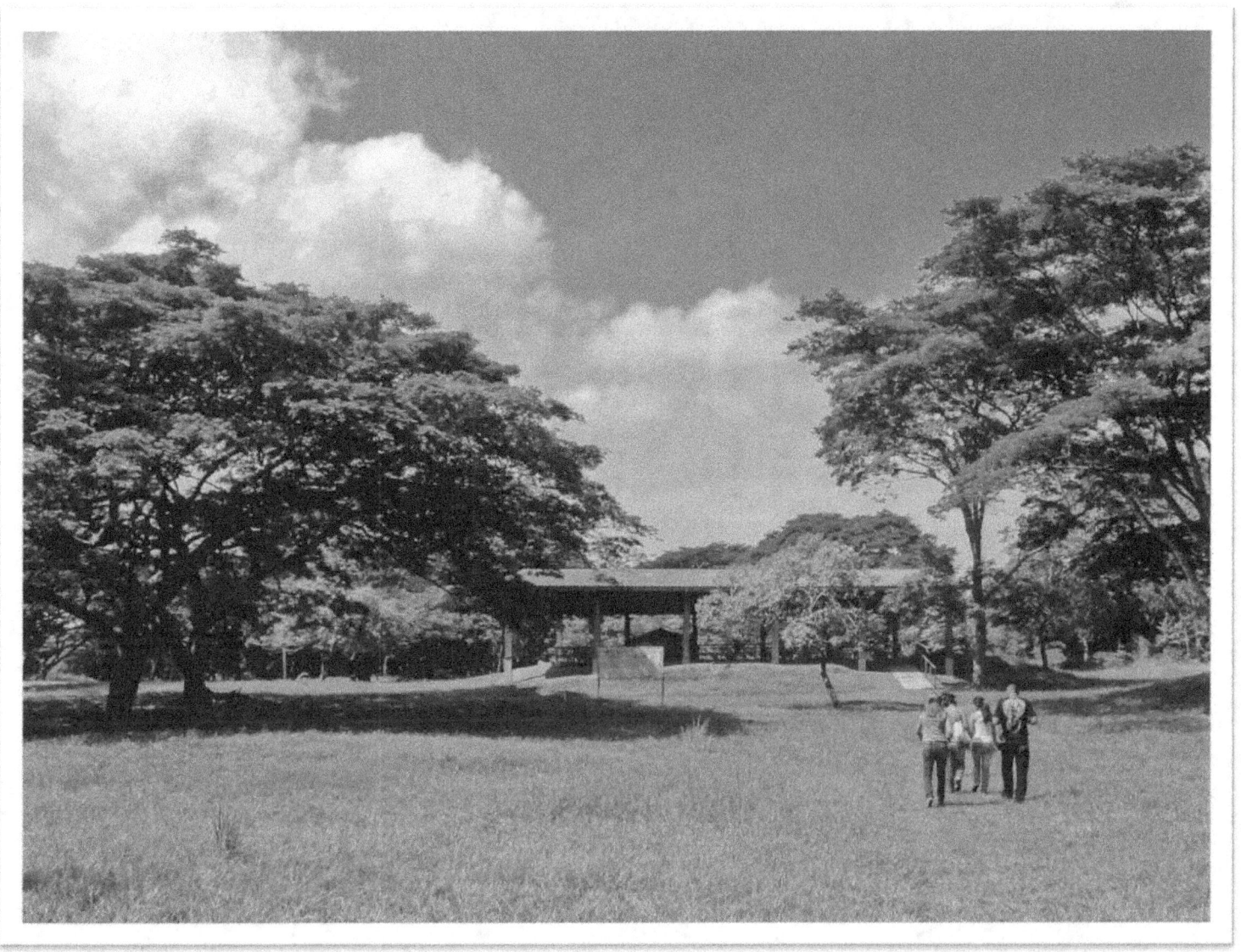

02-003-DSA
Parque Arqueológico
de El Caño

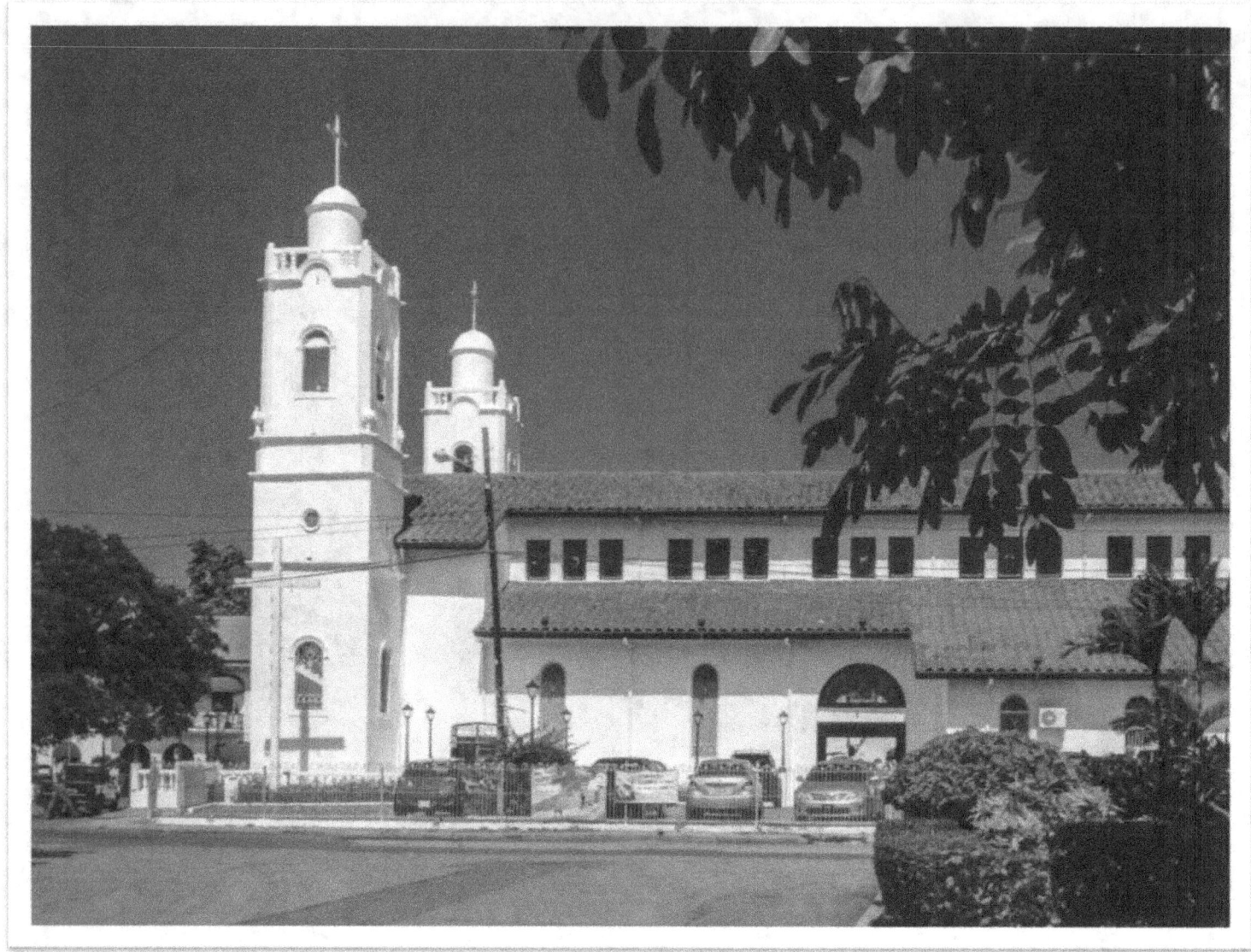

02-004

Catedral de San

Juan Bautista

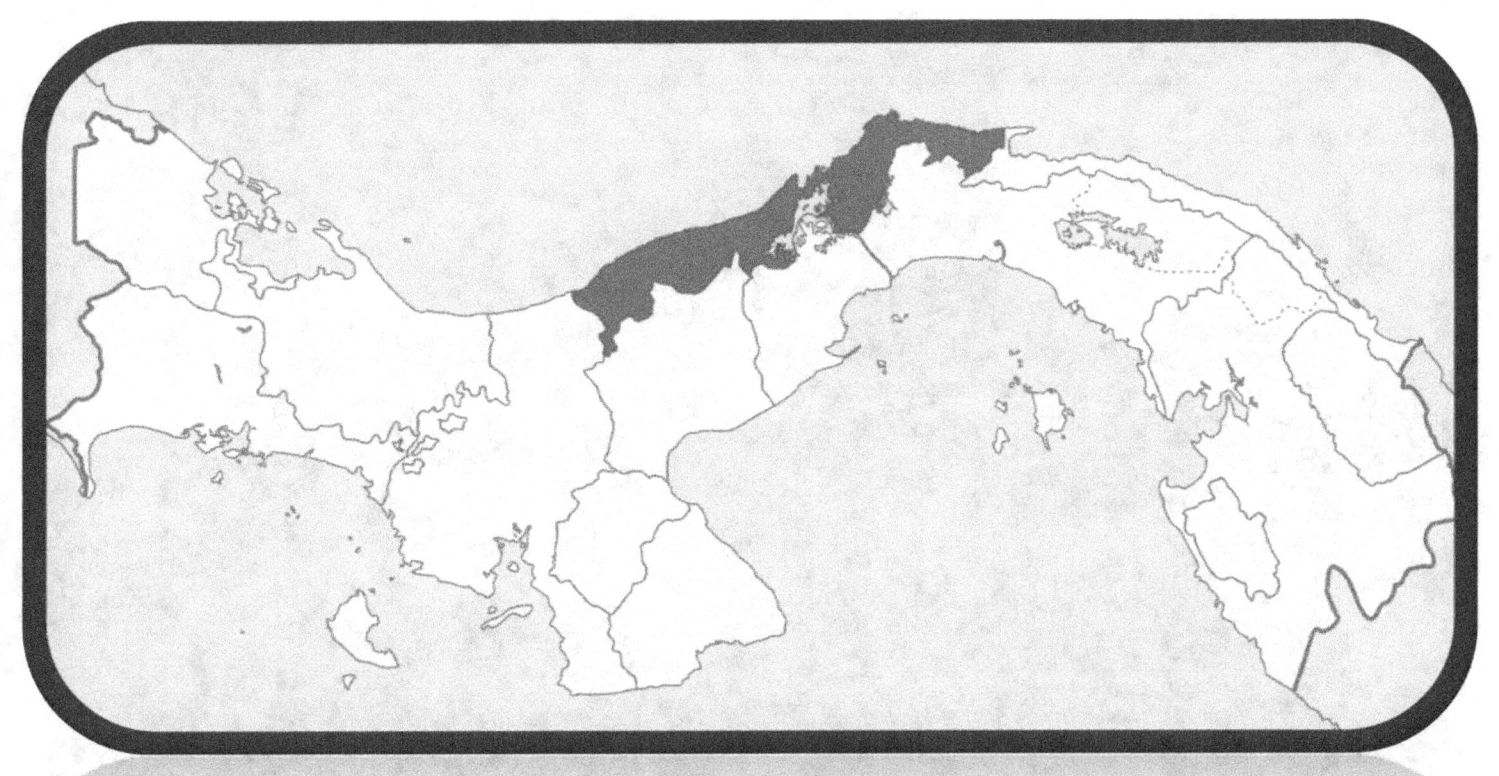

Colón

Monumentos Nacionales	Monumentos Históricos Nacionales	Conjuntos Monumentales Históricos
0 (0%)	5 (14%)	2 (40%)

Población

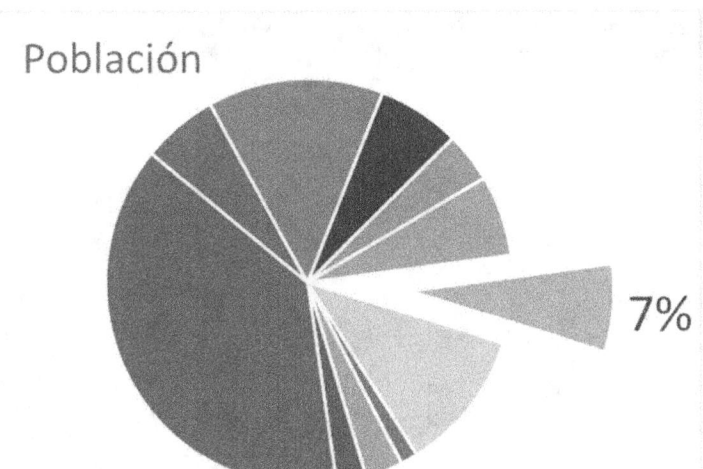

7%

Superficie

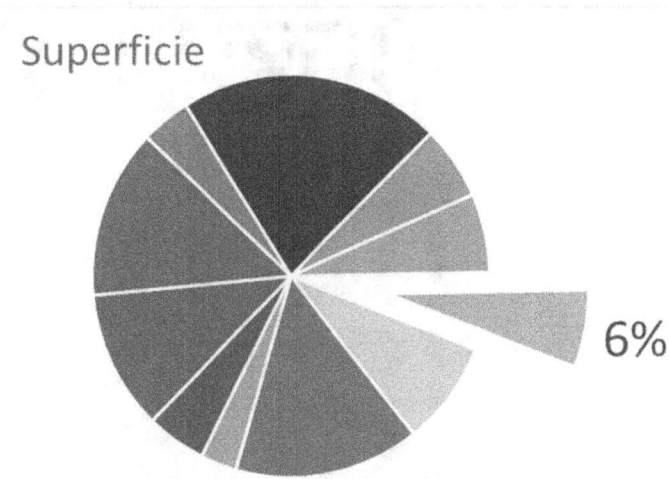

6%

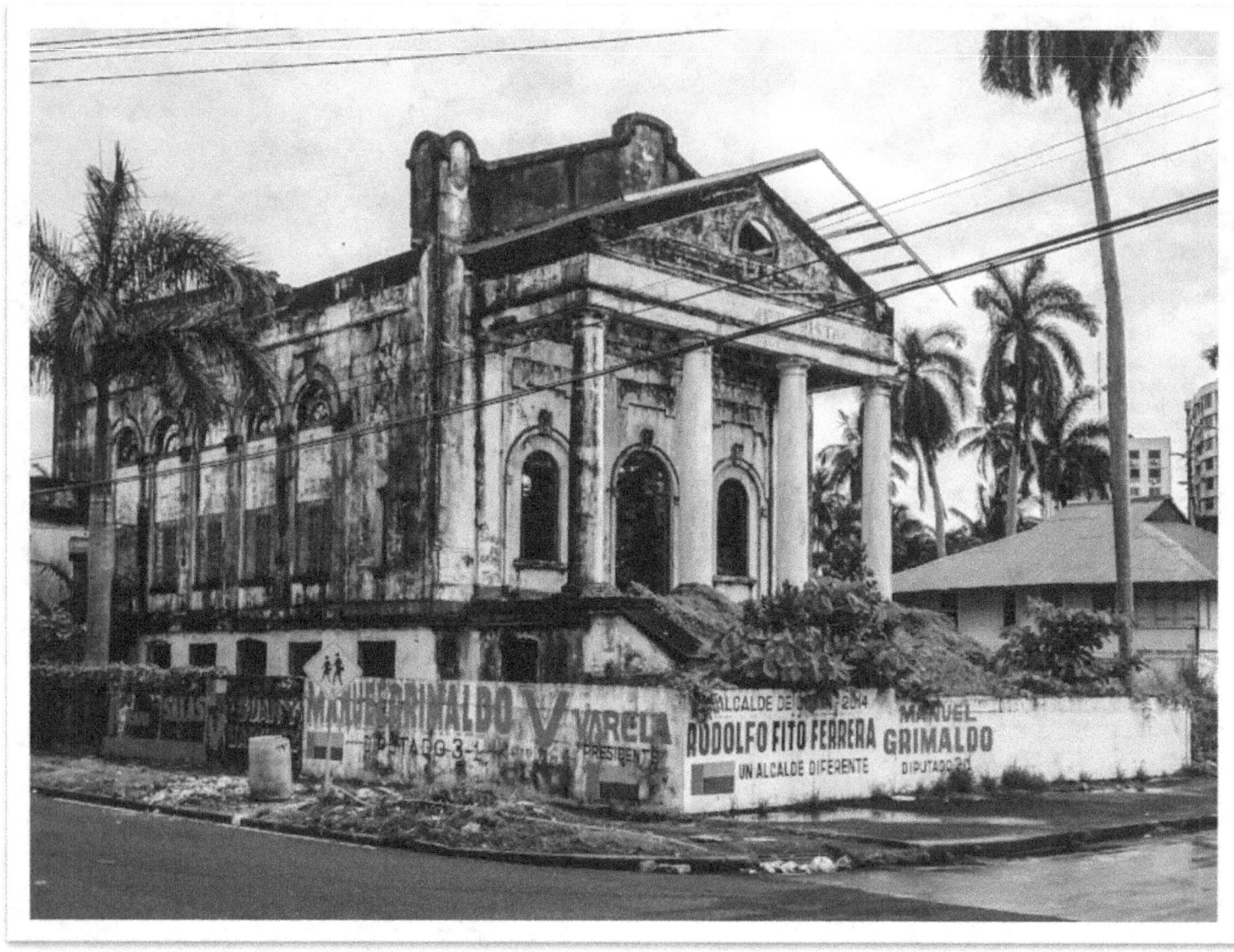

03-001-DCHM

Antigua iglesia Unión

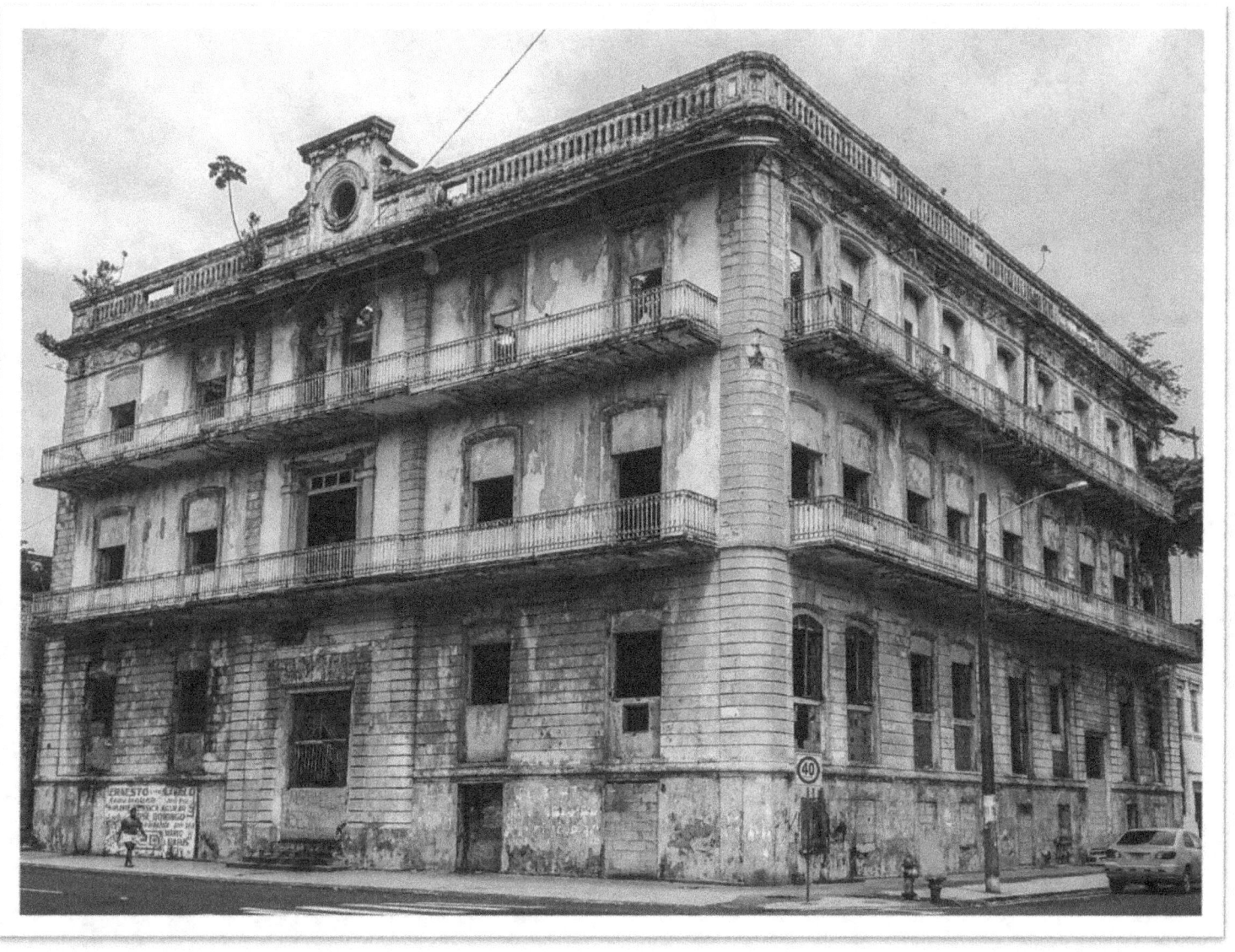

03-002-DCHM
Antiguo Edificio de
la Gobernación

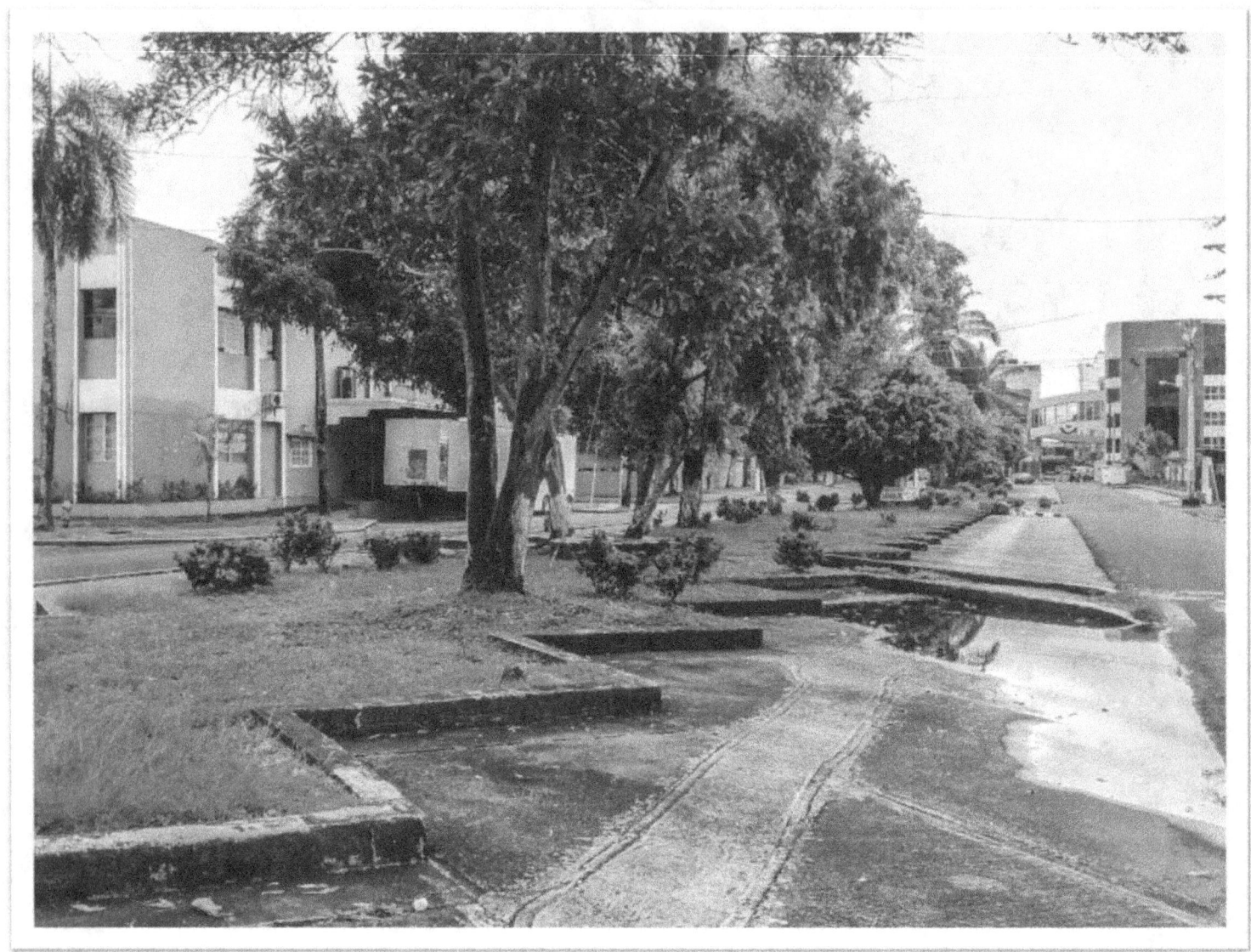

03-003-DCHM

Avenida Roosevelt

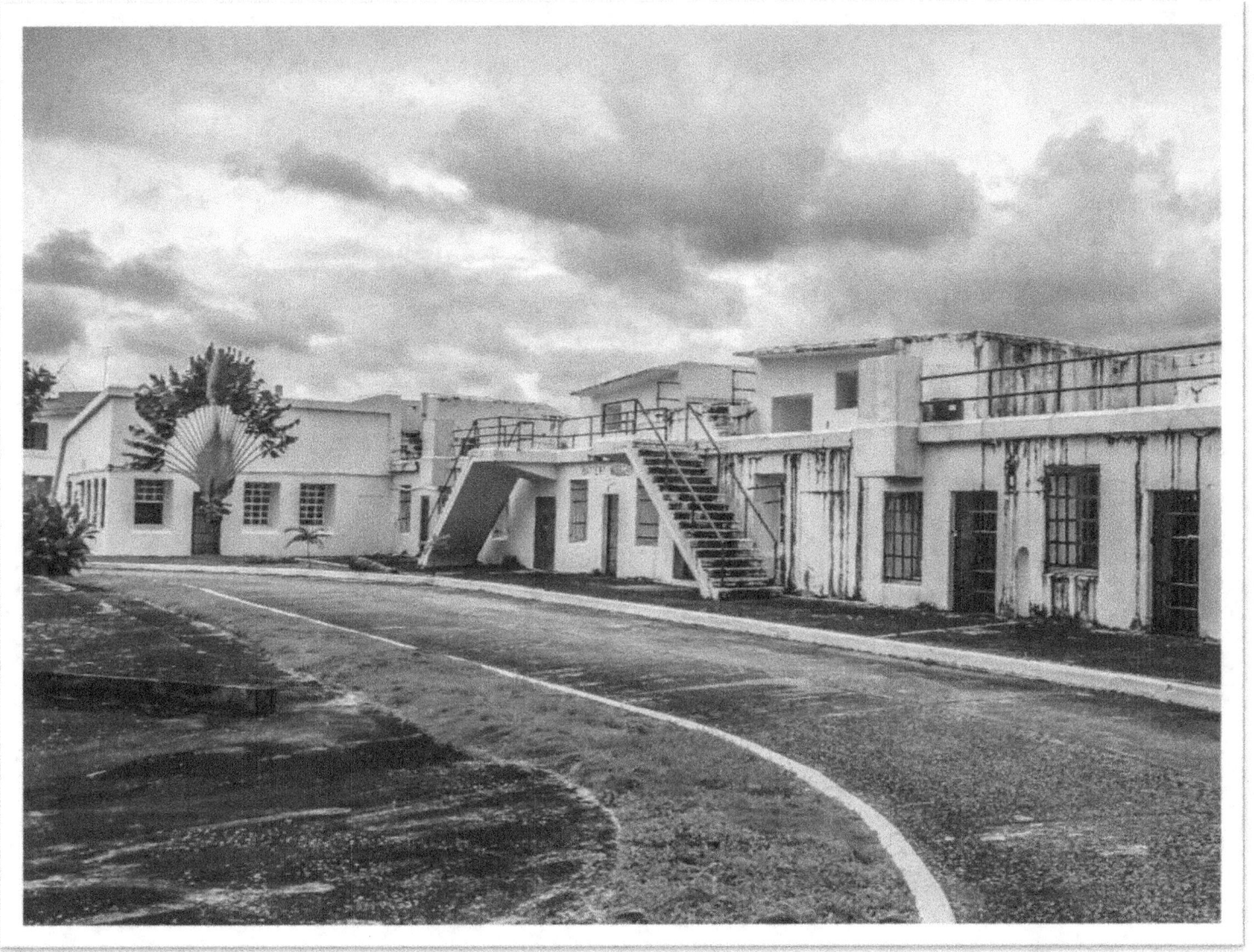

03-004-DCHM

Battery Morgan

Fort Lesseps

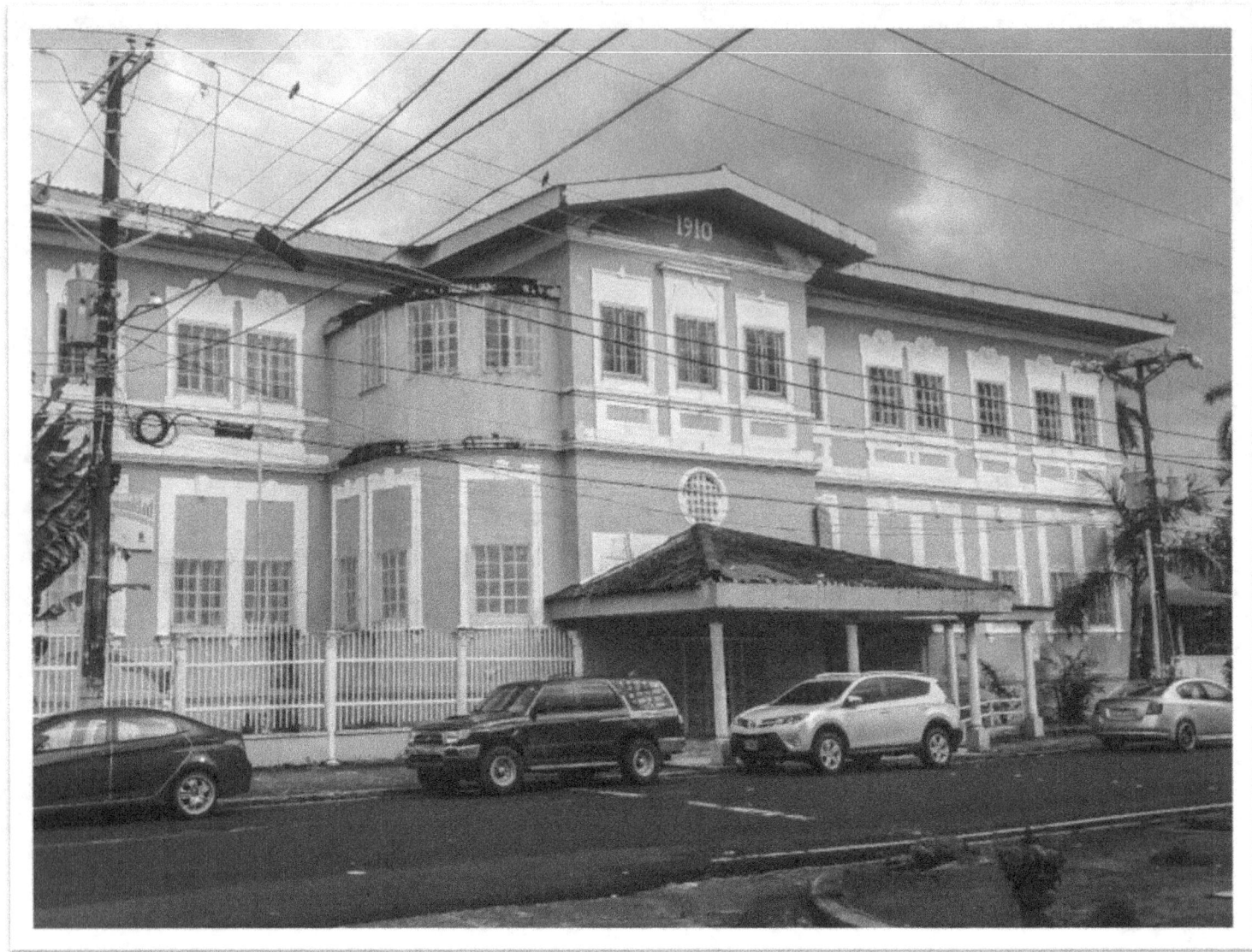

03-005-DCHM

Biblioteca Mateo Iturralde

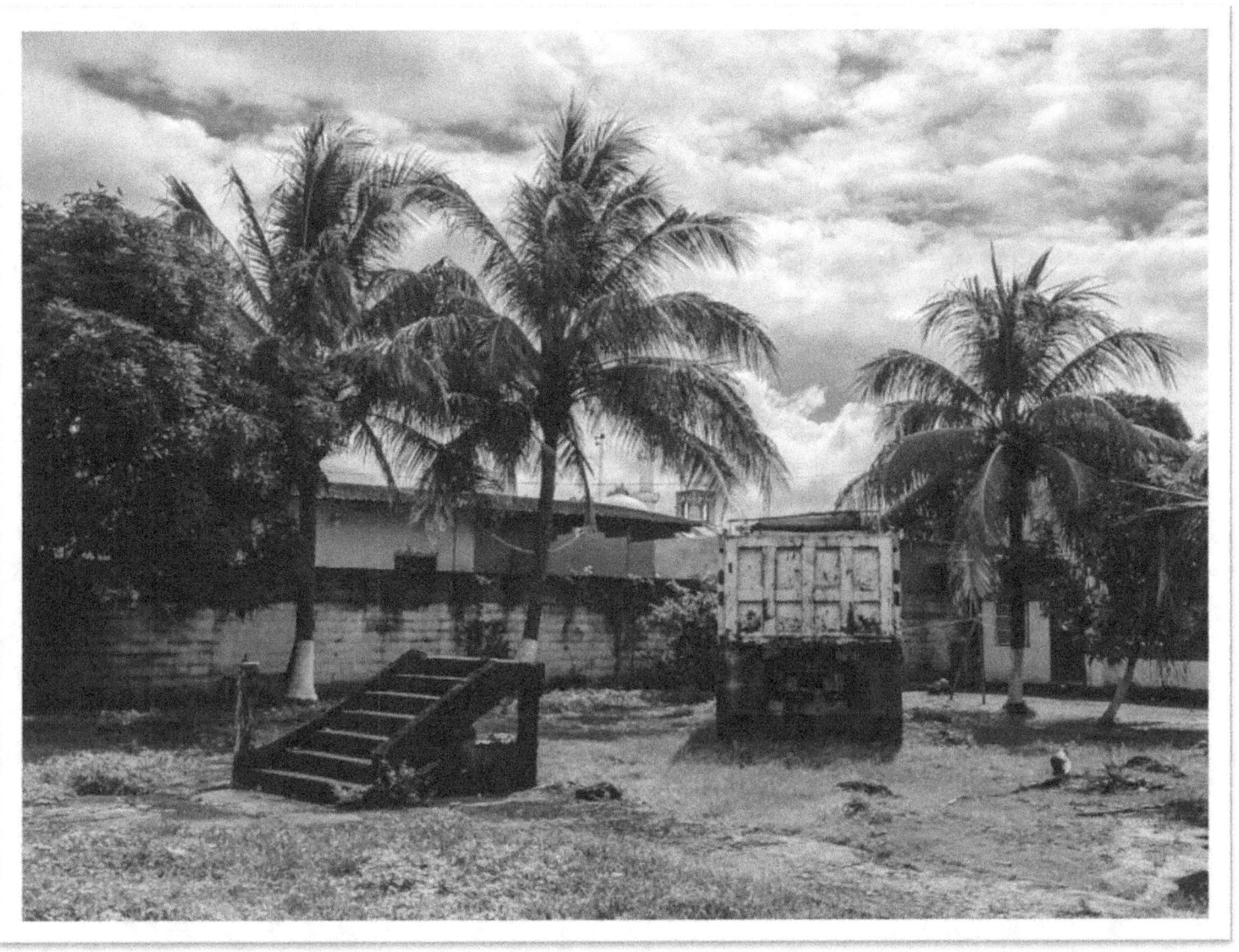

03-006-DCHM
Casa Aminta Meléndez

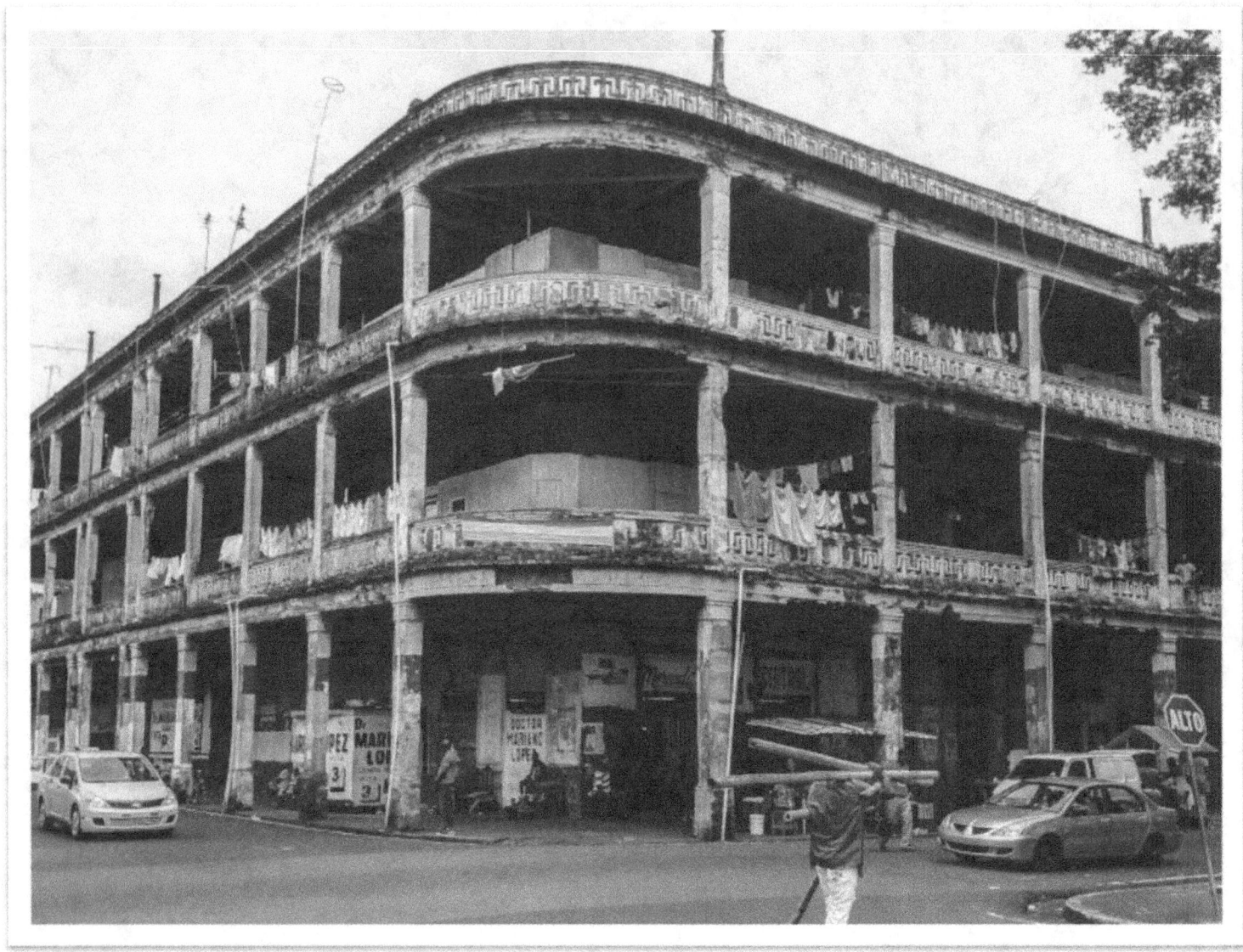

03-007-DCHM

Casa Willcox

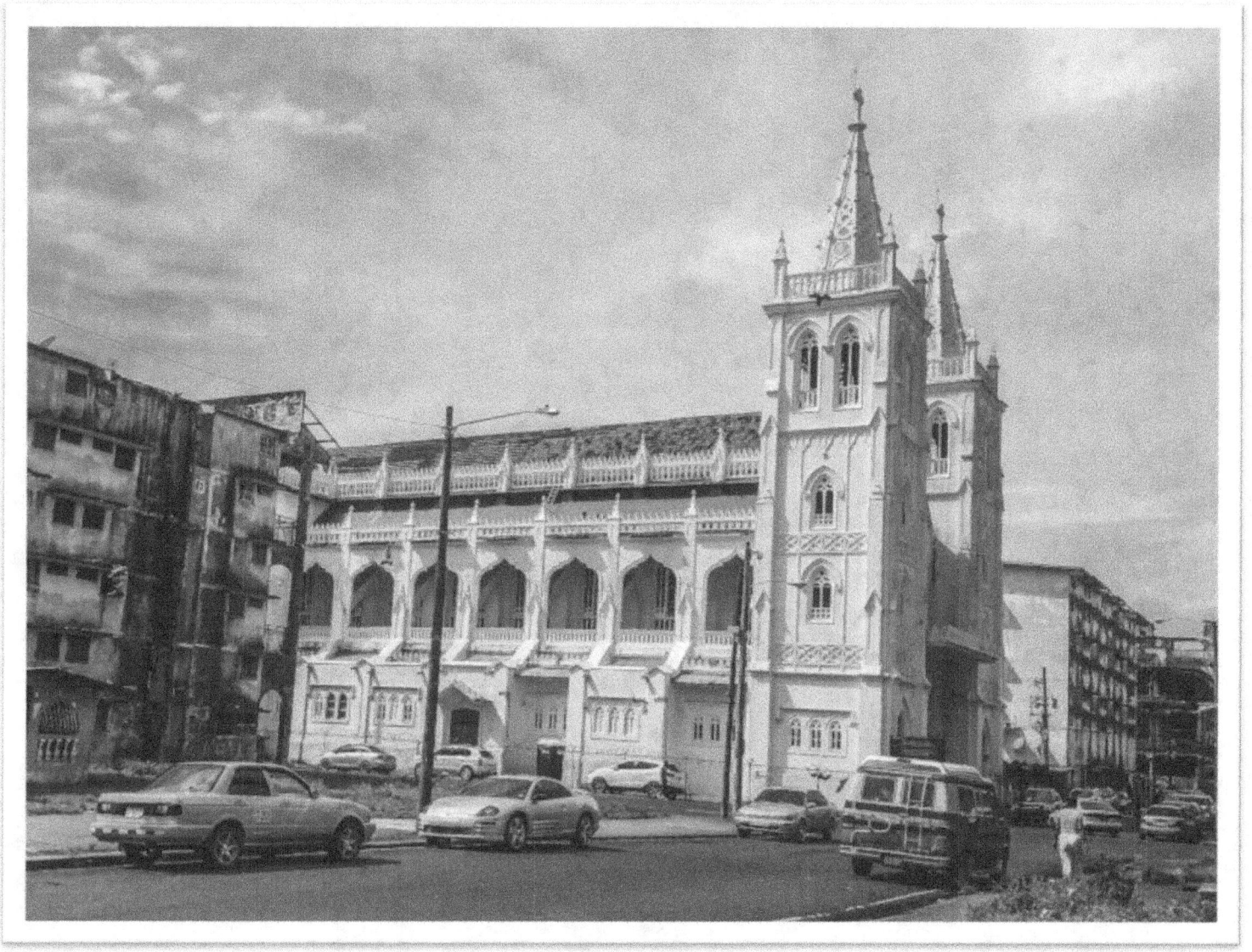

03-008-DCHM
Catedral de la
Inmaculada Concepción

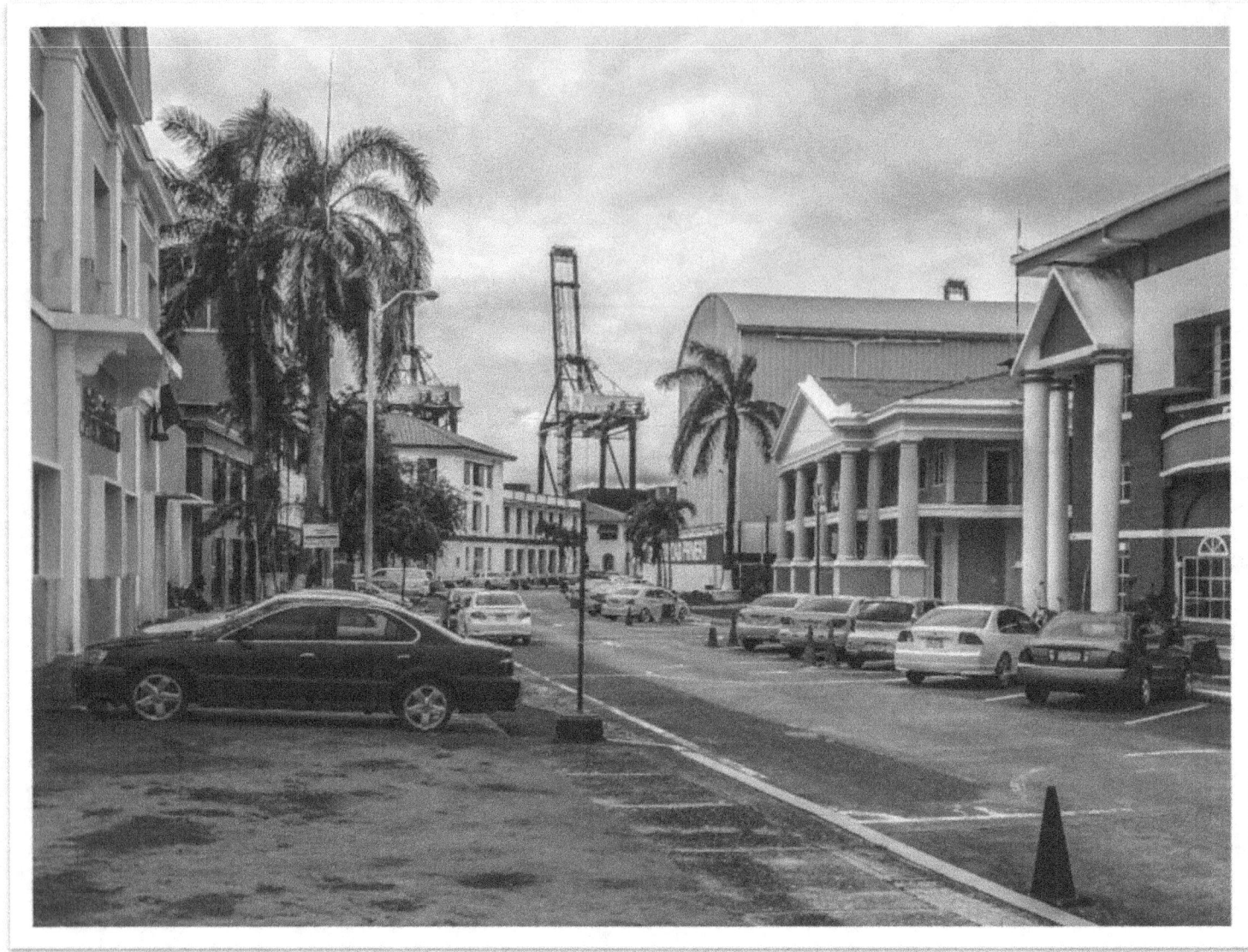

03-009-DCHM
Conjunto de edificaciones revertidos de la Zona Portuaria de Cristóbal

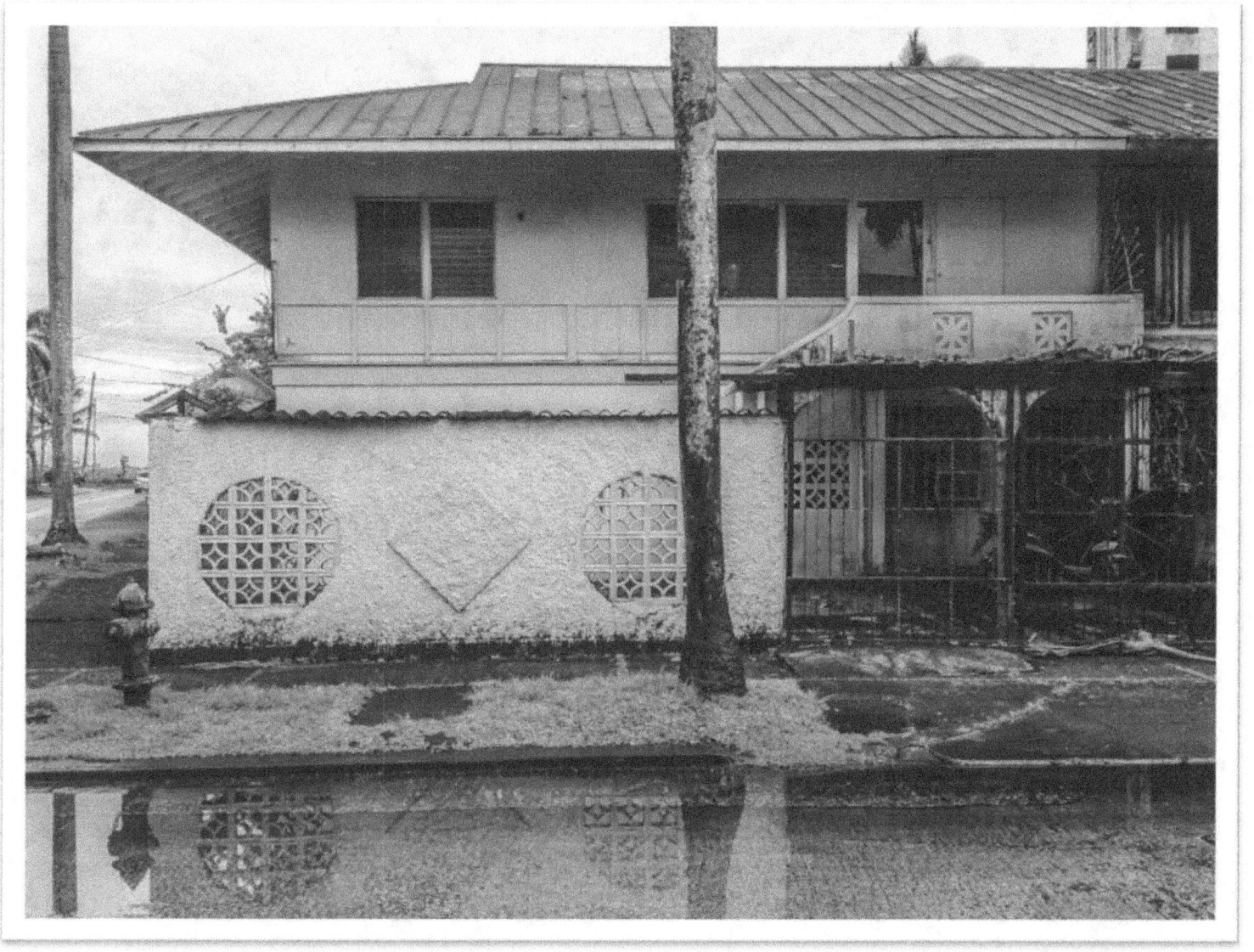

03-010-DCHM

Conjunto de residencias

del barrio Nuevo Cristóbal

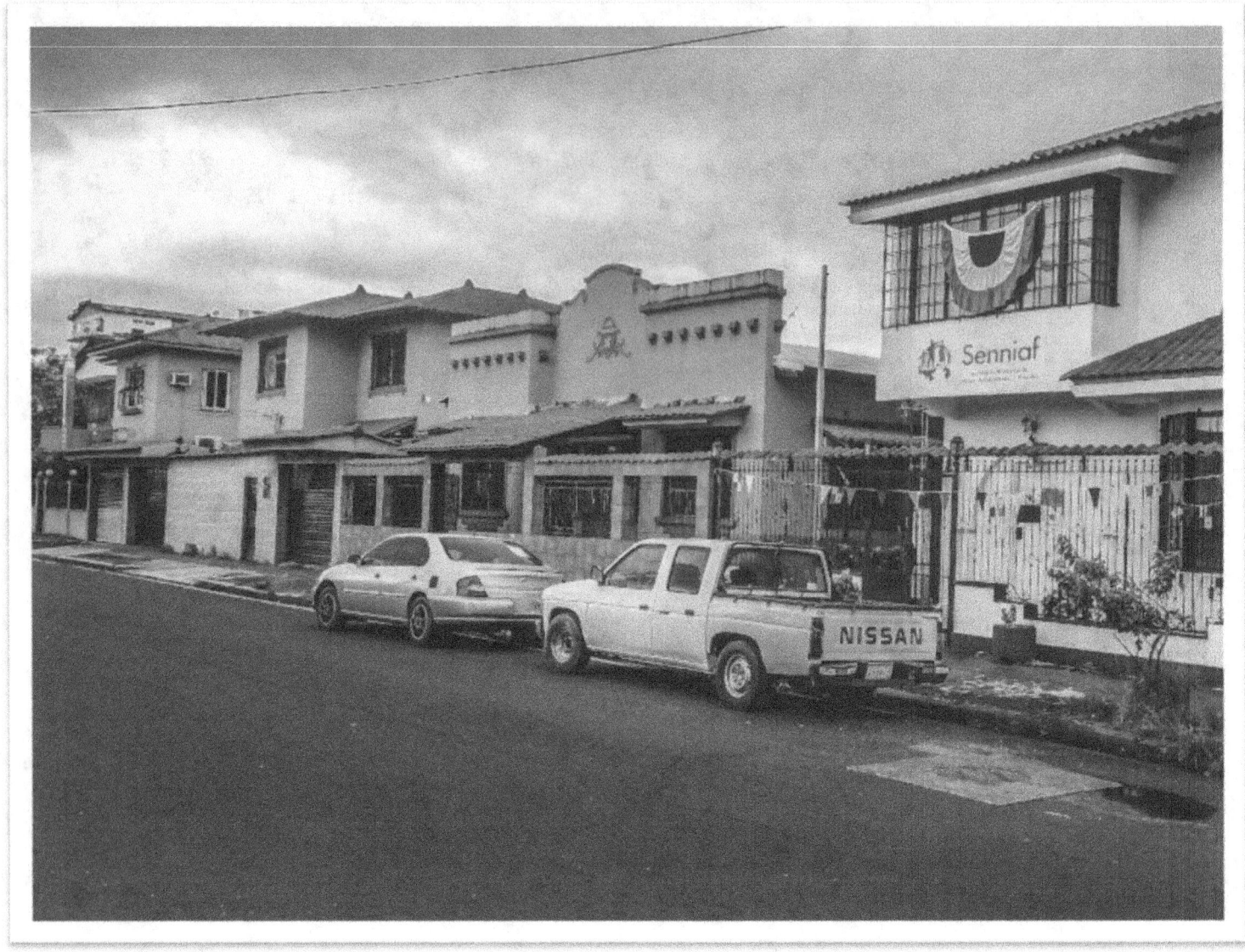

03-011-DCHM

Conjunto de residencias ubicadas entre calle 11 y 10, Avenida Roosevelt y Paseo Gorgas

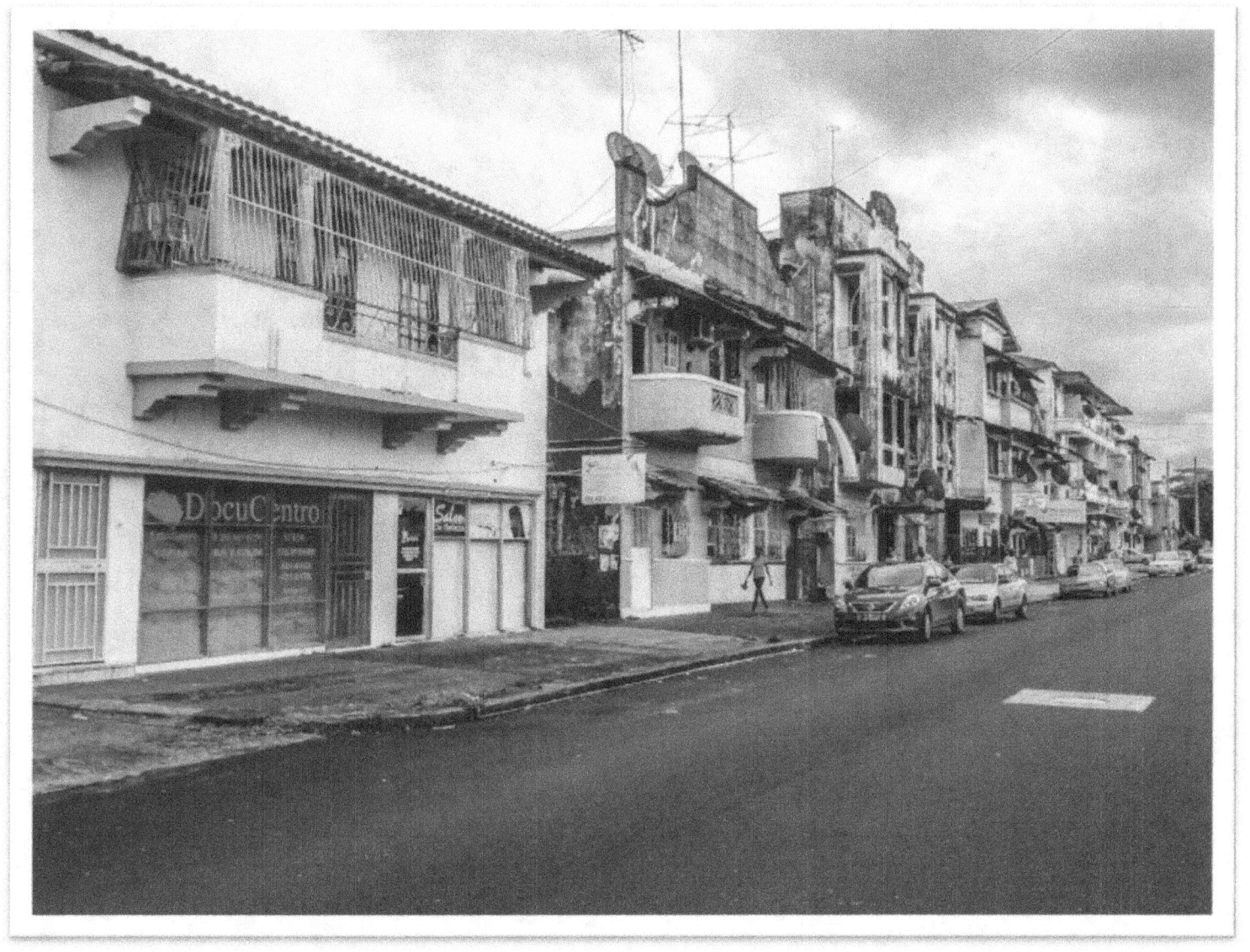

03-012-DCHM

Conjunto urbano comprendido de calle 8ª a calle 11 y Avenida Santa Isabel y Meléndez

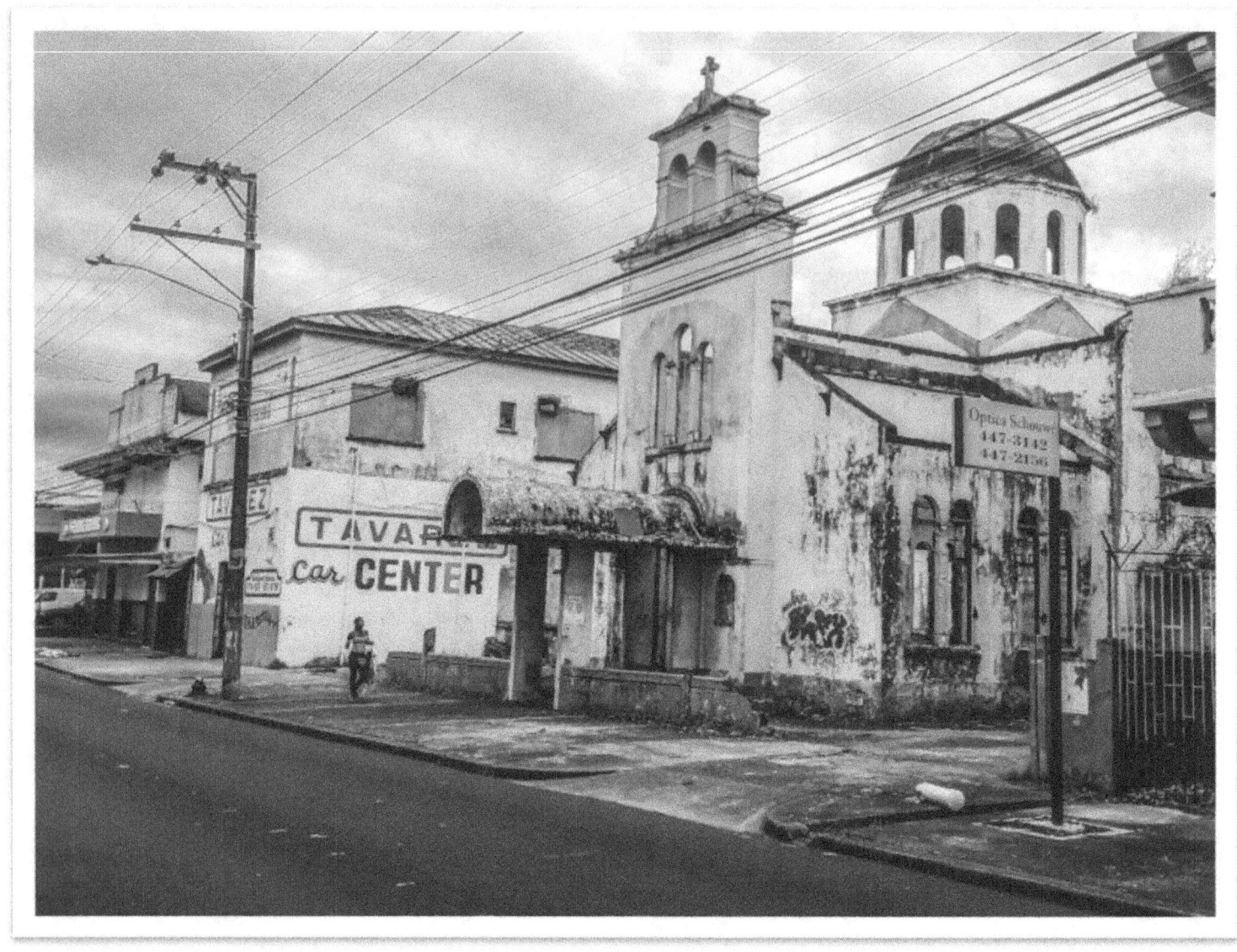

03-013-DCHM

Conjunto urbano comprendido entre calle 10 y 13 y avenida Domingo Díaz y Meléndez

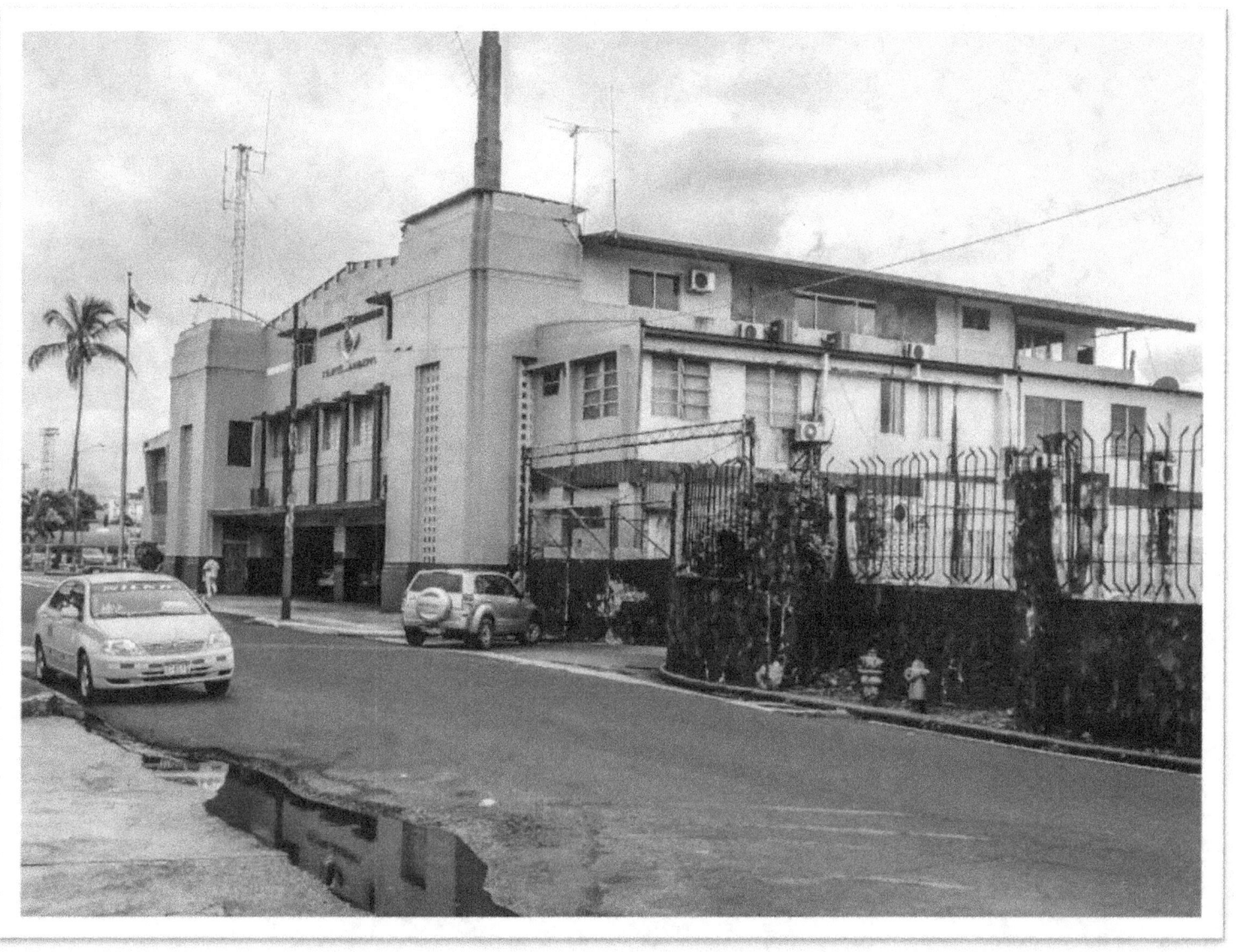

03-014-DCHM
Cuartel de Bomberos
de Colón

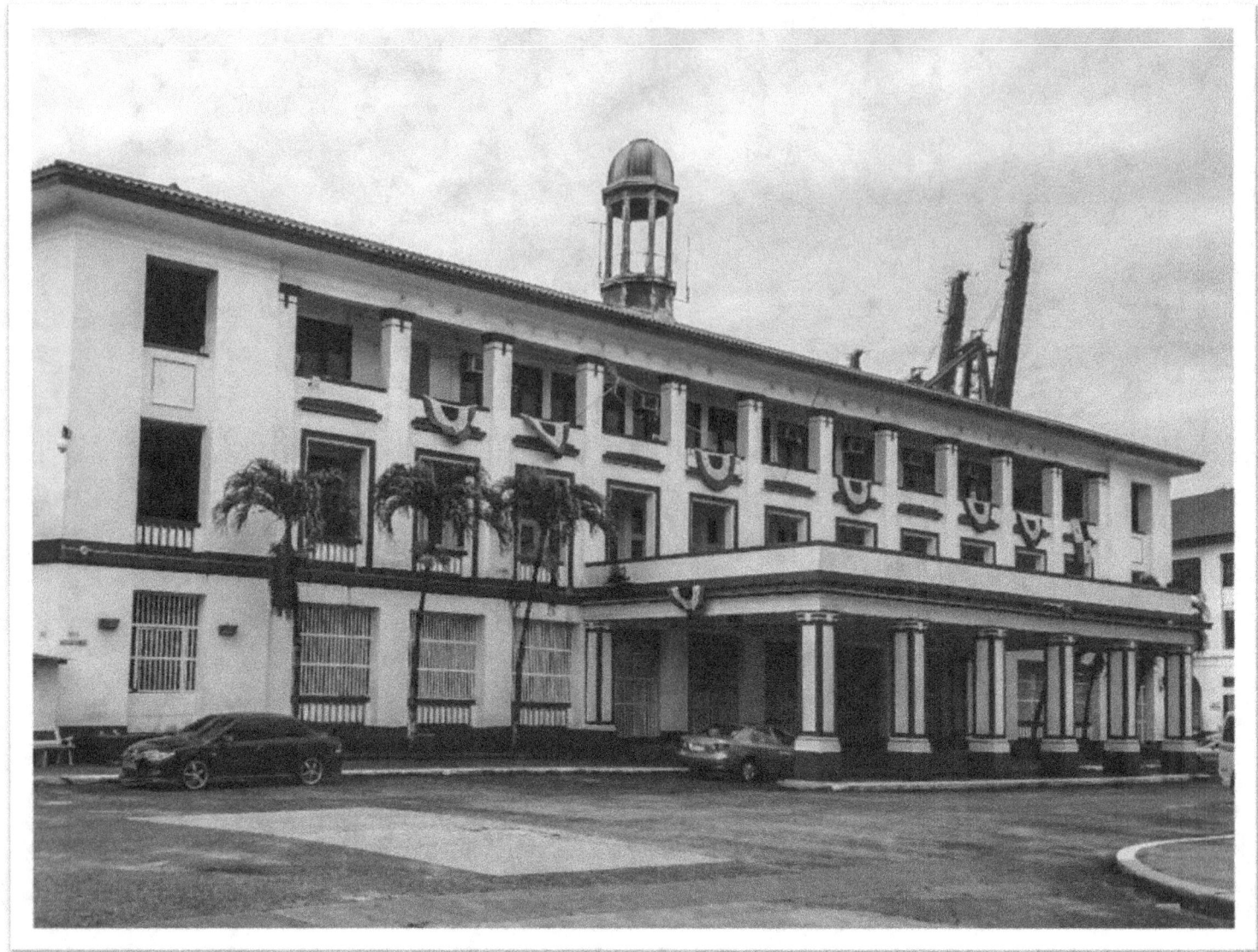

03-015-DCHM
Edificio de Administración de Cristóbal (Puerto de Cristóbal)

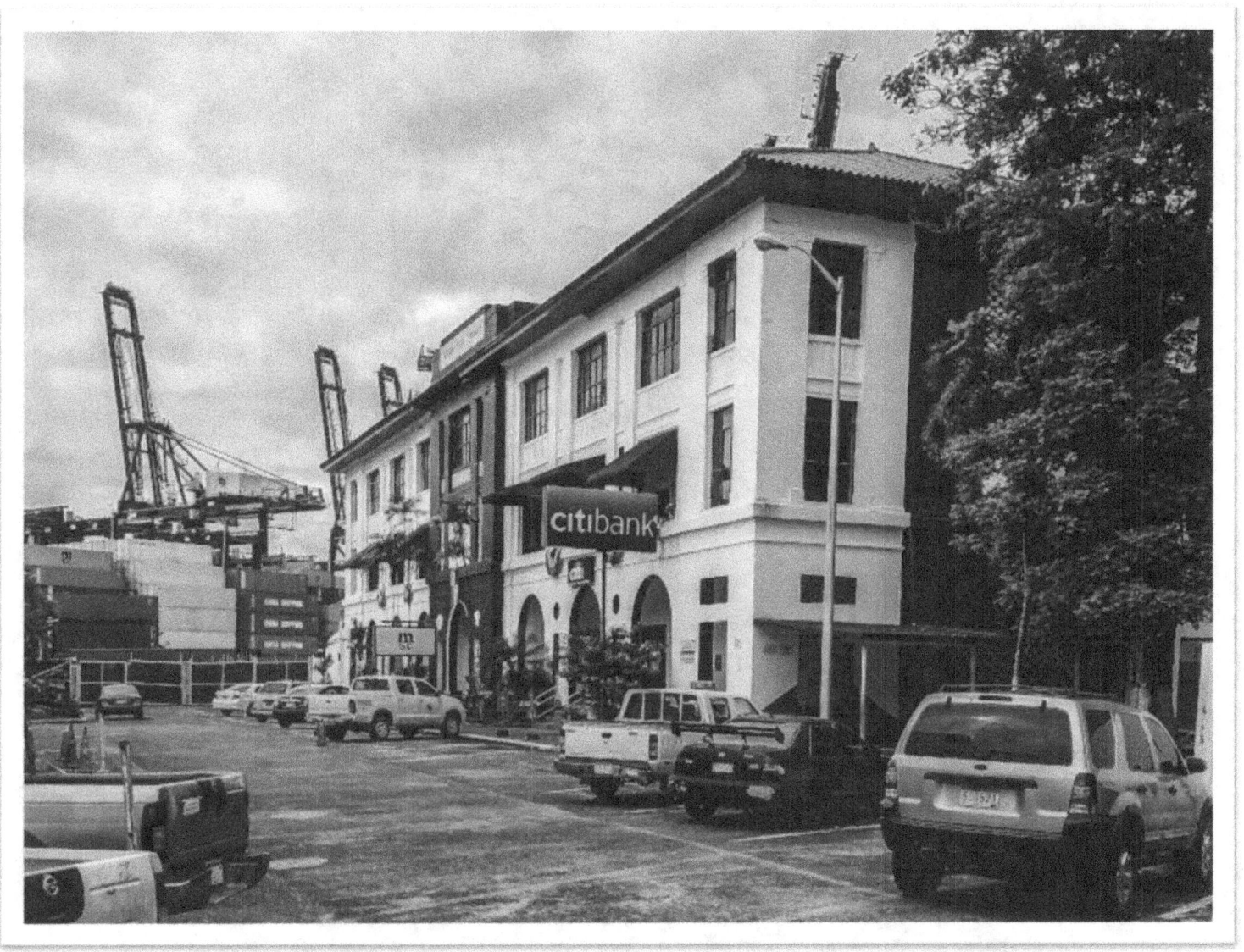

03-016-DCHM

Edificio de oficinas de la compañía del Ferrocarril

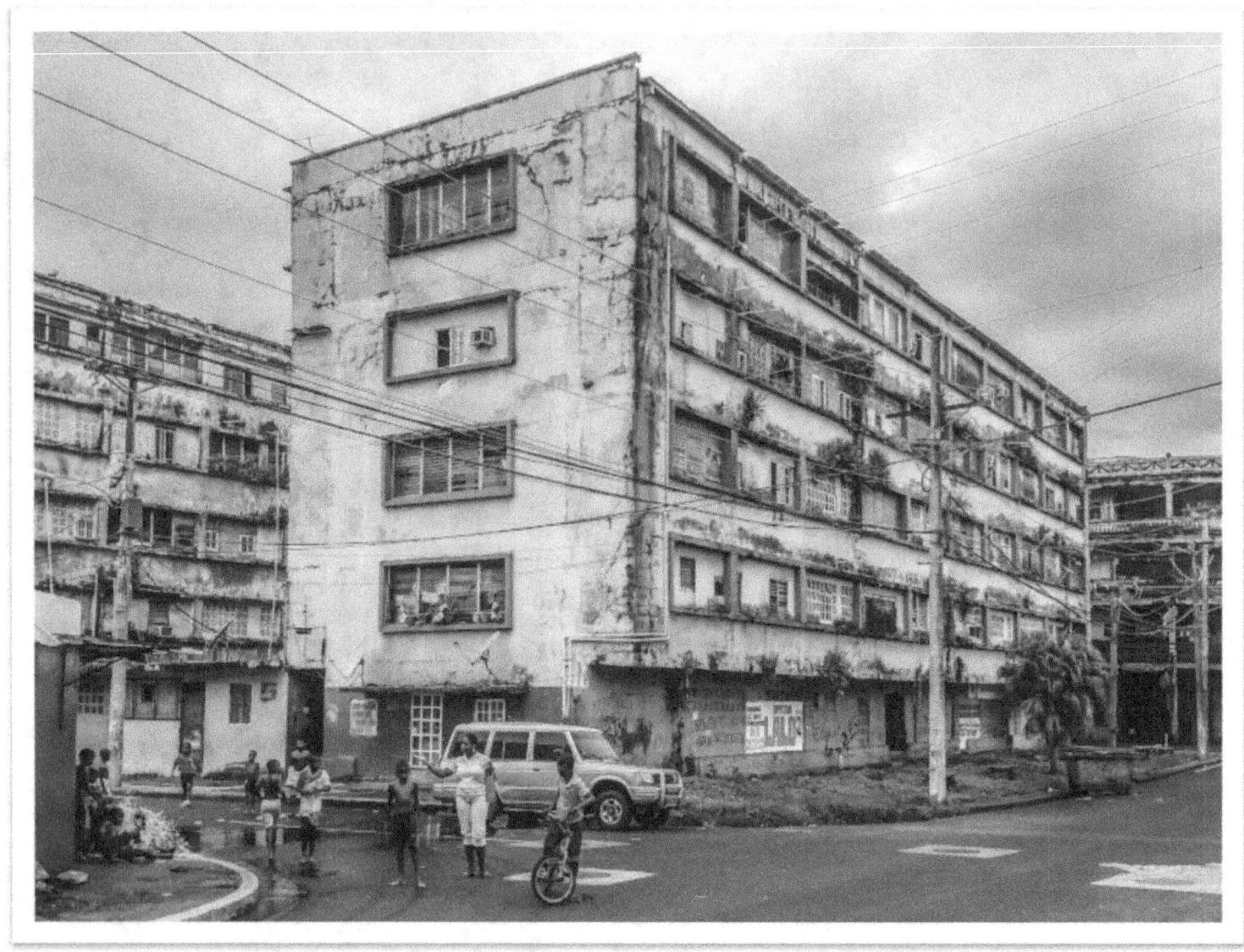

03-017-DCHM

Edificio Multifamiliar Las Cuatro Potencias: Chagres, Donoso, Santa Isabel y Portobelo

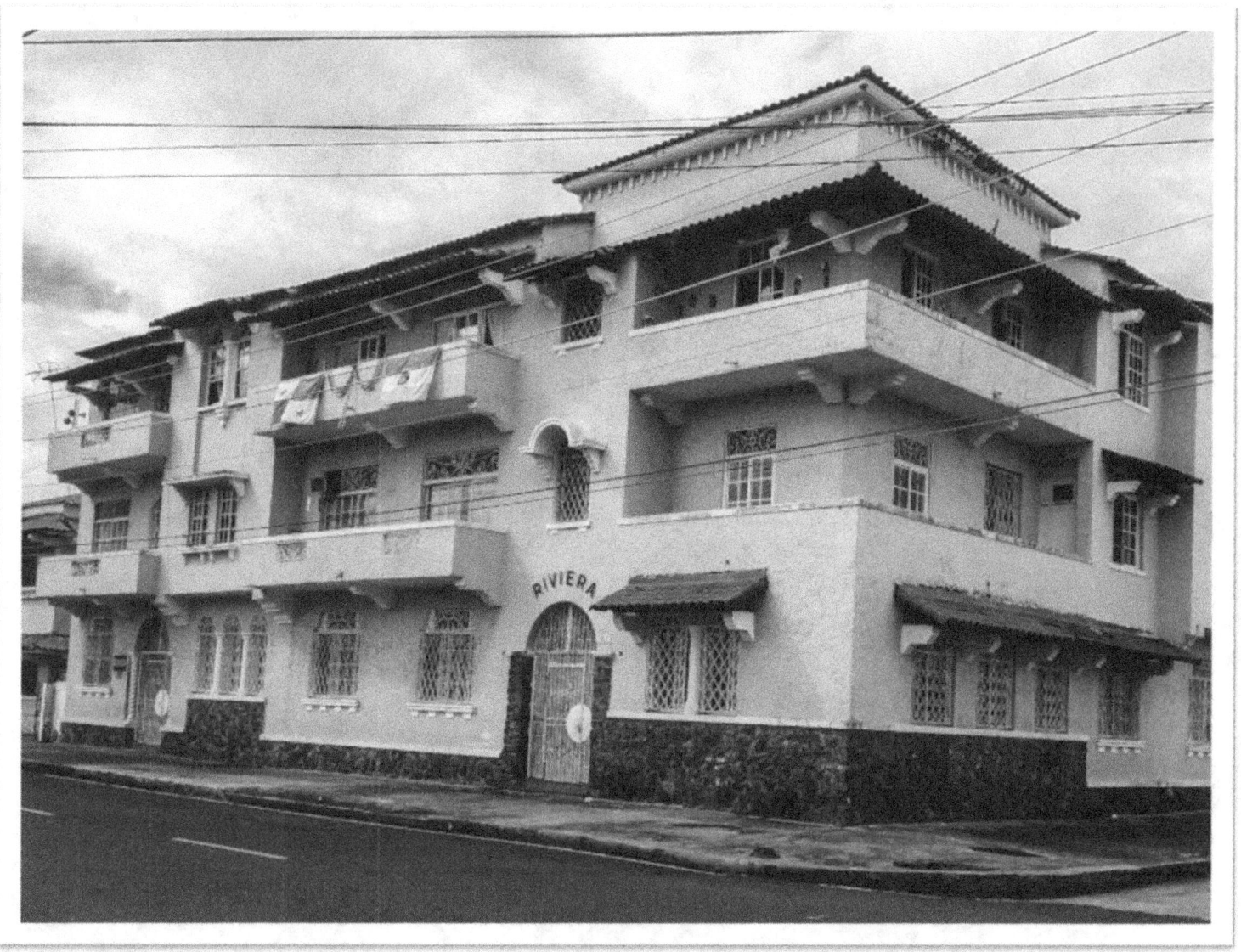

03-018-DCHM

Edificio Riviera

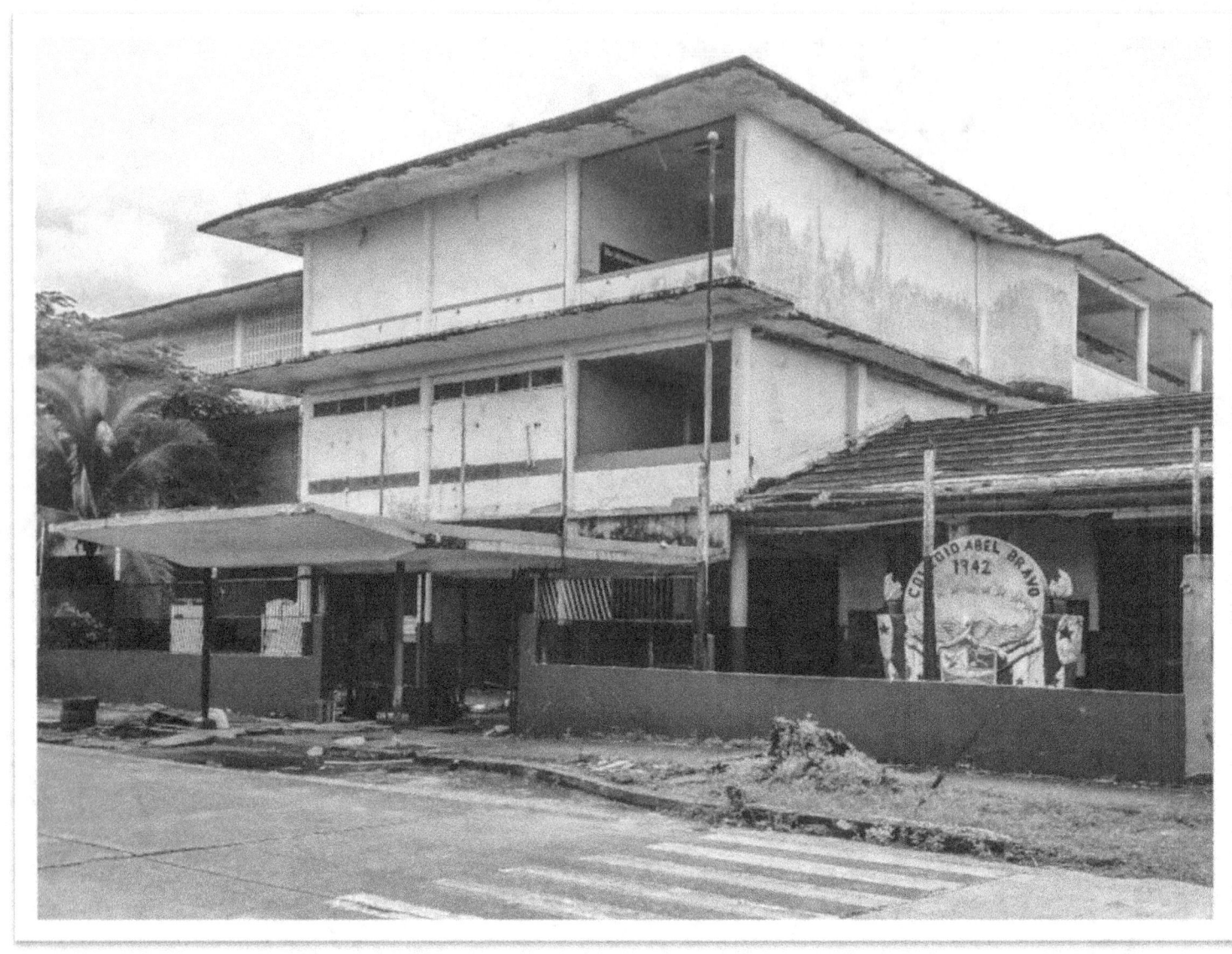

03-019-DCHM

Escuela Abel Bravo

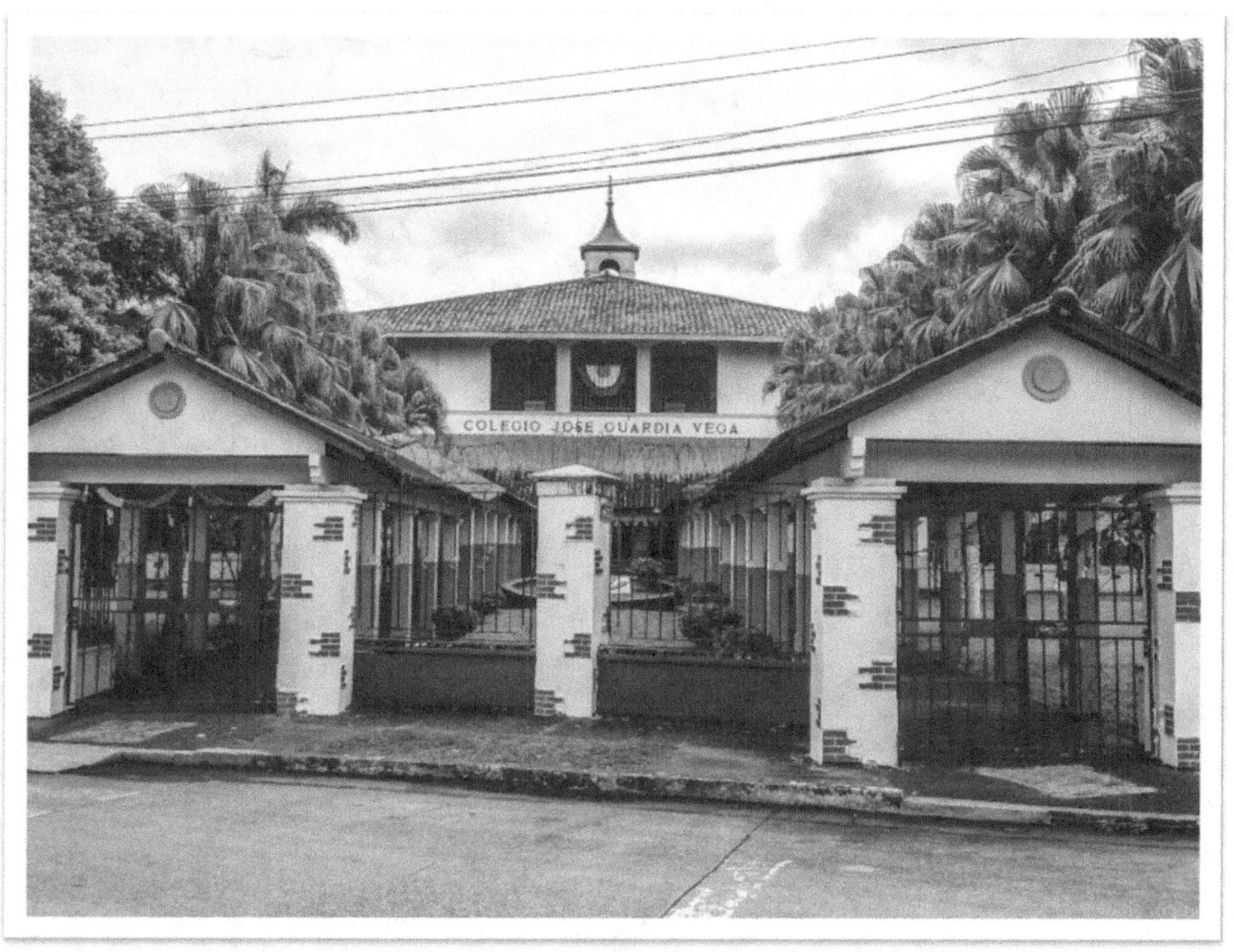

03-020-DCHM
Escuela José Guardia Vega

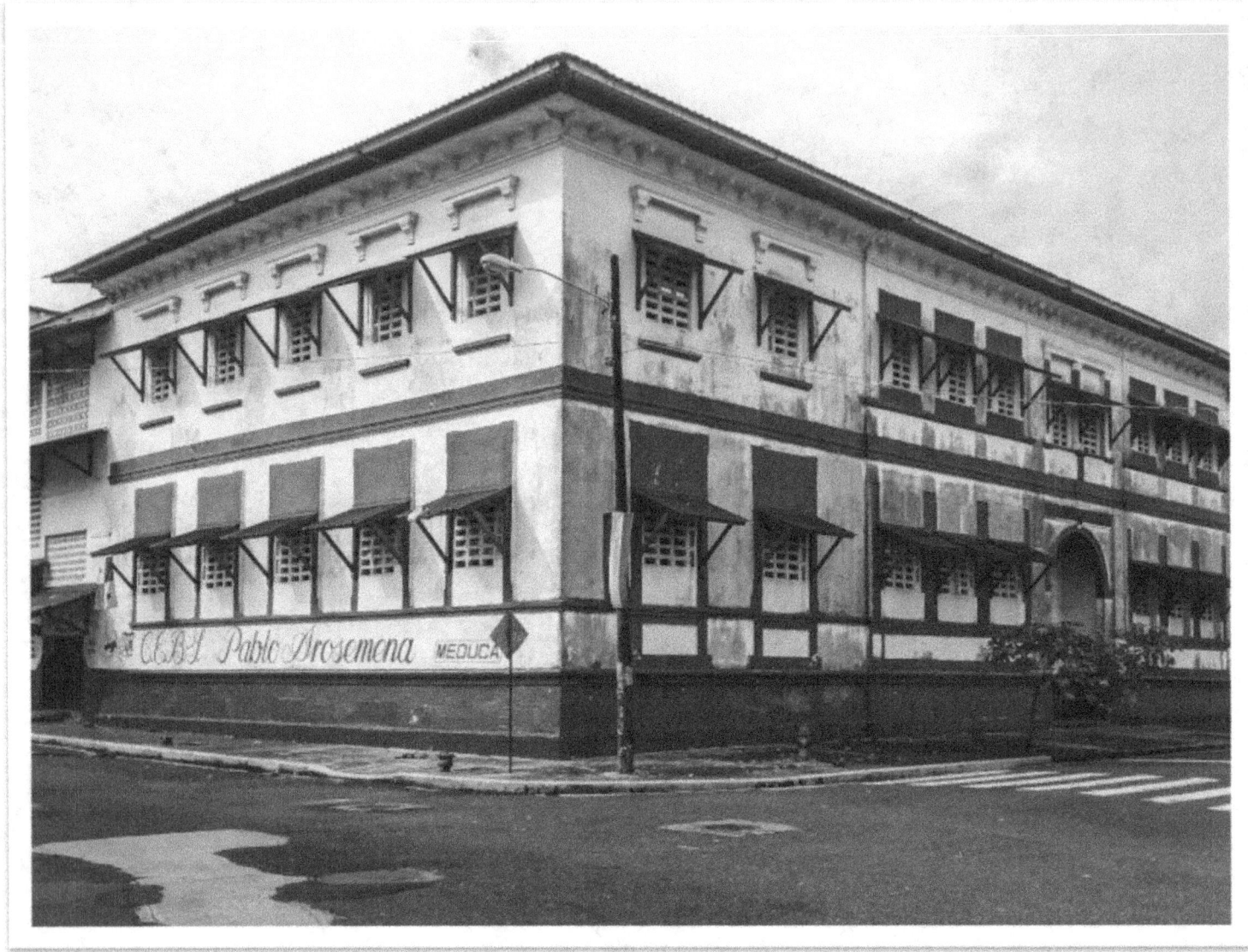

03-021-DCHM
Escuela Pablo Arosemena

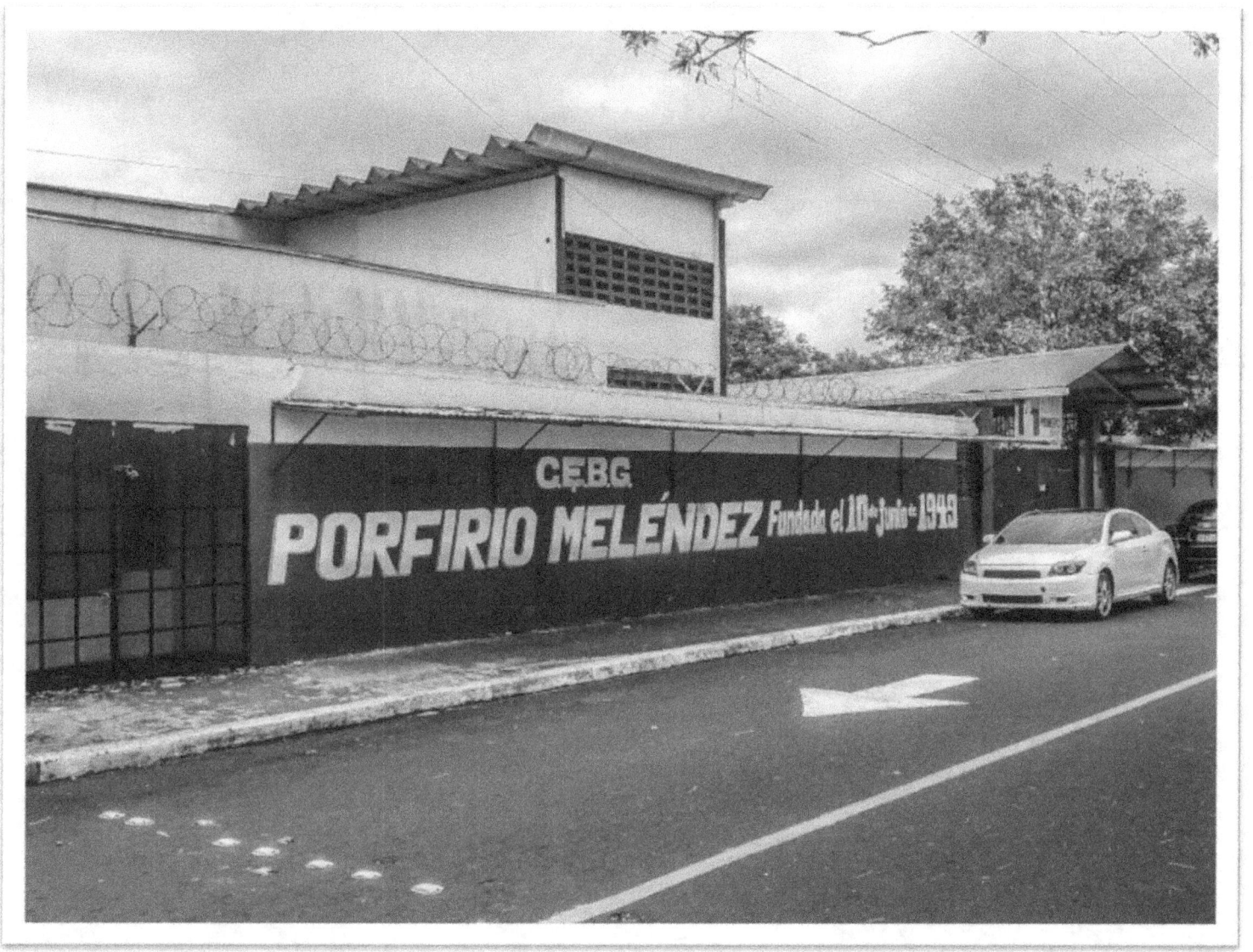

03-022-DCHM

Escuela Porfirio Meléndez

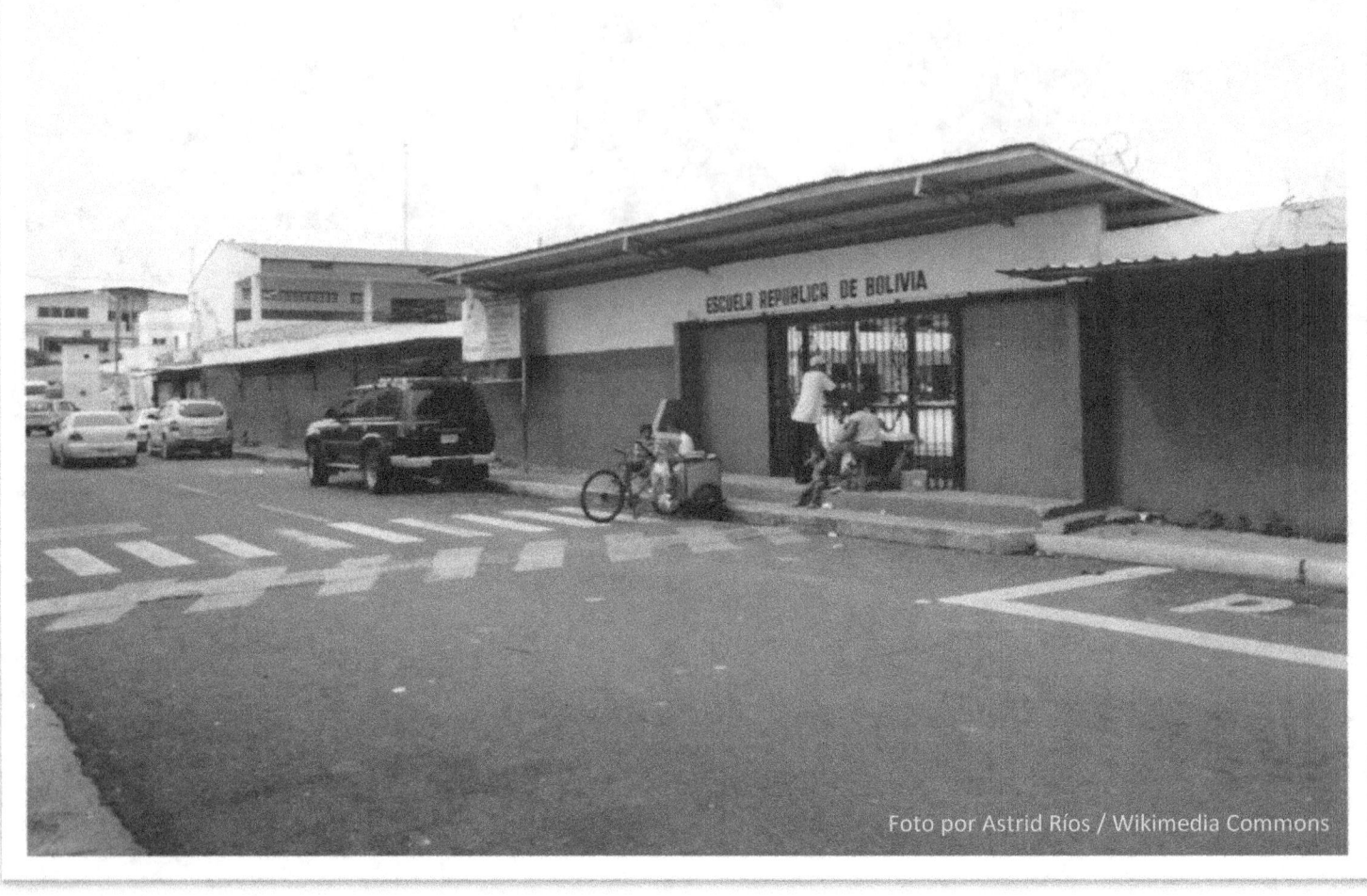

Foto por Astrid Ríos / Wikimedia Commons

03-023-DCHM
Escuela República
de Bolivia

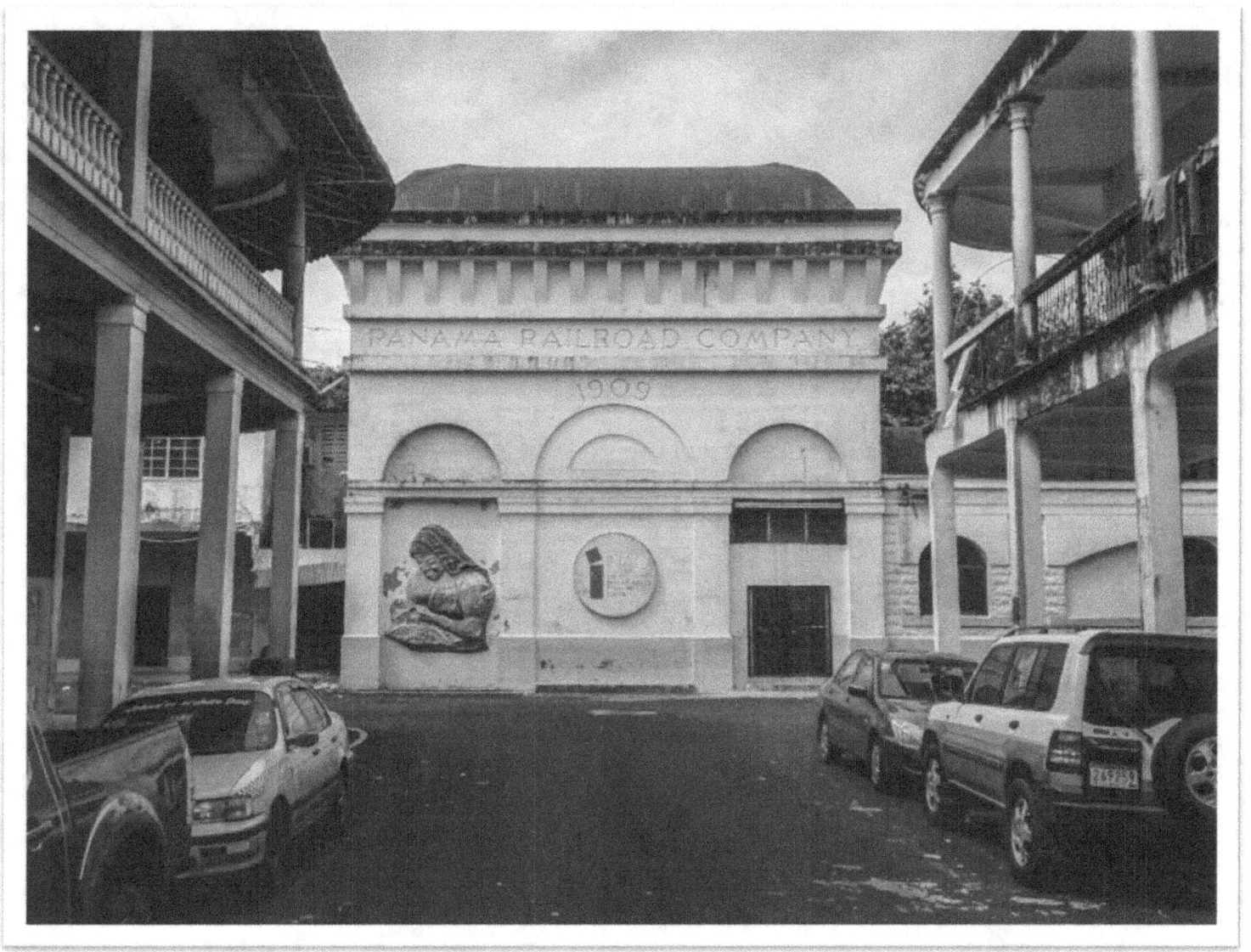

03-024-DCHM
Estación de Ferrocarril
de Panamá

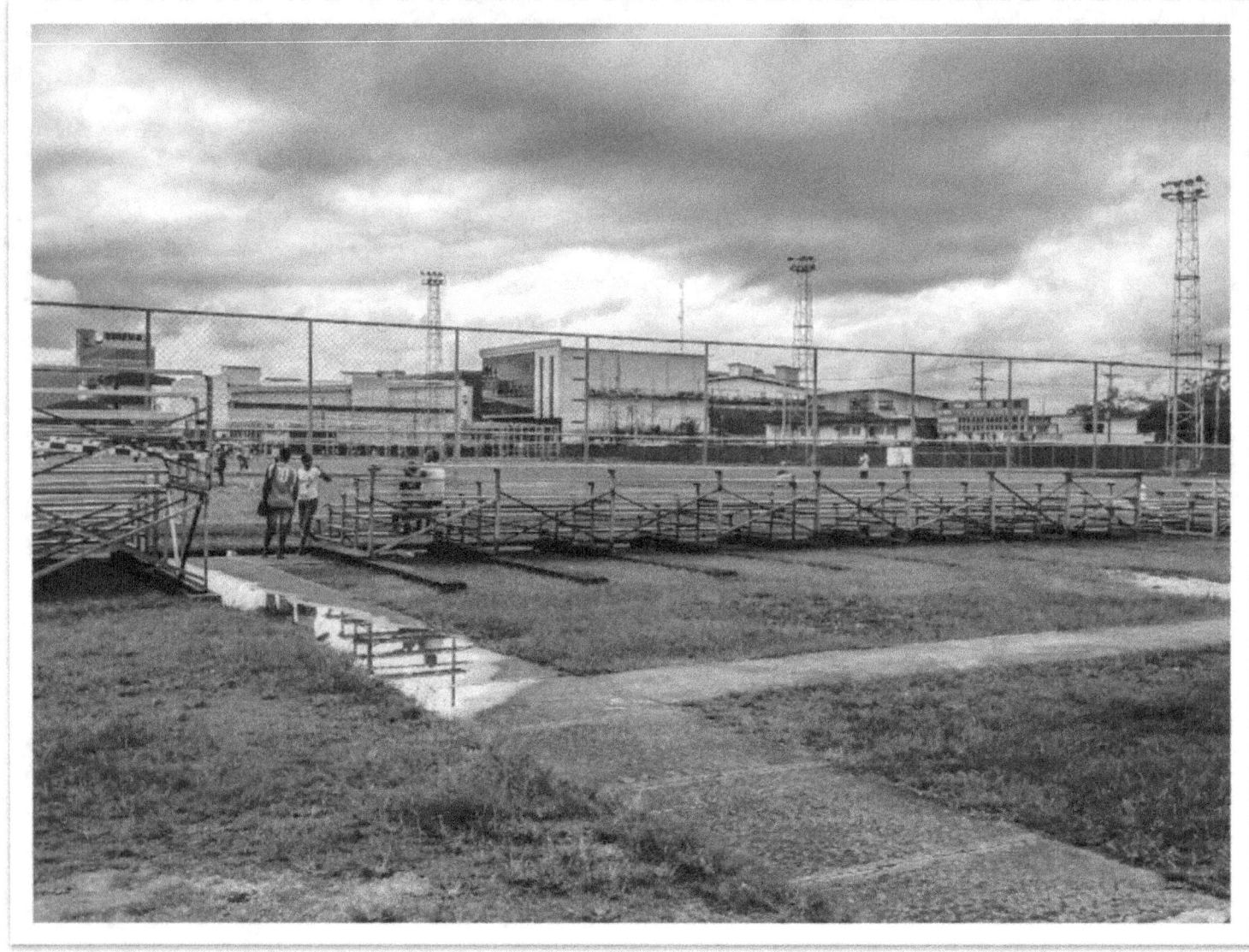

03-025-DCHM
Estadio Roberto
Mariano Bula

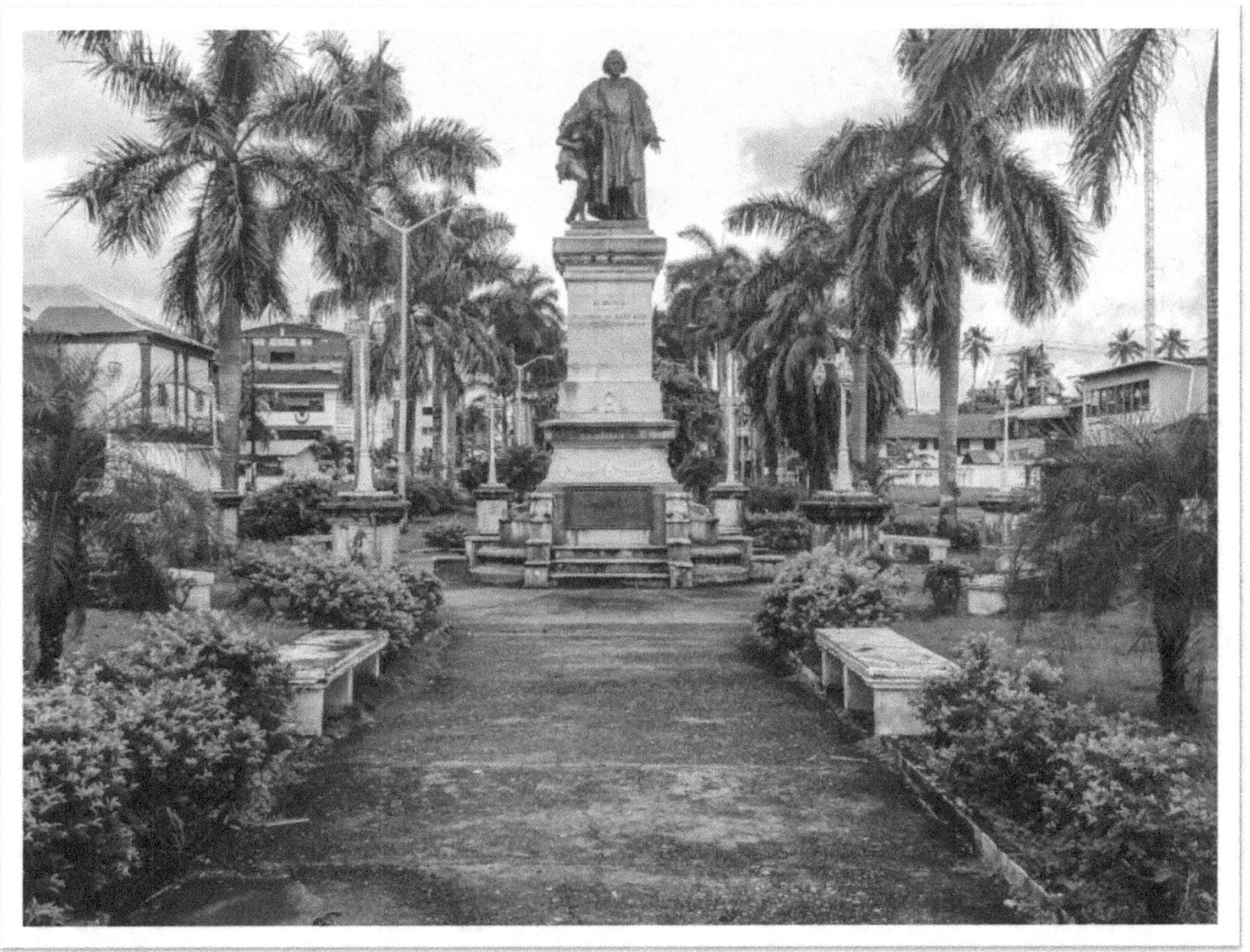

03-026-DCHM

Estatua Cristóbal Colón

(Paseo Washington)

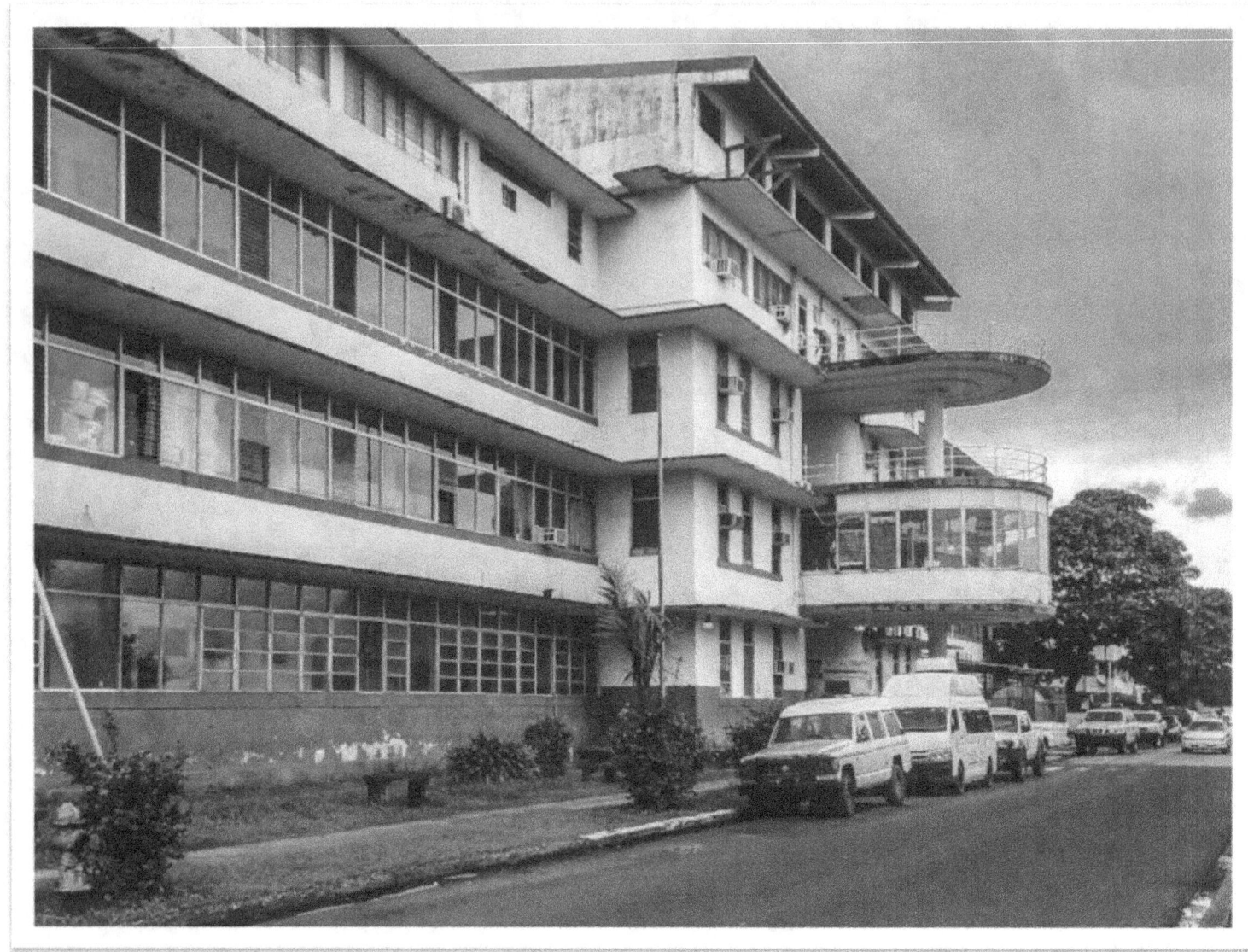

03-027-DCHM
Antiguo Hospital Amador Guerrero (Paseo Gorgas)

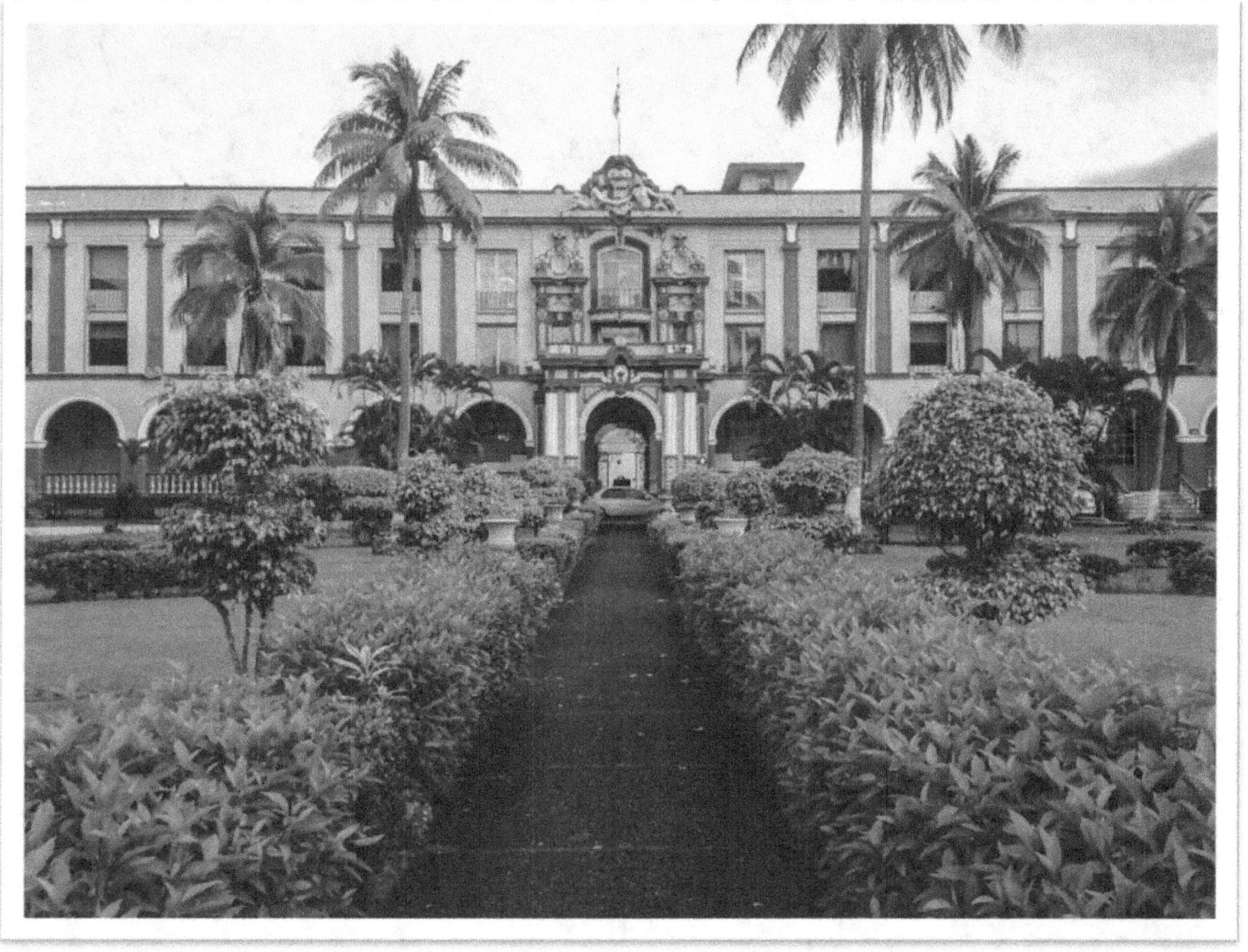

03-028-DCHM

Hotel Washington

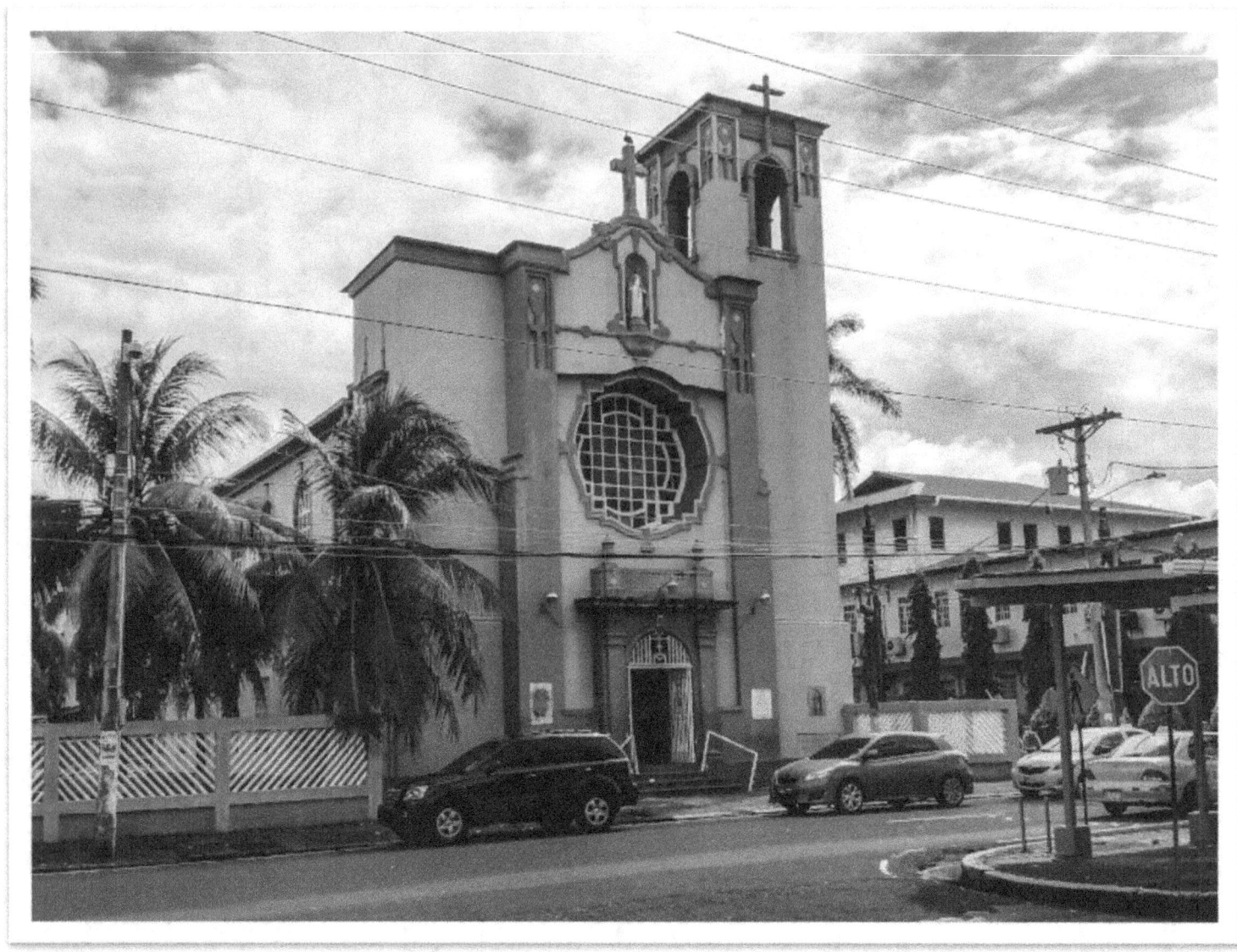

03-029-DCHM
Iglesia de la
Medalla Milagrosa

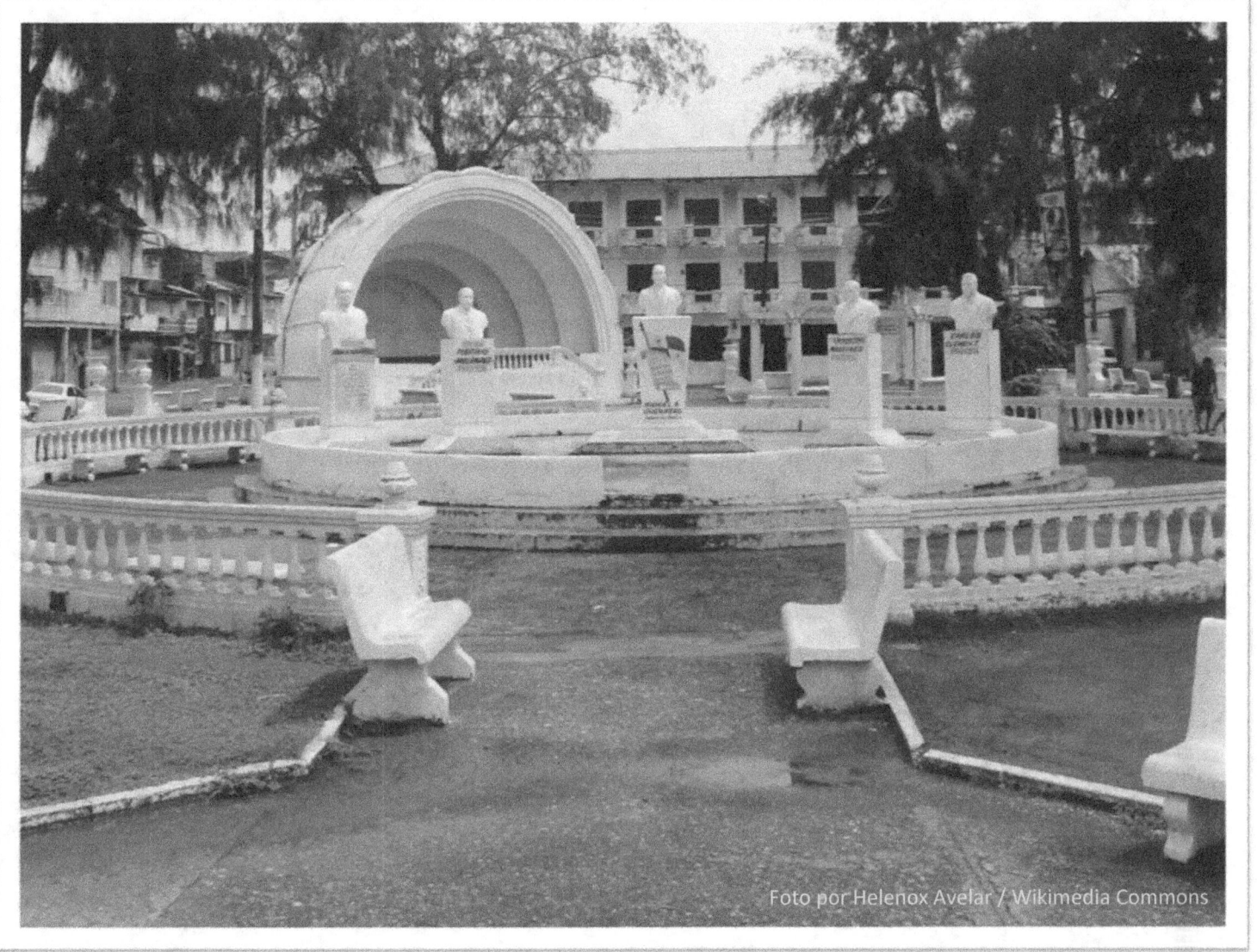

03-030-DCHM

Parque 5 de Noviembre

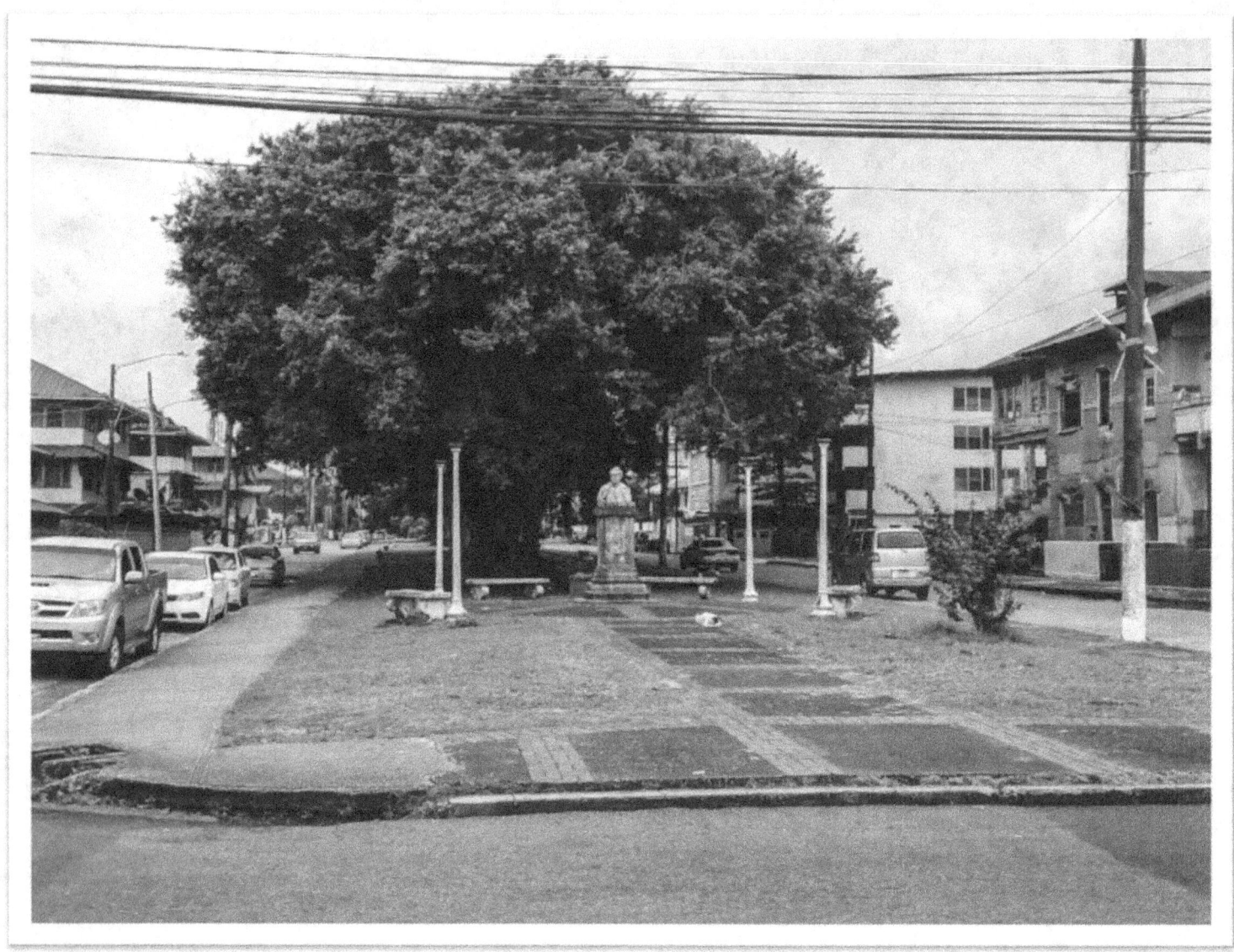

03-031-DCHM

Parque Sucre

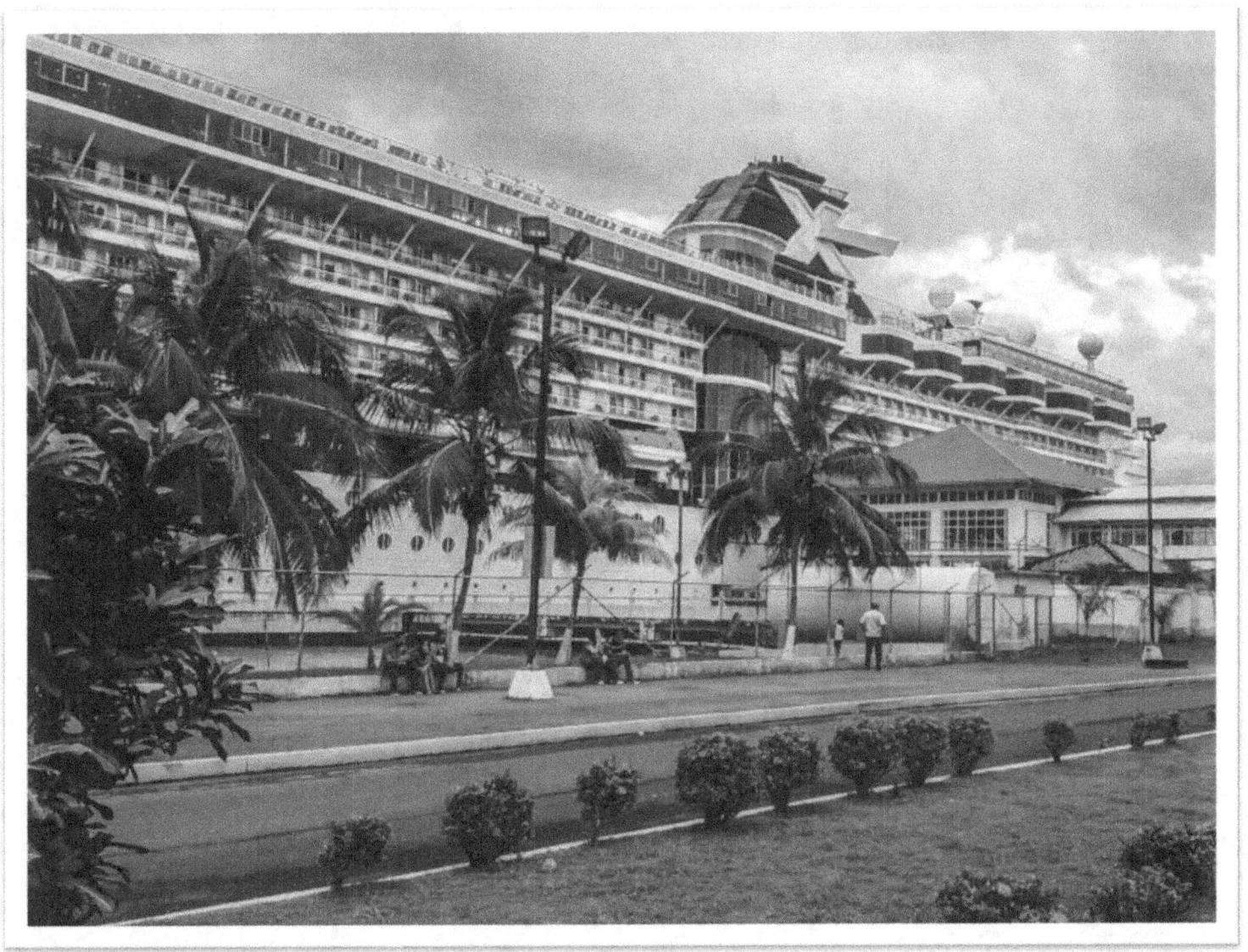

03-032-DCHM

Paseo Gorgas y su entorno

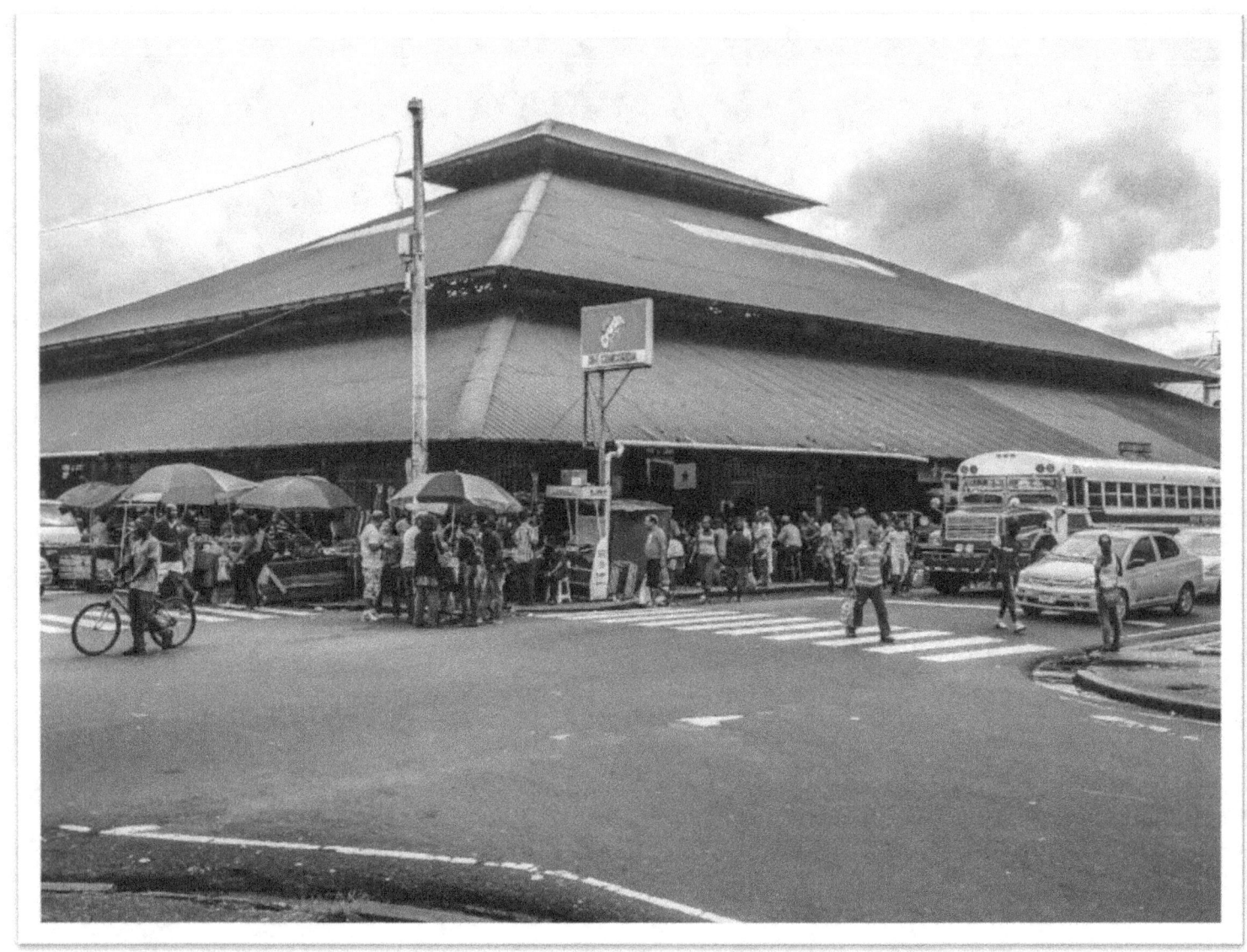

03-033-DCHM

Paseo Juan D. Arosemena

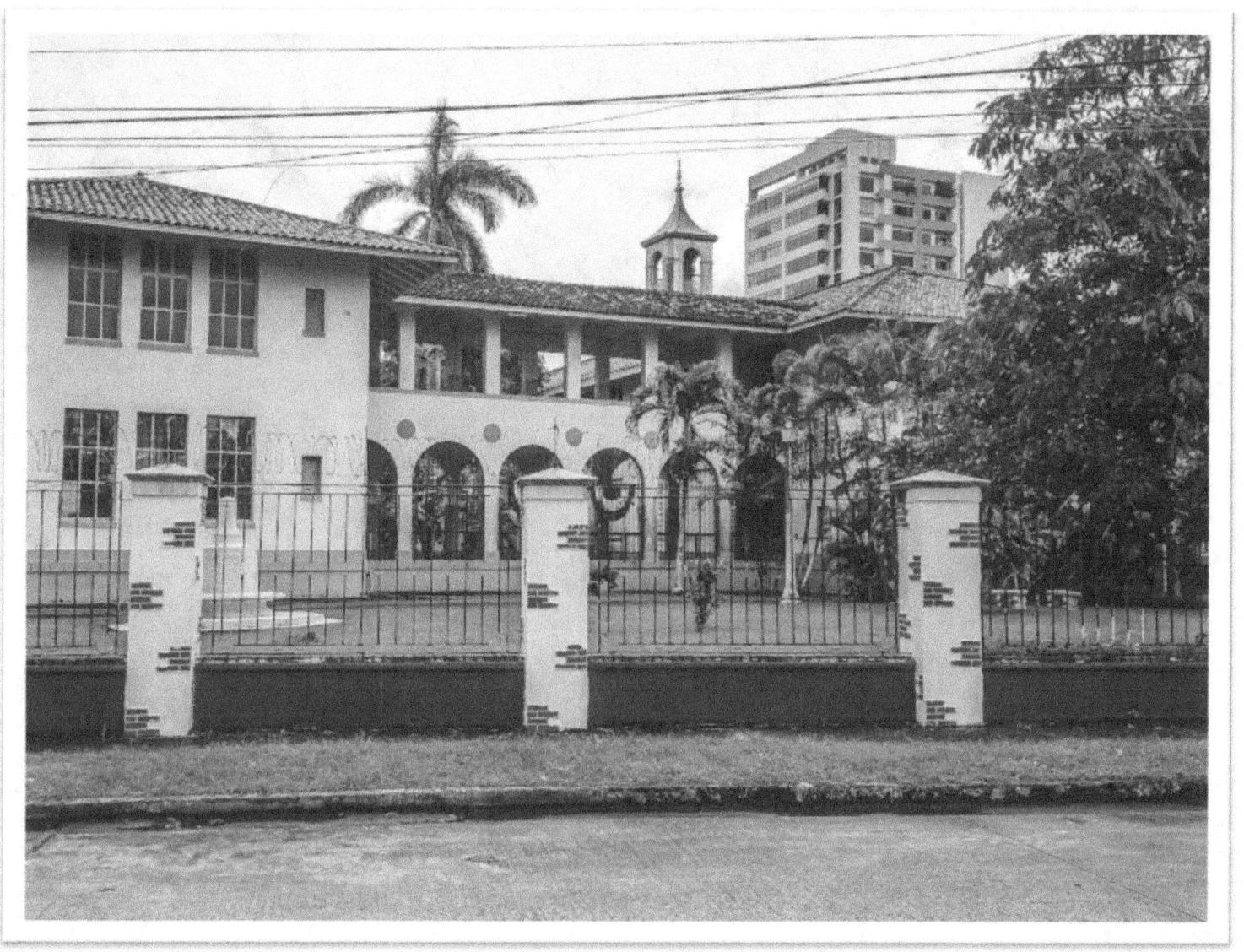

03-034-DCHM

Paseo Lesseps y su entorno

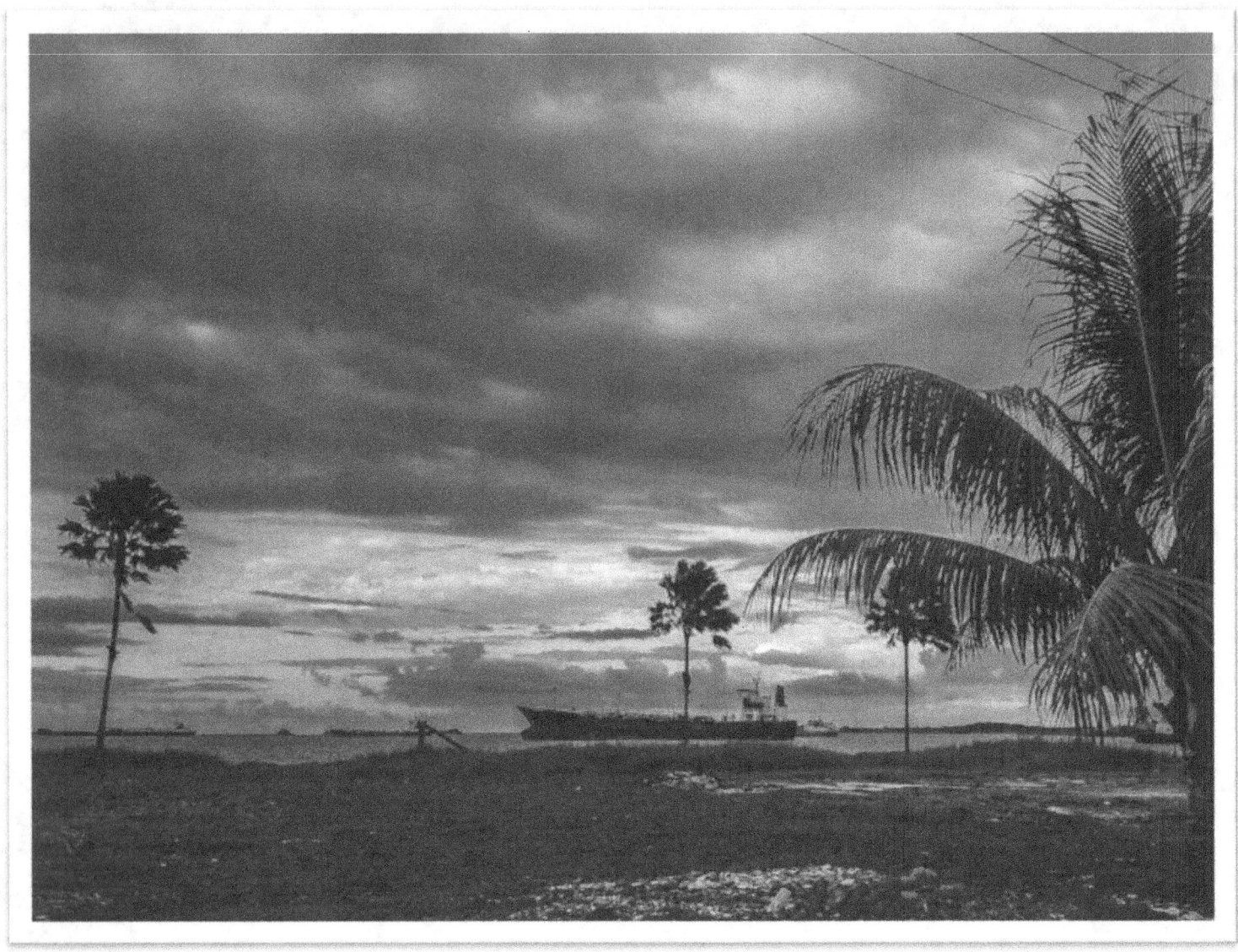

03-035-DCHM
Paseo Washington
y su entorno

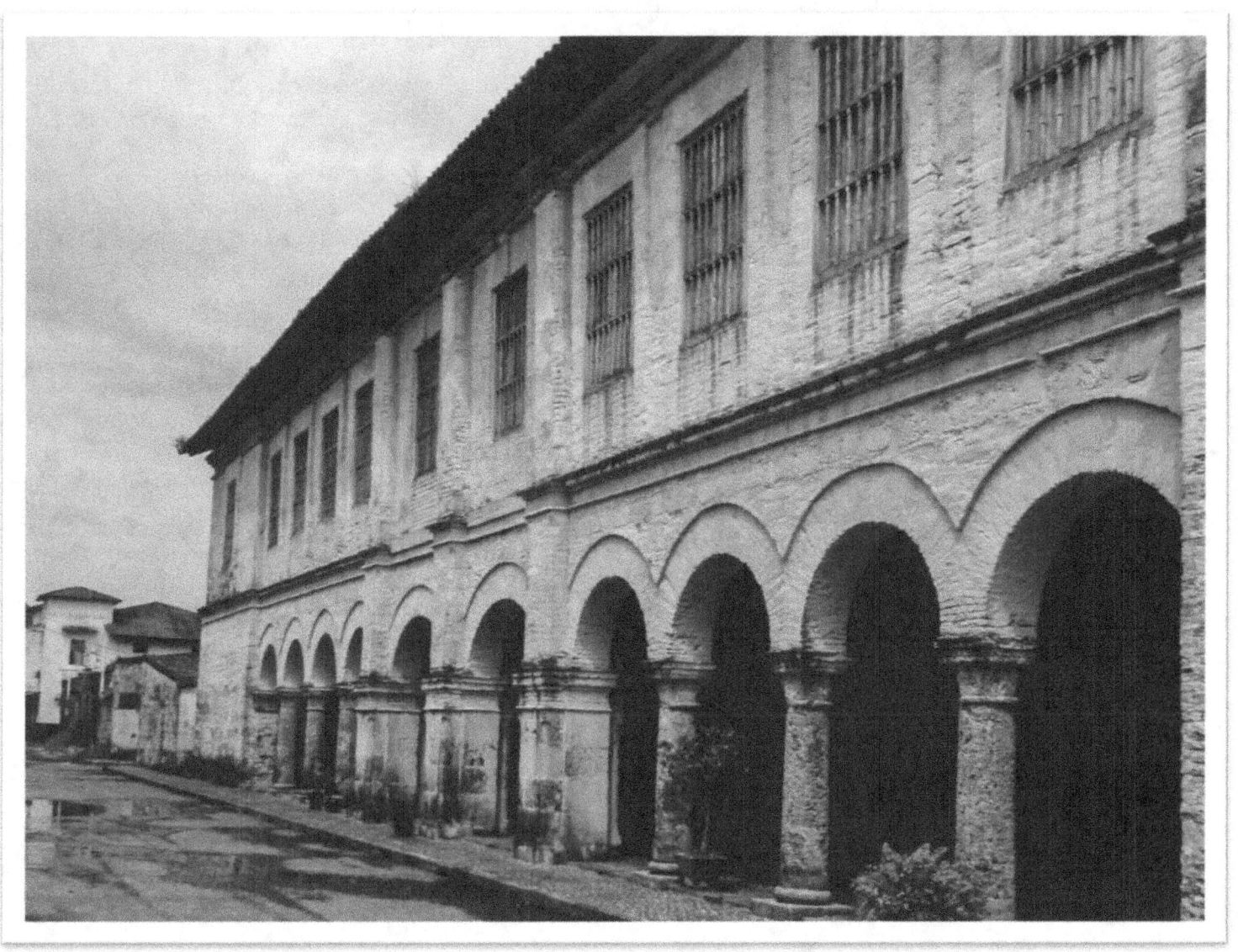

03-036-DCMH

Aduana de Portobelo

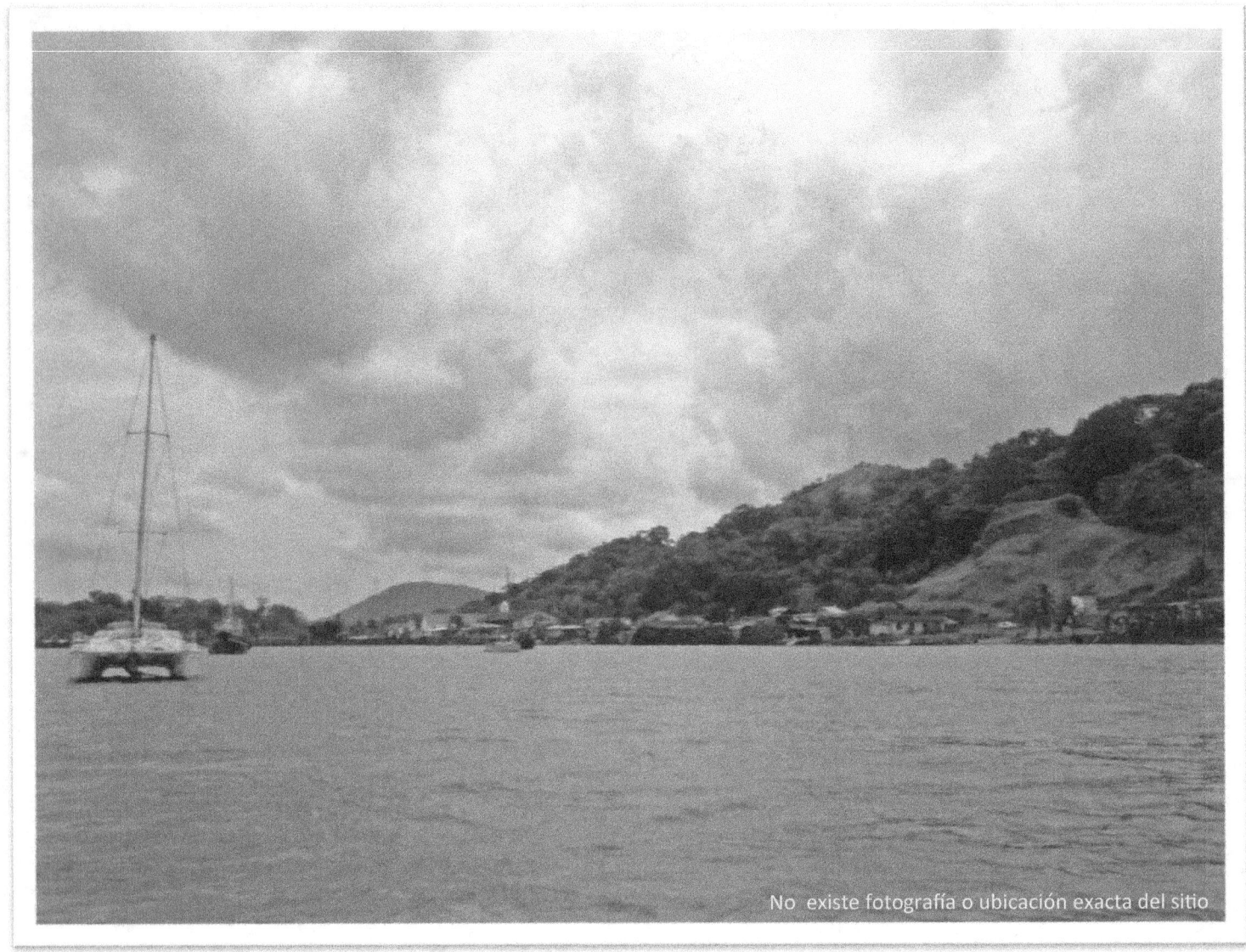
No existe fotografía o ubicación exacta del sitio

03-037-DCMH
Baluarte Tres Cruces

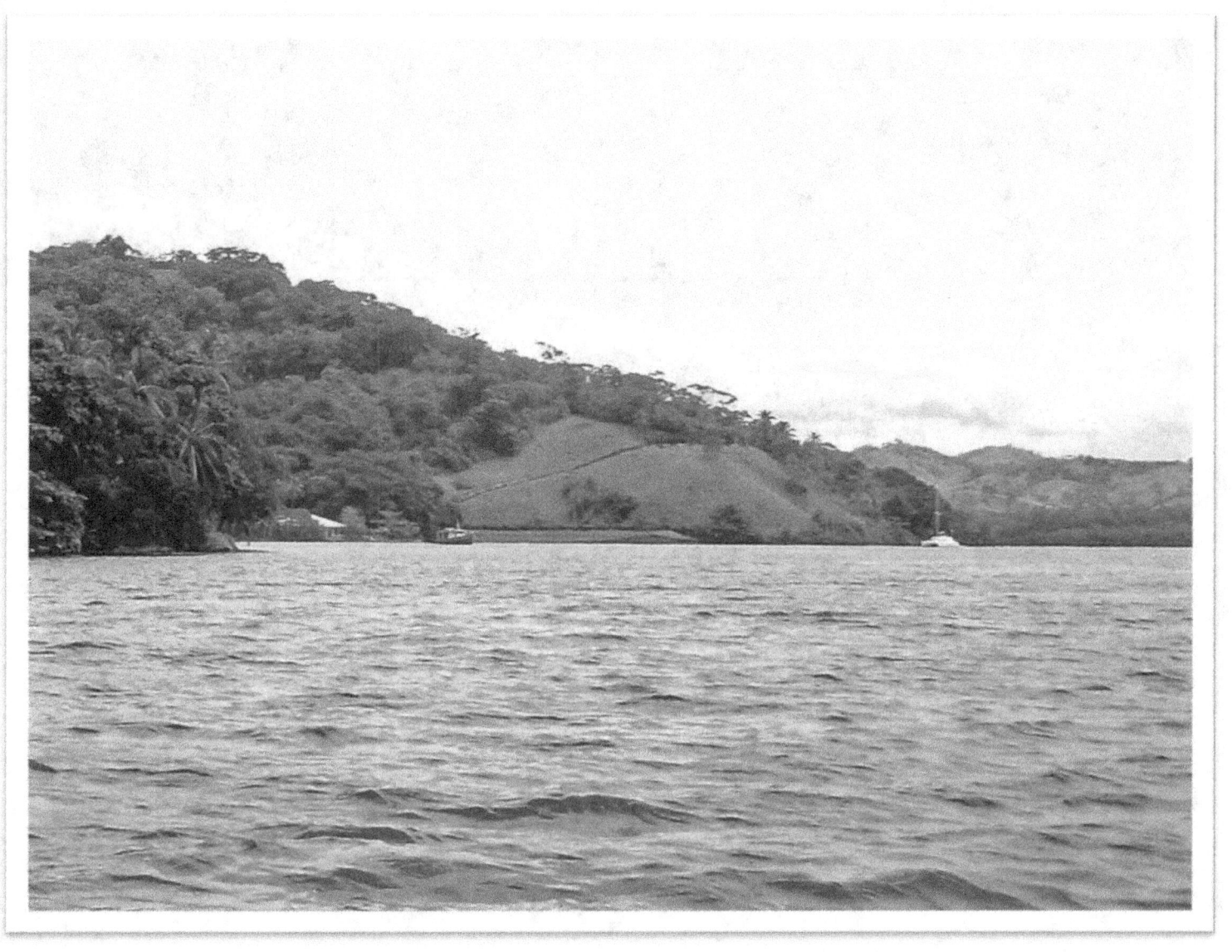

03-038-DCMH

Batería Alta de San Fernando

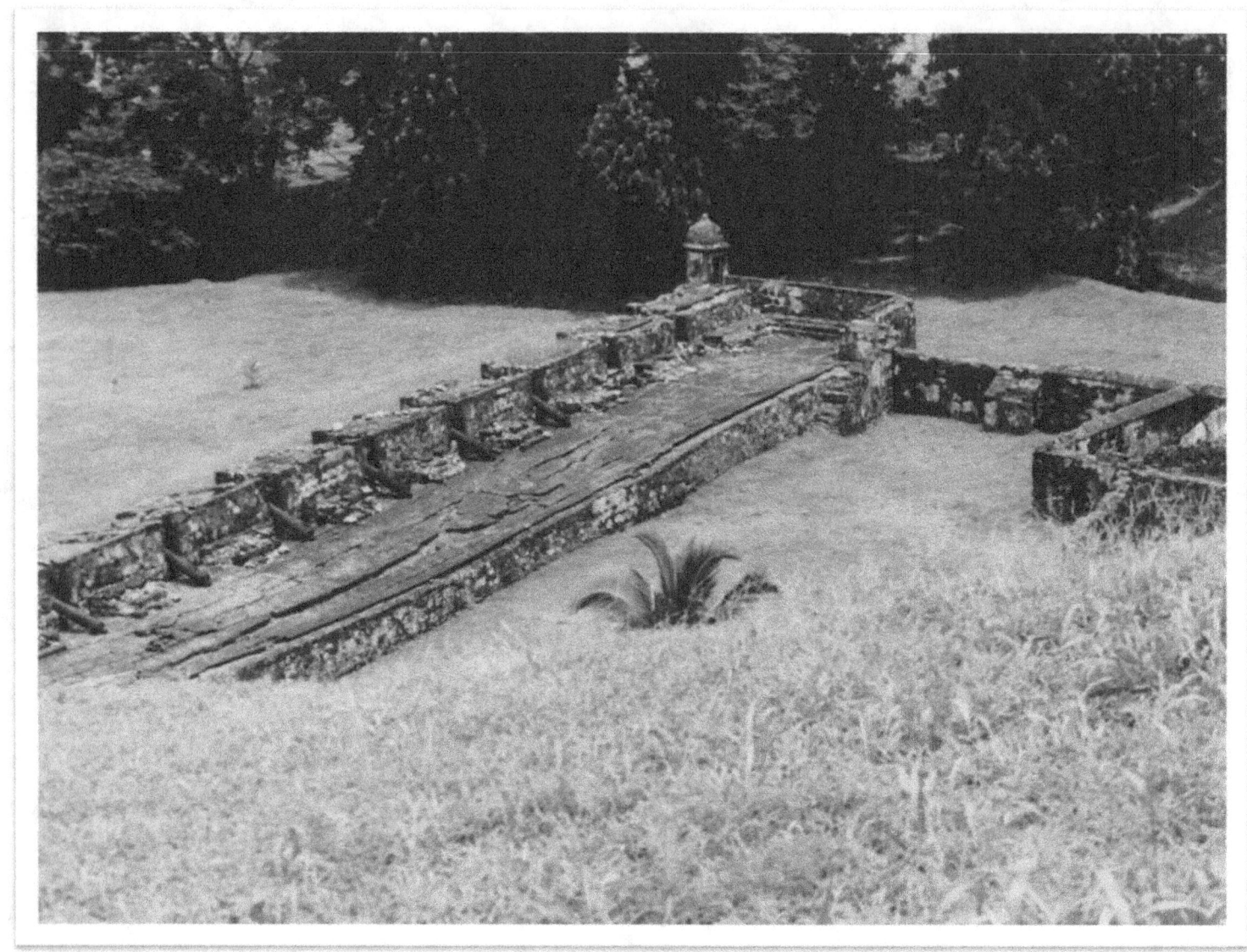

03-039-DCMH

Batería Baja de

San Fernando

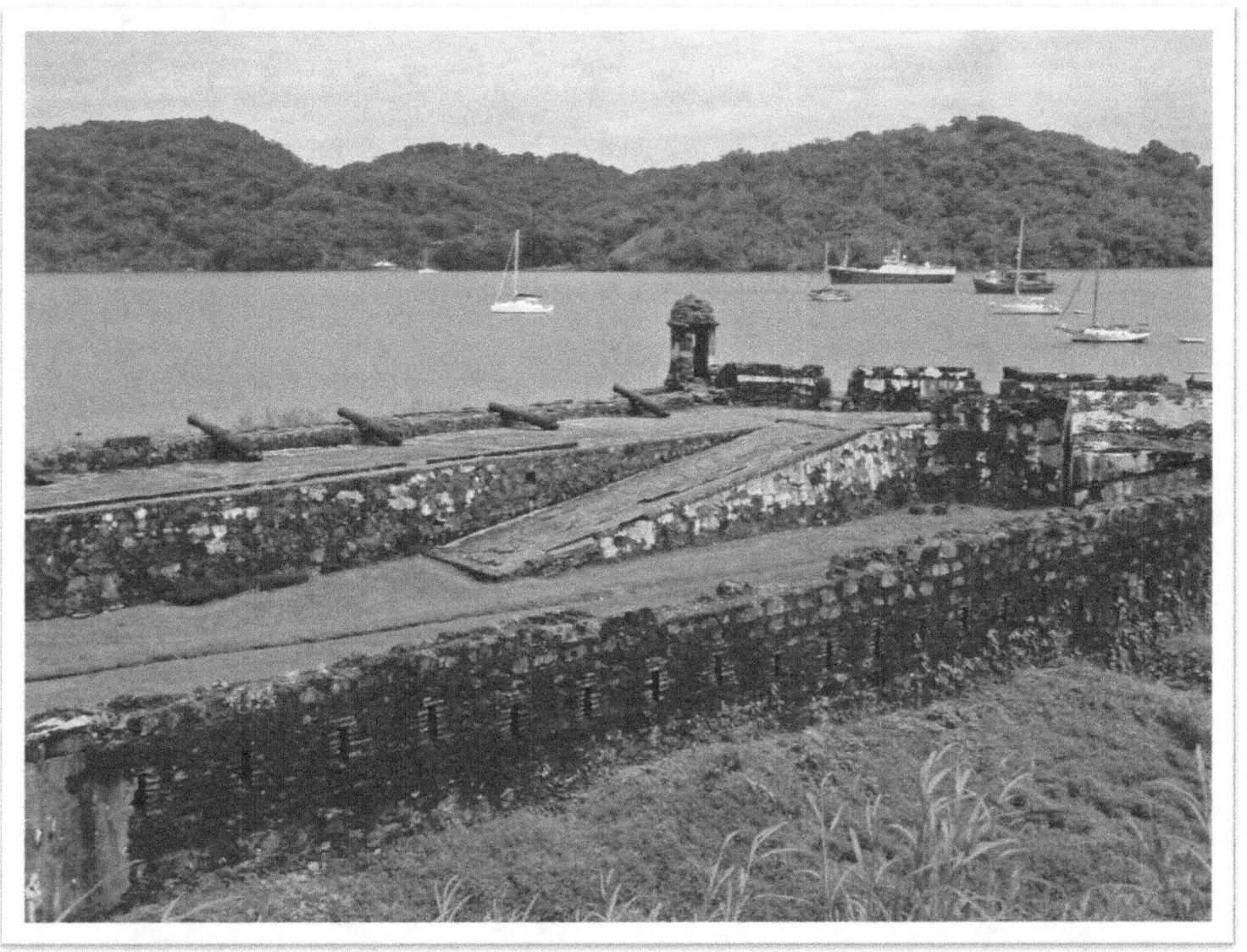

03-040-DCMH

Batería Santiago

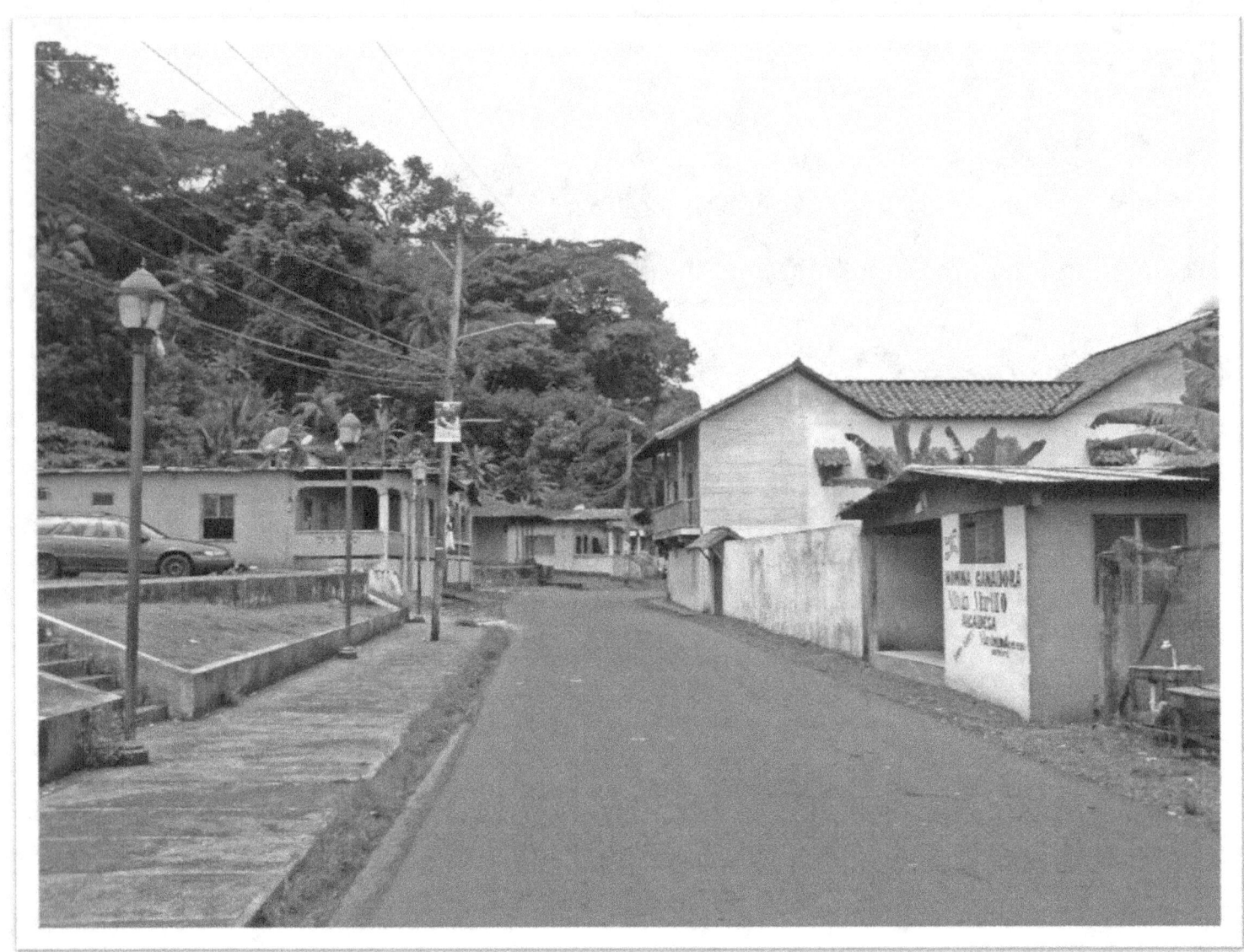

03-041-DCMH

Casa Colonial

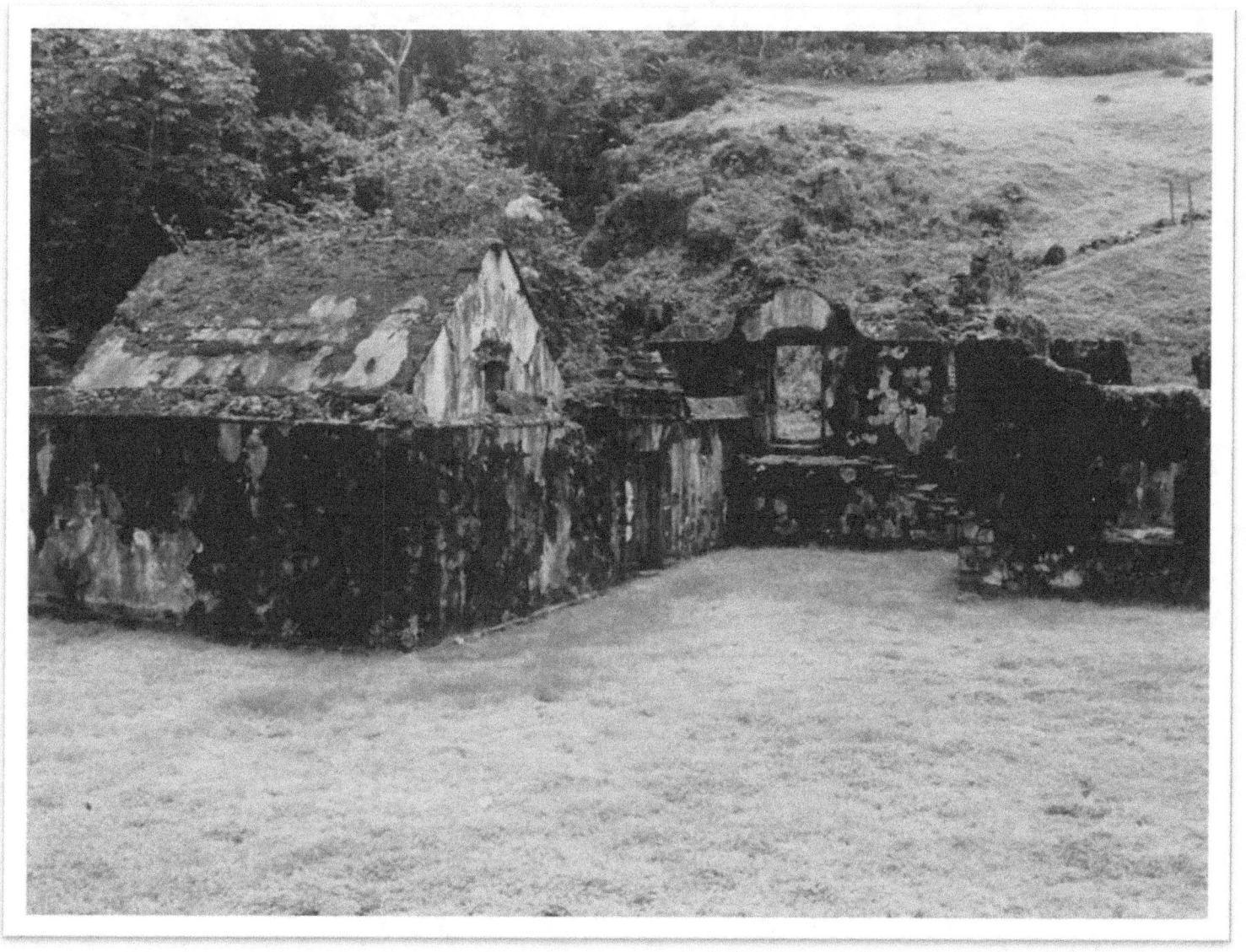

03-042-DCMH

Casa Fuerte San Fernando

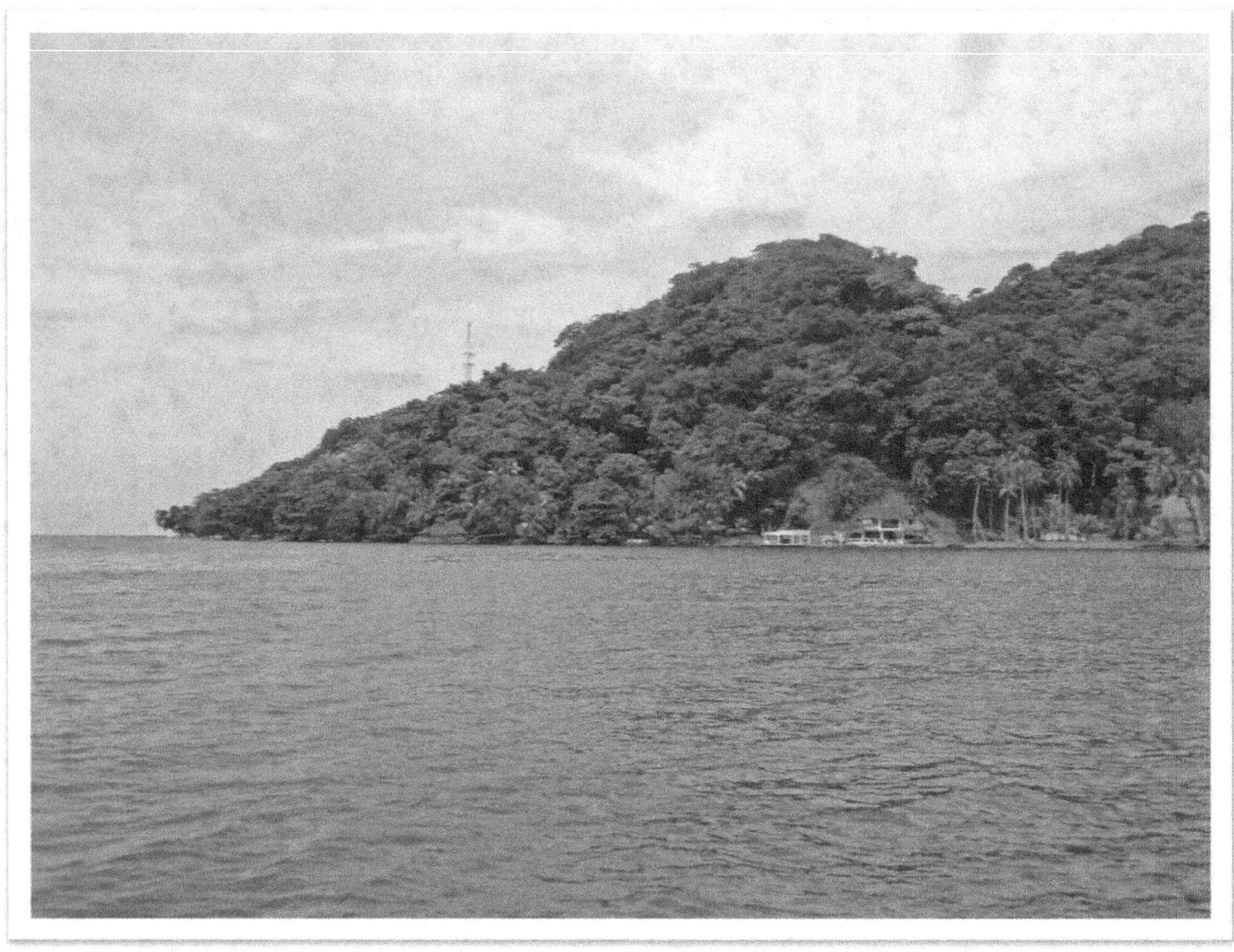

03-043-DCMH

Castillo de San Felipe

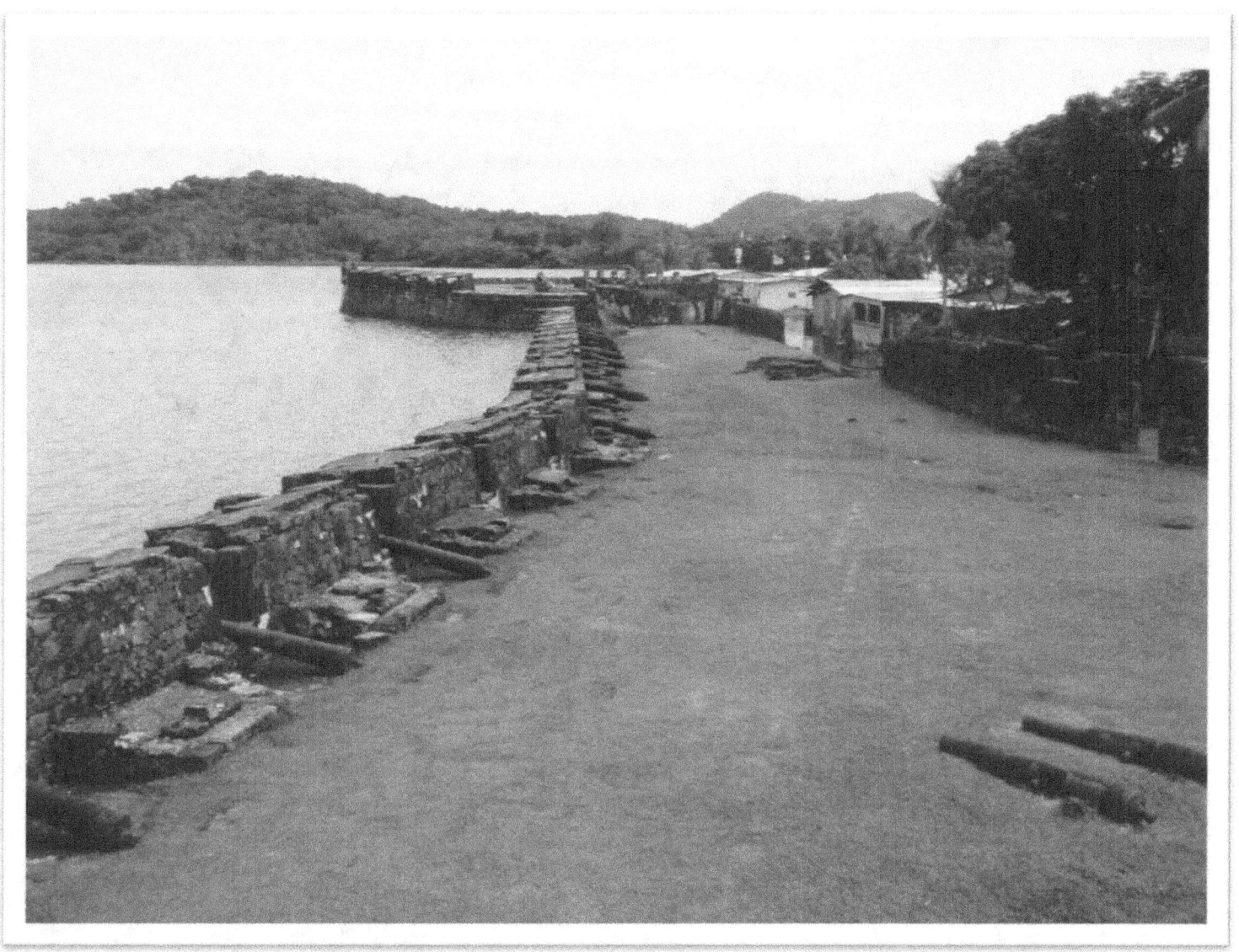

03-044-DCMH

Castillo de San Jerónimo

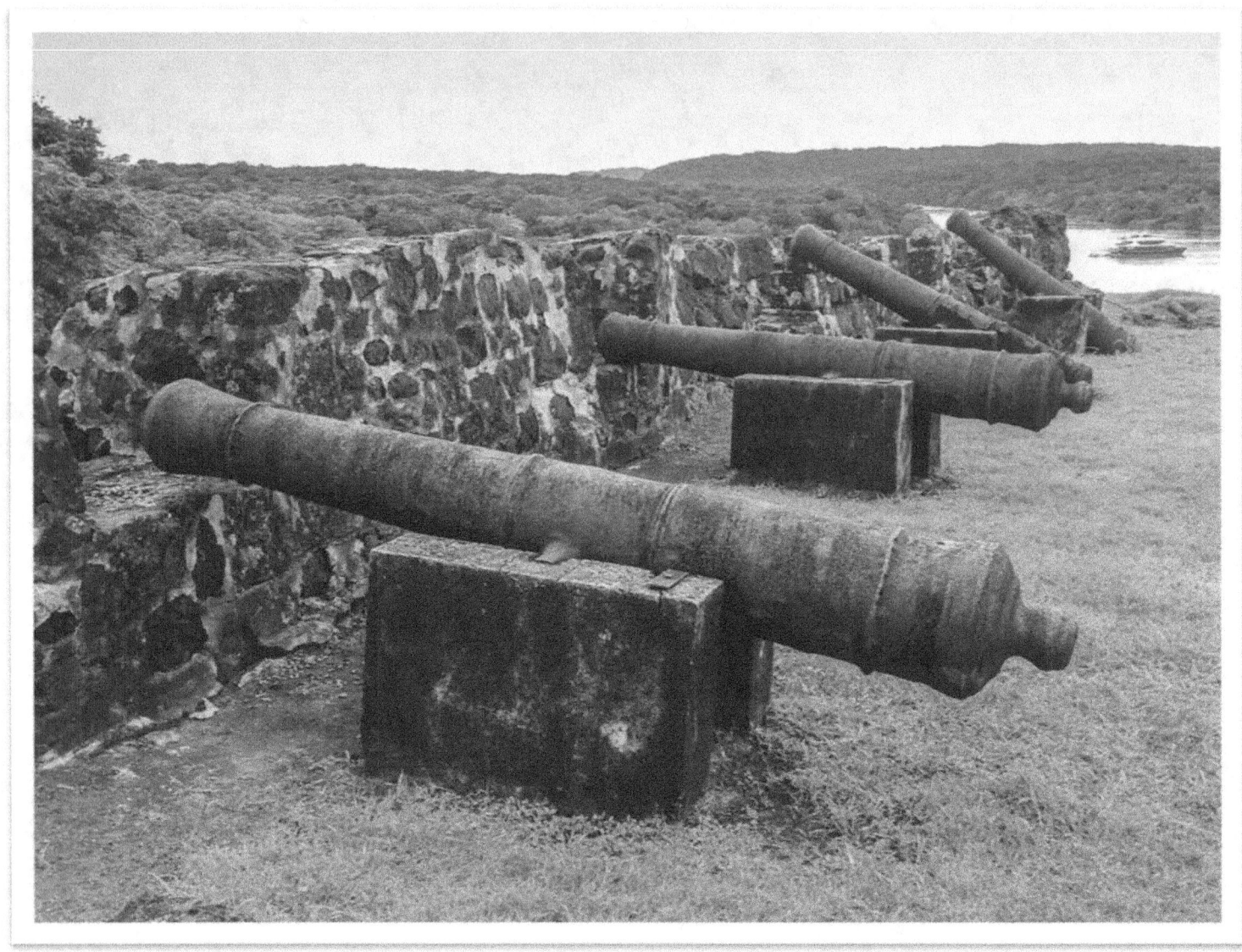

03-045-DCMH
Castillo de San Lorenzo
el Real de Chagres

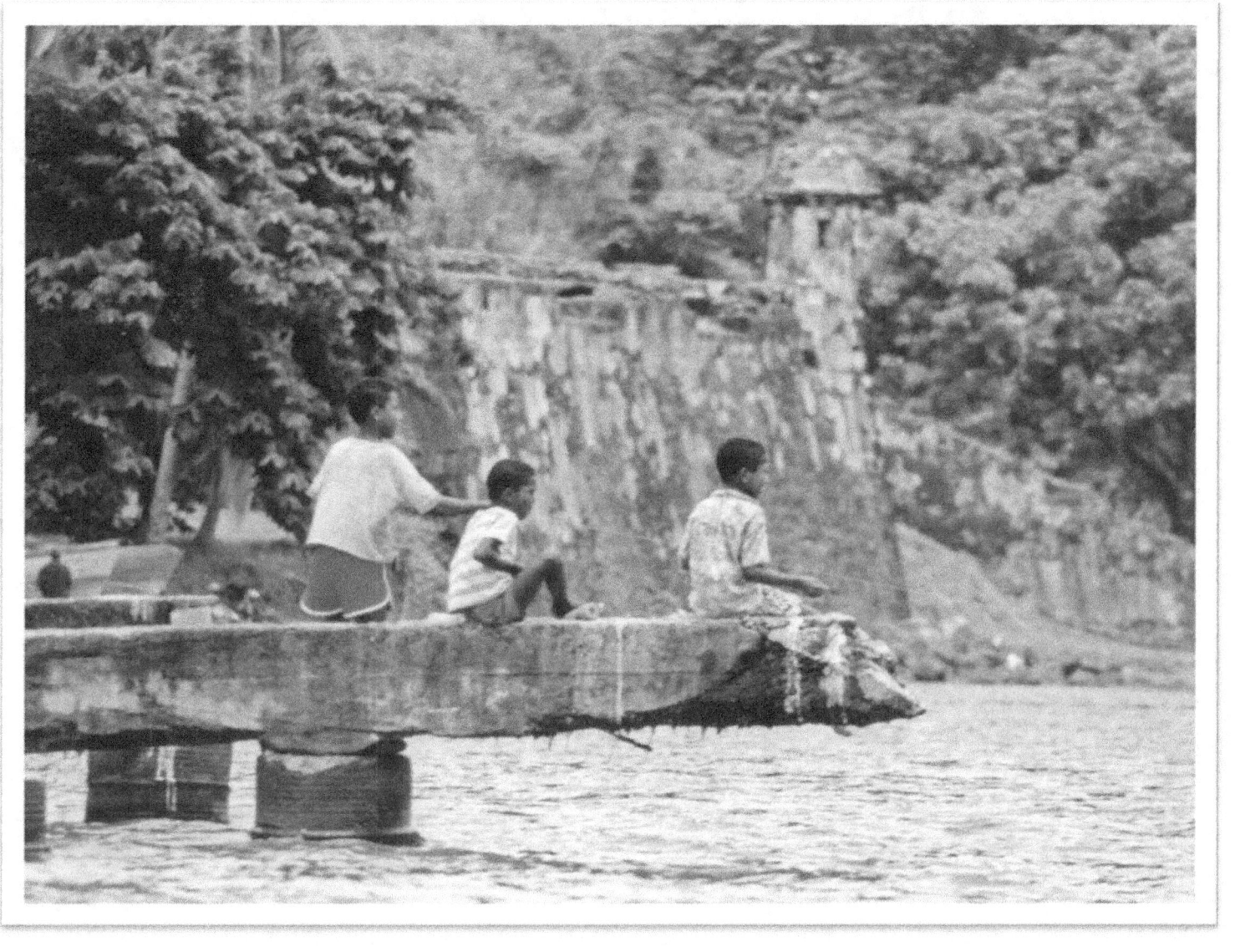

03-046-DCMH

Fortaleza de Santiago

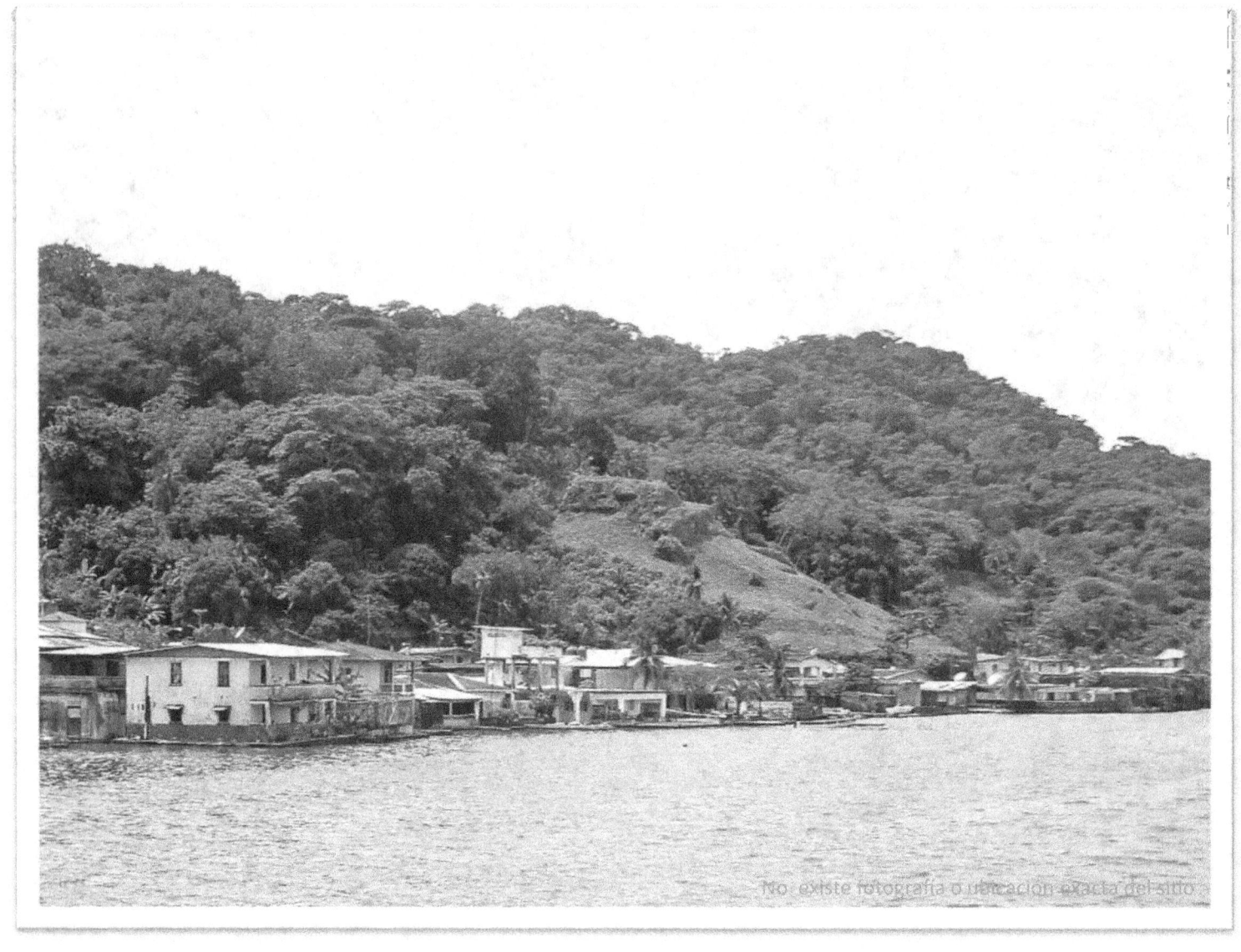

03-047-DCMH

Fuerte Farnecio

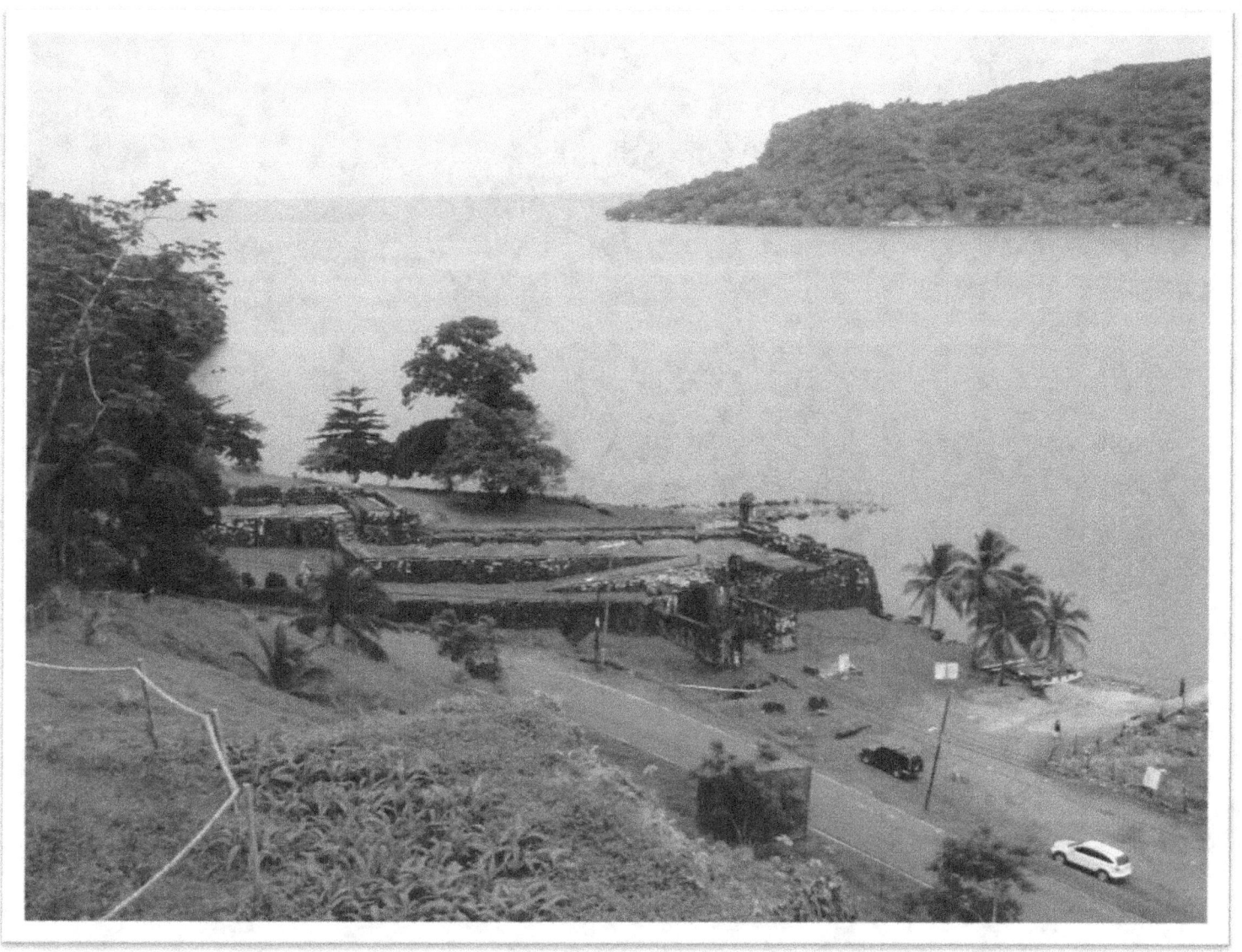

03-048-DCMH

Fuerte Santiago

de la Gloria

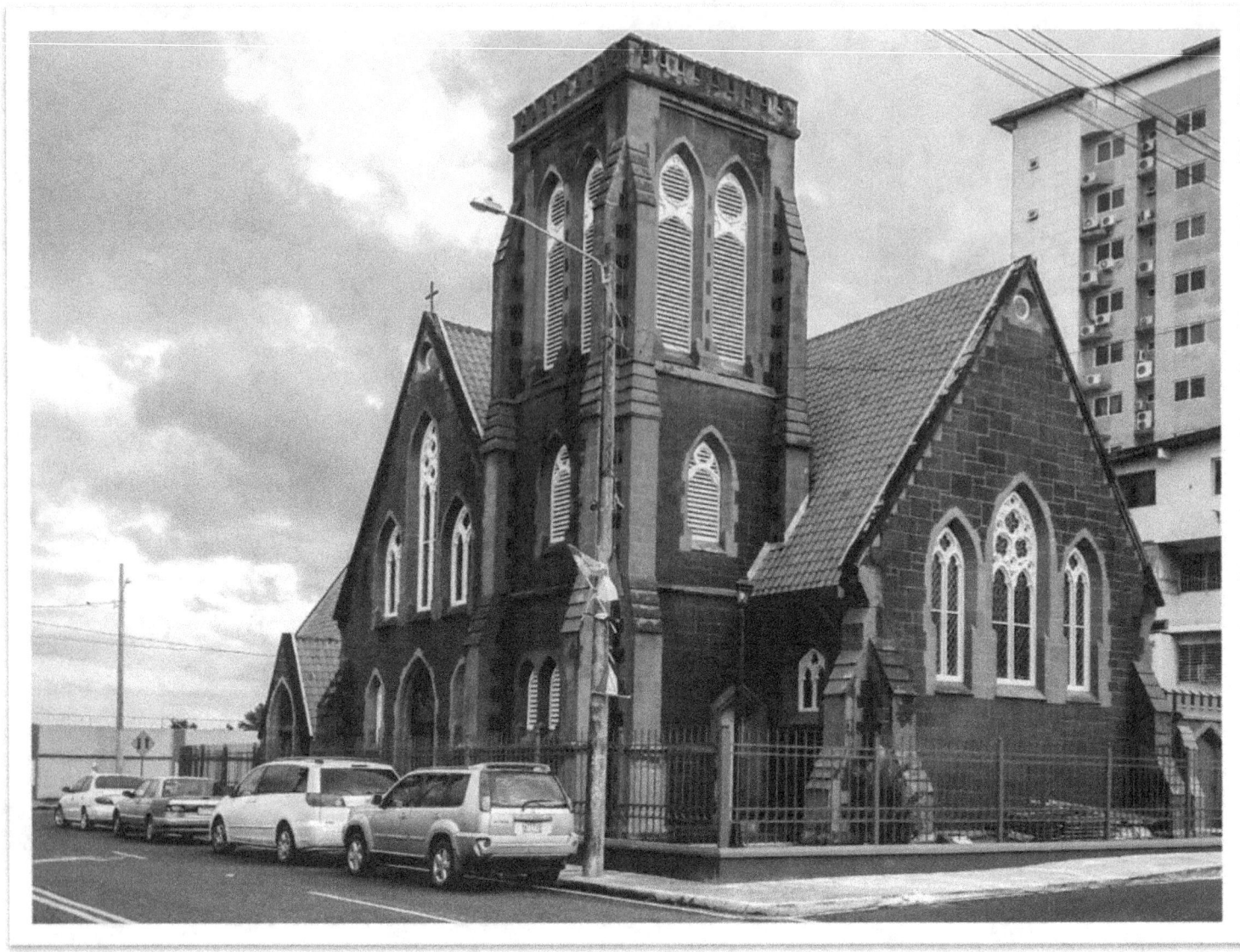

03-049-DMHN

Iglesia de Cristo

a Orillas del Mar

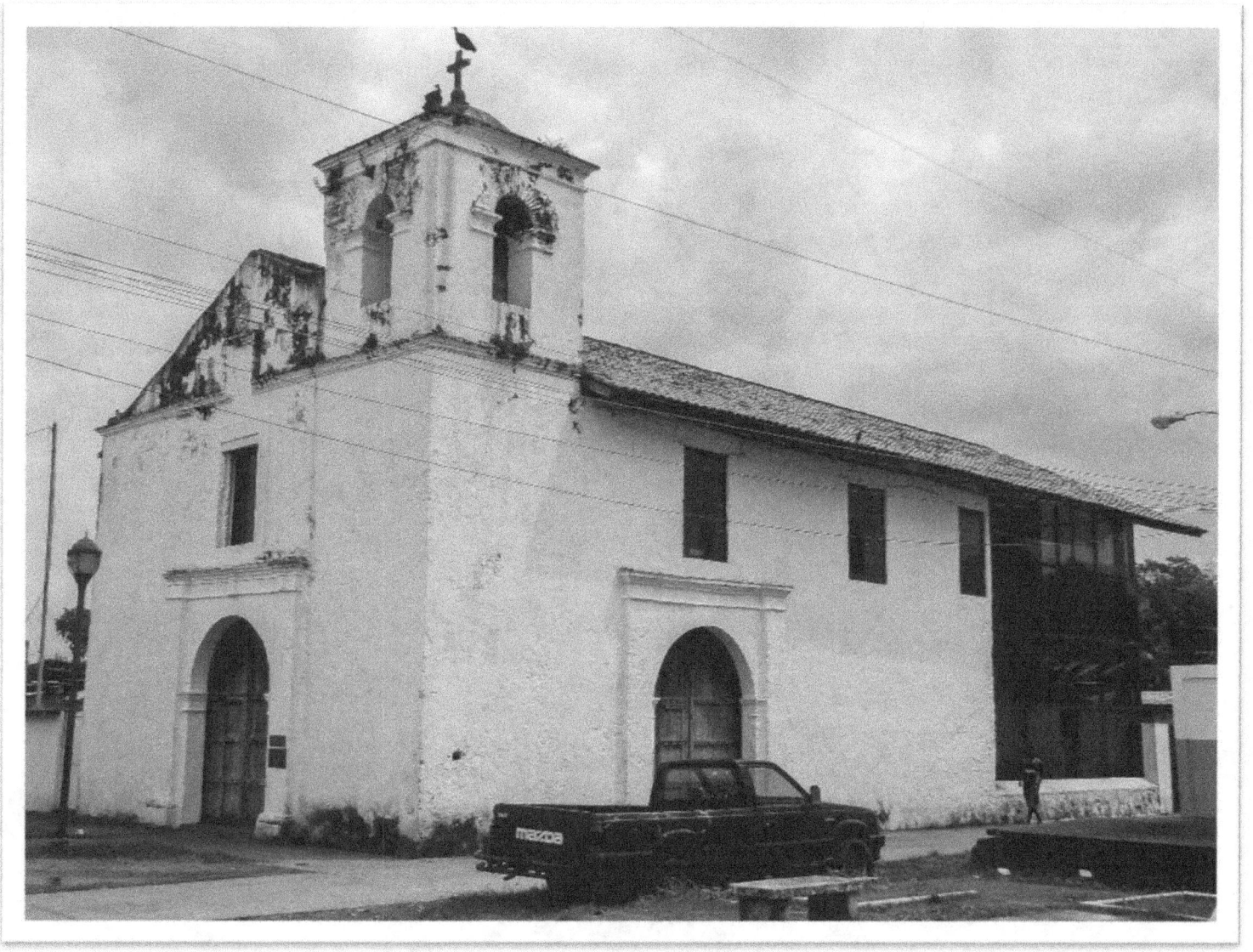

03-050-DCMH

Iglesia de San Juan de Dios

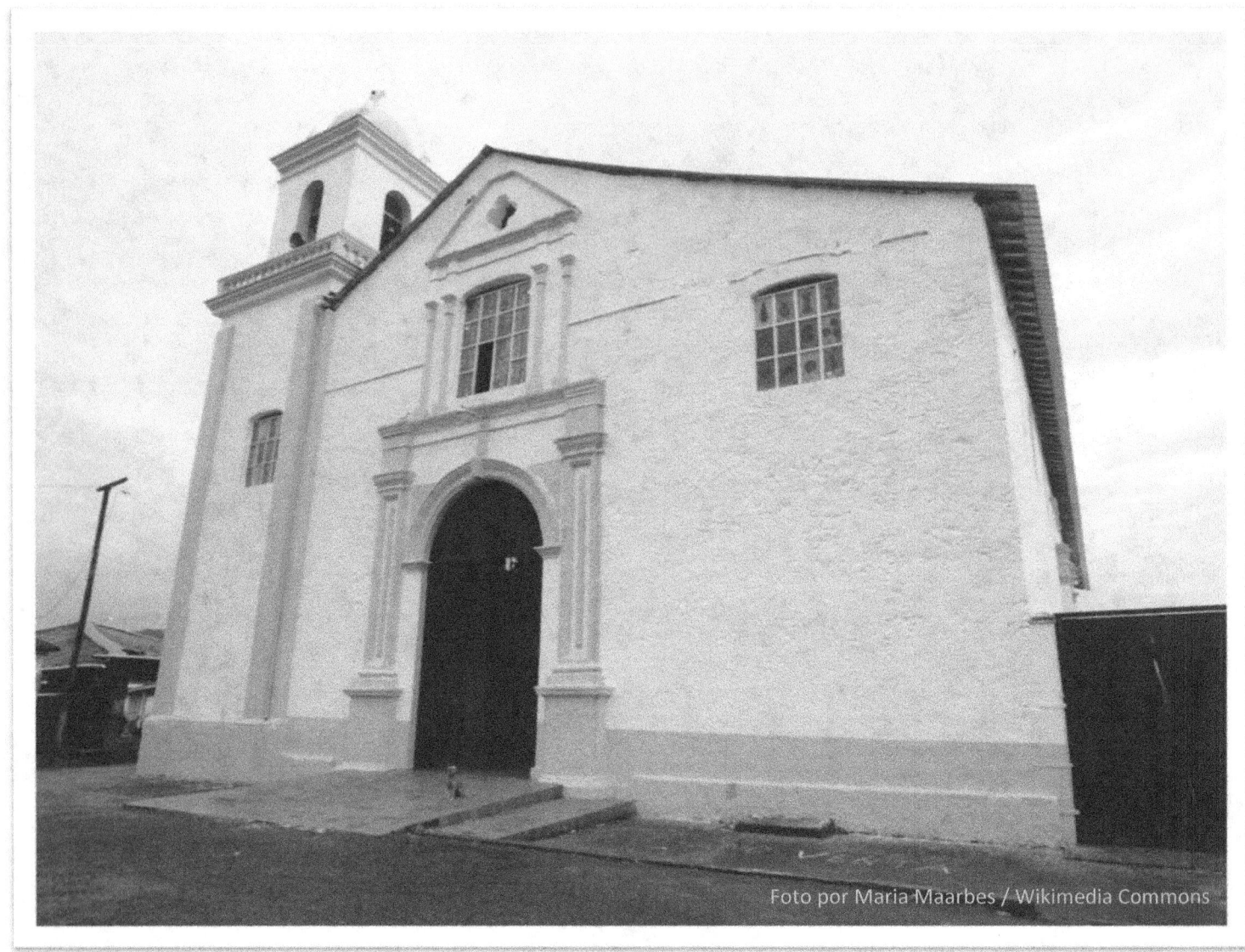

03-051-DMHN
Iglesia de San Felipe
de Portobelo

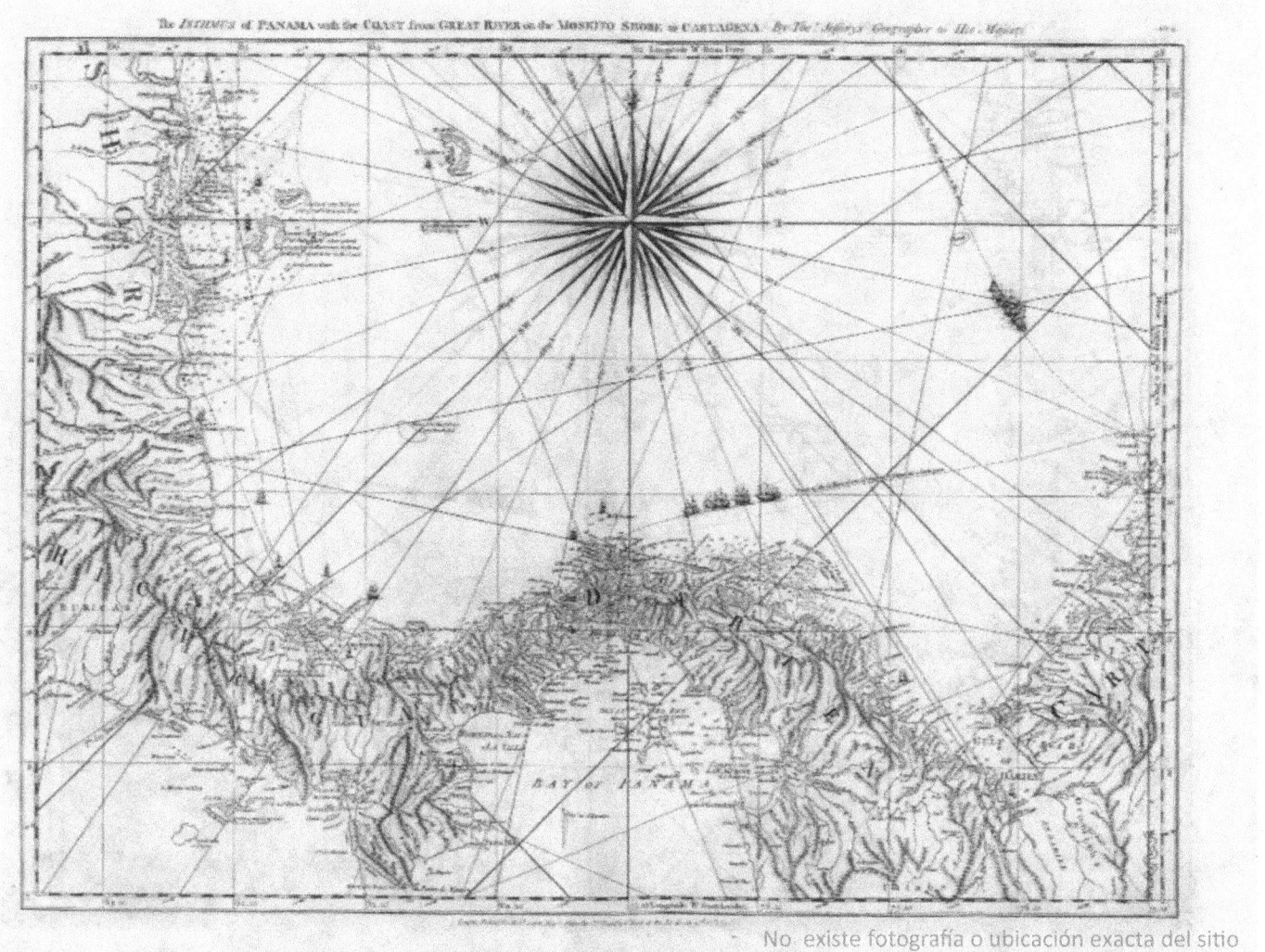

03-052-DCMH

La Trinchera

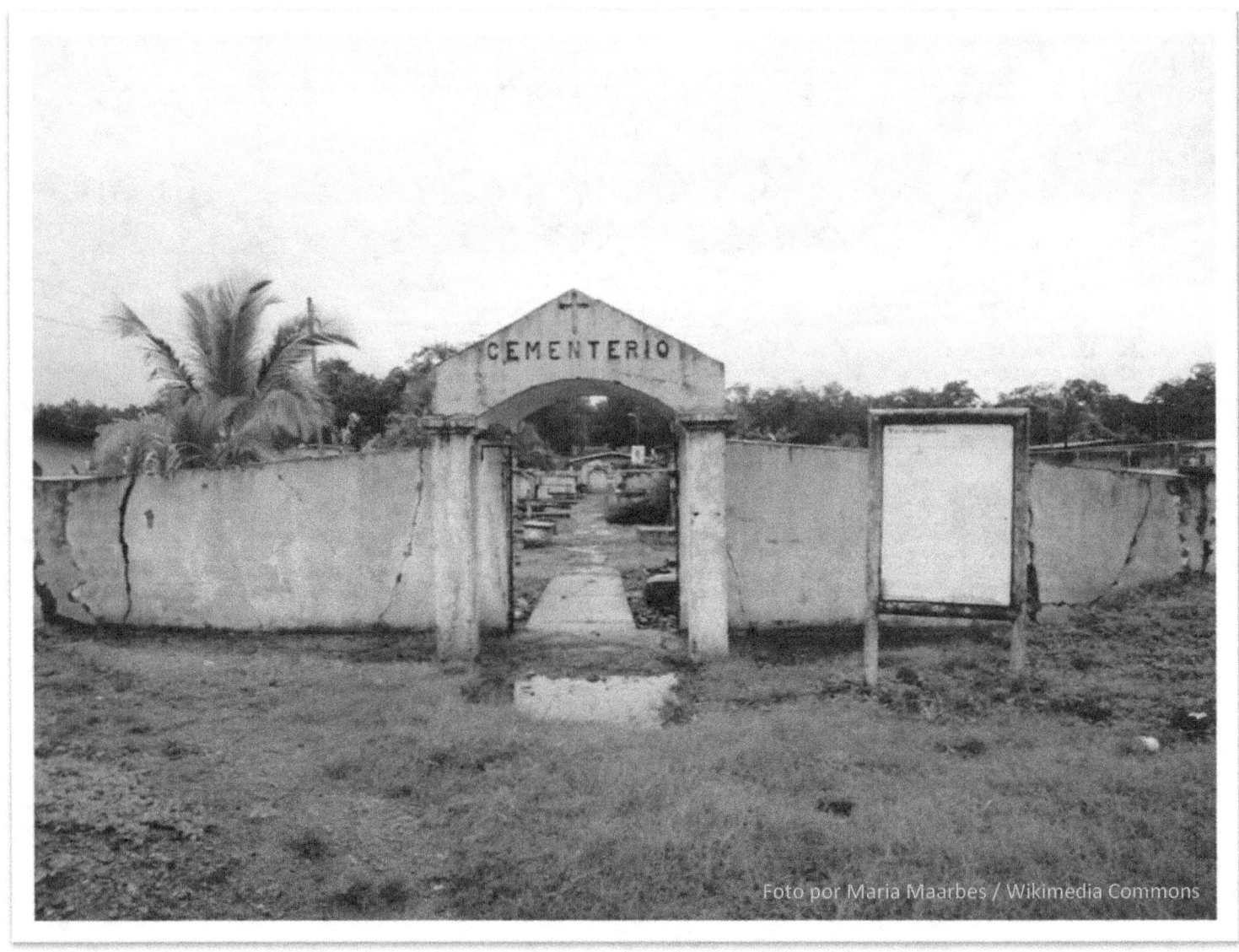

03-053-DCMH

Patio de Mulas

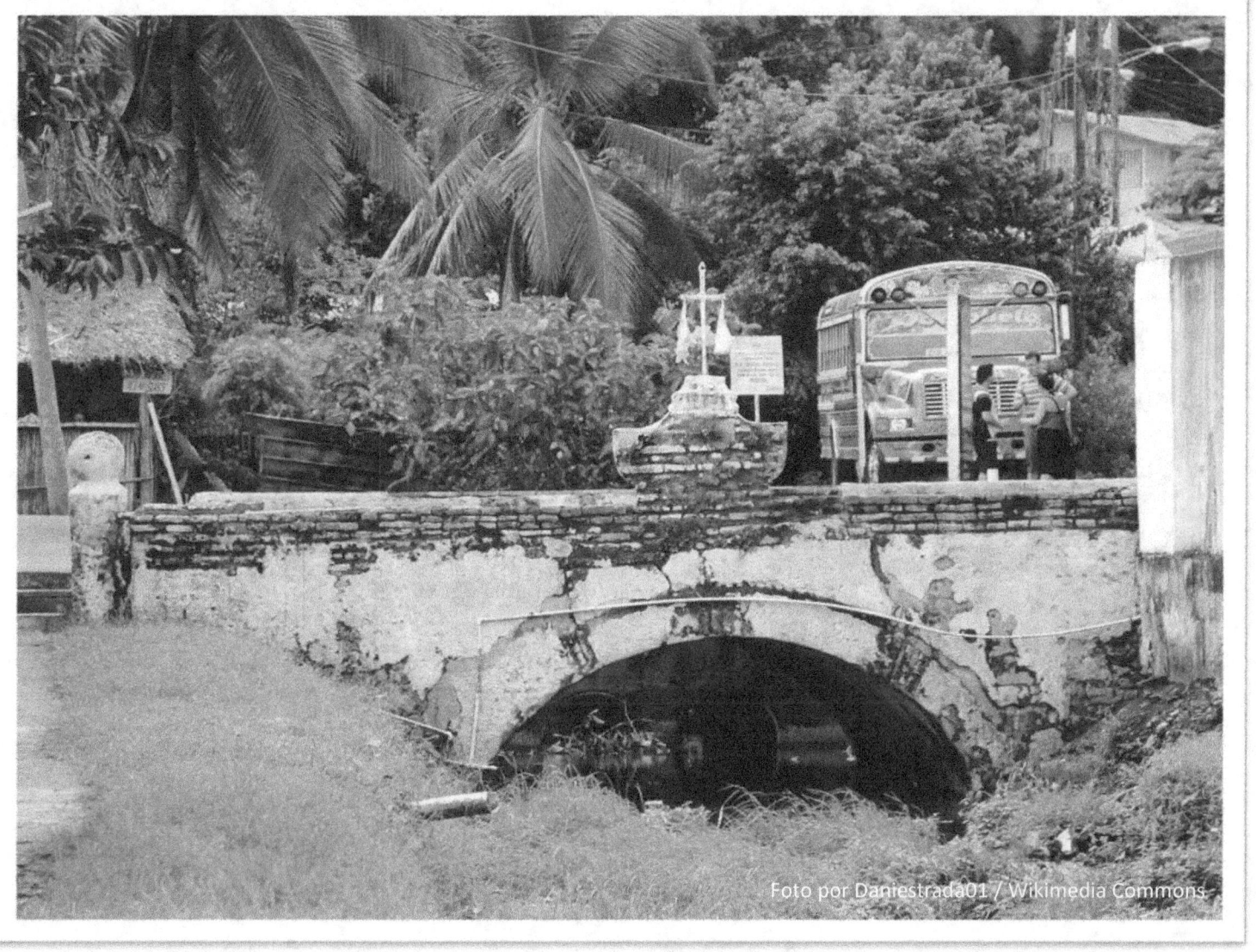

03-054-DCMH

Puentes Coloniales

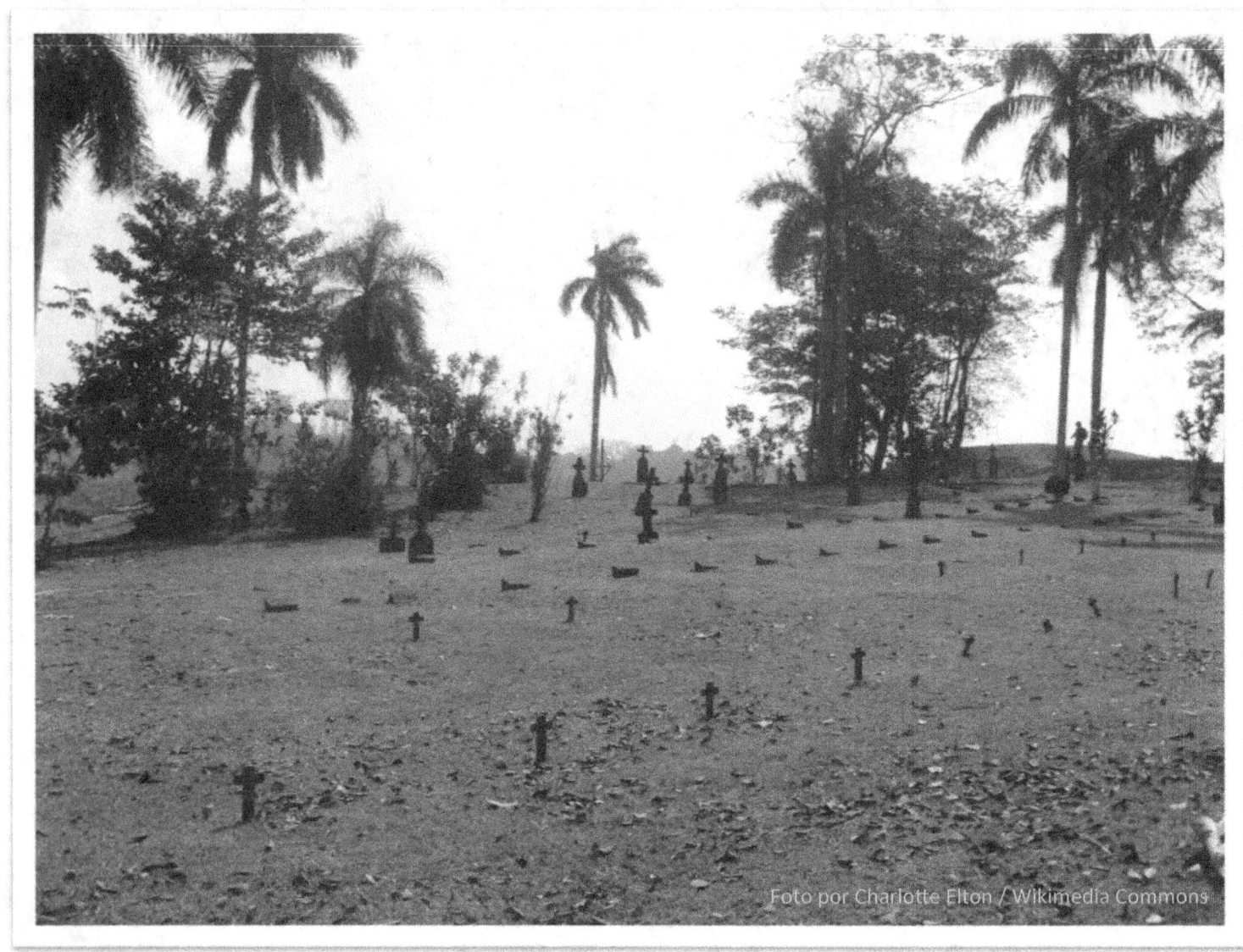

03-055

Cementerio Gatún

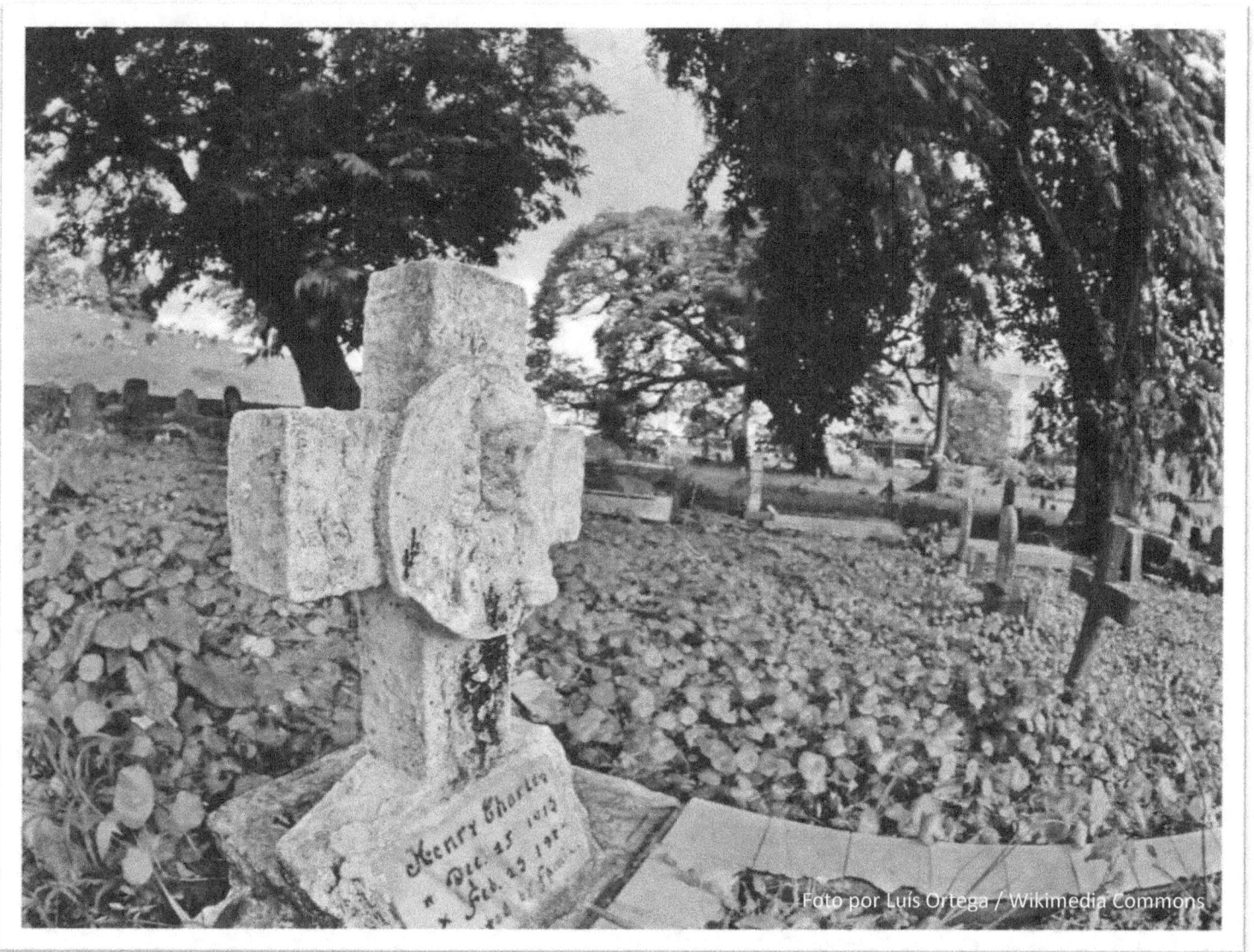

Foto por Luis Ortega / Wikimedia Commons

03-056
Cementerio
Monte Esperanza

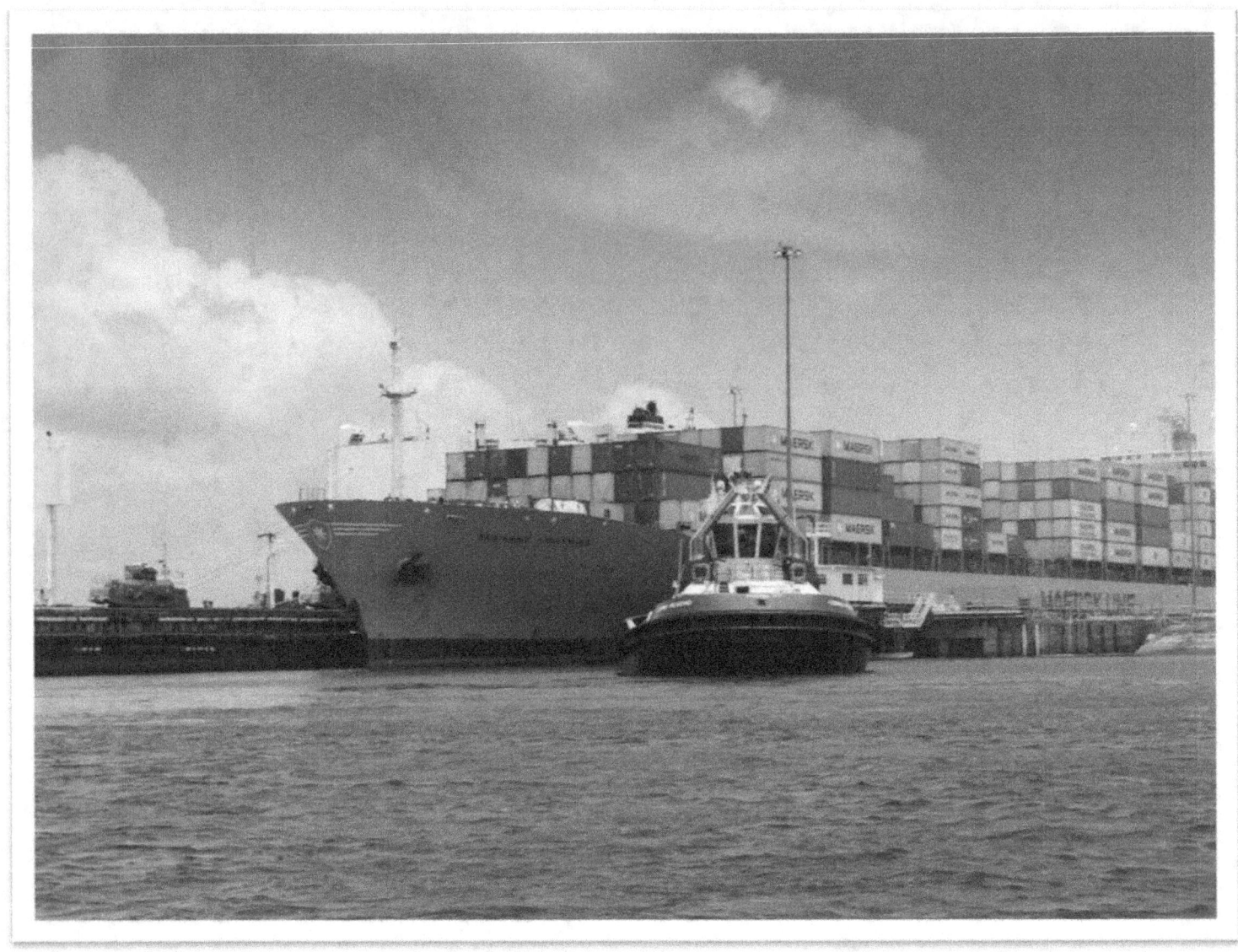

03-057

Esclusas de Gatún

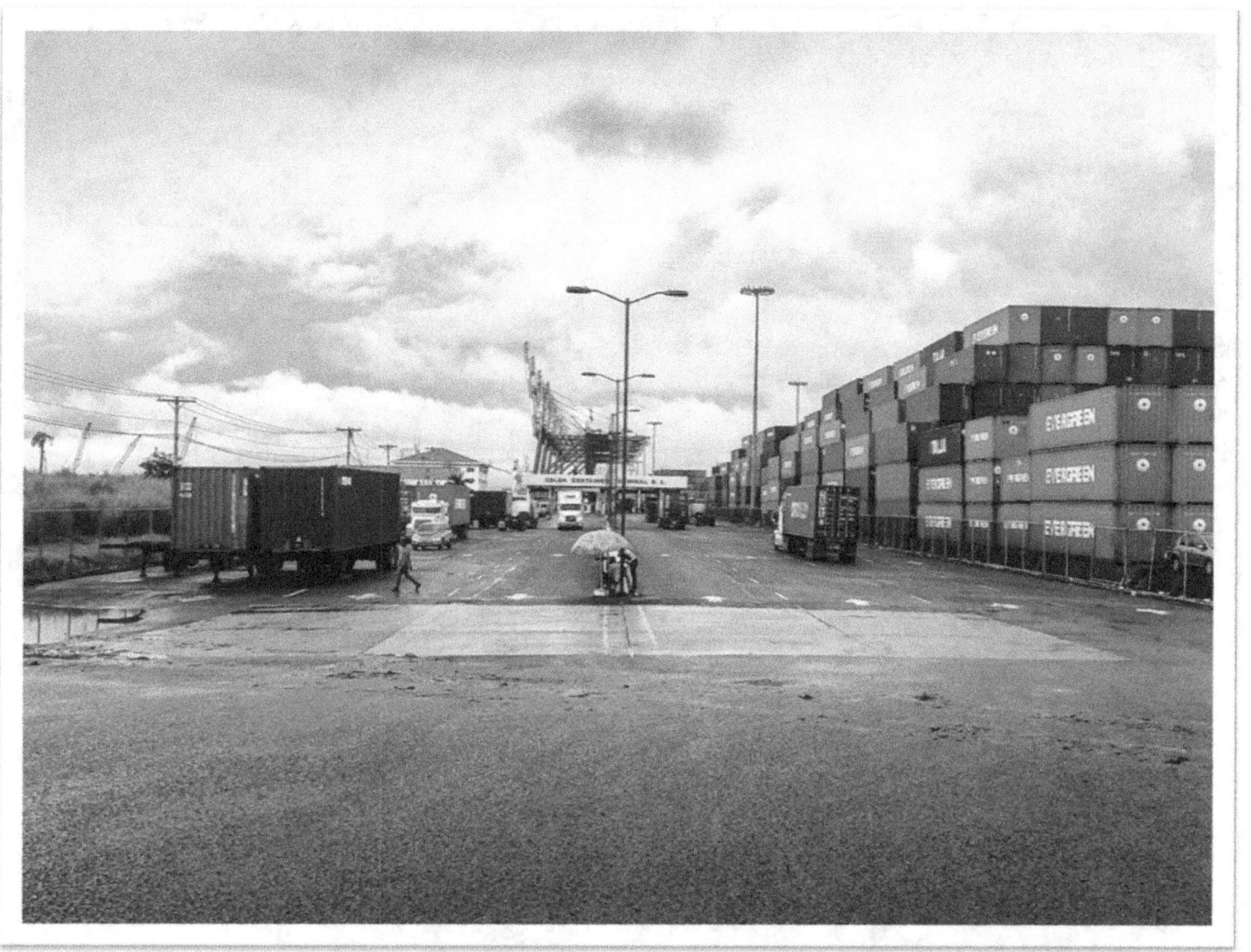

03-058
Complejo portuario
de Colón

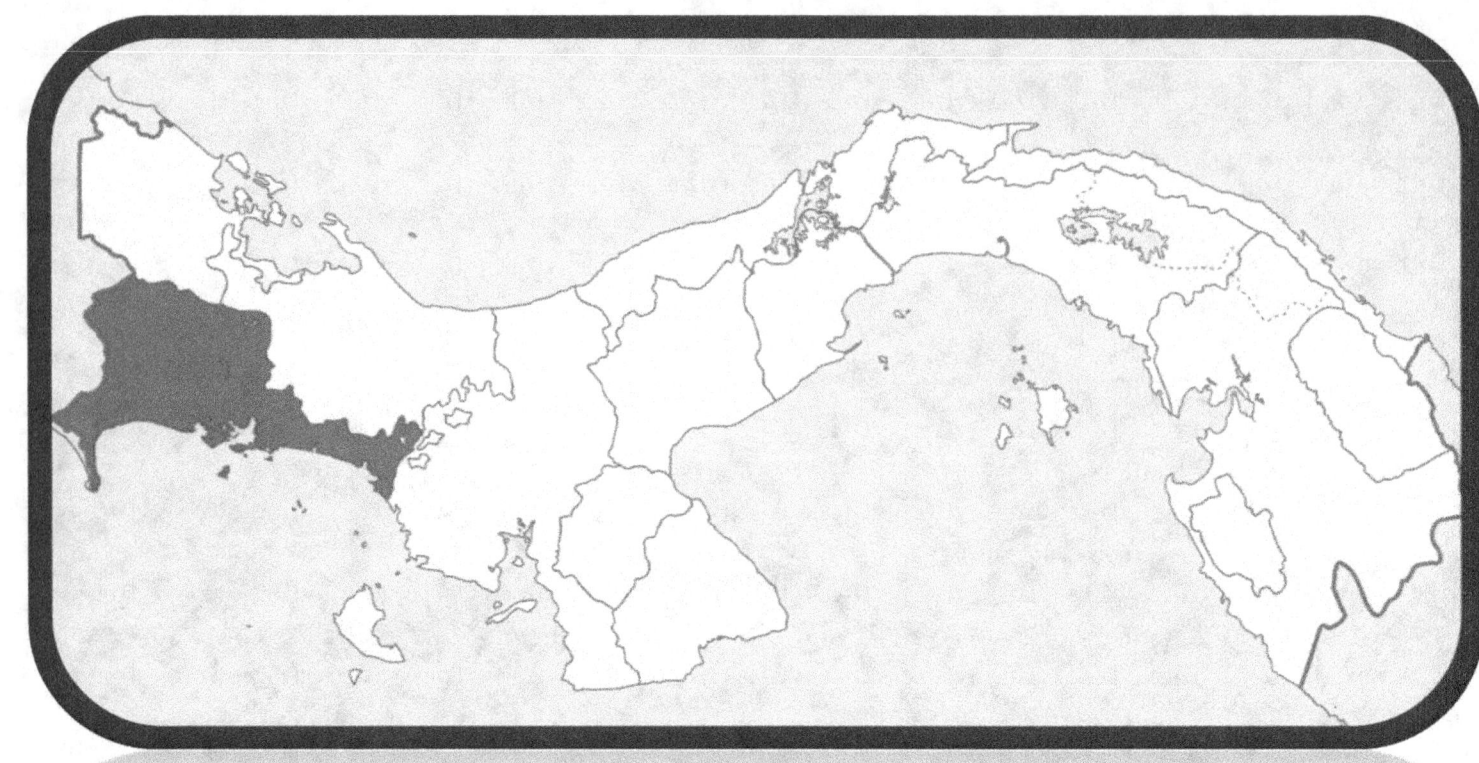

Chiriquí

Monumentos Nacionales	Monumentos Históricos Nacionales	Conjuntos Monumentales Históricos
0 (0%)	6 (17%)	0 (0%)

Población

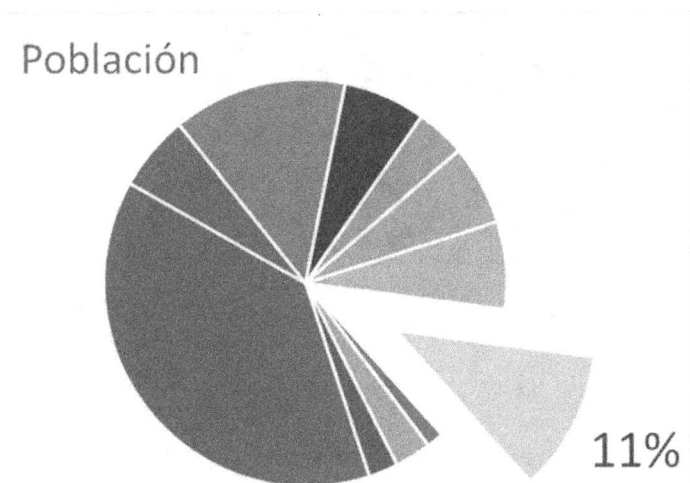

11%

Superficie

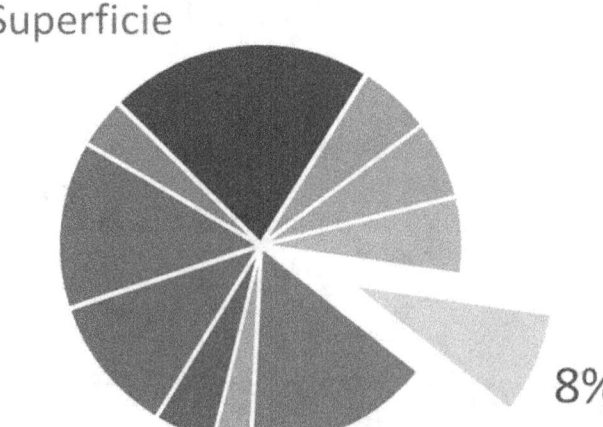

8%

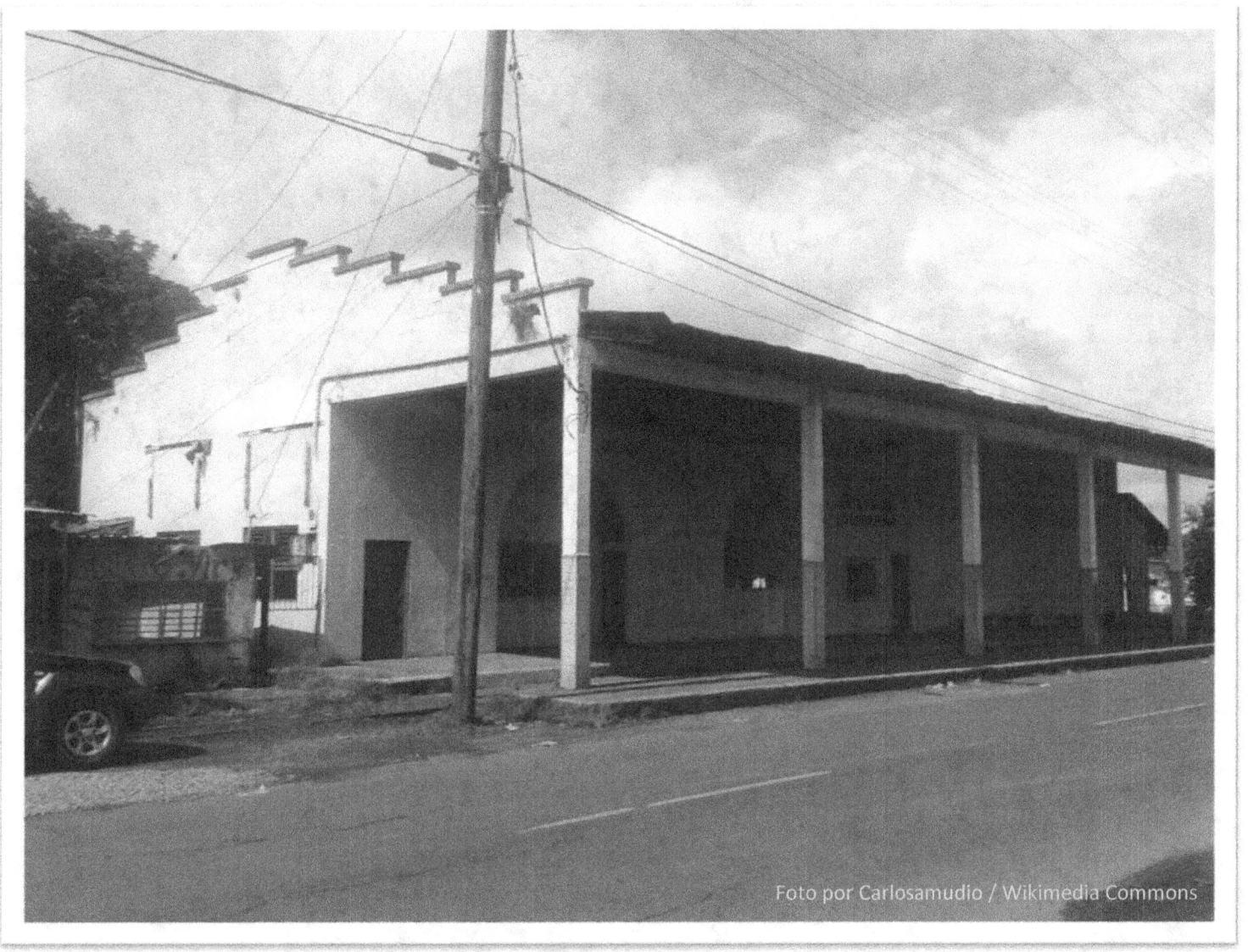

04-001-DMHN

Antigua Estación del

Ferrocarril de Bugaba

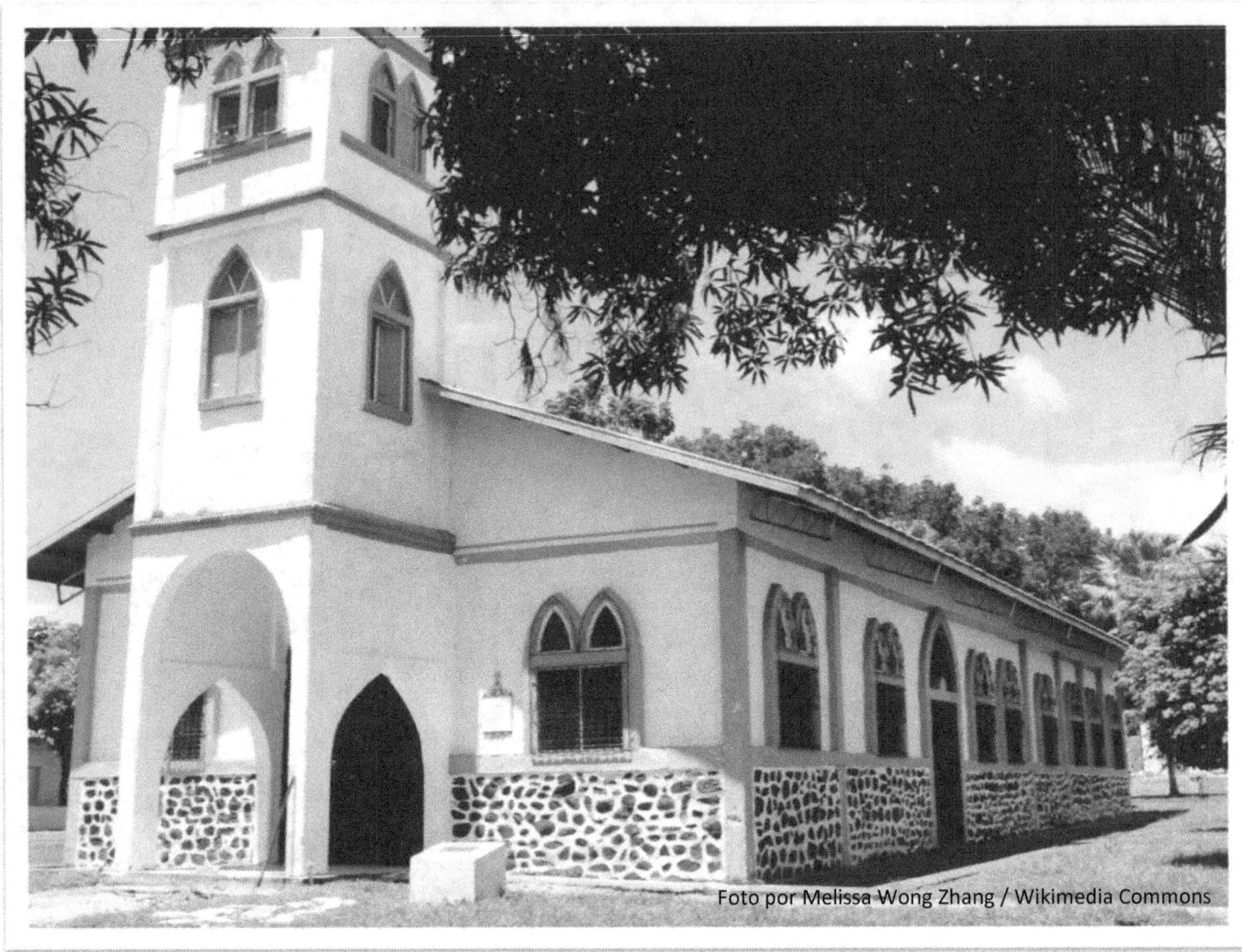

Foto por Melissa Wong Zhang / Wikimedia Commons

04-002-DMHN

Garita o Antiguo Remedios

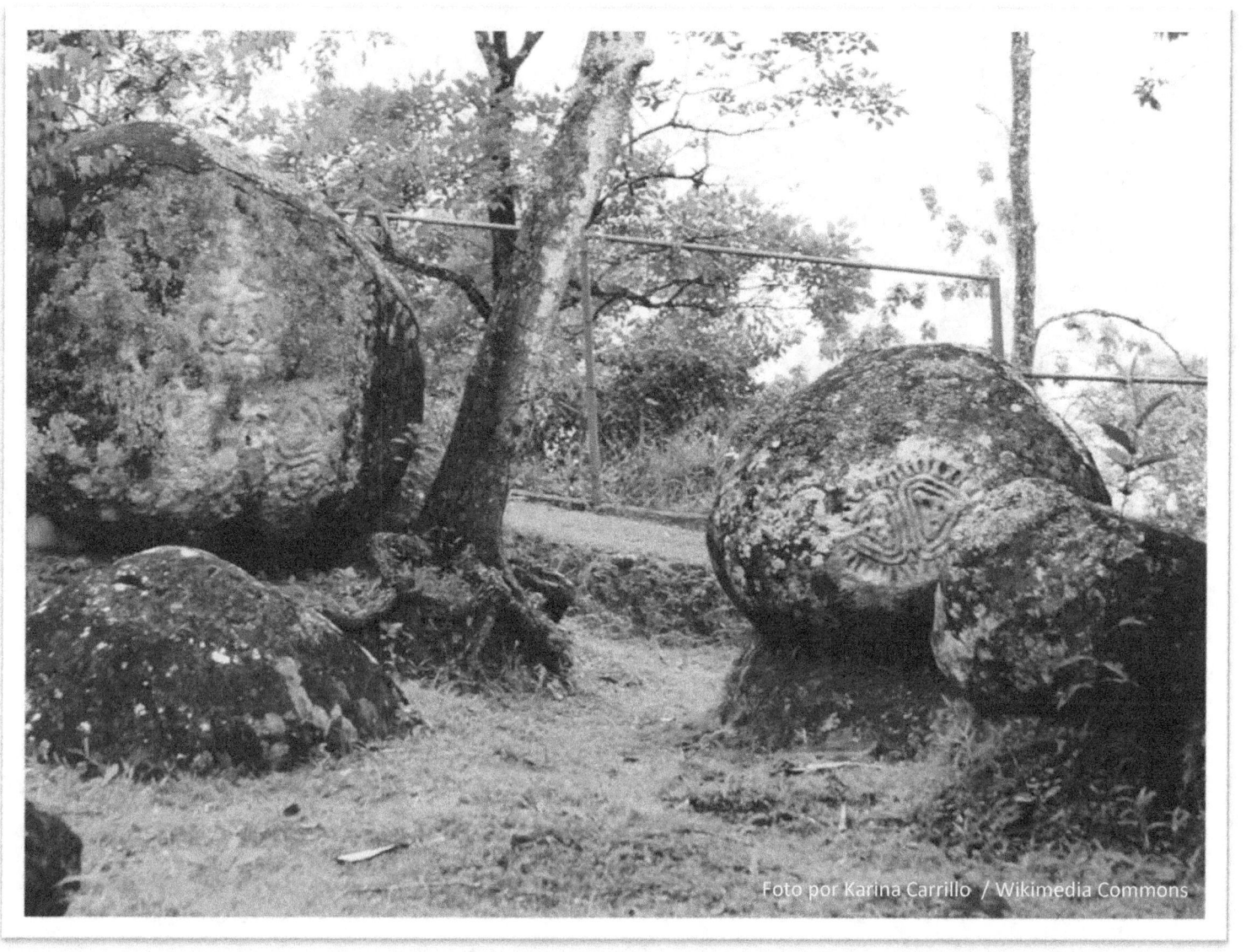

04-003-DSA
Piedras pintadas de Nancitos, Cerro de la Valeria y Río Santa Lucía

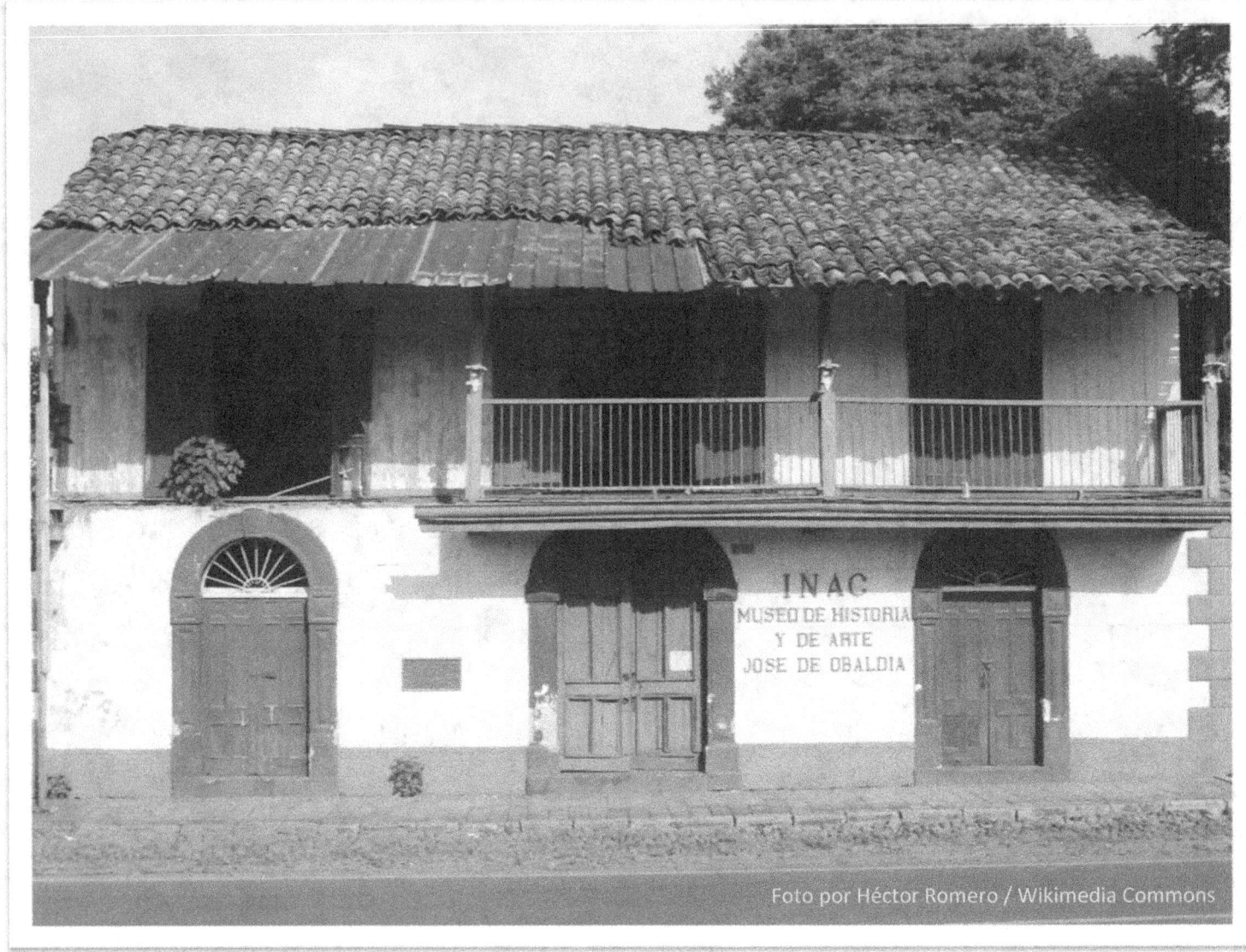

04-004-DMHN
Residencia De Obaldía

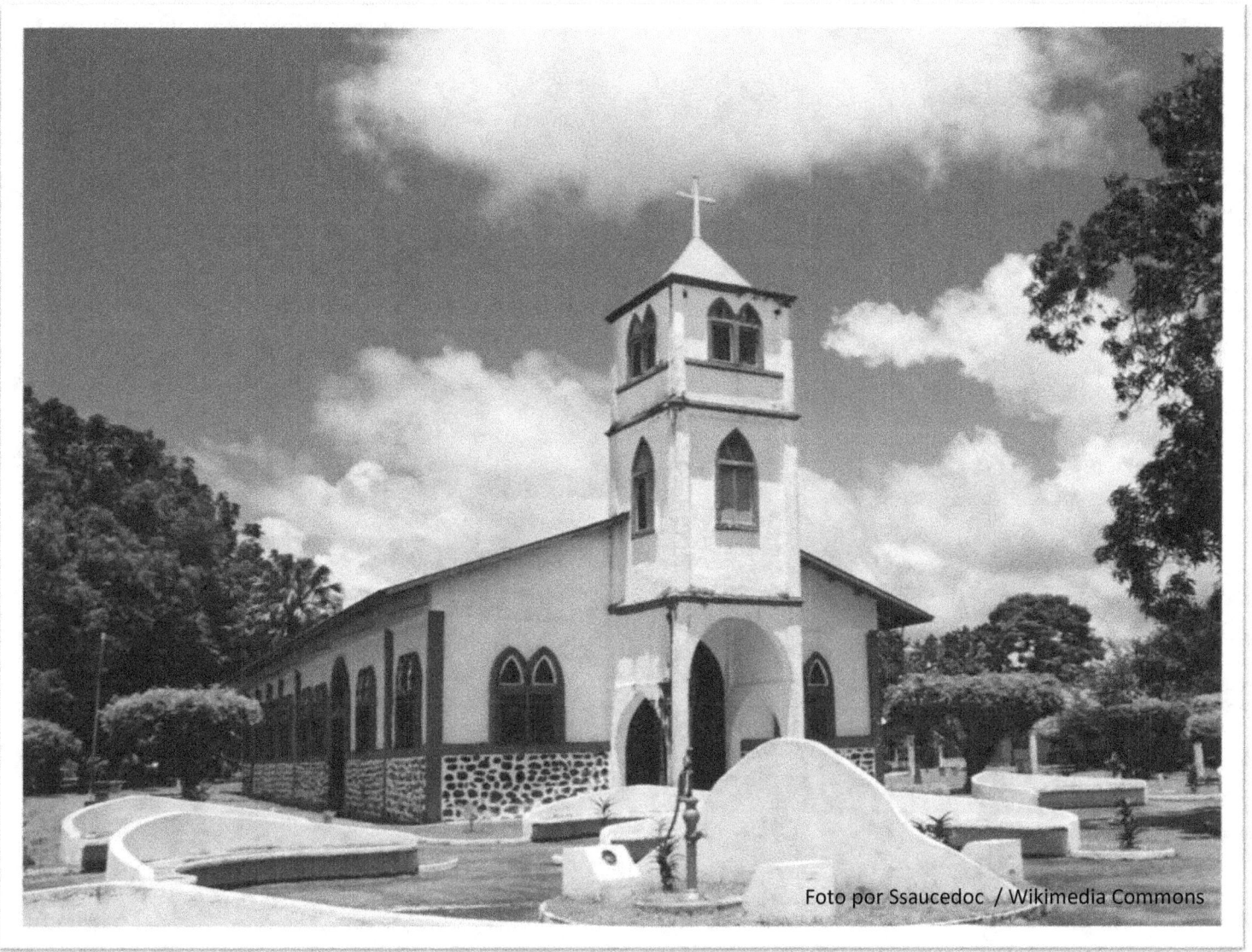

Foto por Ssaucedoc / Wikimedia Commons

04-005-DMHN

Templo de la Iglesia
Católica de Remedios

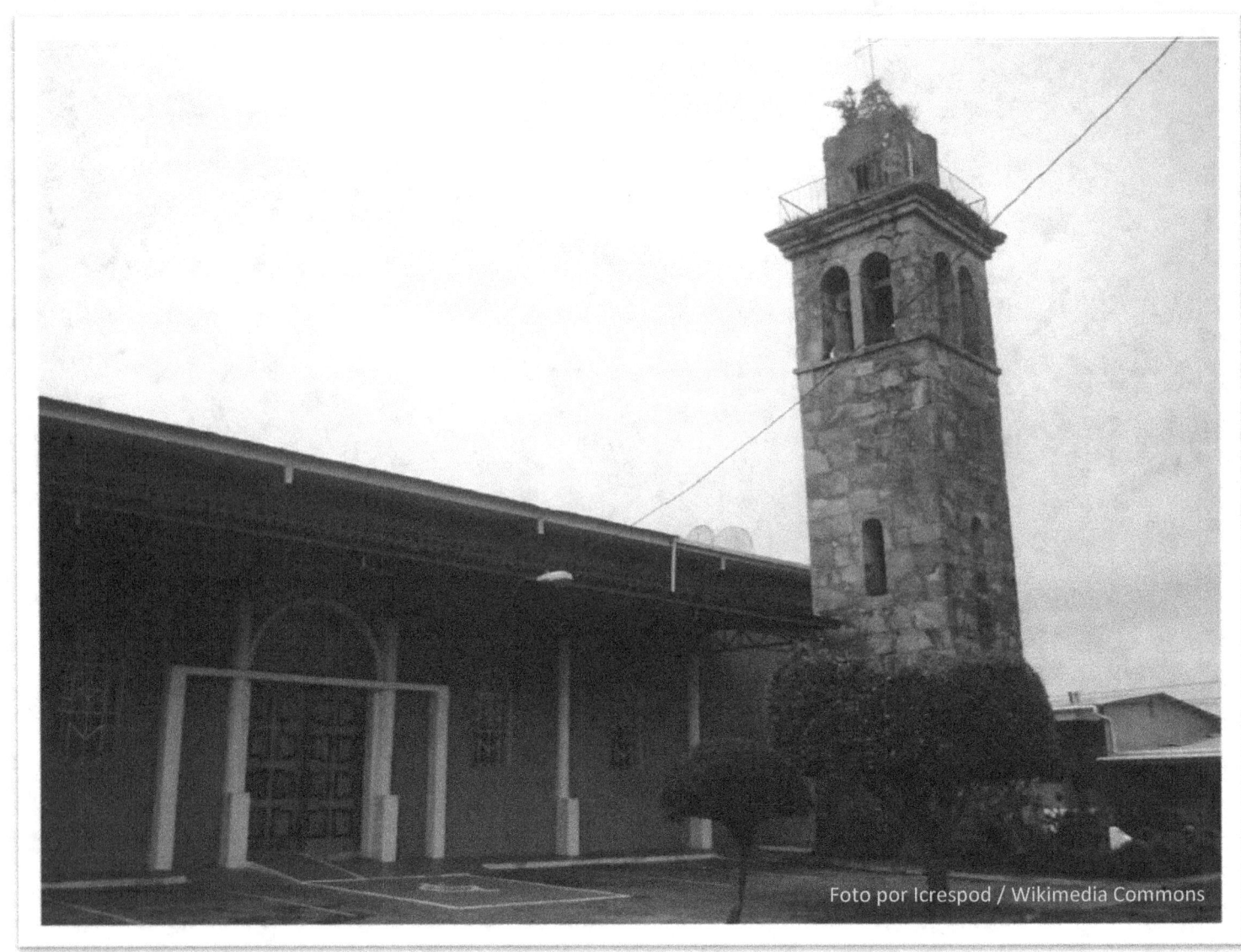

Foto por Icrespod / Wikimedia Commons

04-006-DMHN
Torre Exenta de la Catedral
de San José de David

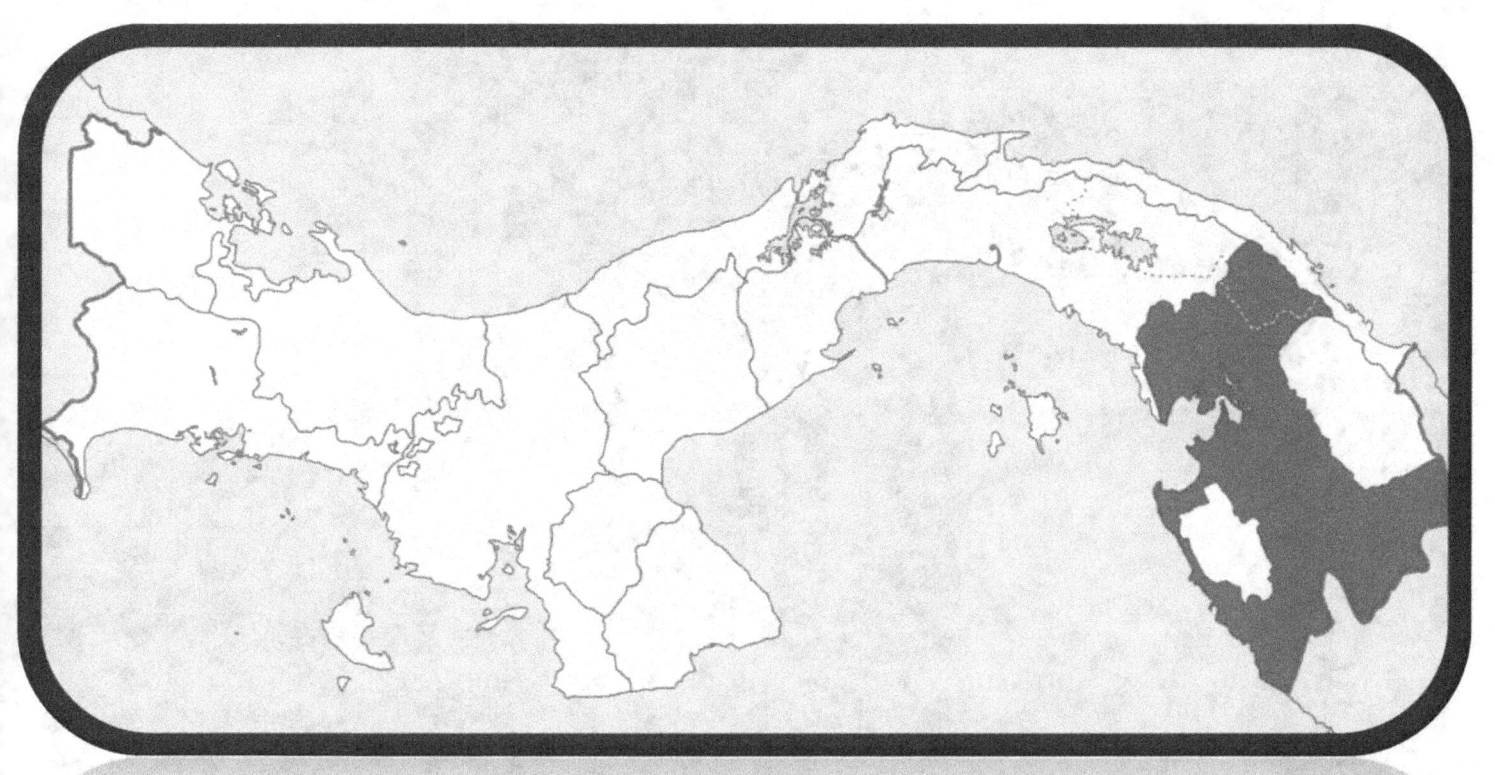

Darién

Monumentos Nacionales	Monumentos Históricos Nacionales	Conjuntos Monumentales Históricos
0 (0%)	0 (0%)	0 (0%)

Población

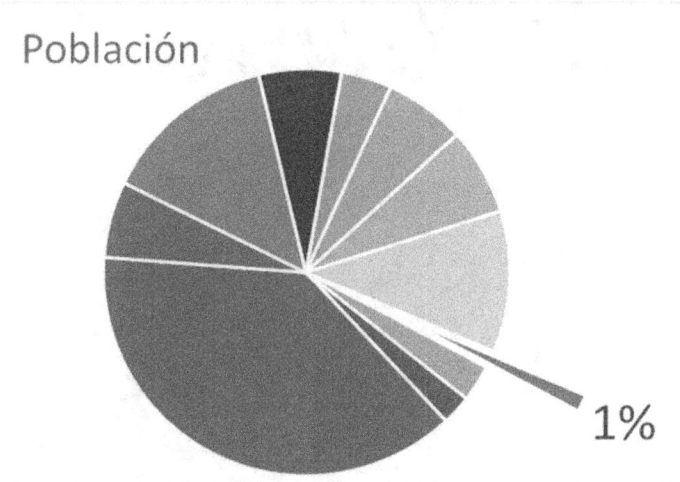

1%

Superficie

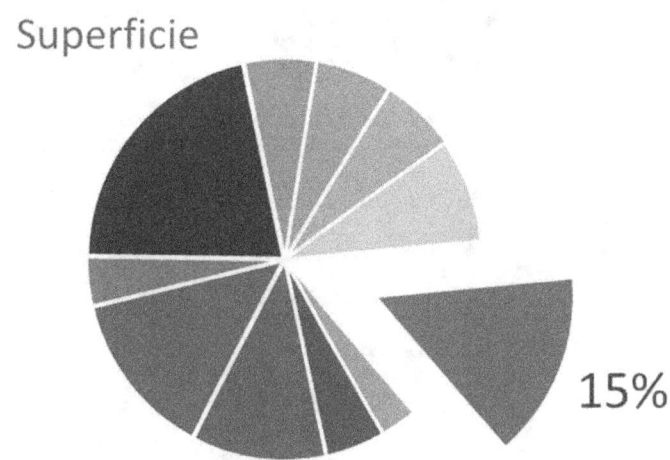

15%

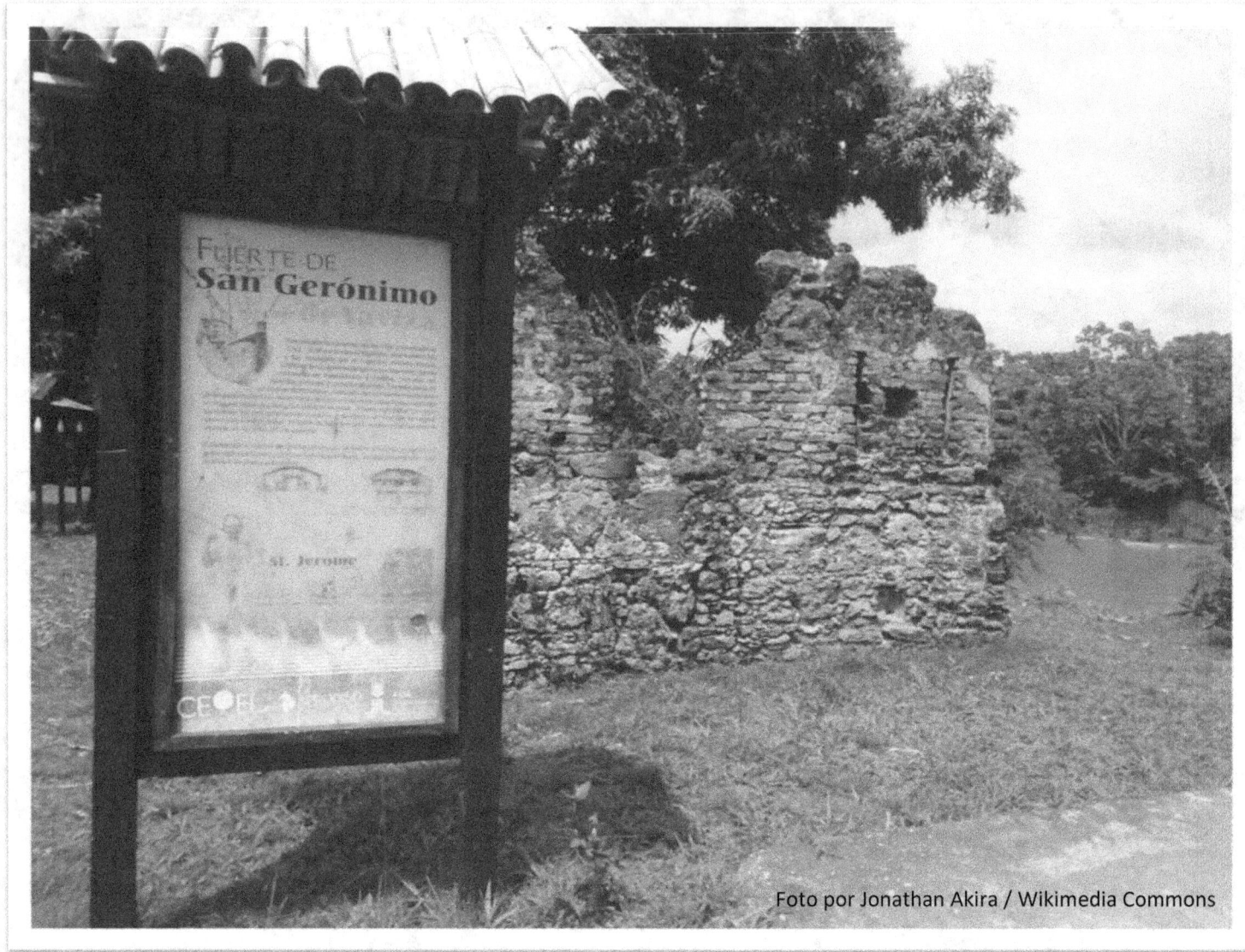
Foto por Jonathan Akira / Wikimedia Commons

05-001-DSA

Casa-fuerte de Yaviza

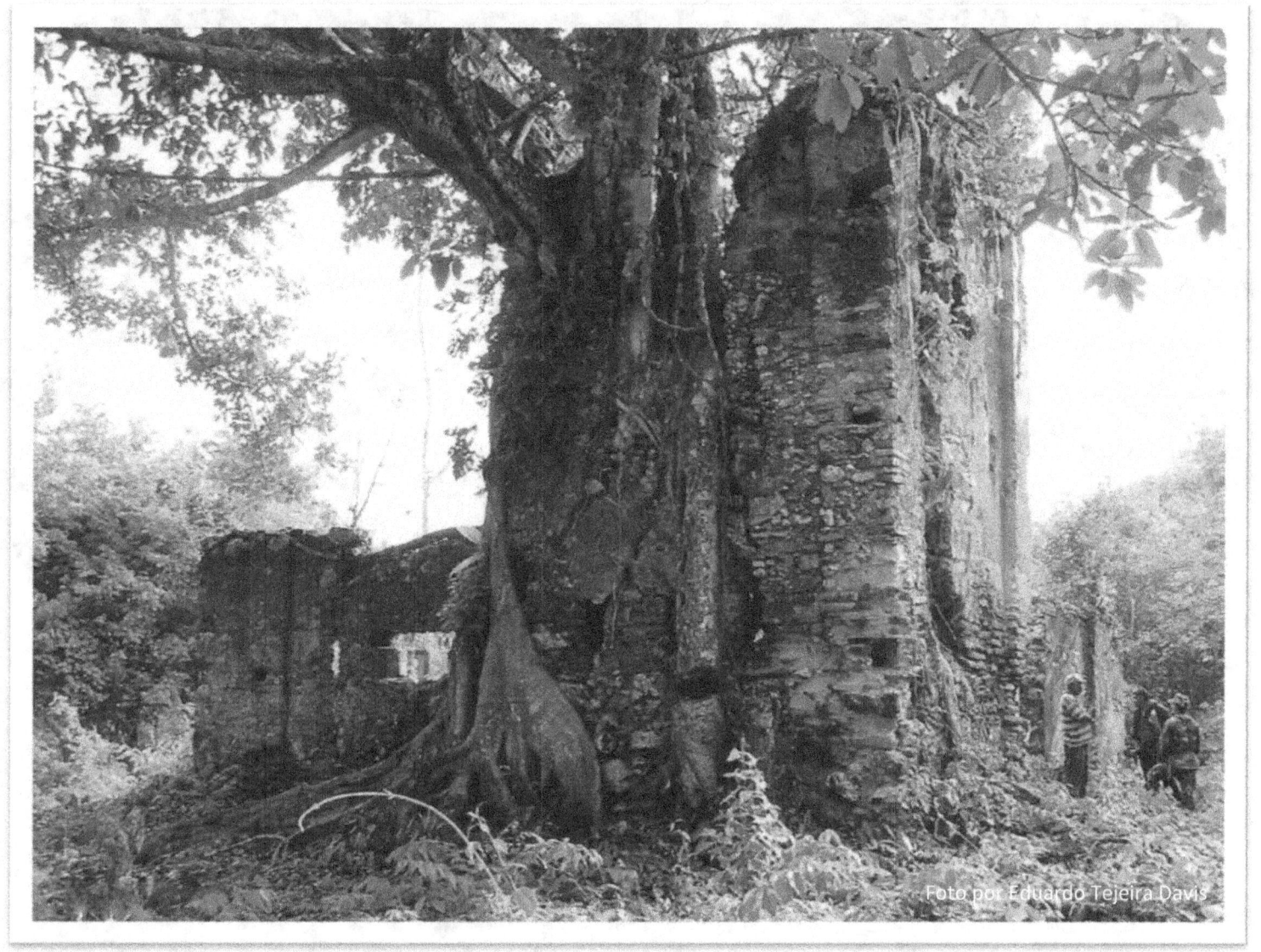

Foto por Eduardo Tejeira Davis

05-002-DSA
Casas-fuertes en las islas
del Encanto y Boca Grande

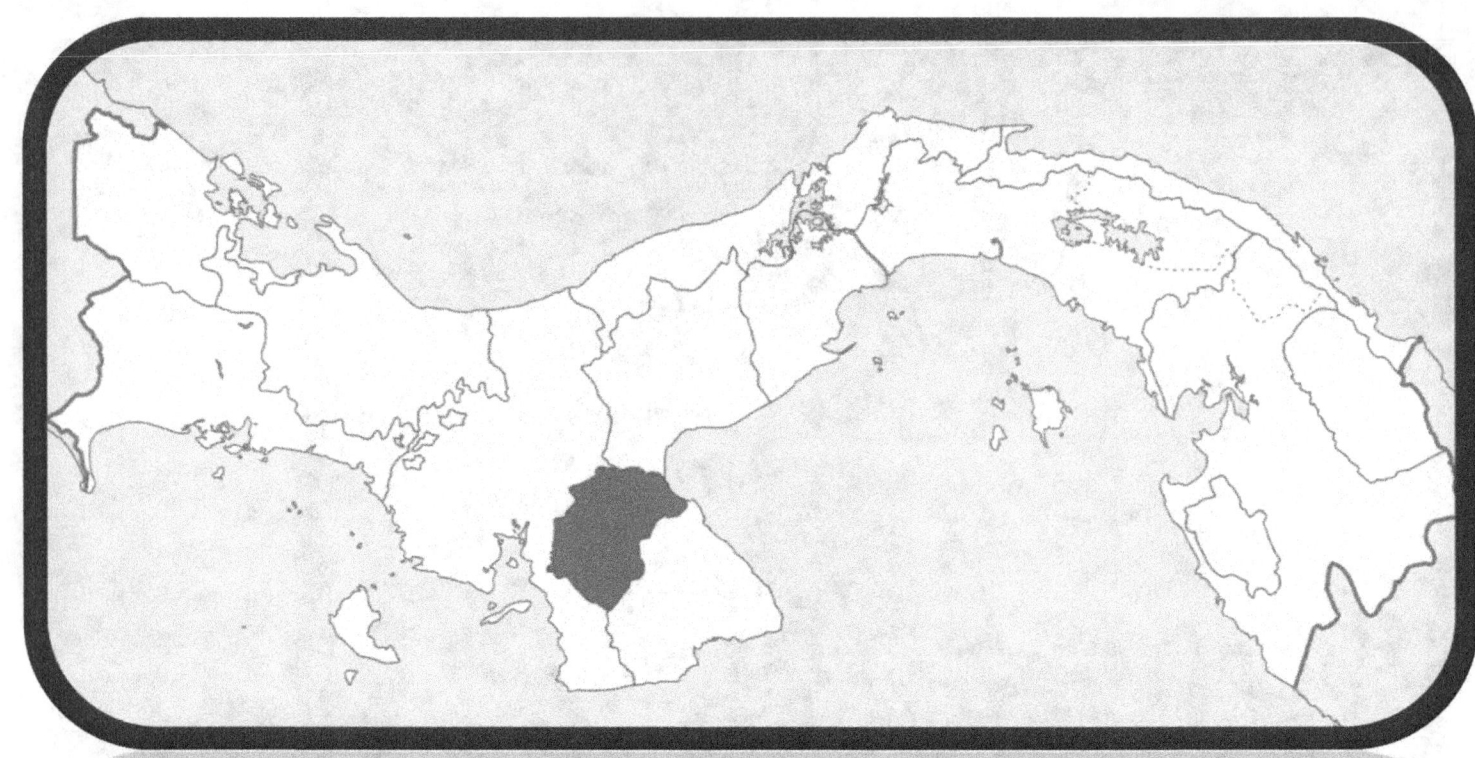

Herrera

Monumentos Nacionales	Monumentos Históricos Nacionales	Conjuntos Monumentales Históricos
0 (0%)	1 (3%)	0 (0%)

Población

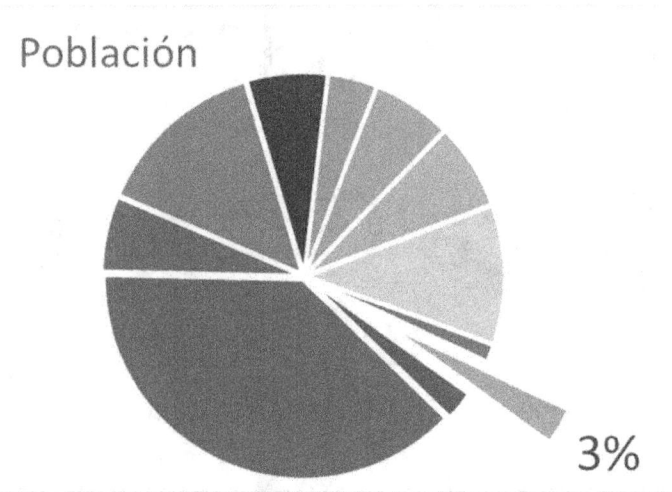

3%

Superficie

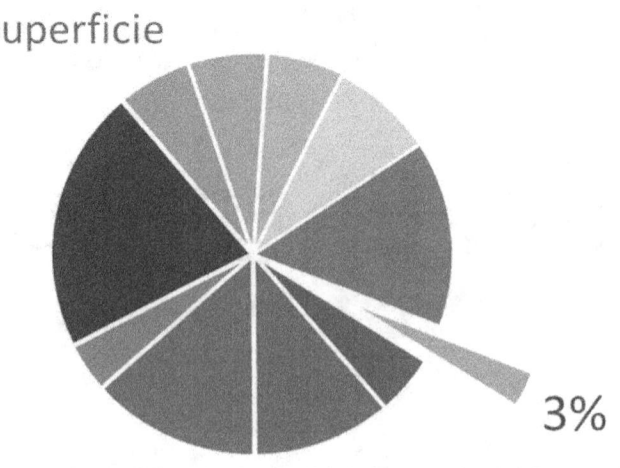

3%

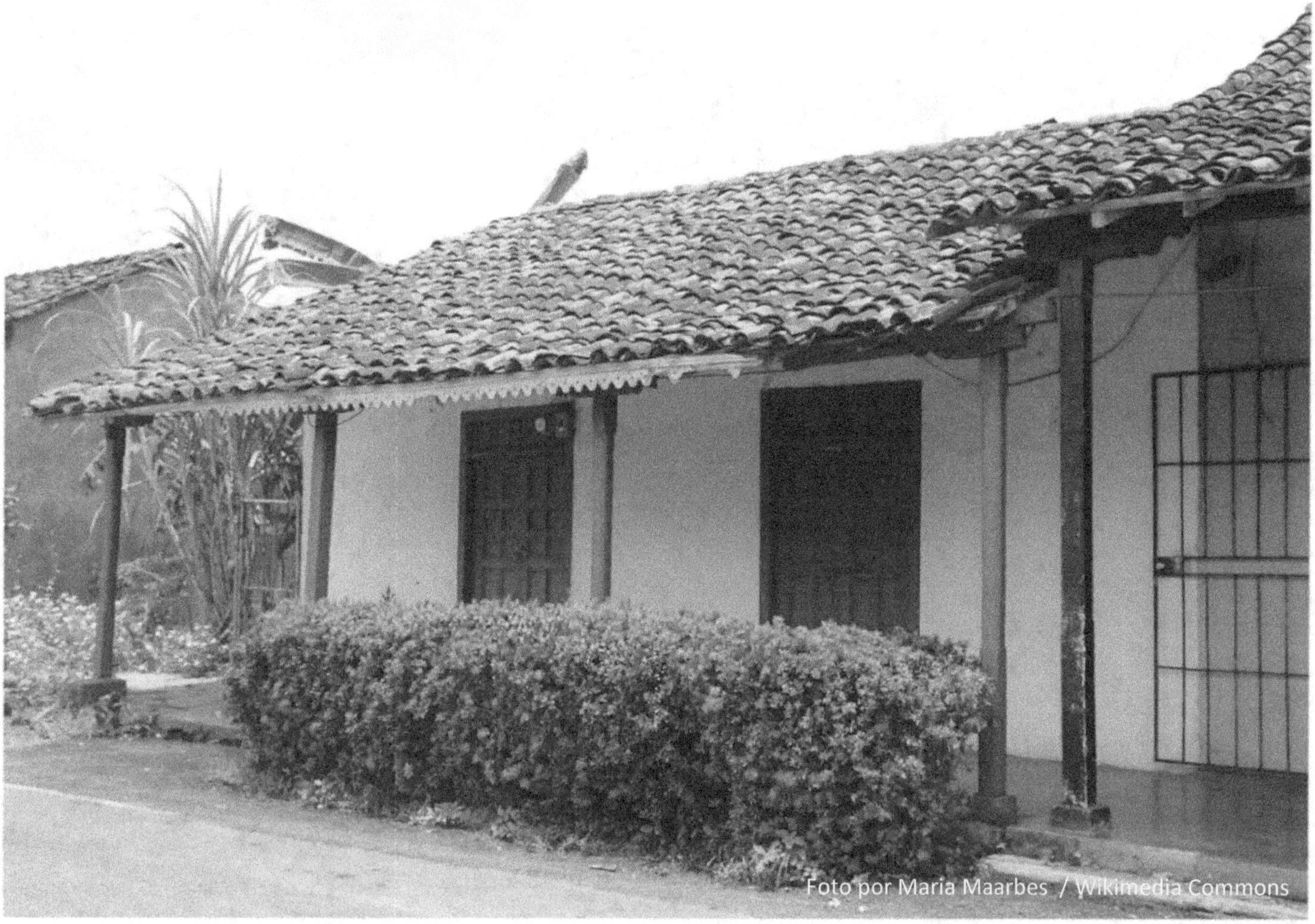

06-001

Arquitectura tradicional de Monagrillo

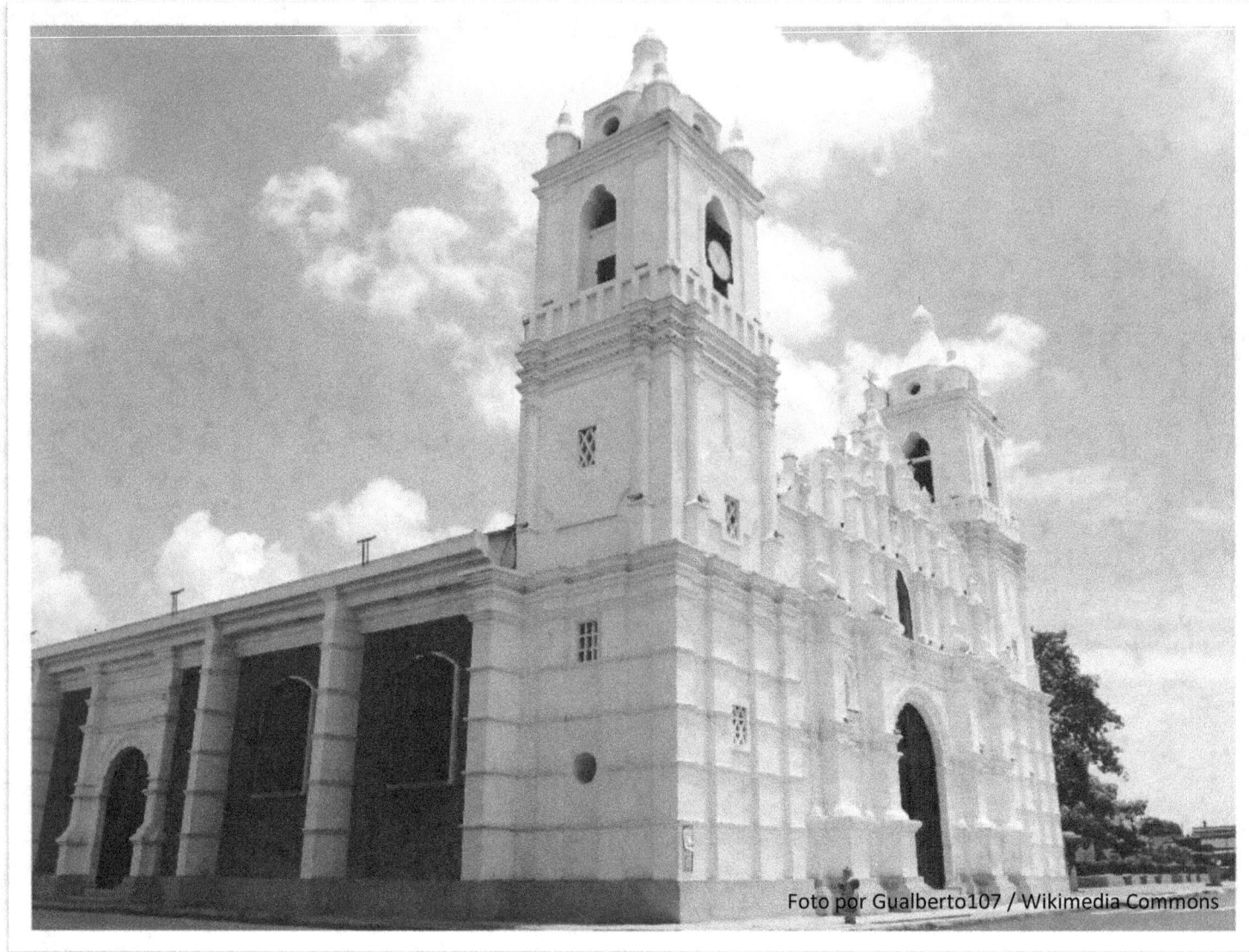

06-002

Catedral San Juan Bautista

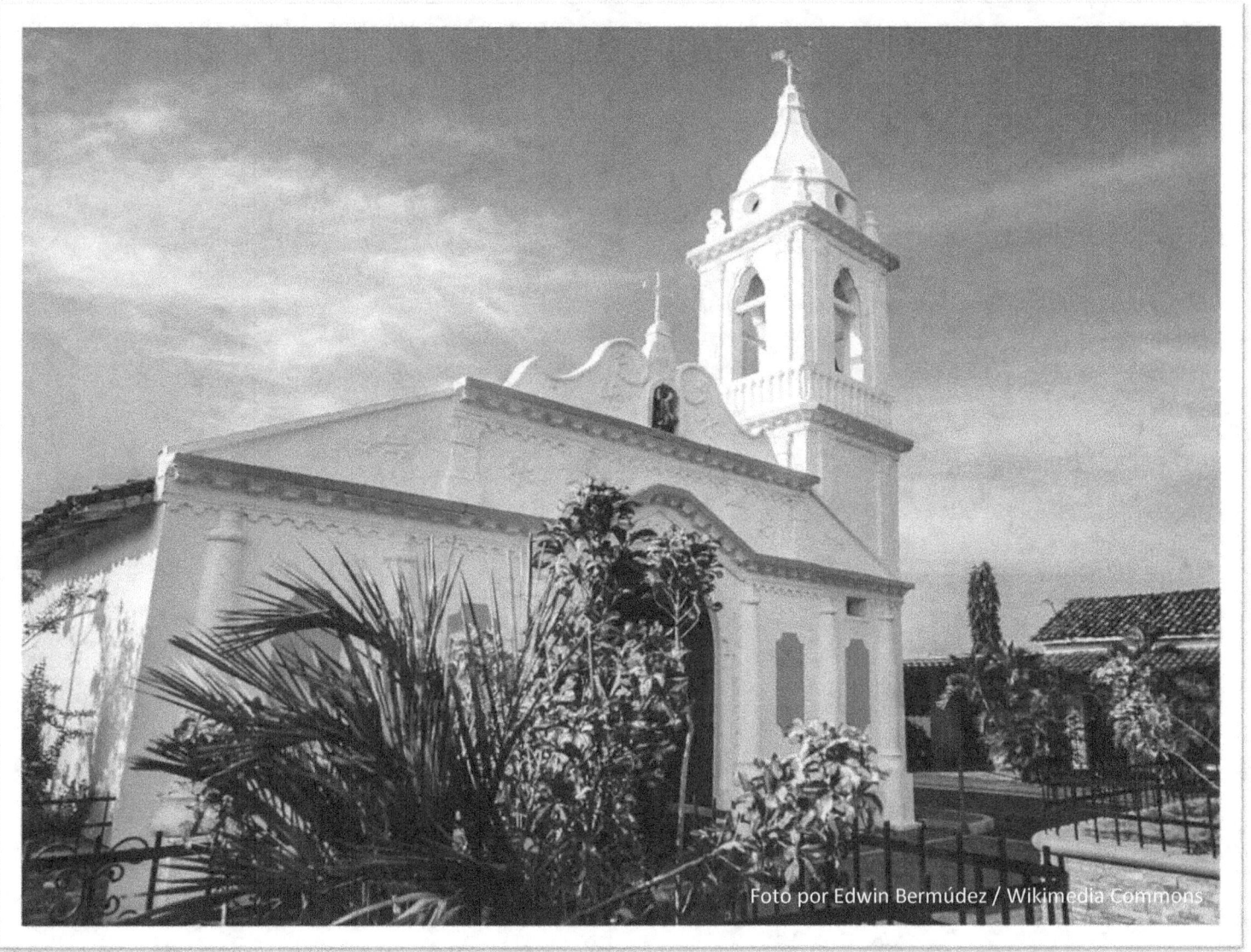

06-003
Iglesia de San Miguel

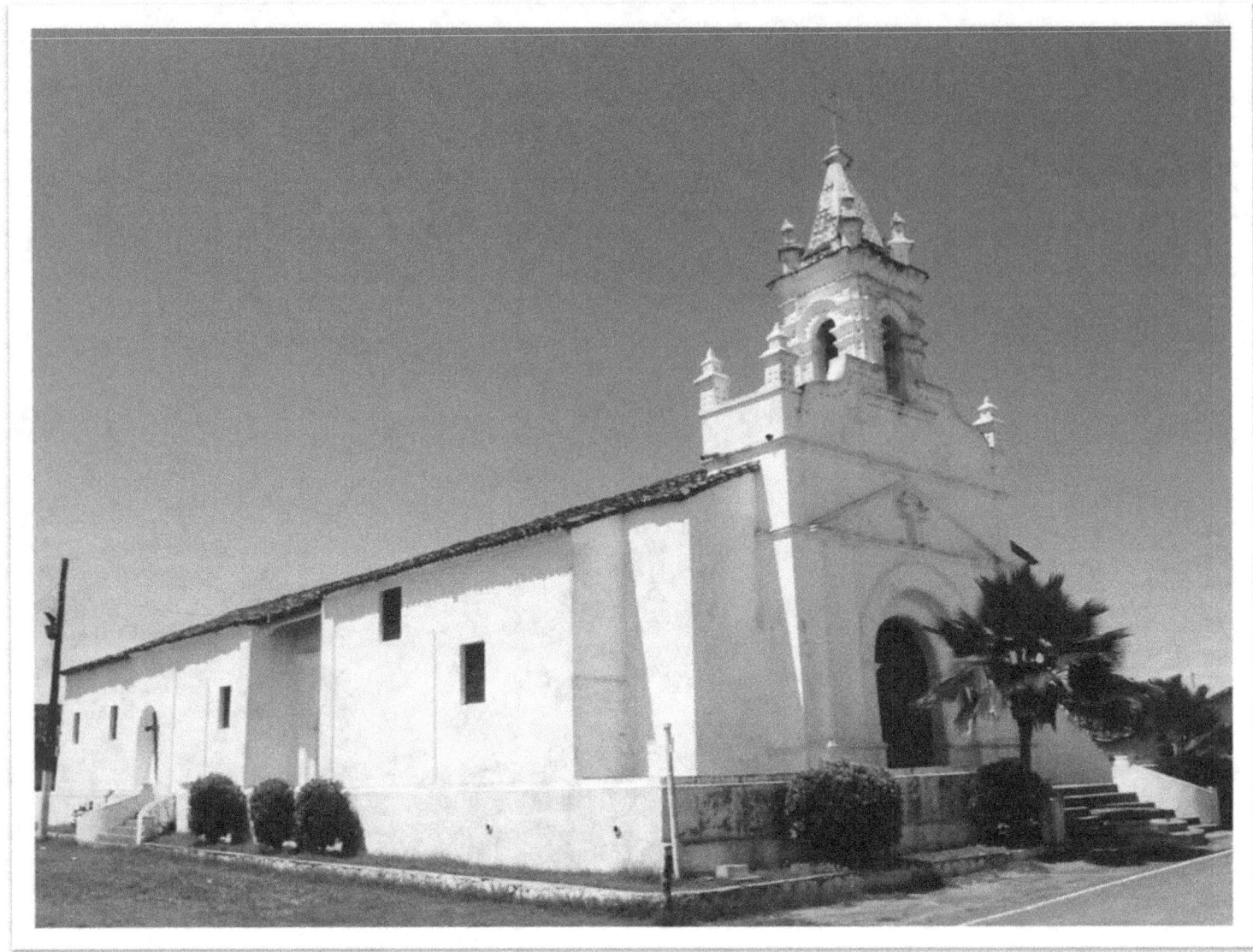

06-004-DMHN
Iglesia Parroquial
Santo Domingo de
Guzmán de Parita

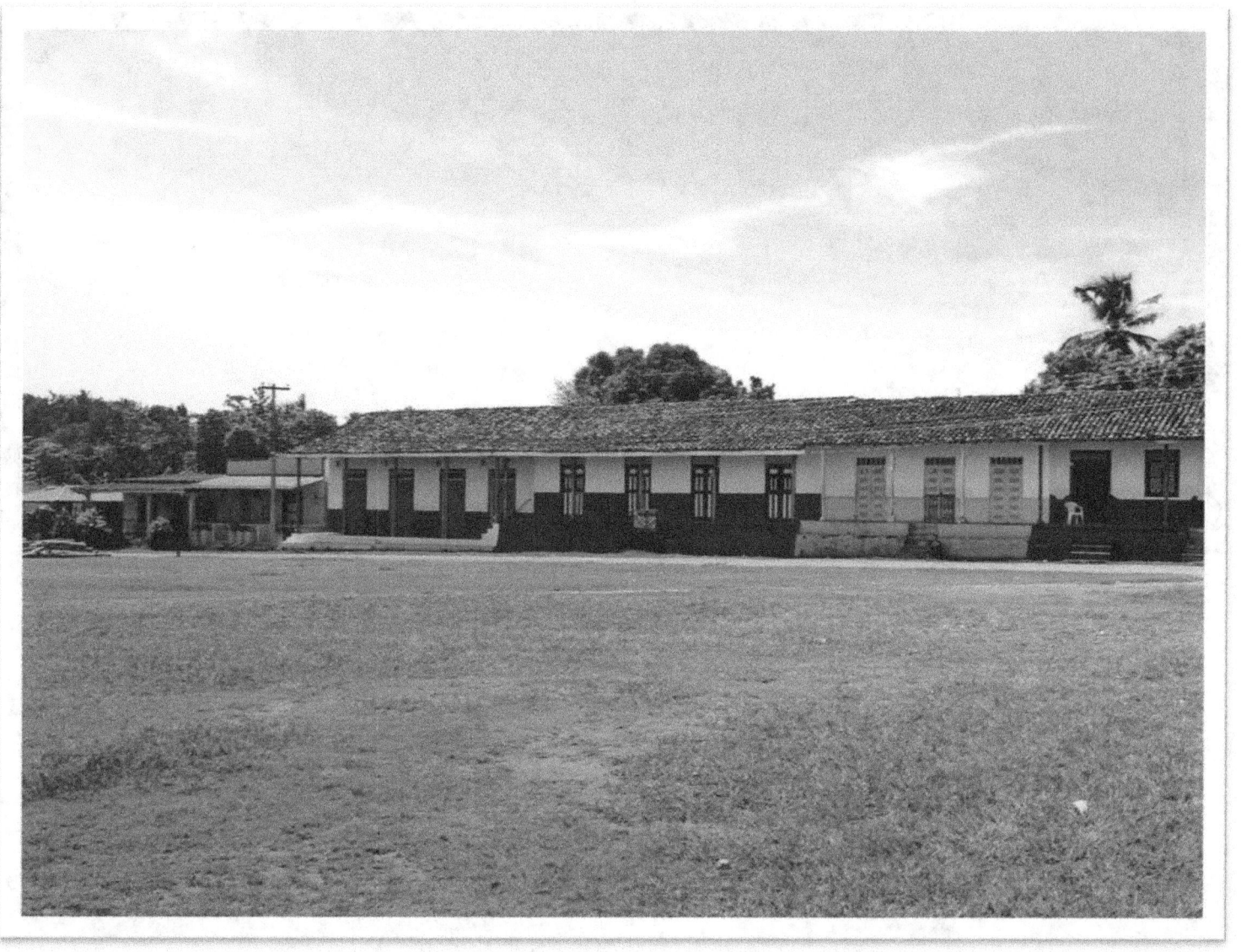

06-005

Plaza de Parita

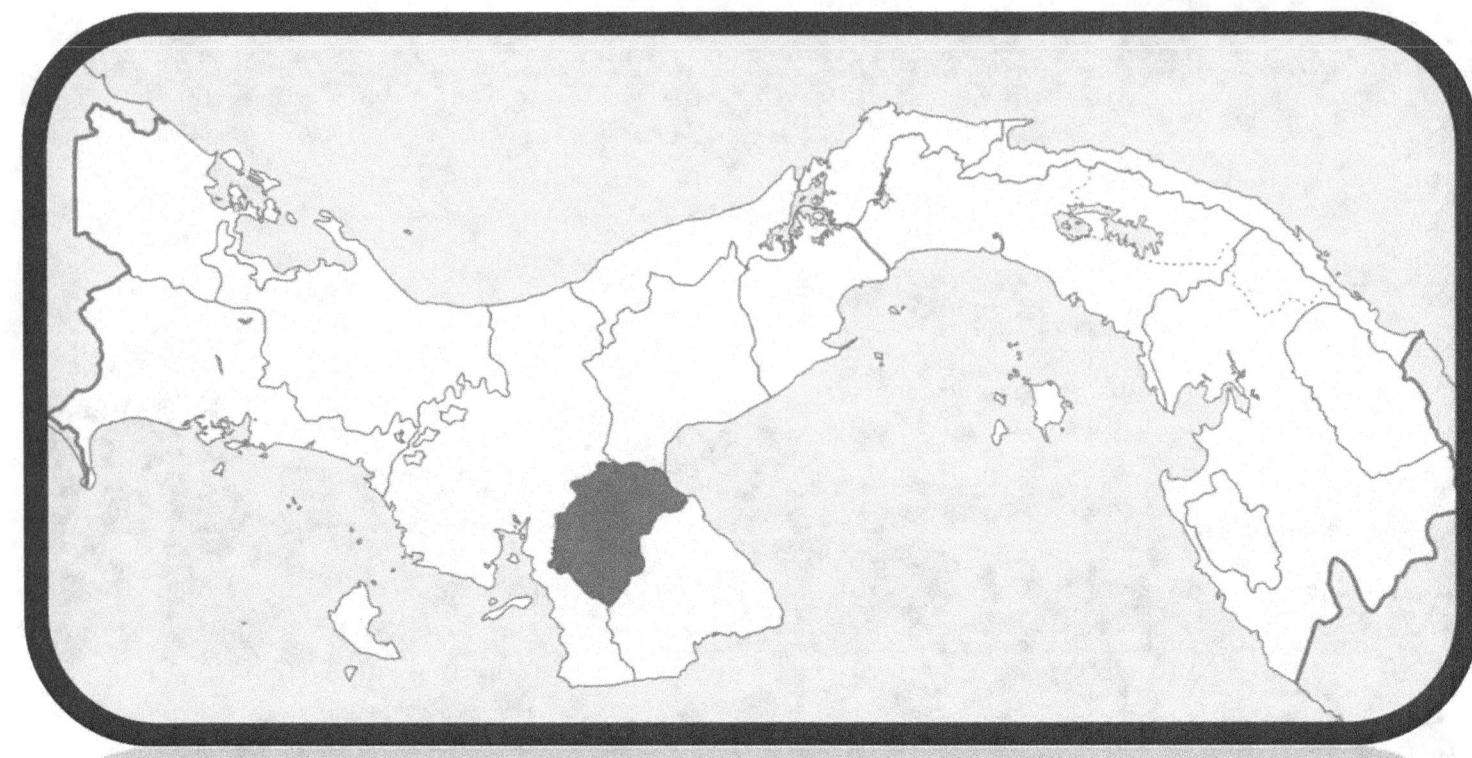

Los Santos

Monumentos Nacionales	Monumentos Históricos Nacionales	Conjuntos Monumentales Históricos
2 (67%)	5 (14%)	0 (0%)

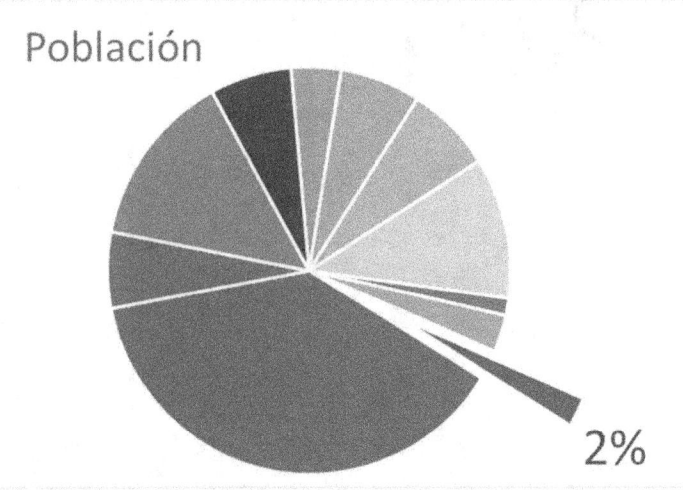

Población

2%

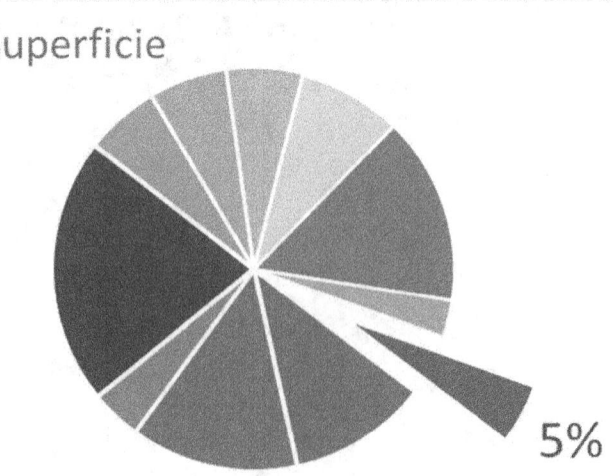

Superficie

5%

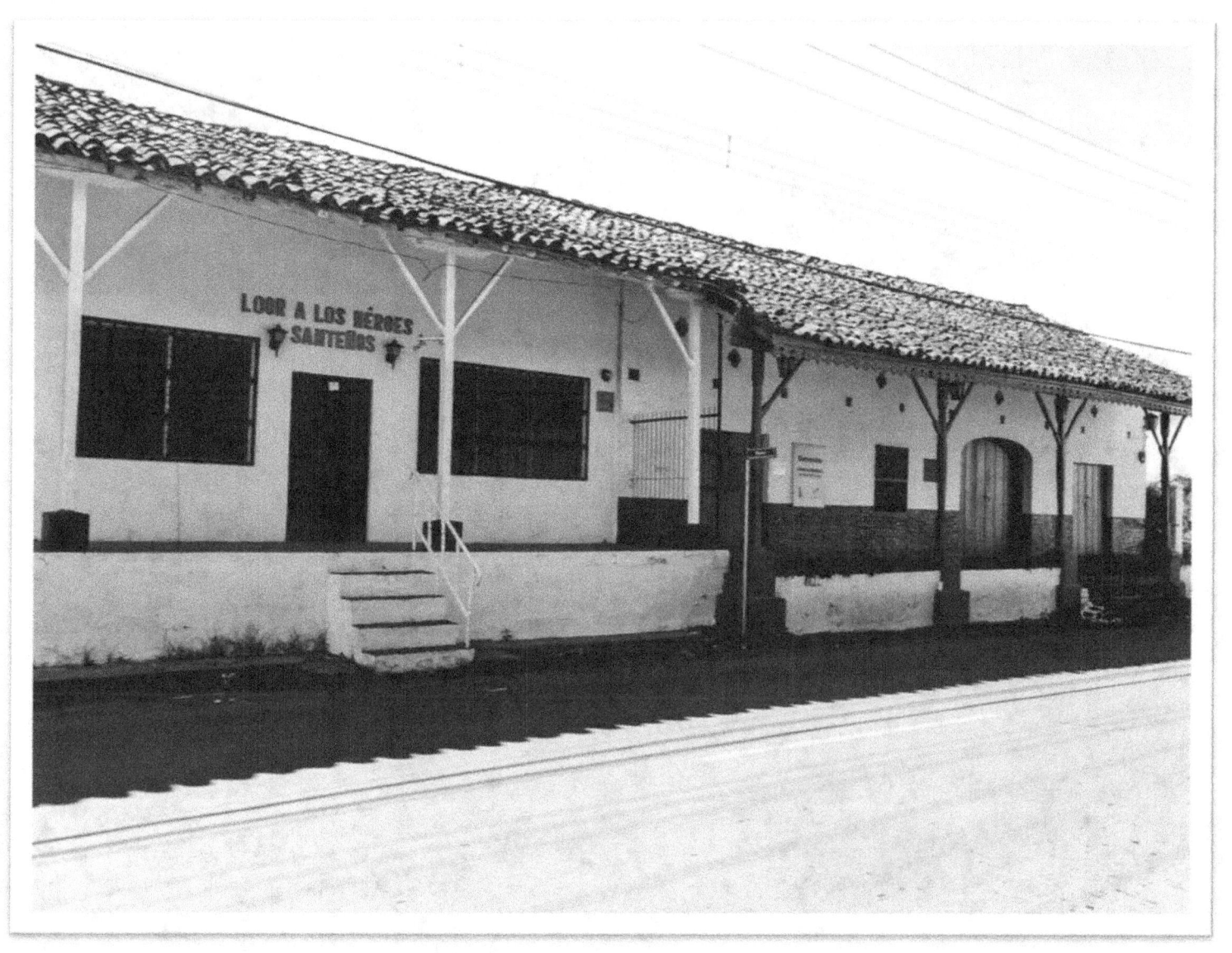

07-001-DMHN

Casa del Cabildo o

Museo de la Nacionalidad

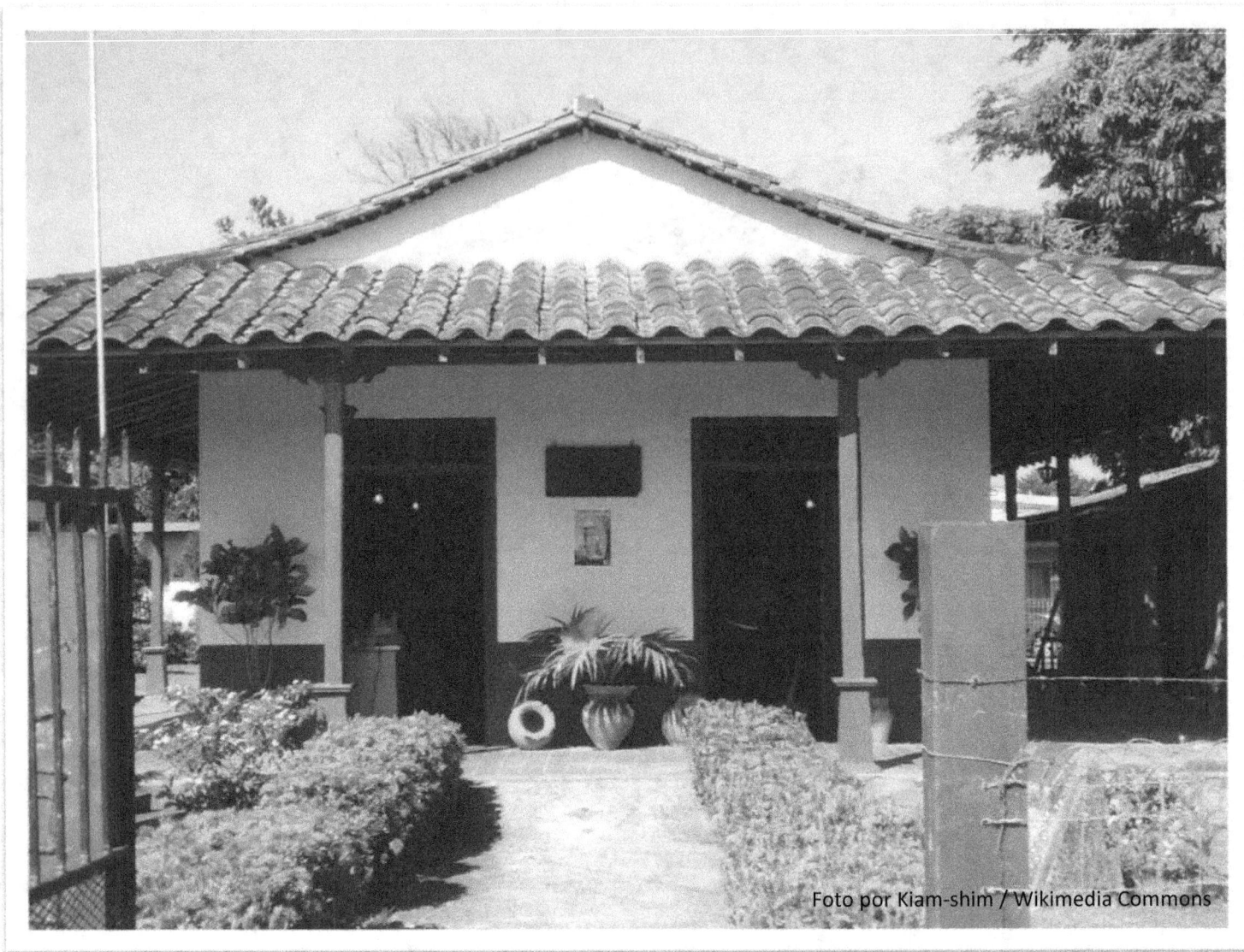

07-002-DMHN

Casa Museo

Manuel F. Zarate

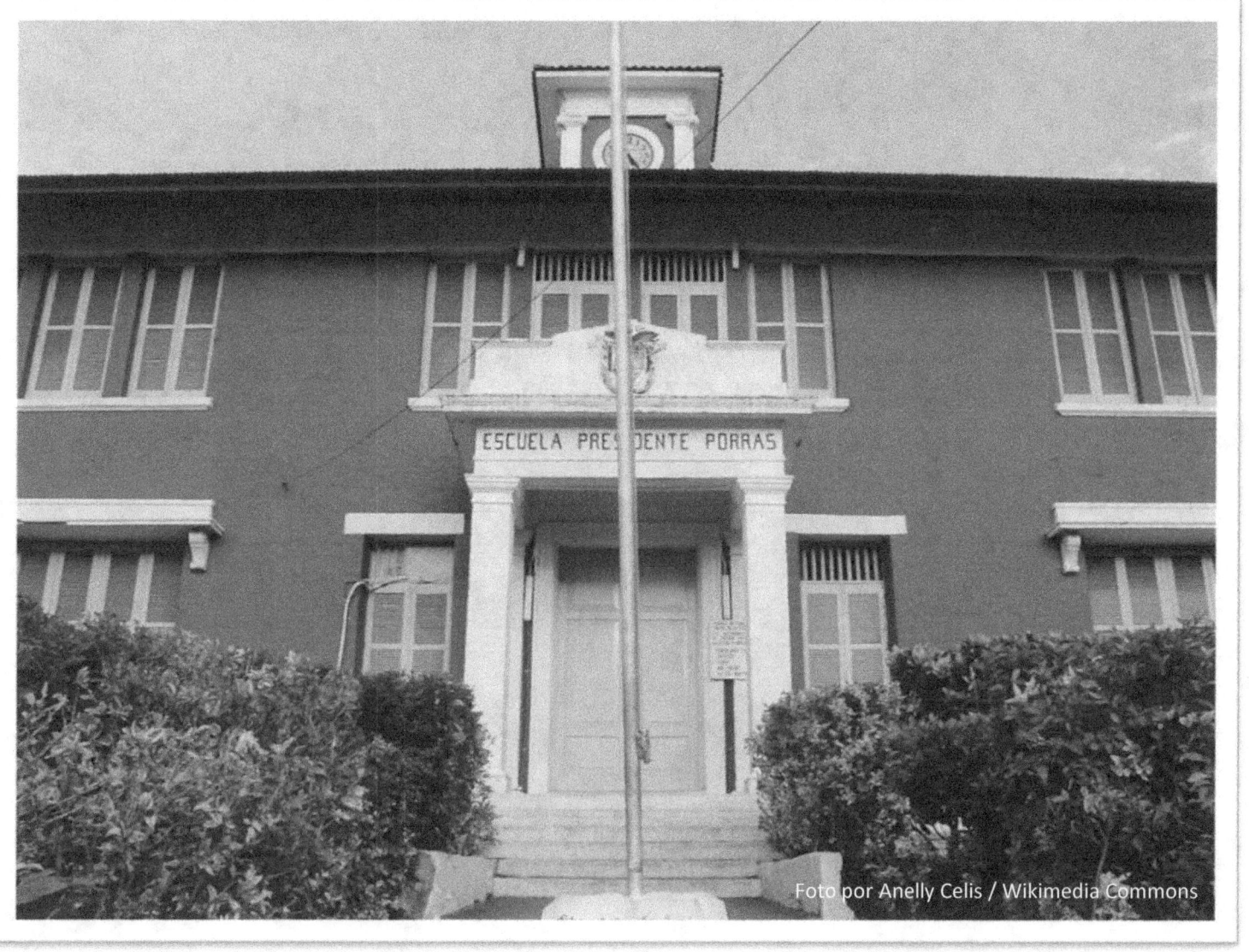

ESCUELA PRESIDENTE PORRAS

07-003-DMHN

Escuela Presidente

Porras No.1

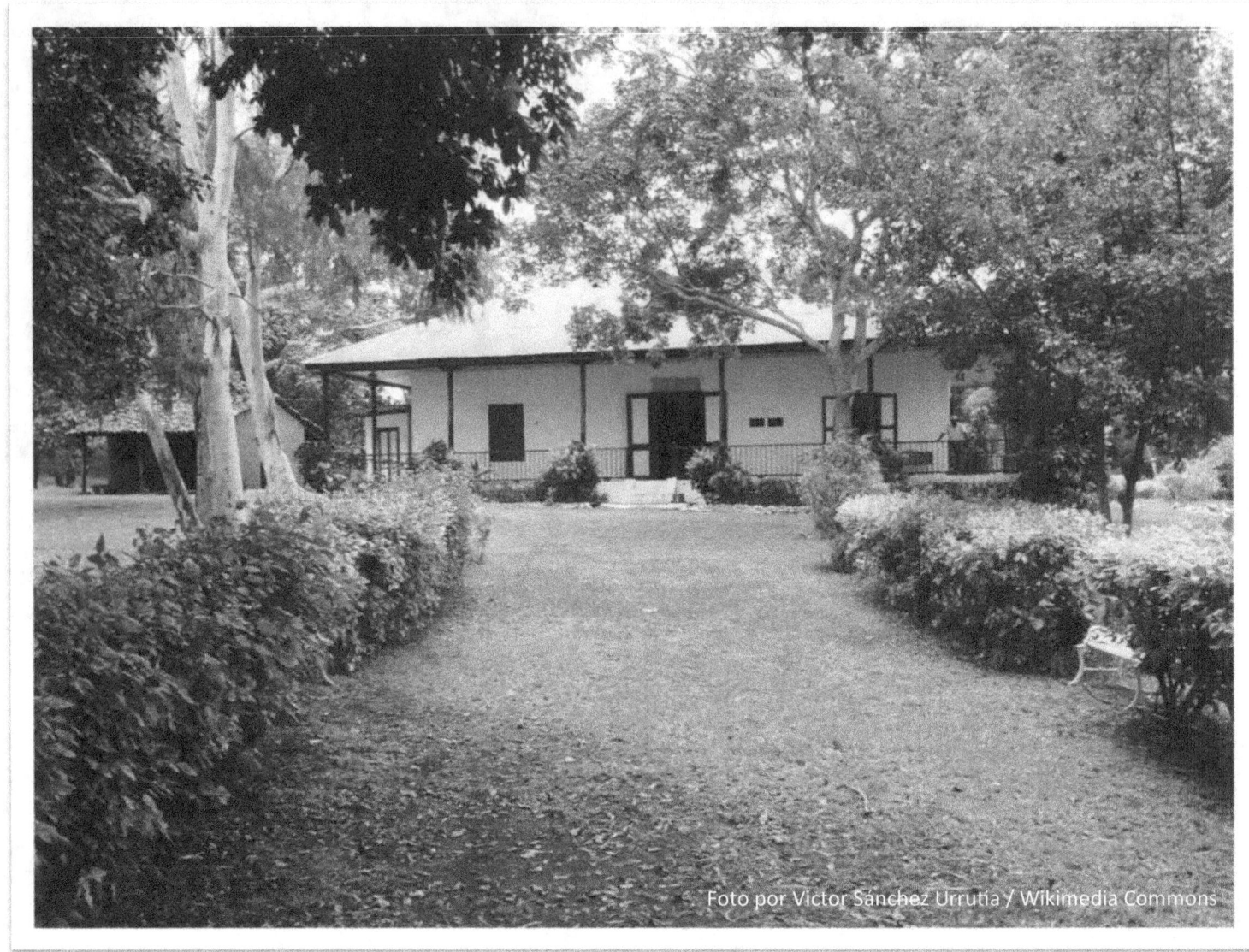

07-004-DMHN
Finca "Pausílipo" del
Doctor Belisario Porras

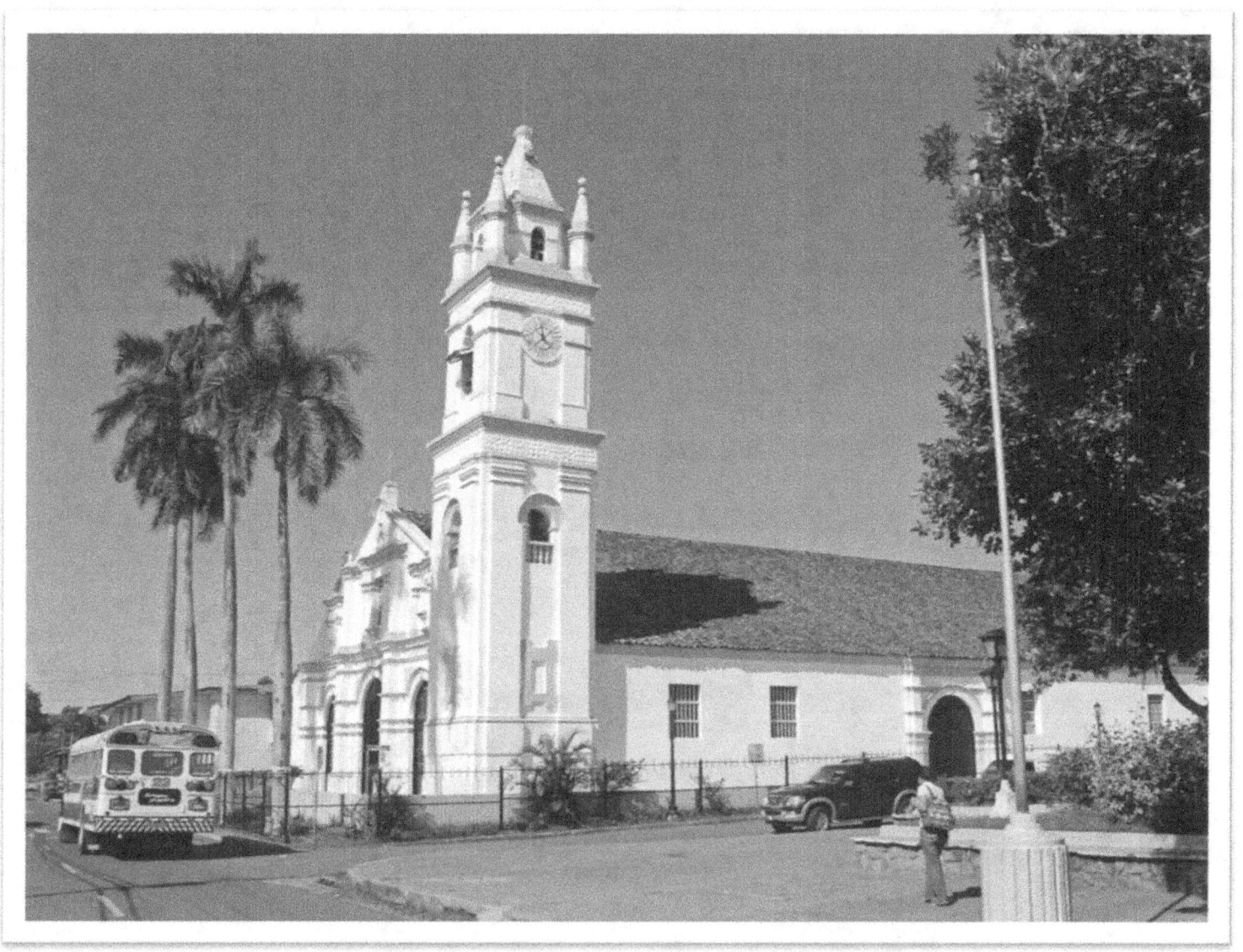

07-005-DMHN

Iglesia de San Atanasio de Los Santos

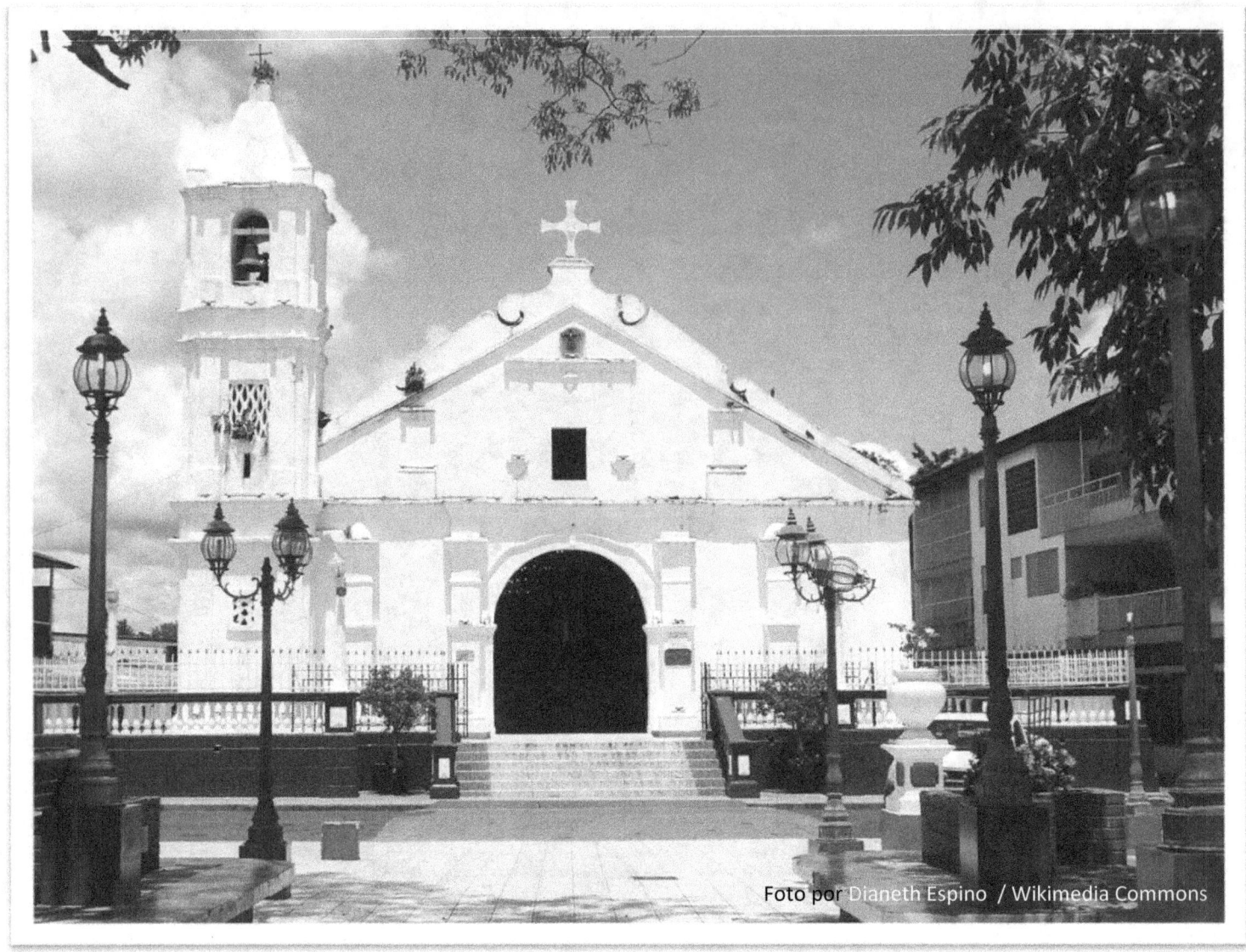

07-006-DMHN

Iglesia Parroquial

de Santa Librada

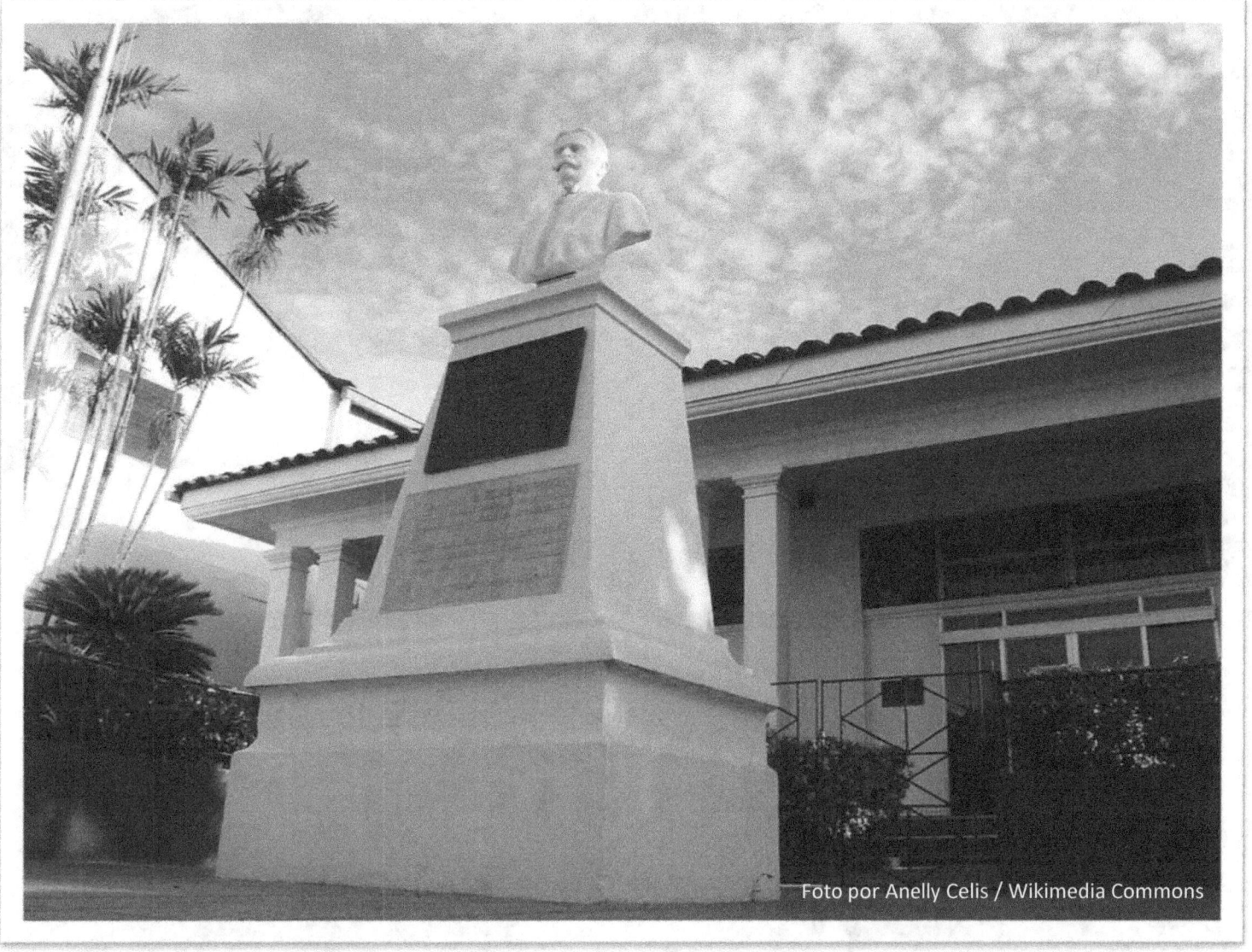

Foto por Anelly Celis / Wikimedia Commons

07-007-DMHN
Sitio donde nació el
Dr. Belisario Porras

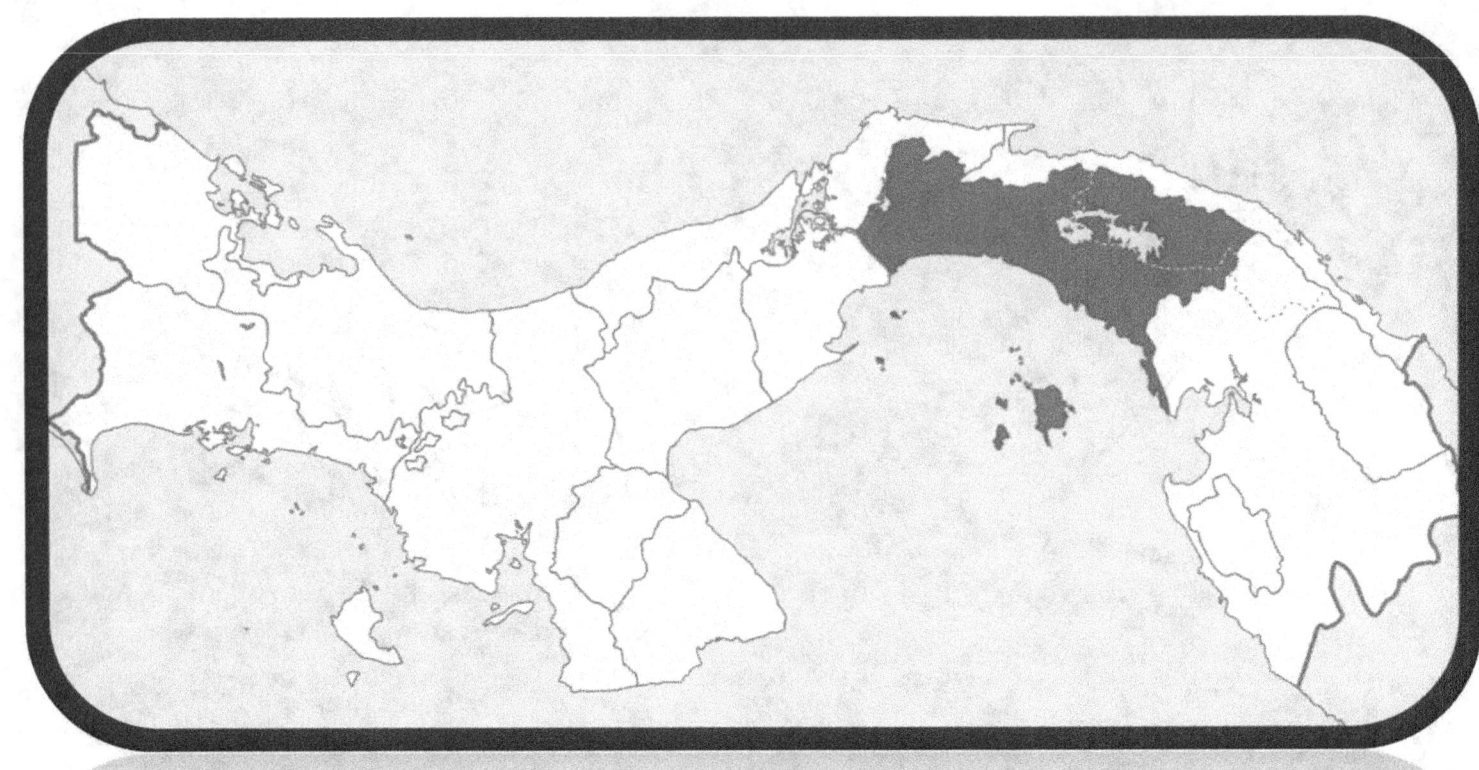

Panamá

Monumentos Nacionales	Monumentos Históricos Nacionales	Conjuntos Monumentales Históricos
1 (33%)	16 (44%)	3 (60%)

Población

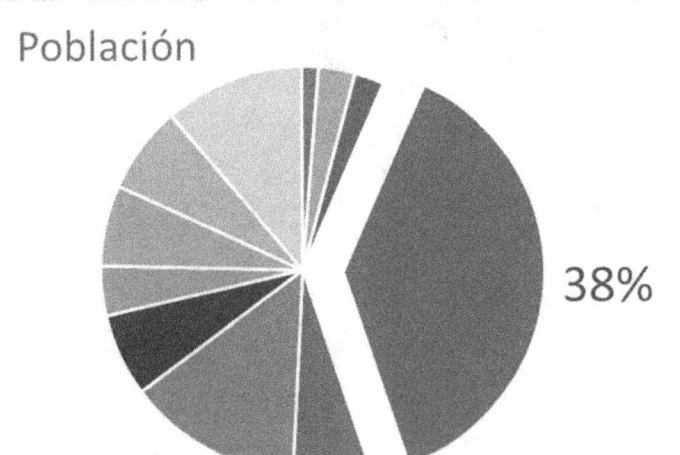

38%

Superficie

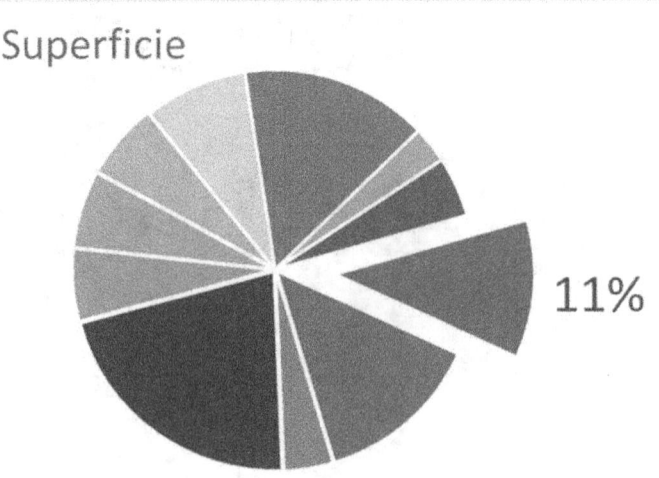

11%

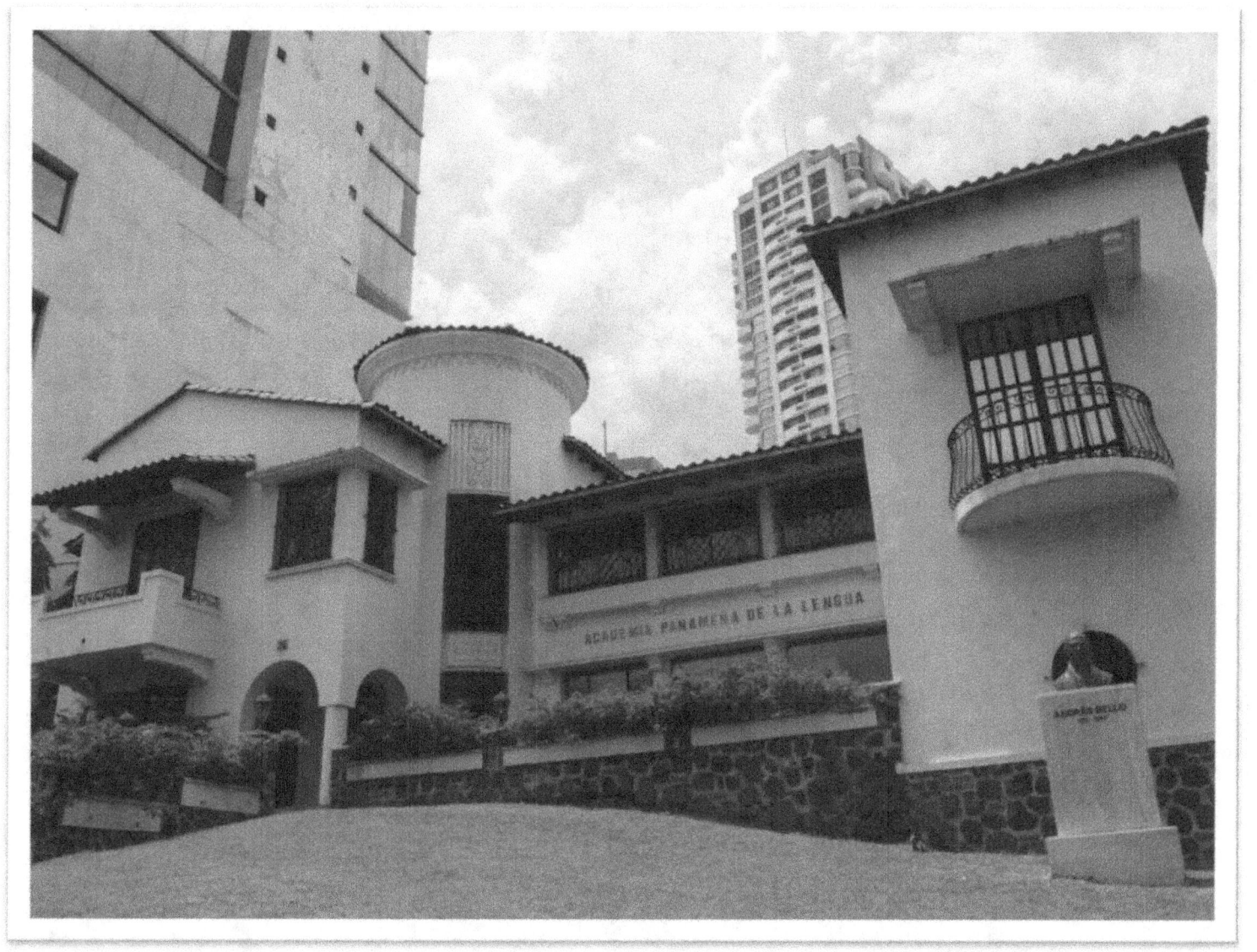

08-001

Academia Panameña
de la Lengua

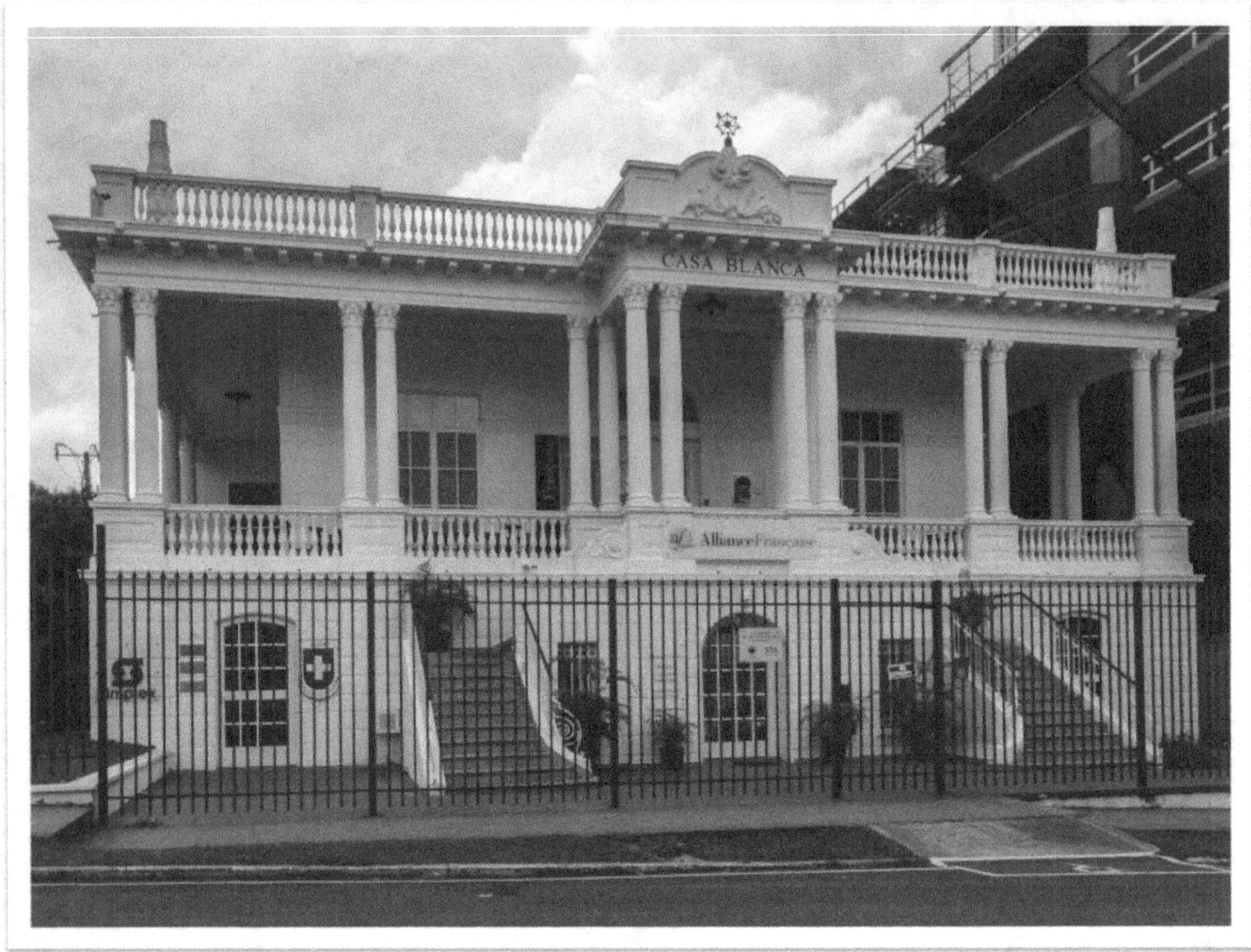

08-002

Antigua residencia
de Arturo Delvalle
Henríquez

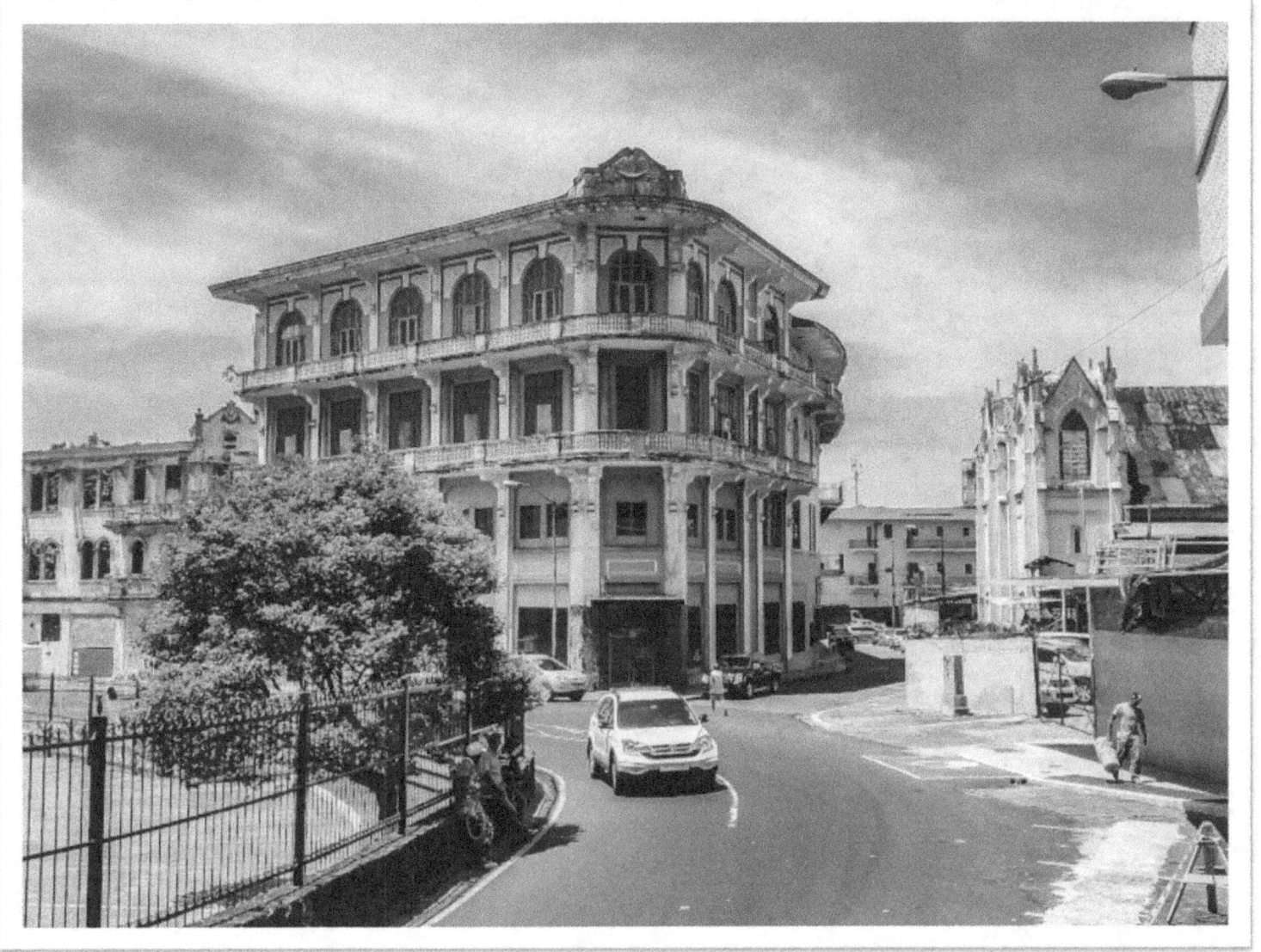

08-003

Antigua sede de la
Biblioteca Nacional

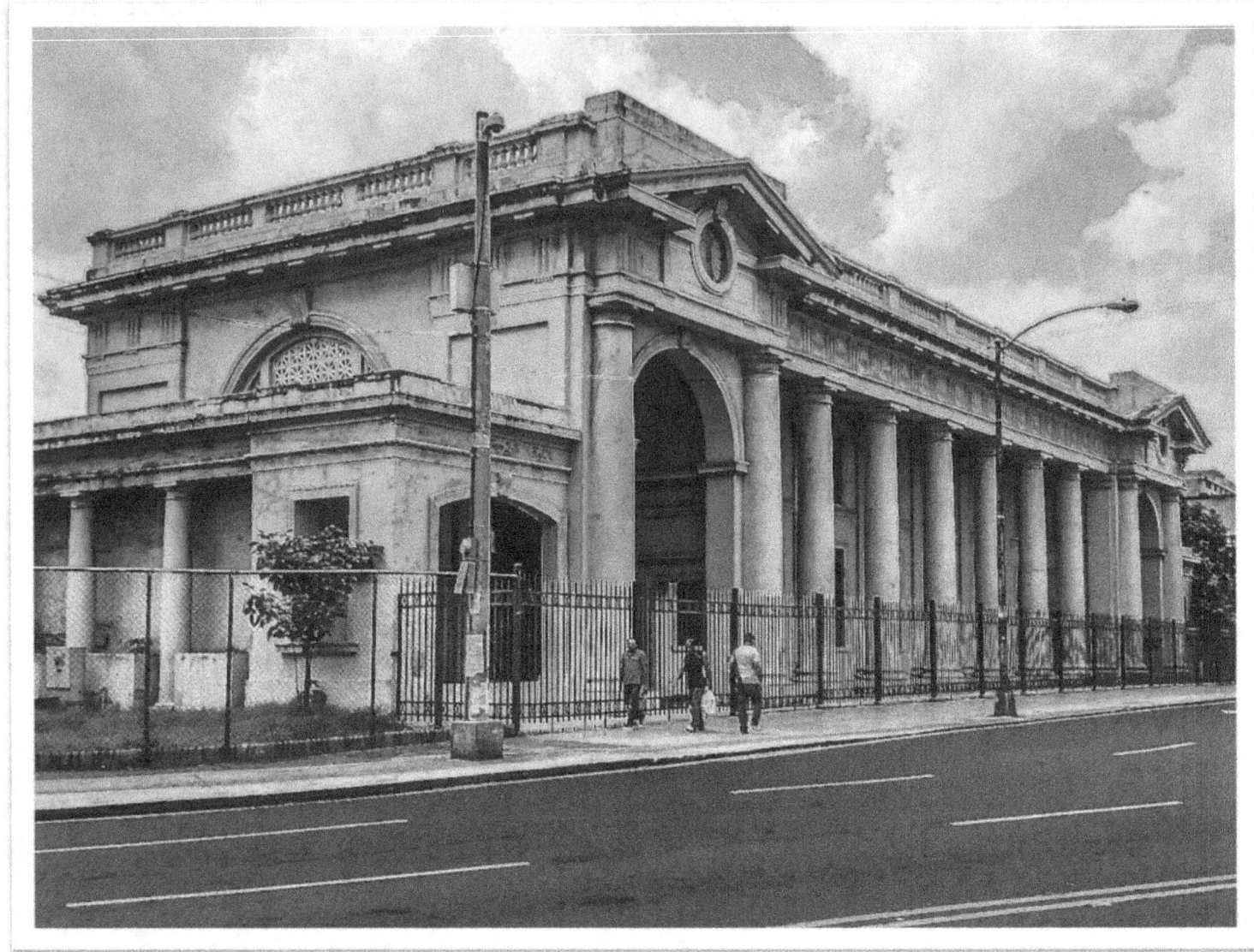

08-004-DMHN
Antiguo Museo
Antropológico Reina
Torres de Araúz

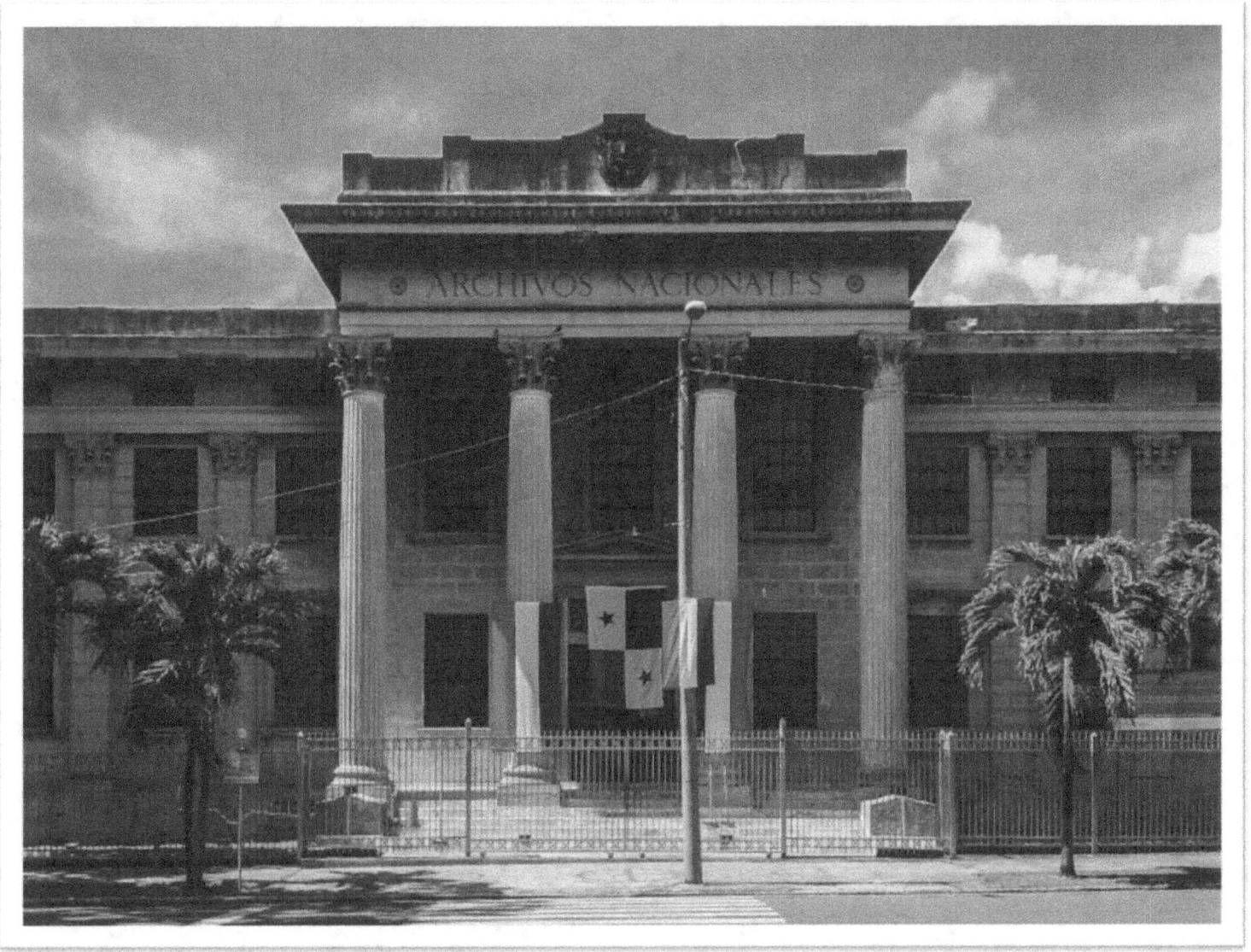

08-005

Archivos Nacionales

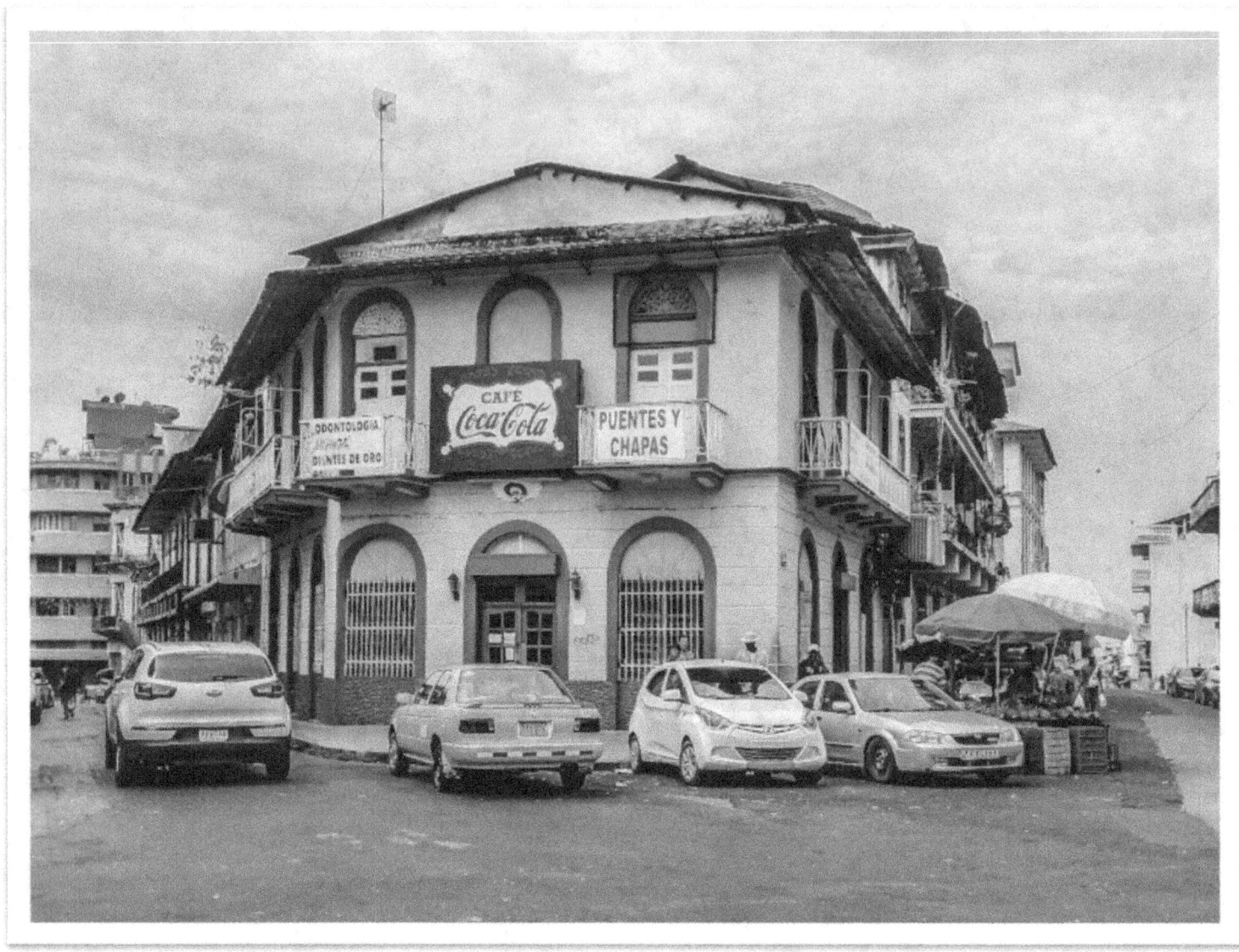

08-006

Café Coca Cola

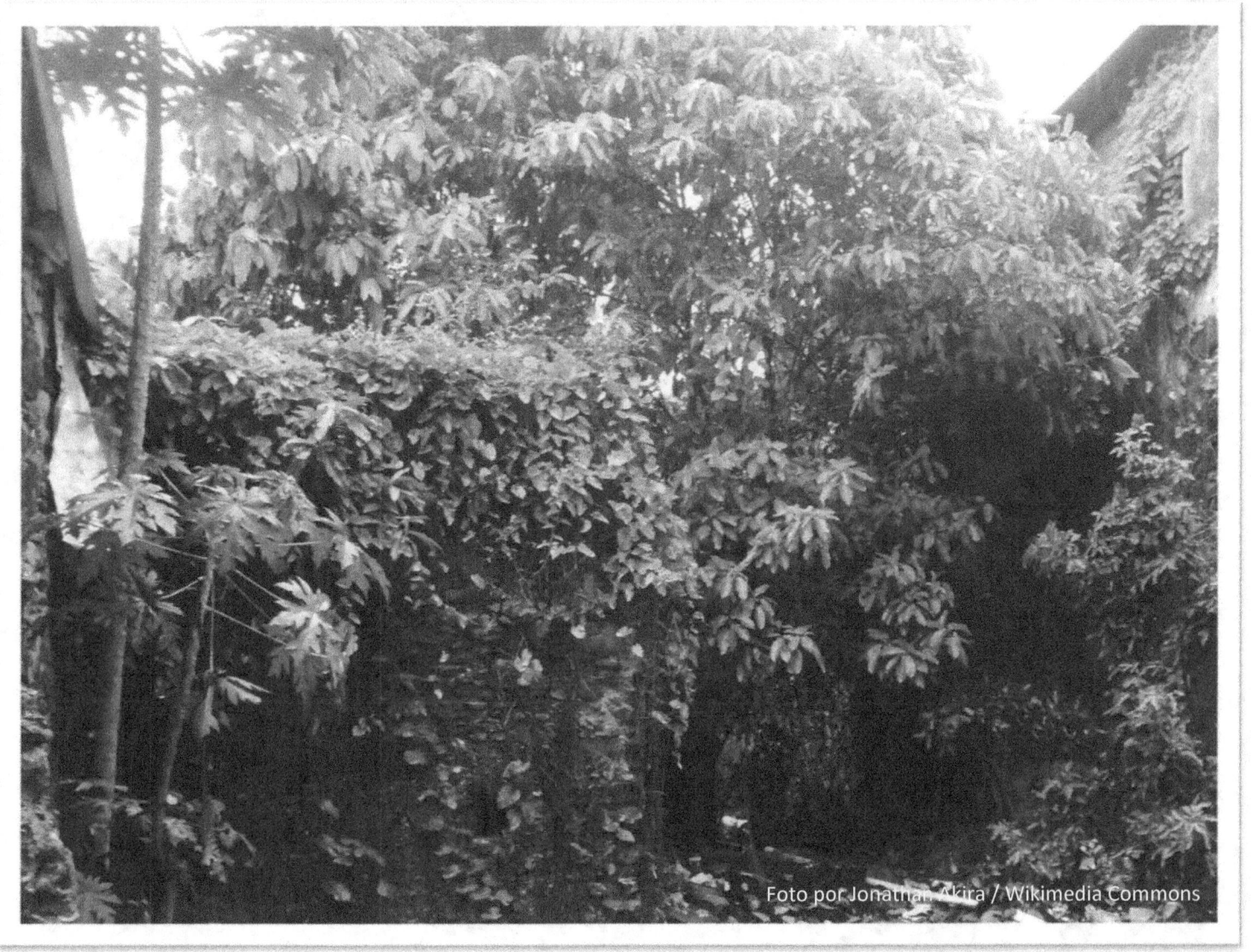

Foto por Jonathan Akira / Wikimedia Commons

08-007-DMHN

Casa Mateo Iturralde

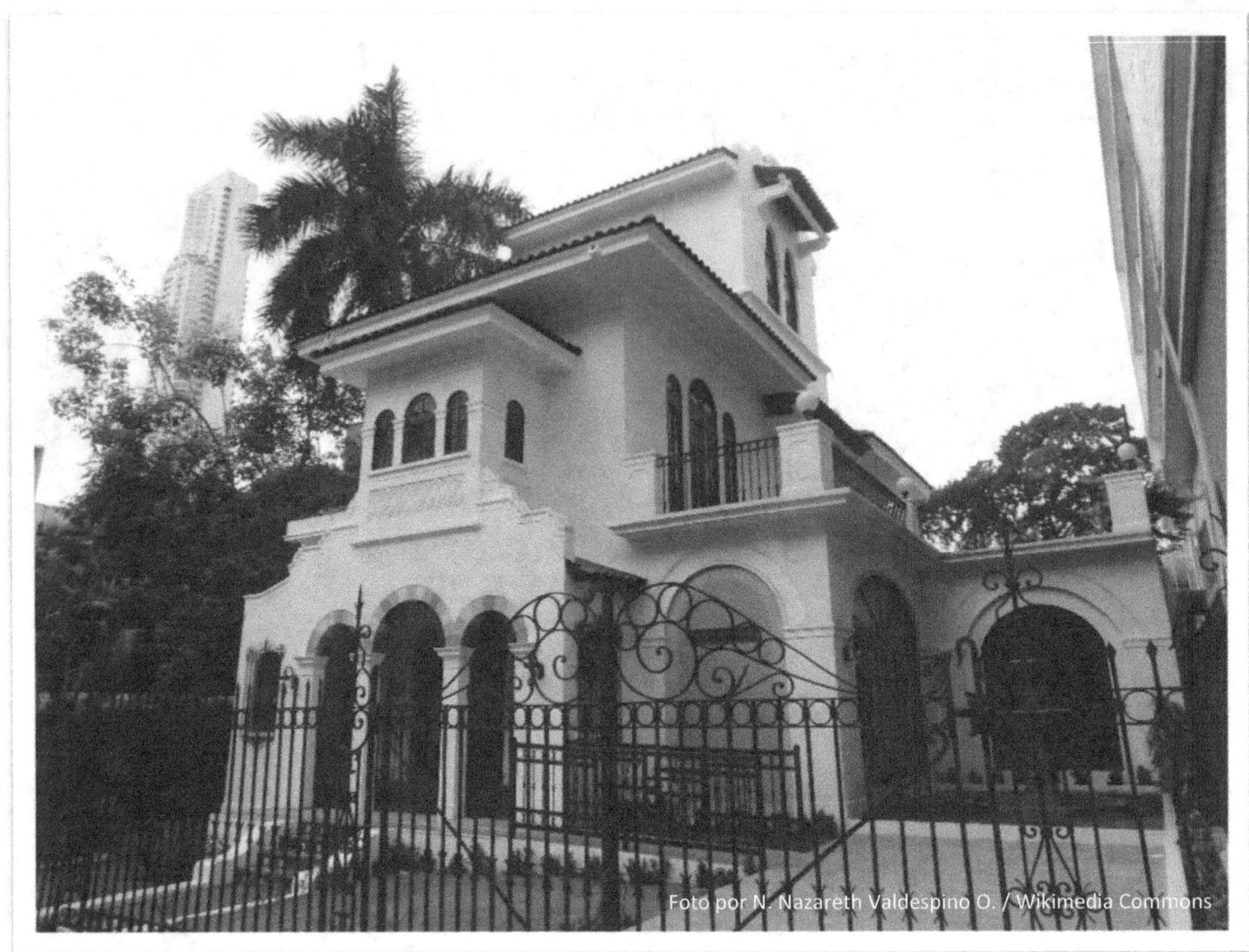

Foto por N. Nazareth Valdespino O. / Wikimedia Commons

08-008

Casa Museo del

Banco Nacional

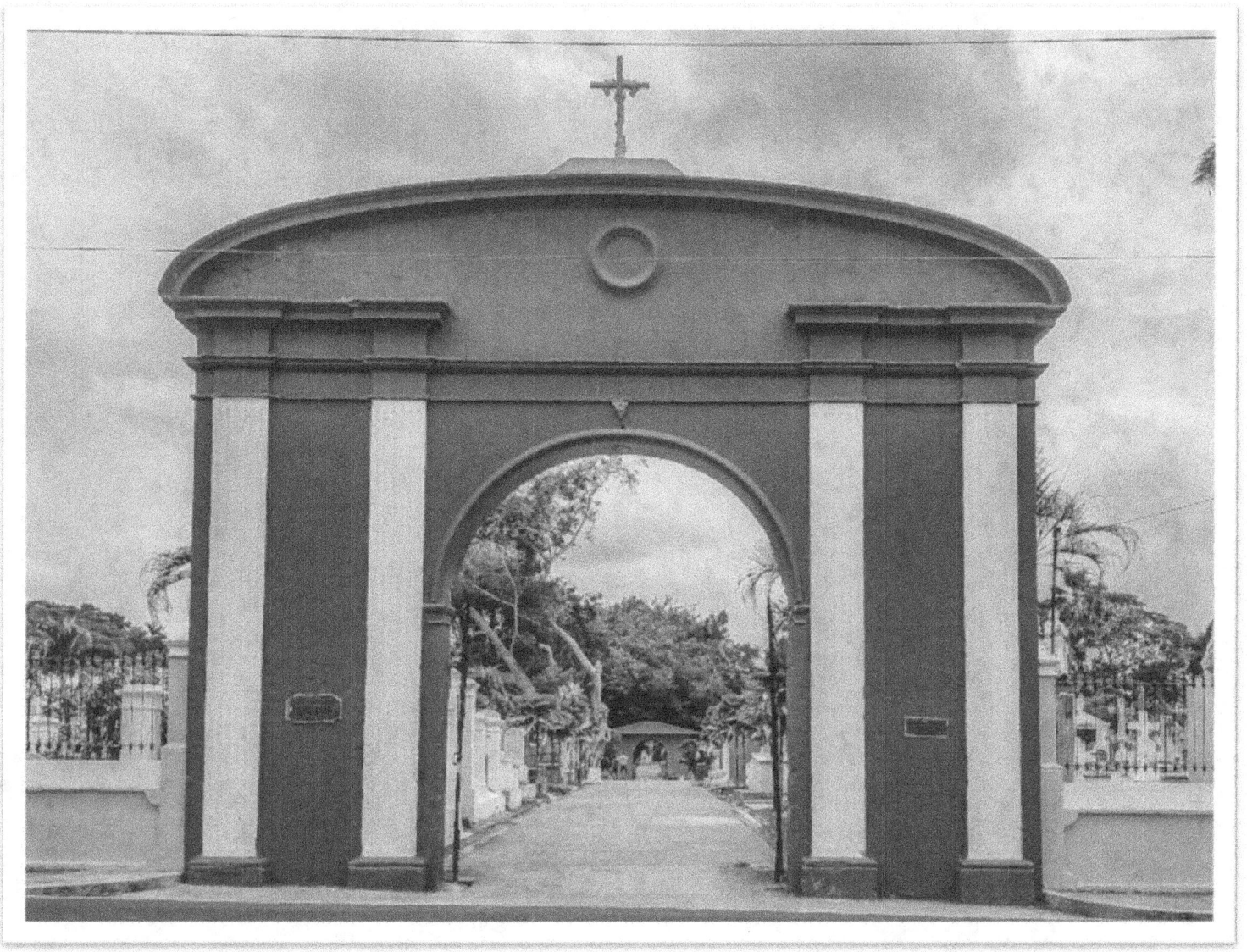

08-009

Cementerio Amador

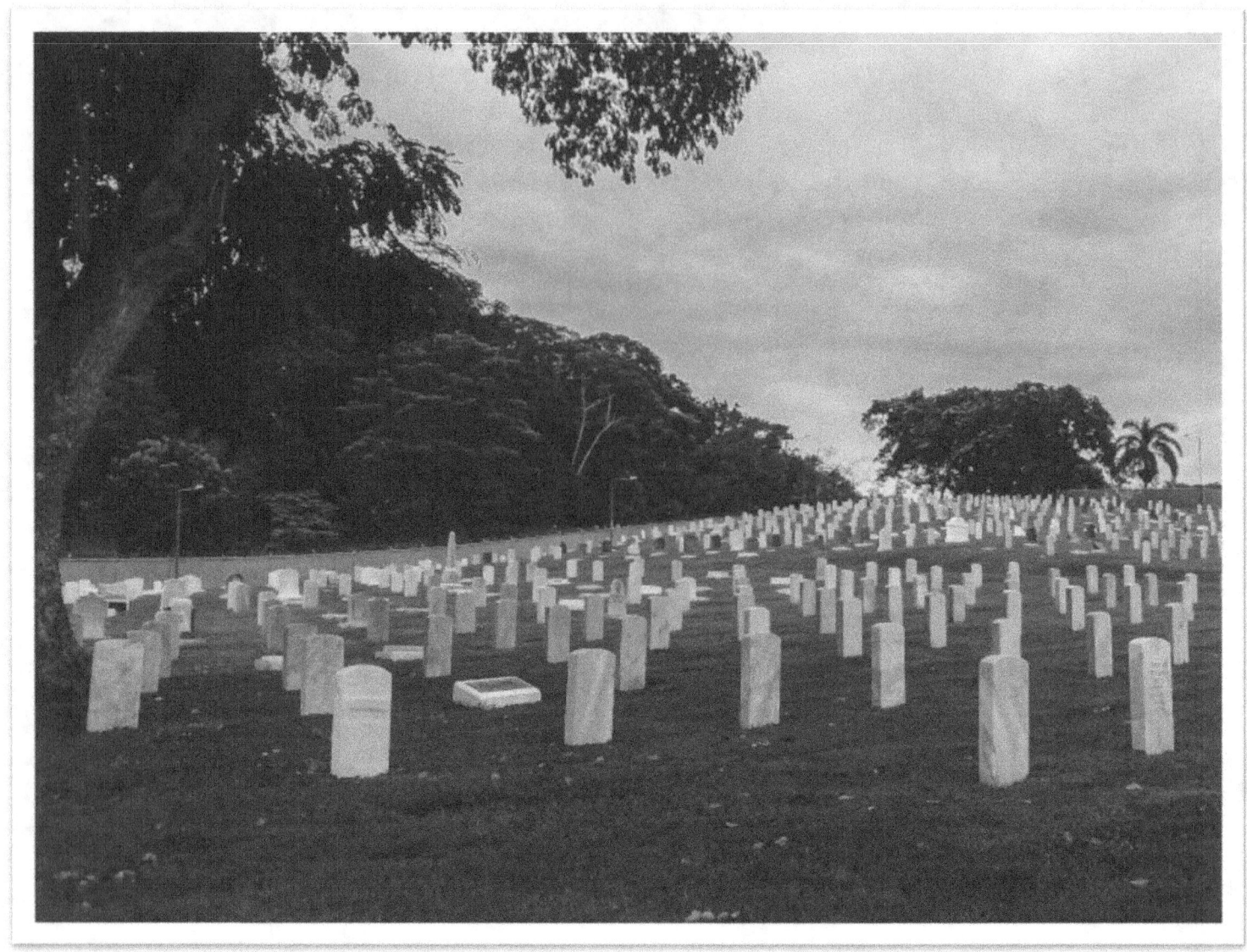

08-010-DPH
Cementerio de
Corozal Silver

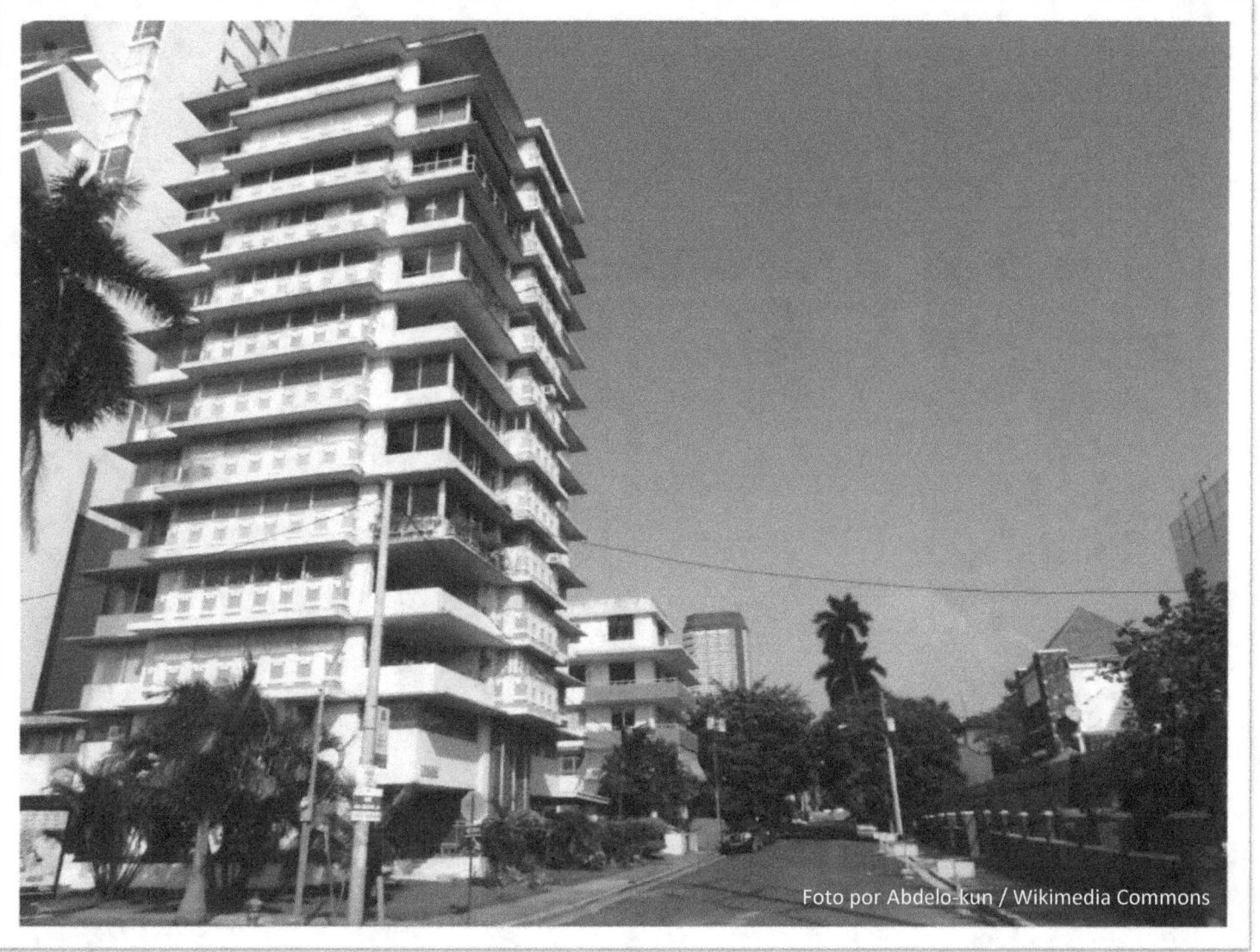

Foto por Abdelo-kun / Wikimedia Commons

08-011

Edificio Atalaya

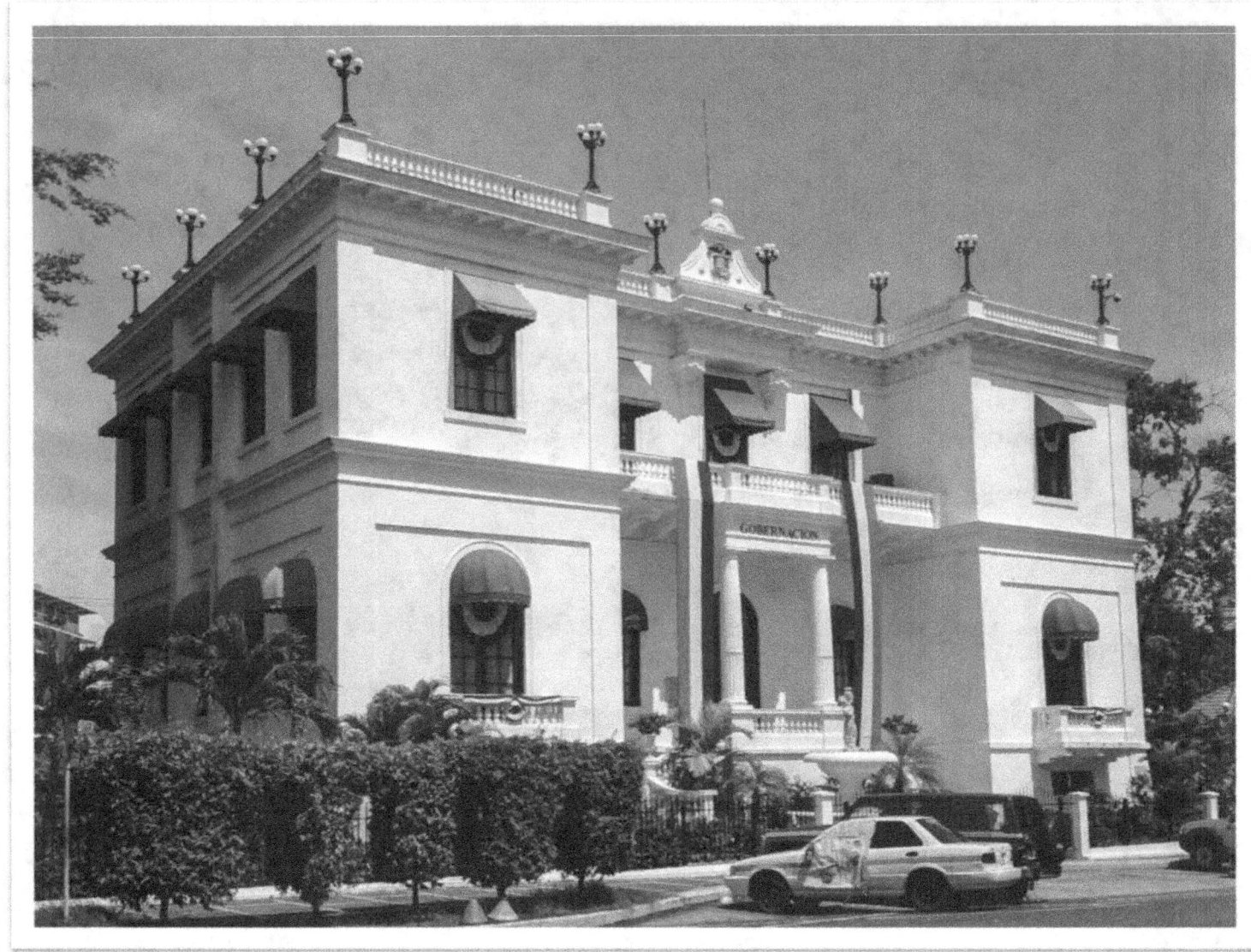

08-012-DMHN
Edificio de la Gobernación

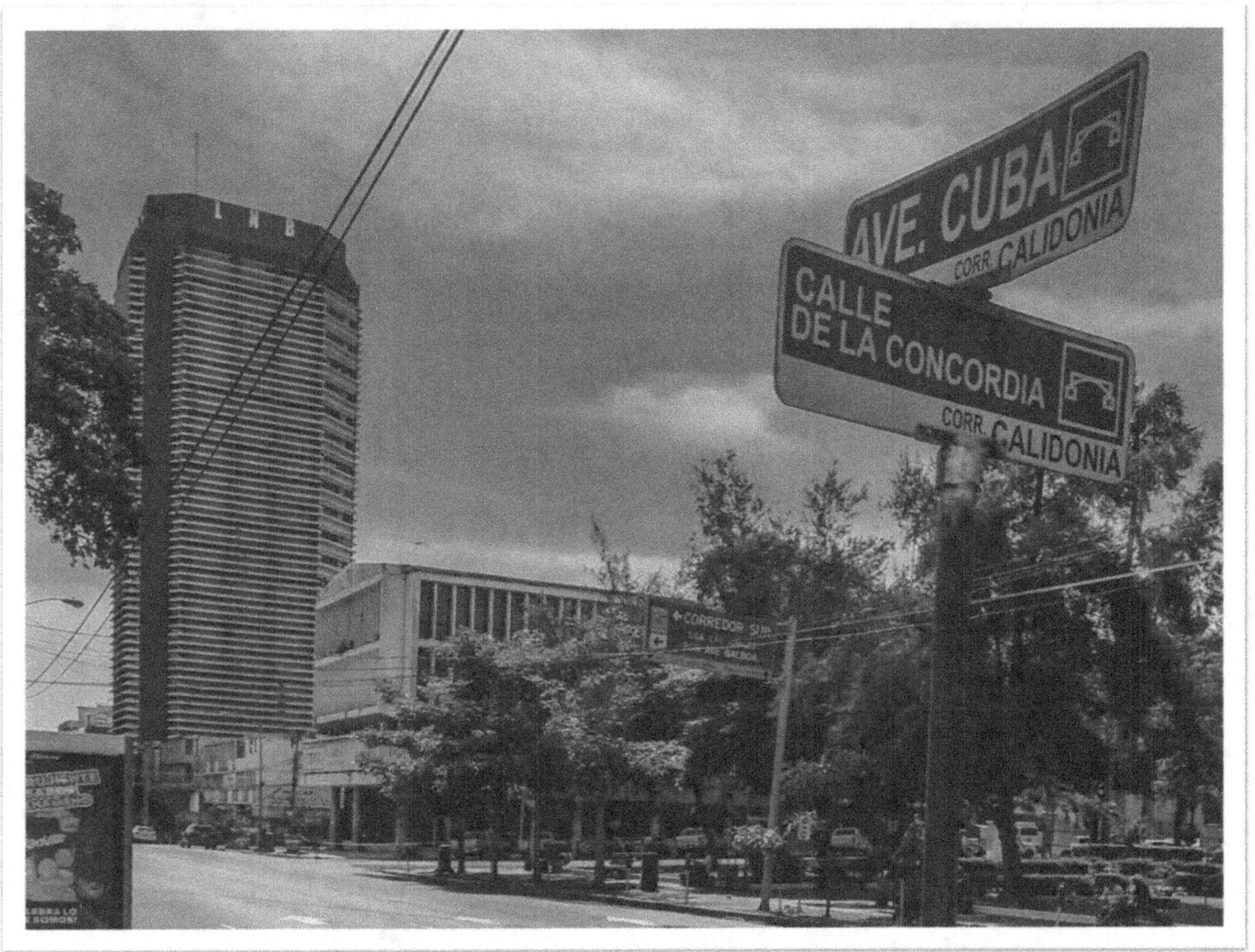

08-013

Edificio de la Lotería
Nacional de Beneficencia

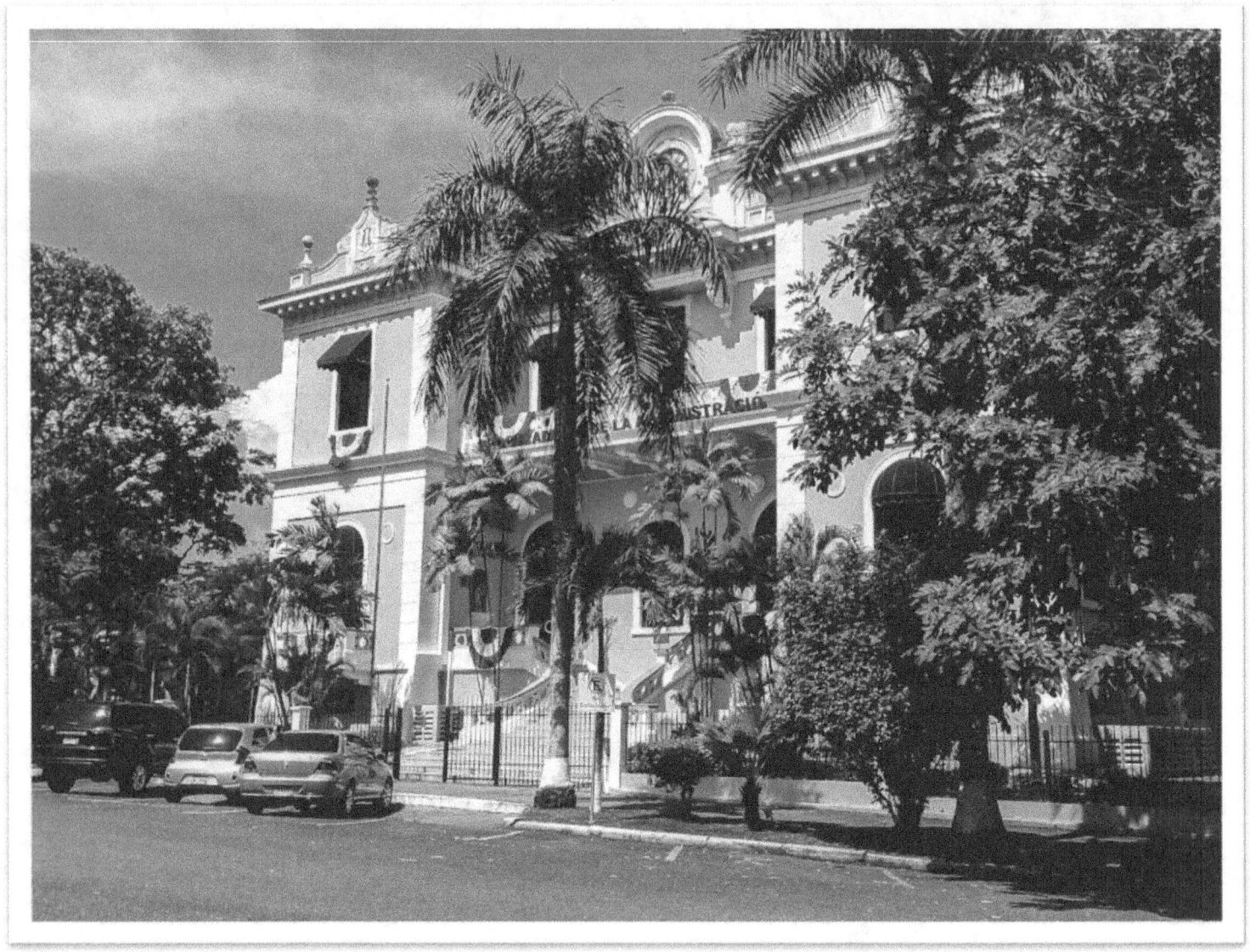

08-014
Edificio de la Procuraduría
General de la Nación

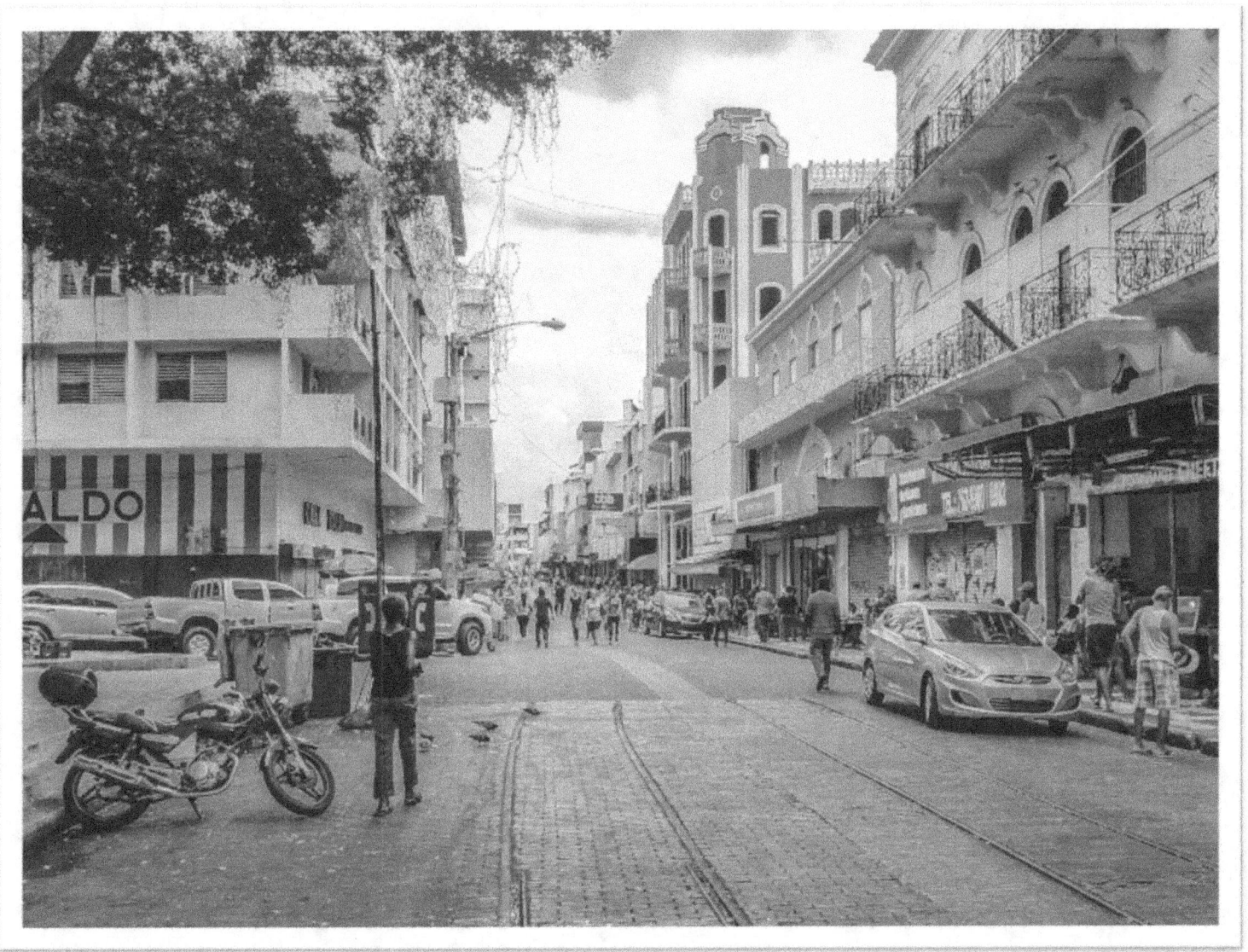

08-015

Edificio La Pollera

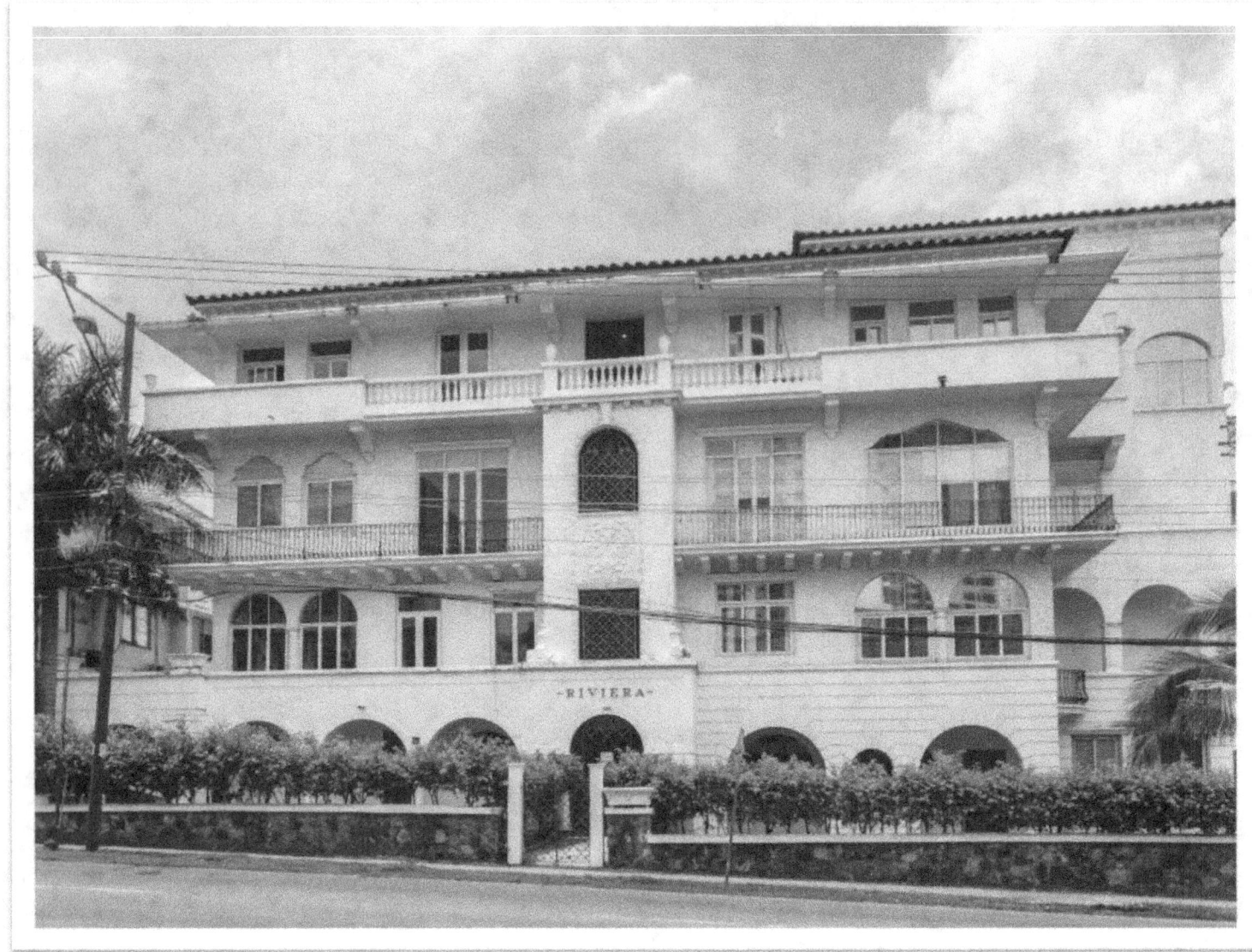

08-016
Edificio Riviera

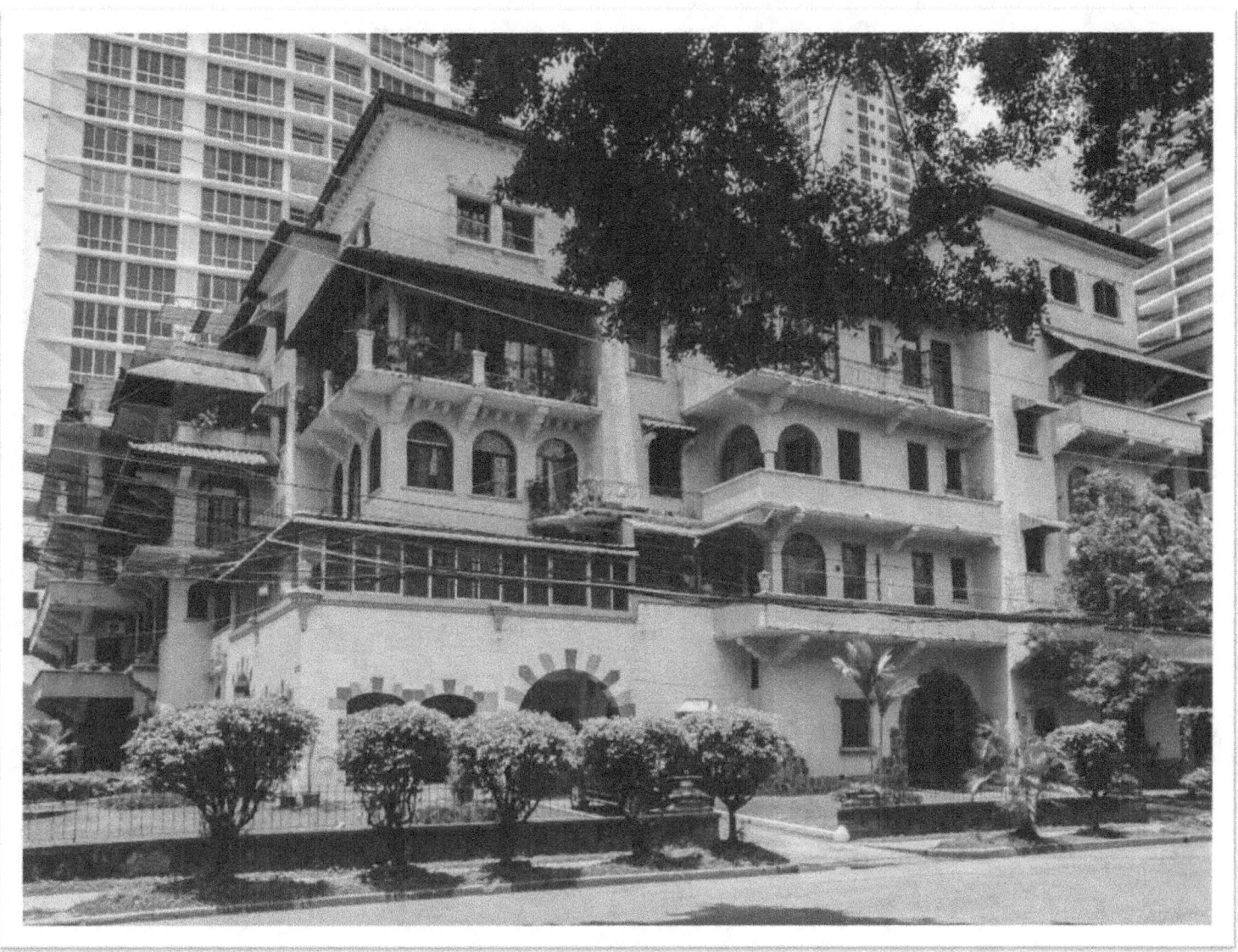

08-017
Edificio Sousa

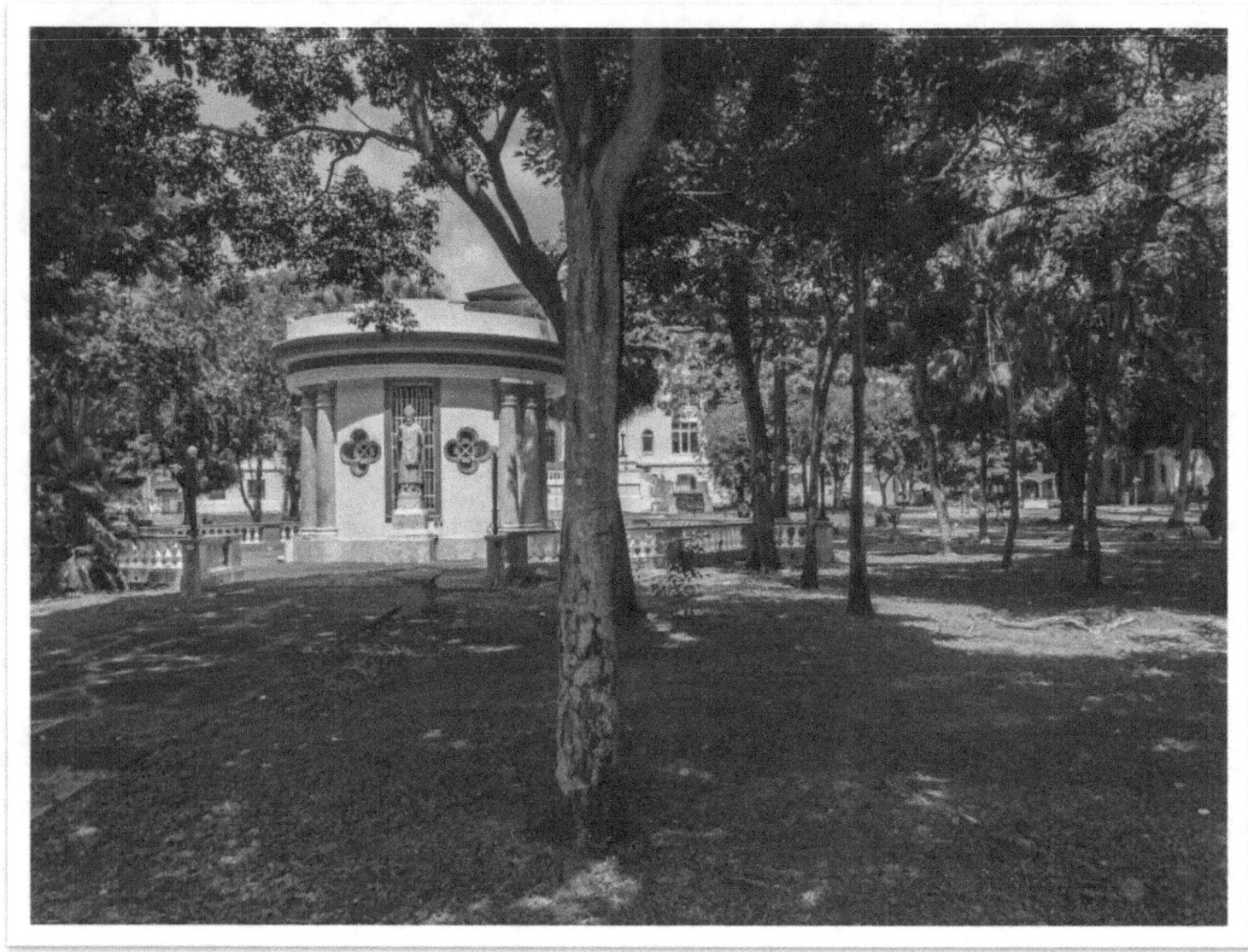

08-018-DMHN
Hospital Santo Tomás
y sus jardines

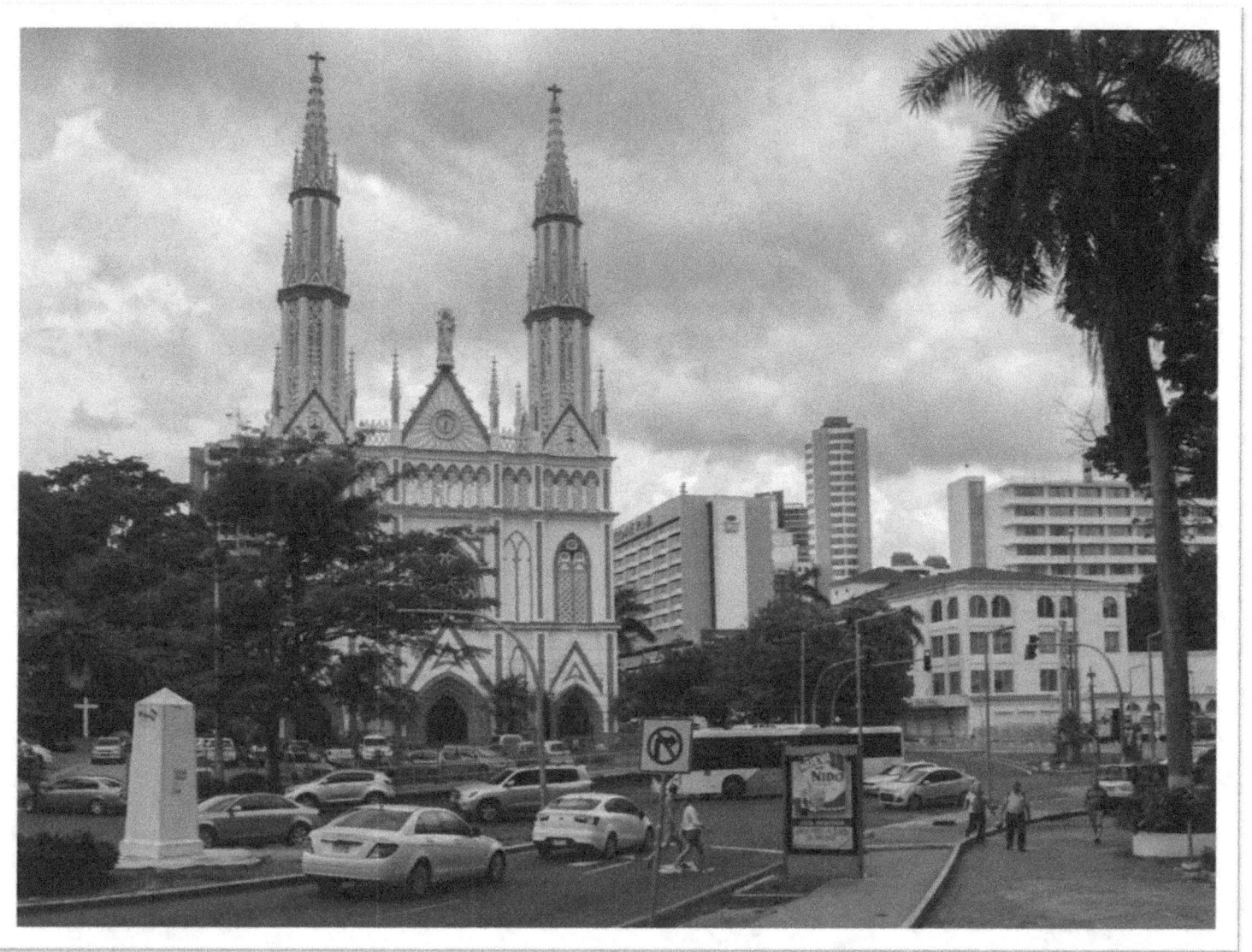

08-019

Iglesia del Carmen

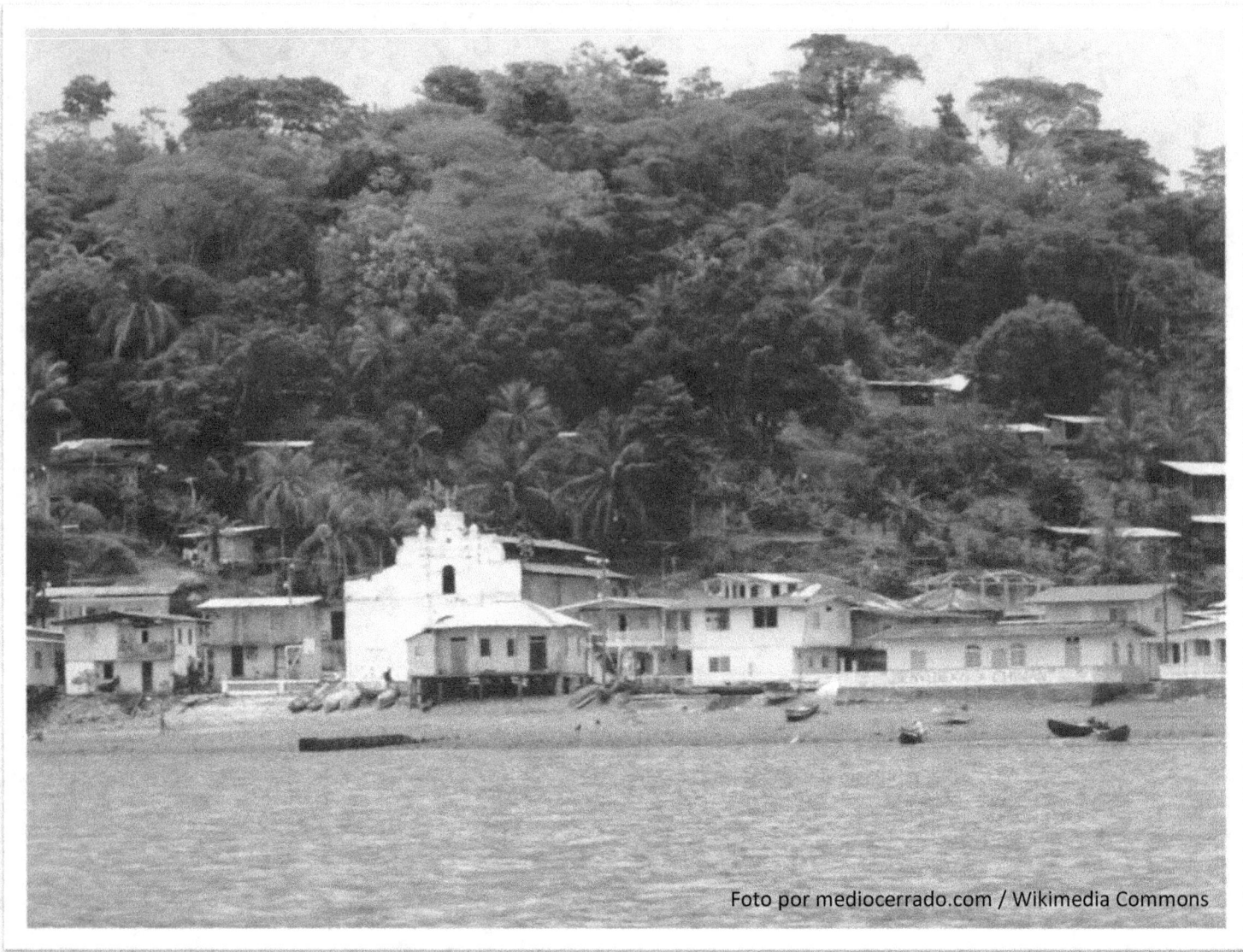

Foto por mediocerrado.com / Wikimedia Commons

08-020-DMHN
La Colonial Iglesia-Fortín
de Chimán

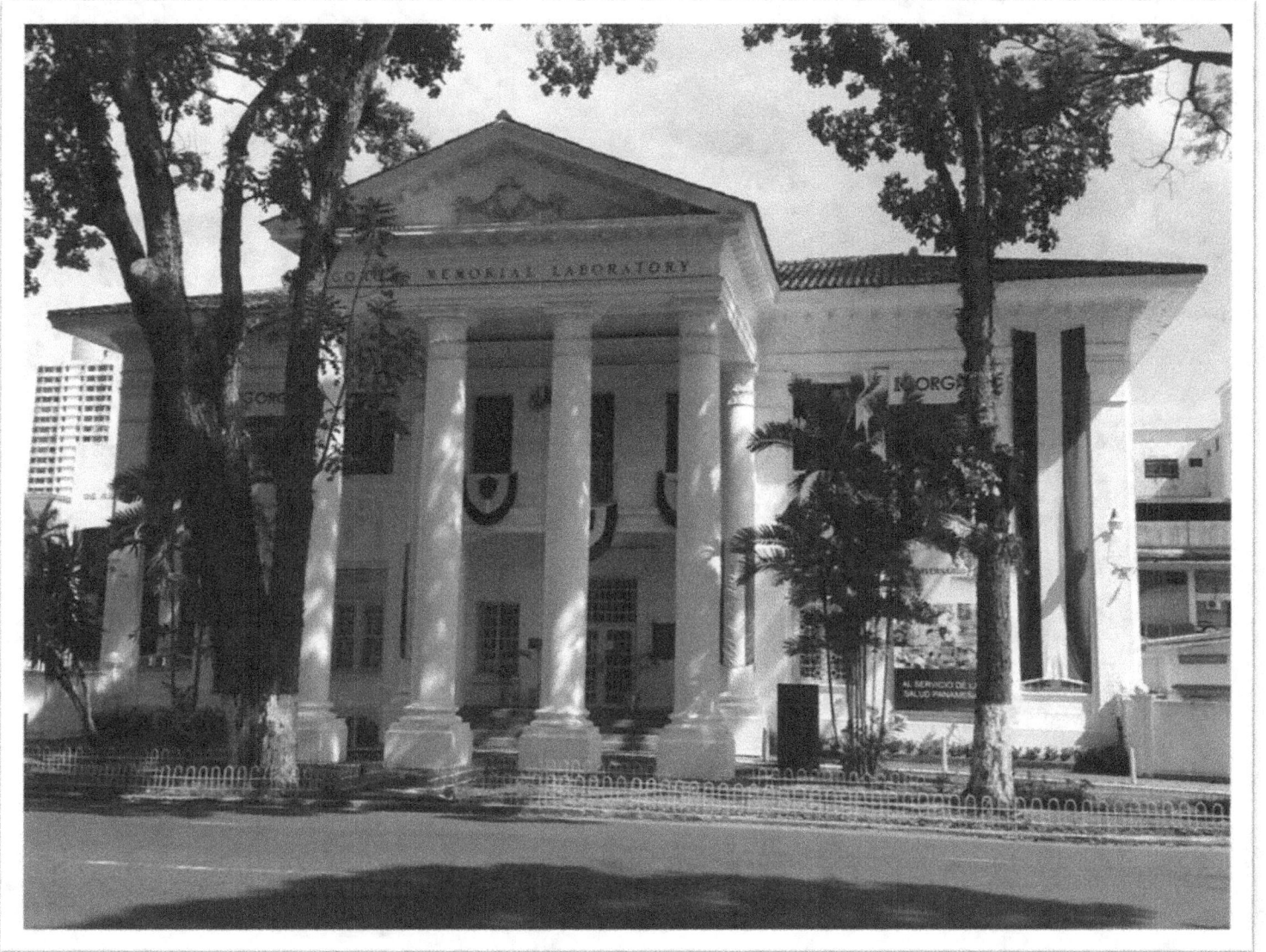

08-021

Instituto Conmemorativo Gorgas

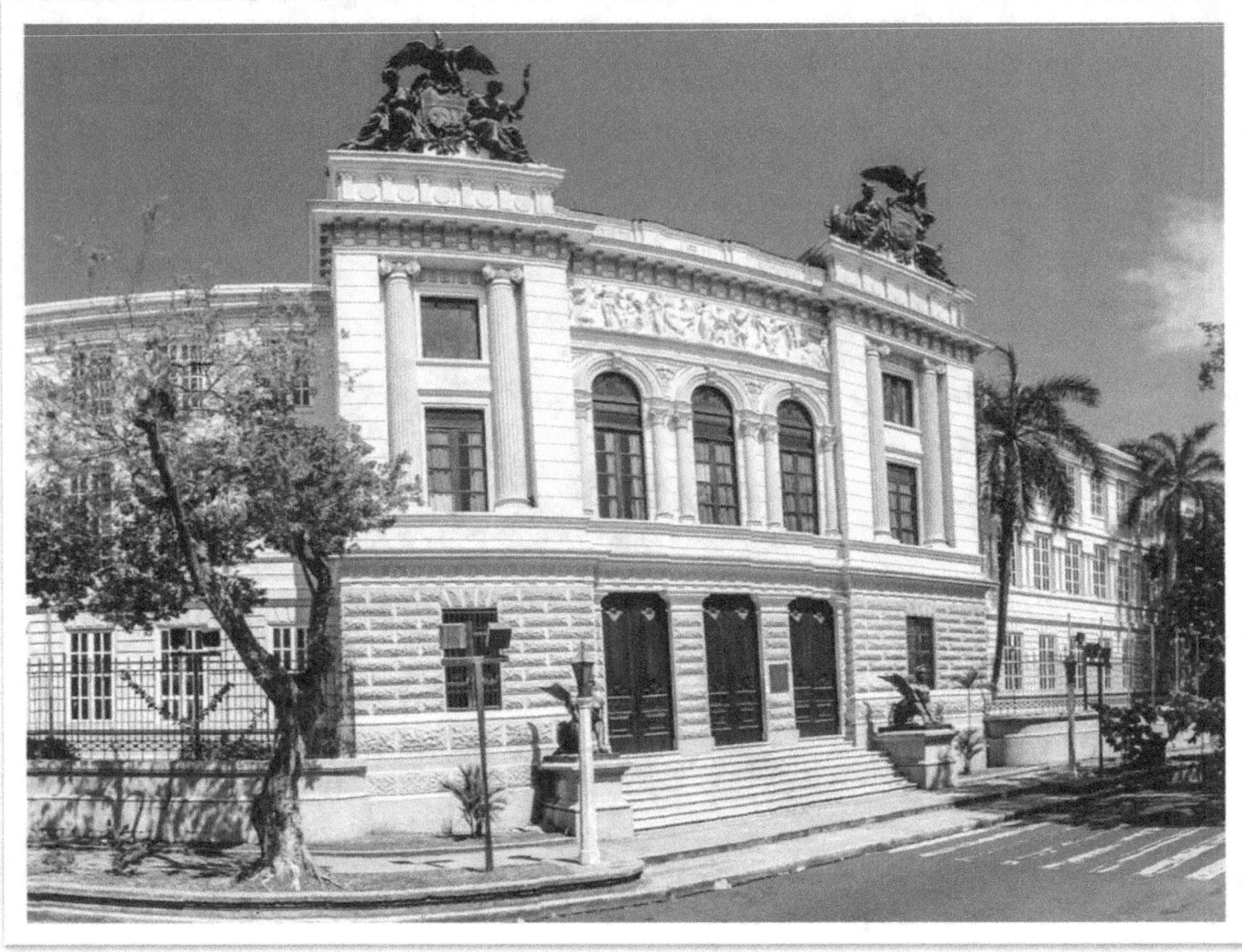

08-022-DMHN

Instituto Nacional

de Panamá

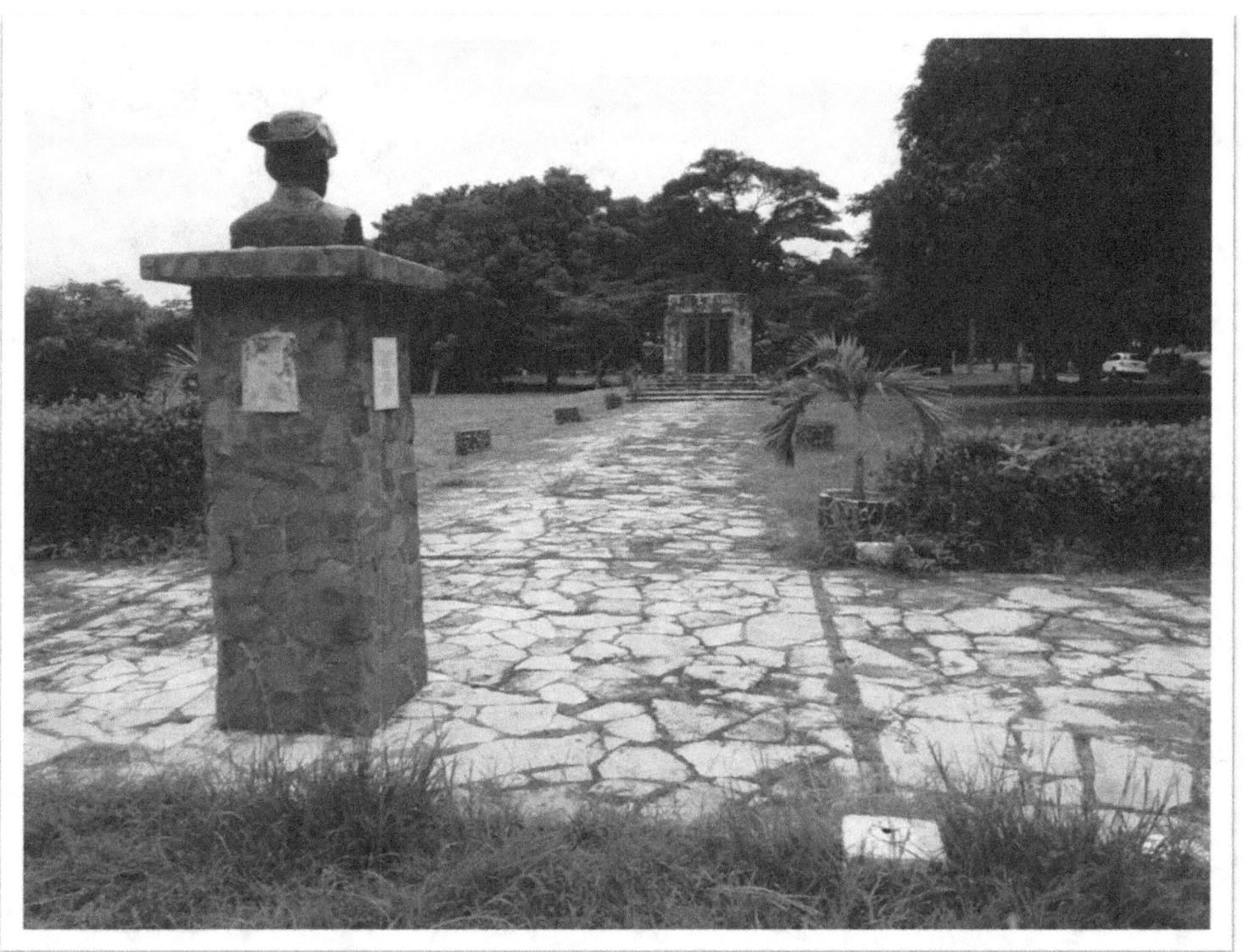

08-023-PHN

Mausoleo al General
Omar Torrijos Herrera
y área circundante

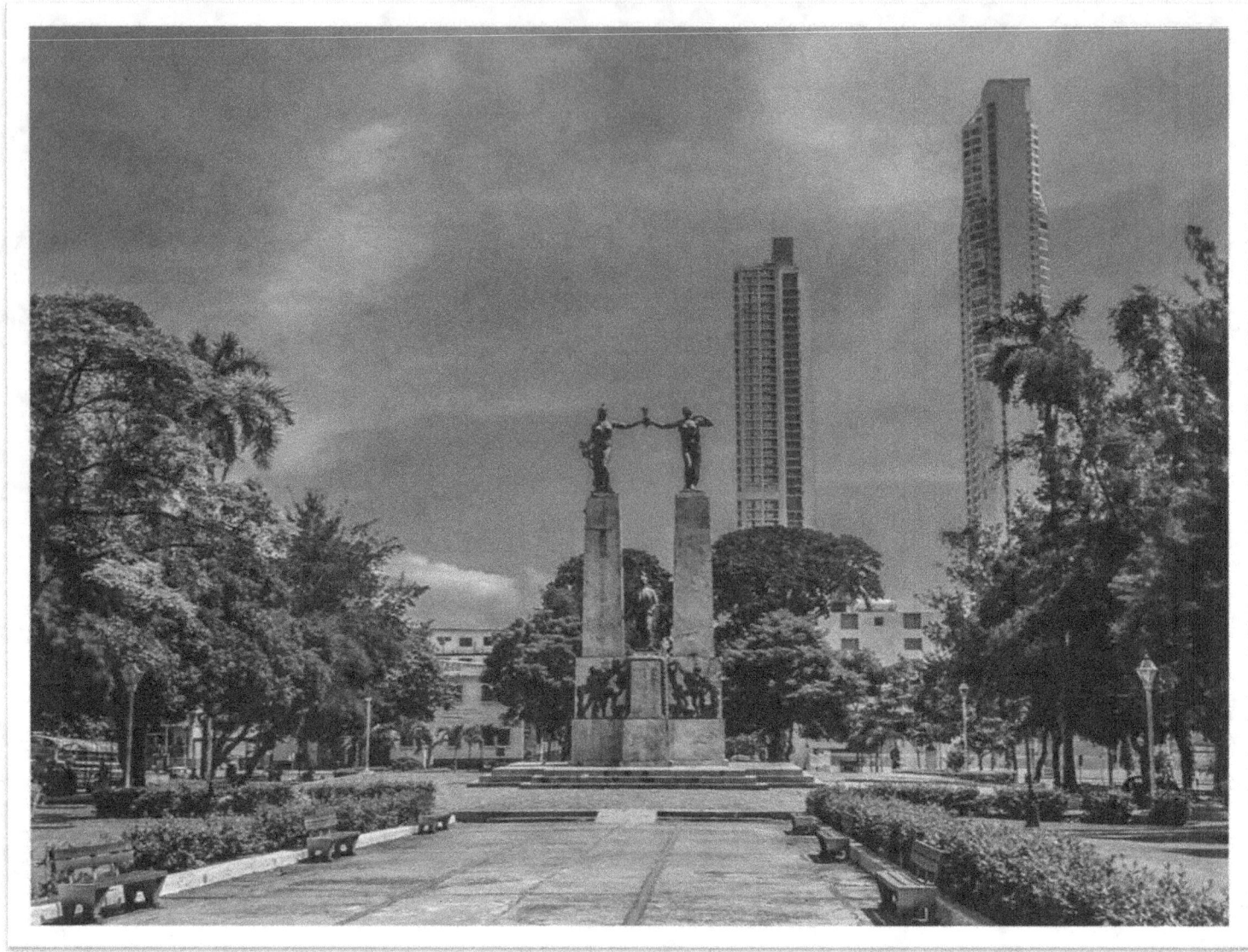

08-024

Monumento a
Belisario Porras

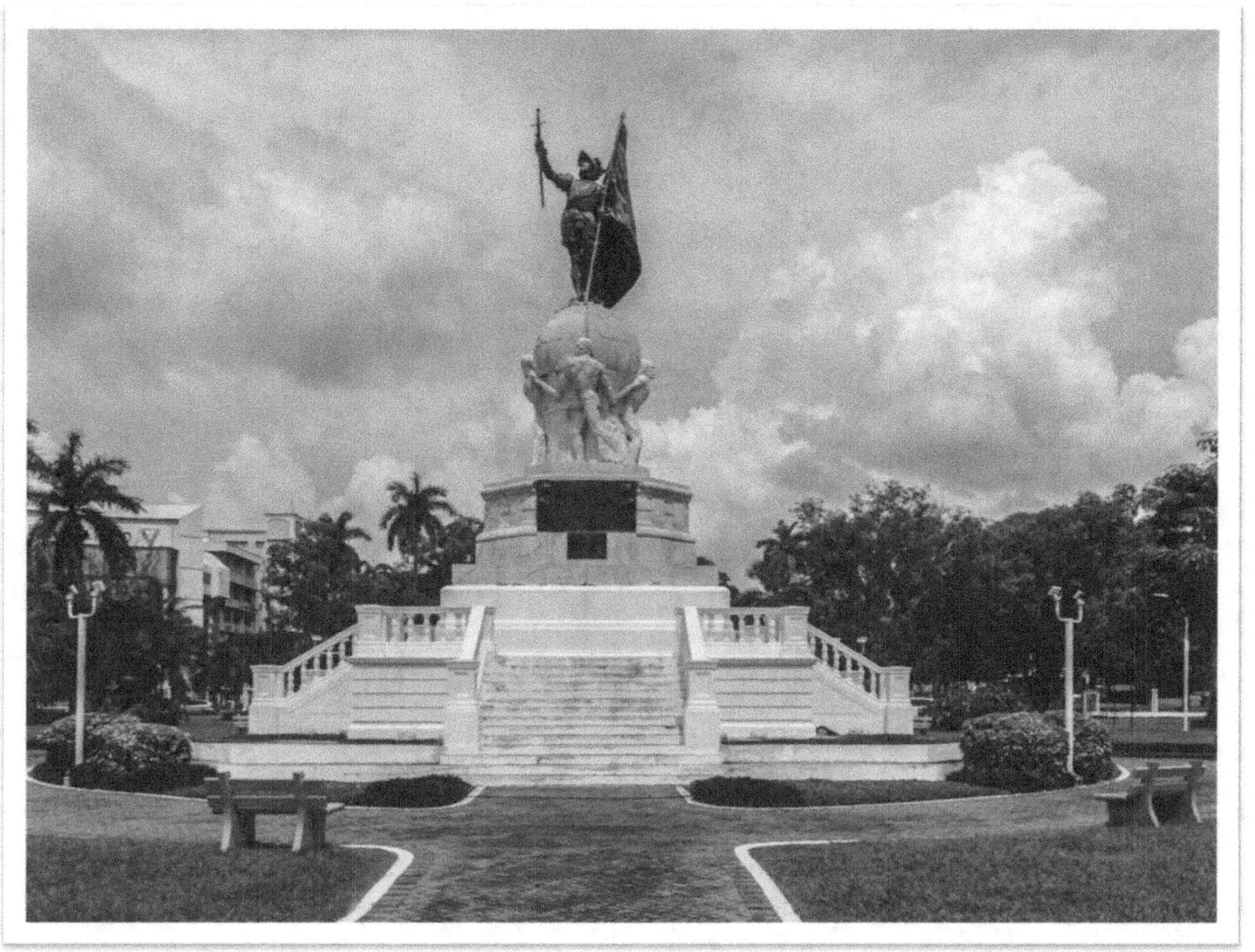

08-025

Monumento a Vasco
Núñez de Balboa

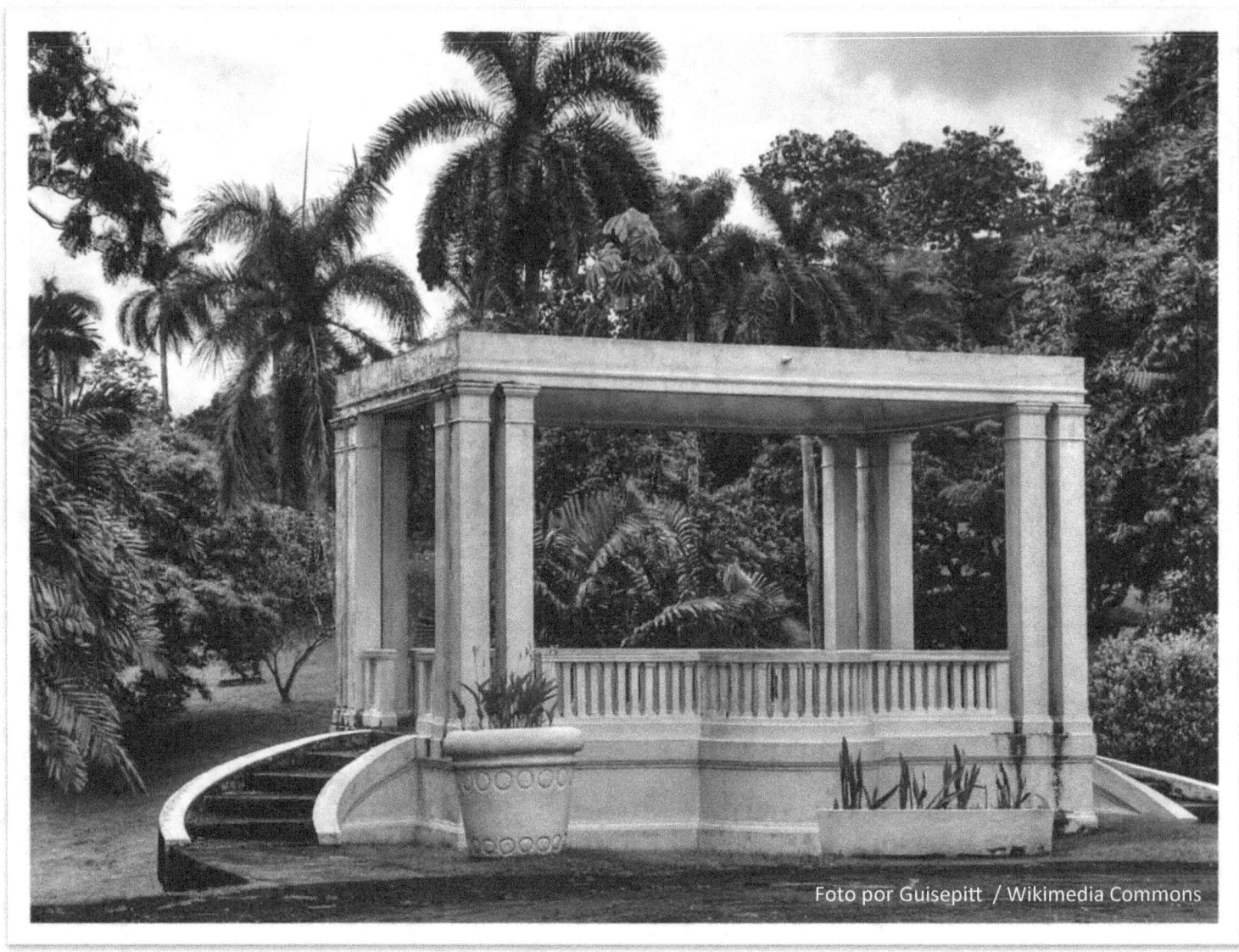

08-026-DPH

Parque Conmemorativo

de la Comunidad Silver

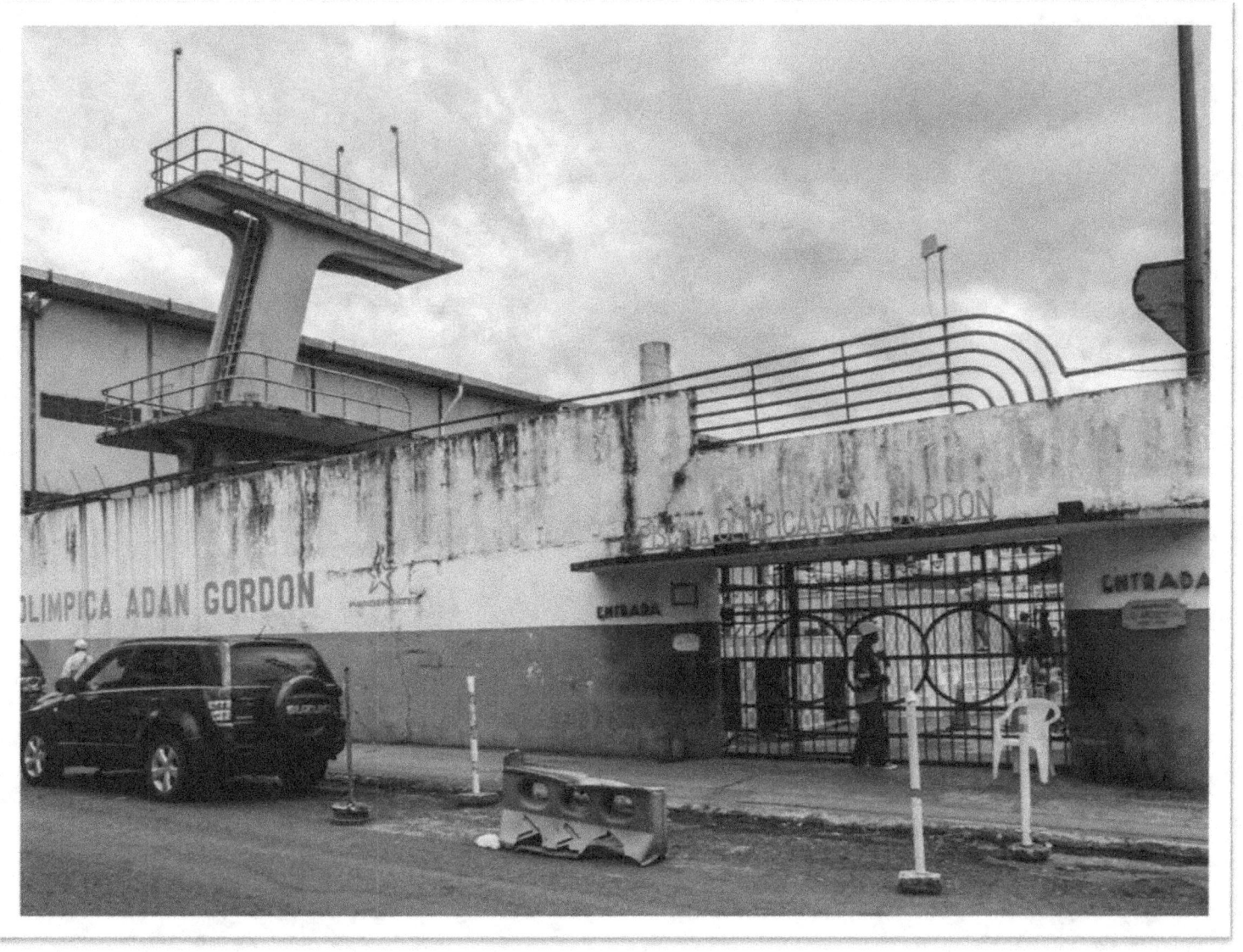

08-027

Piscina Olímpica

Adán Gordón

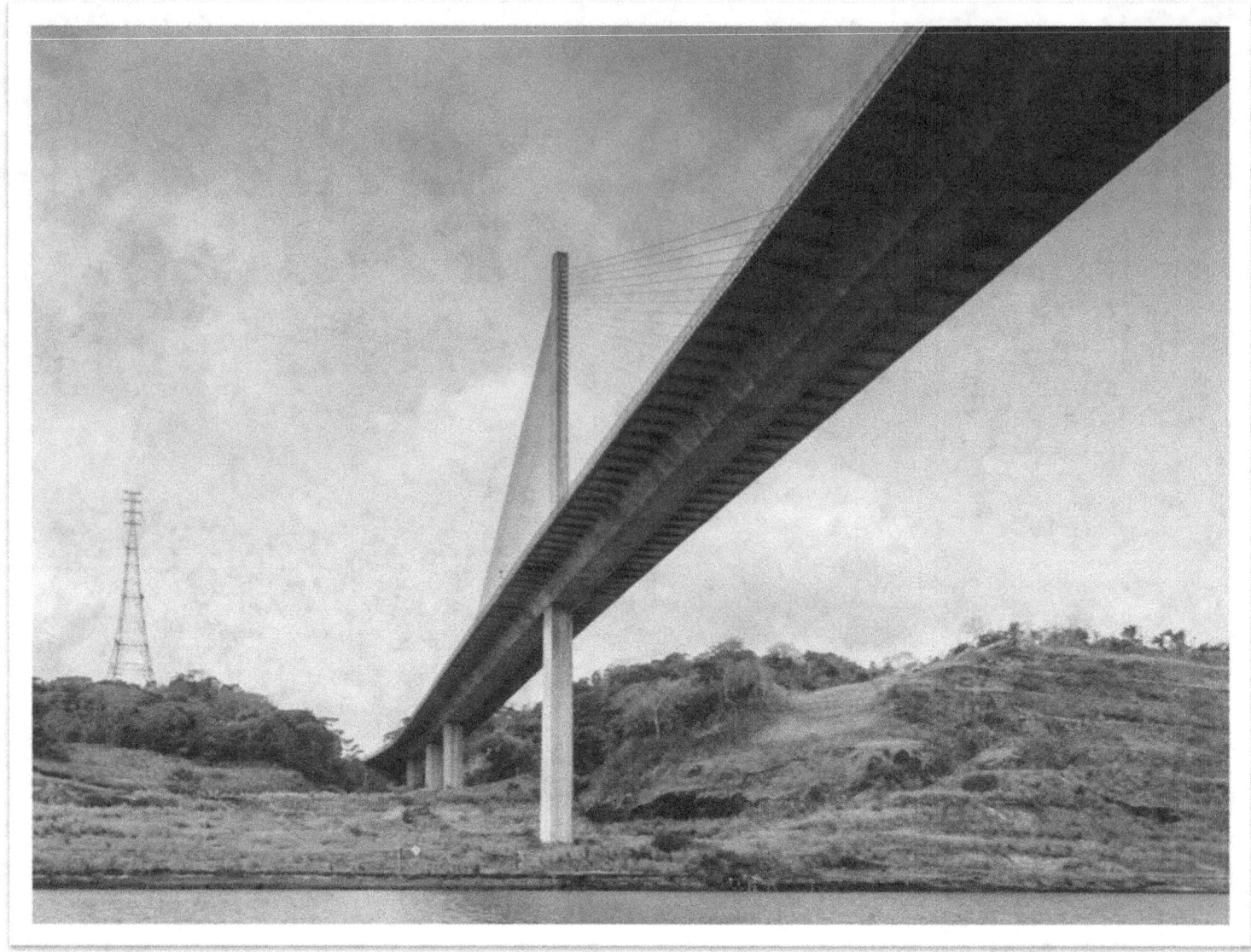

08-028

Puente Centenario

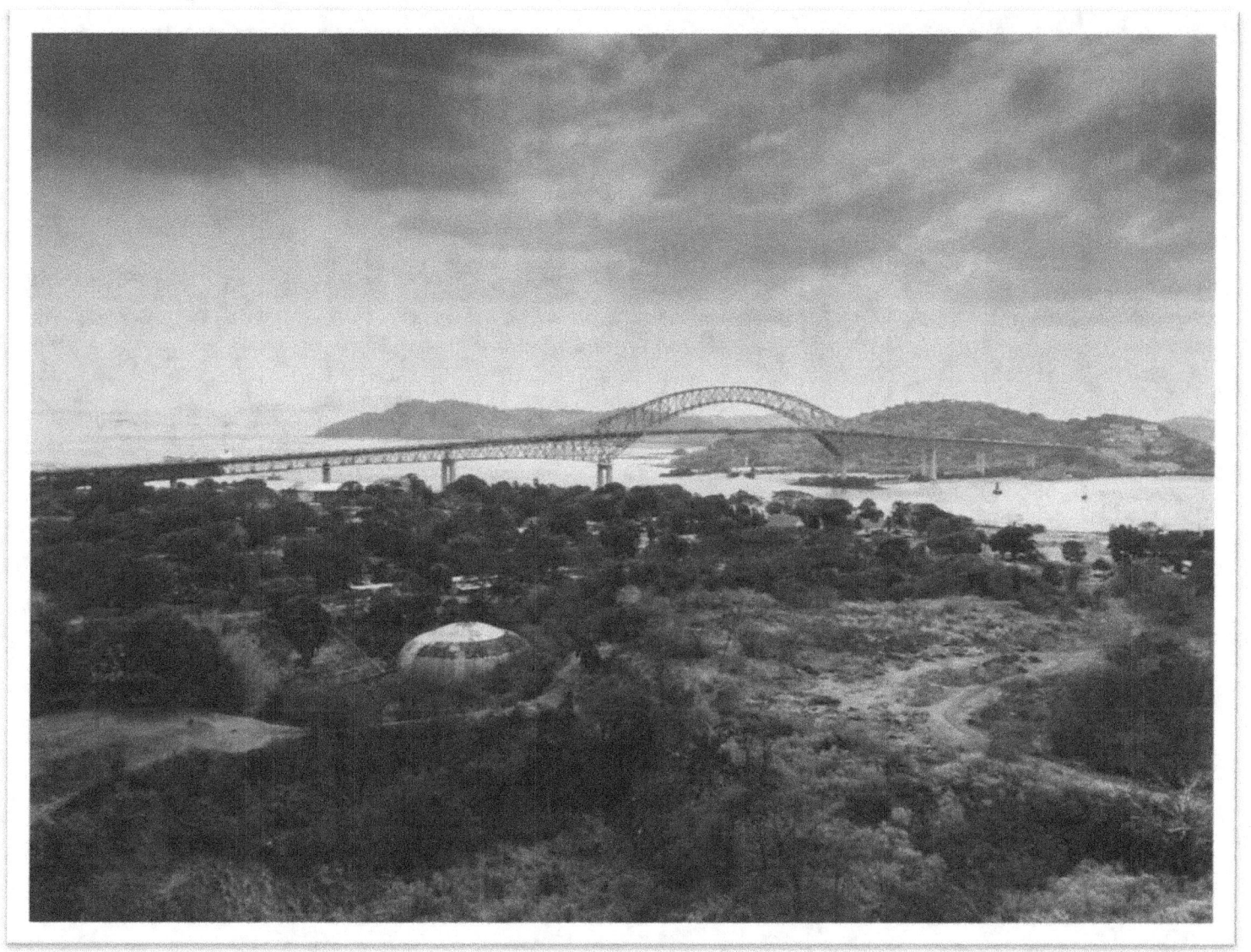

08-029

Puente de las Américas

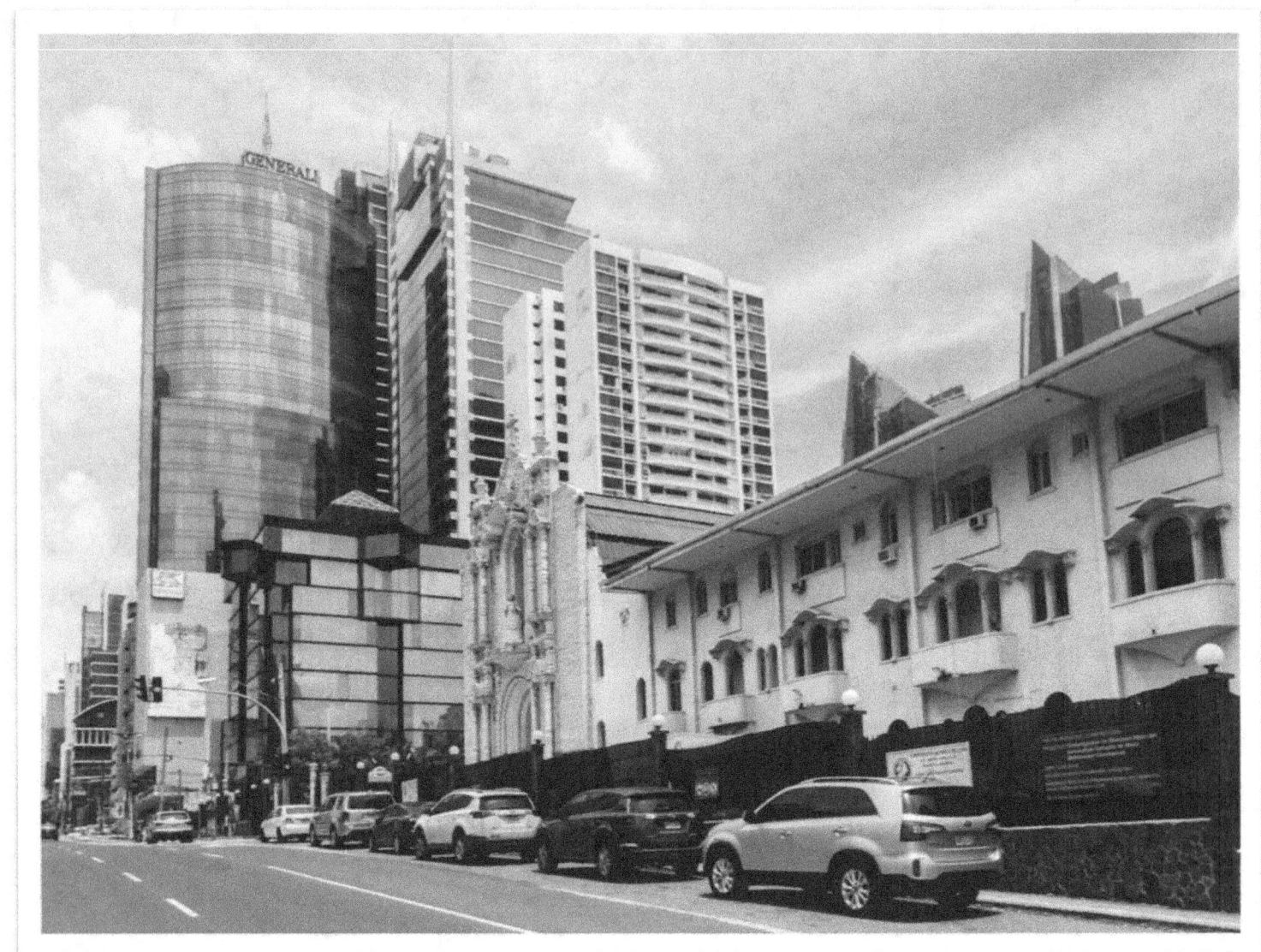

08-030
Santuario Nacional del
Corazón de María

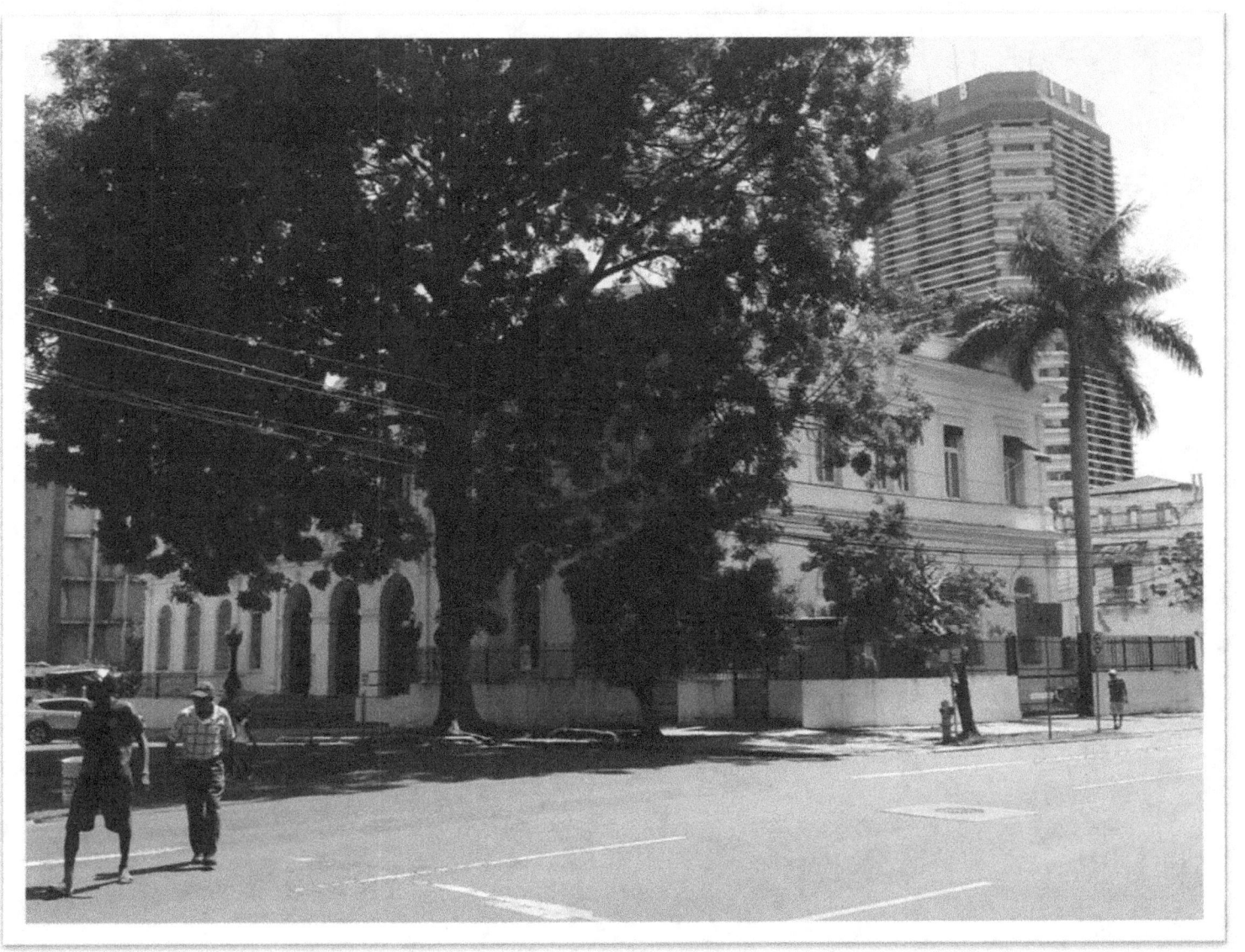

08-031
Sede de la Embajada
de España en Panamá

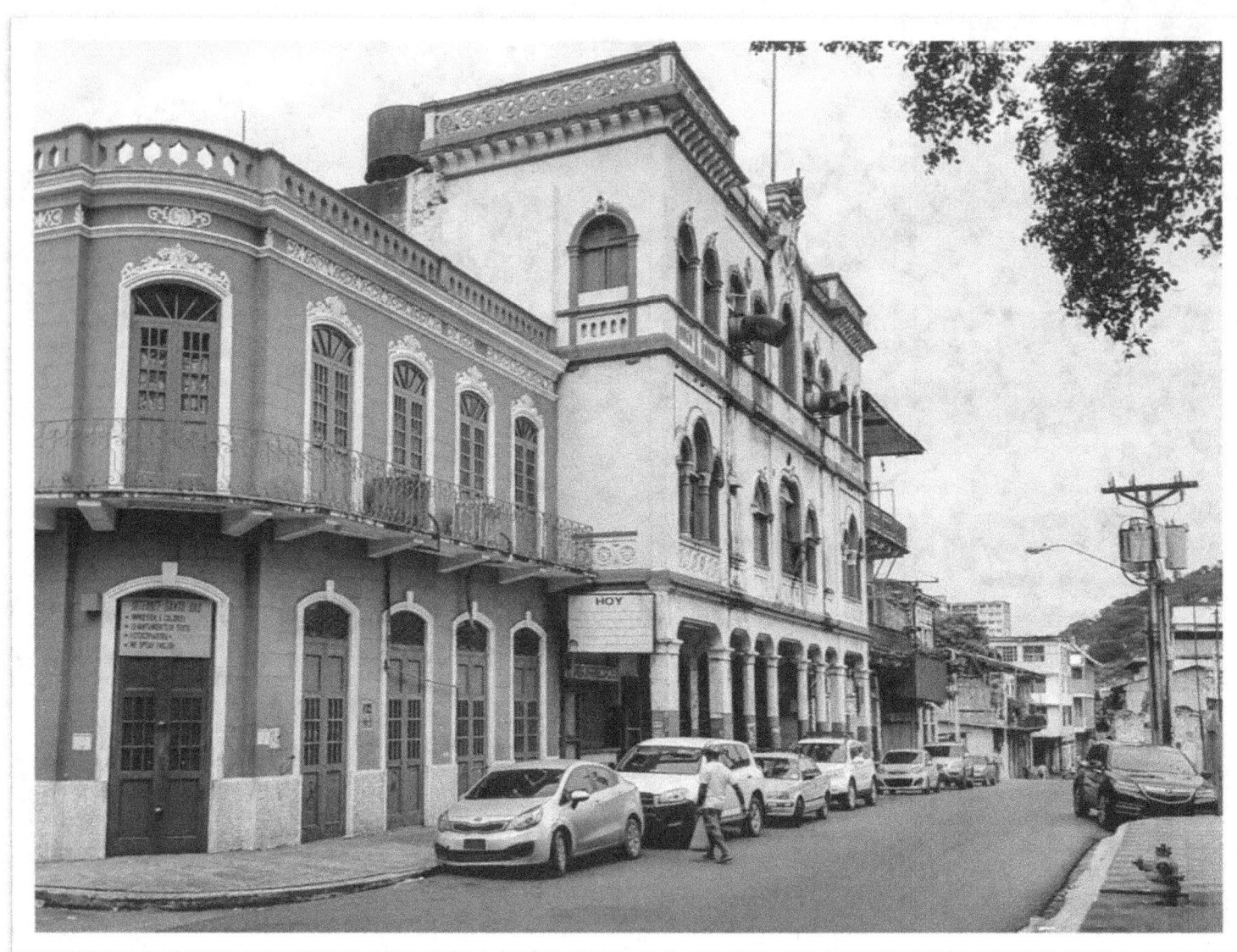

08-032
Teatro Variedades

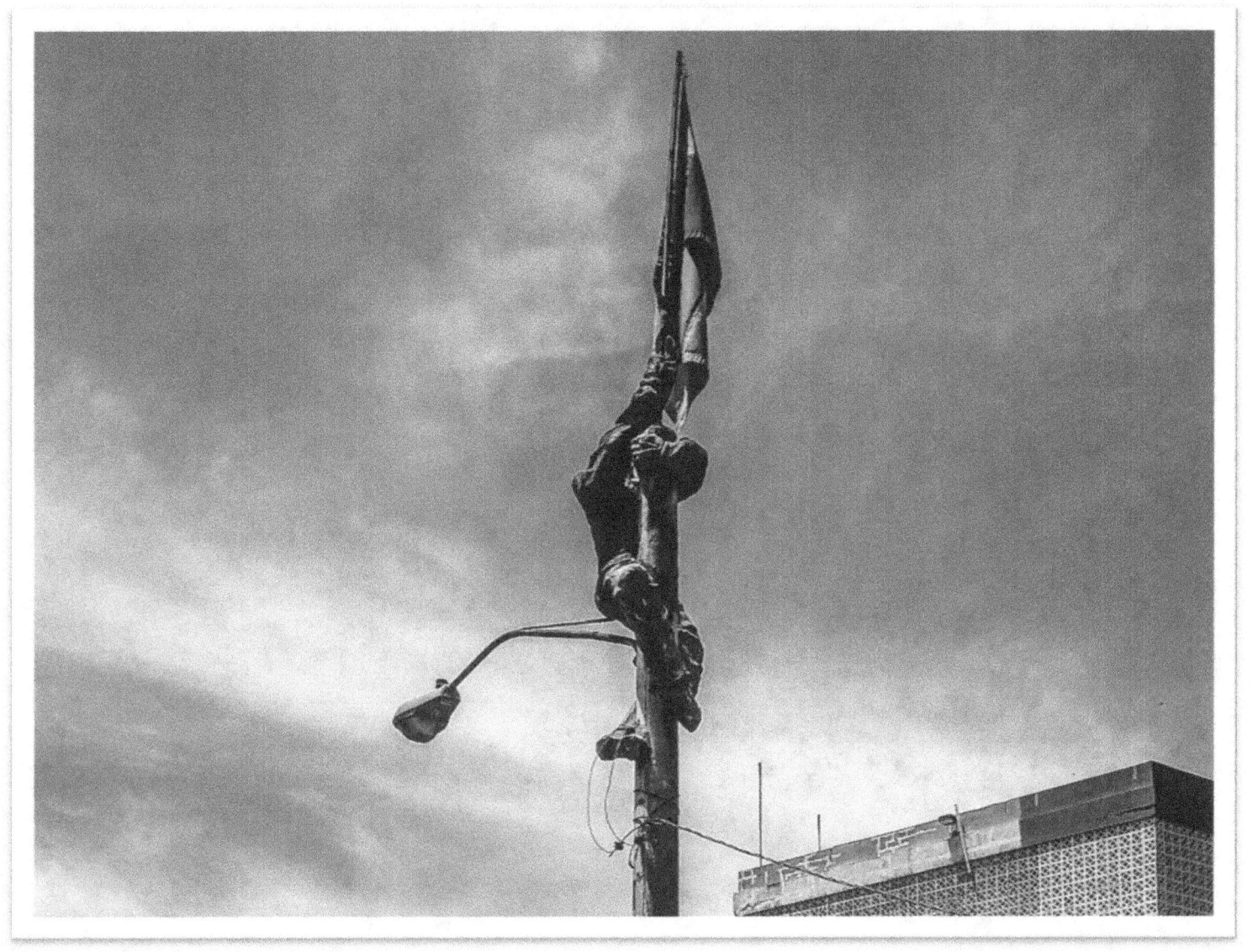

08-033-CMHN

Monumento a los mártires
del 9 de enero de 1964

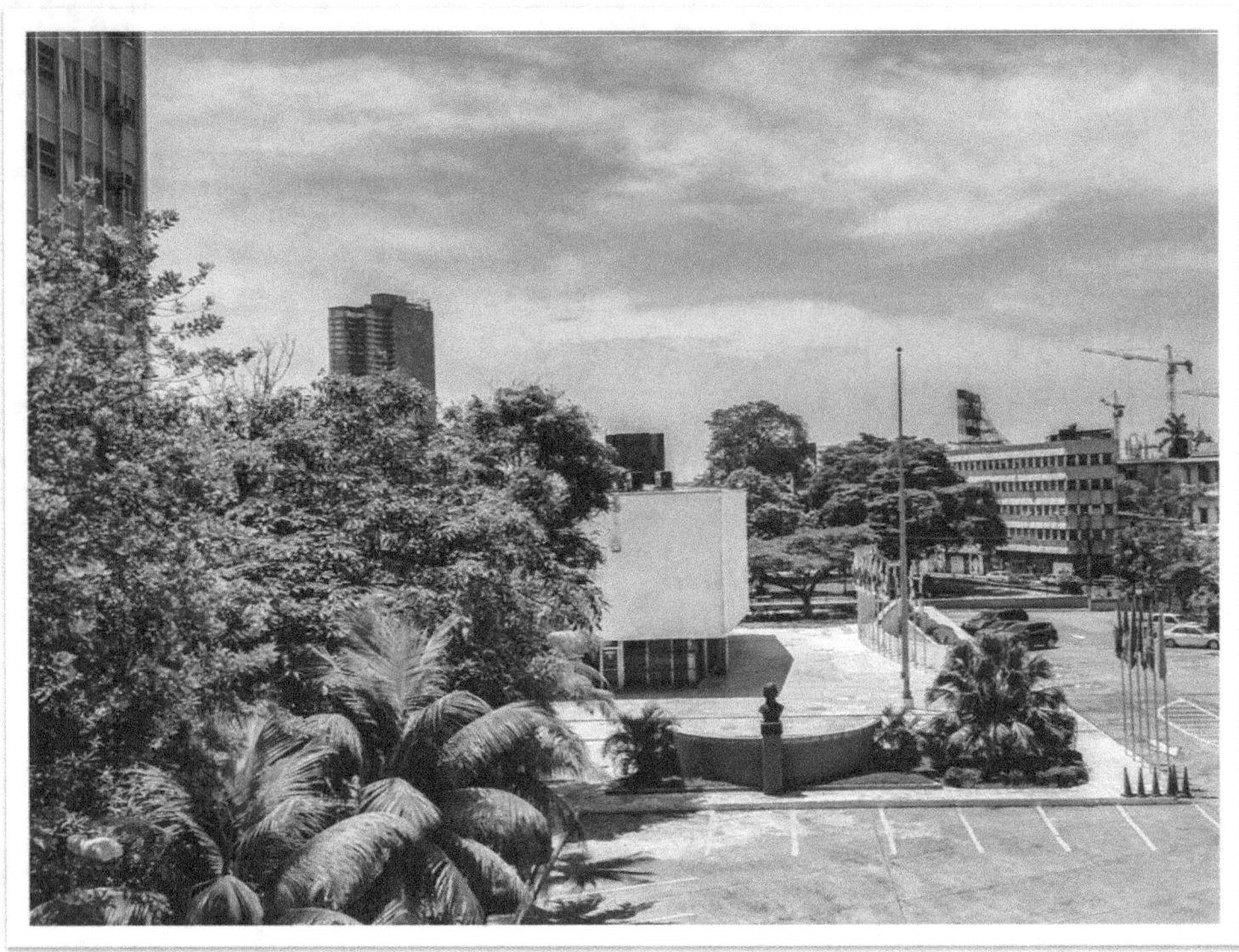

08-034-CMHN

Palacio Justo Arosemena

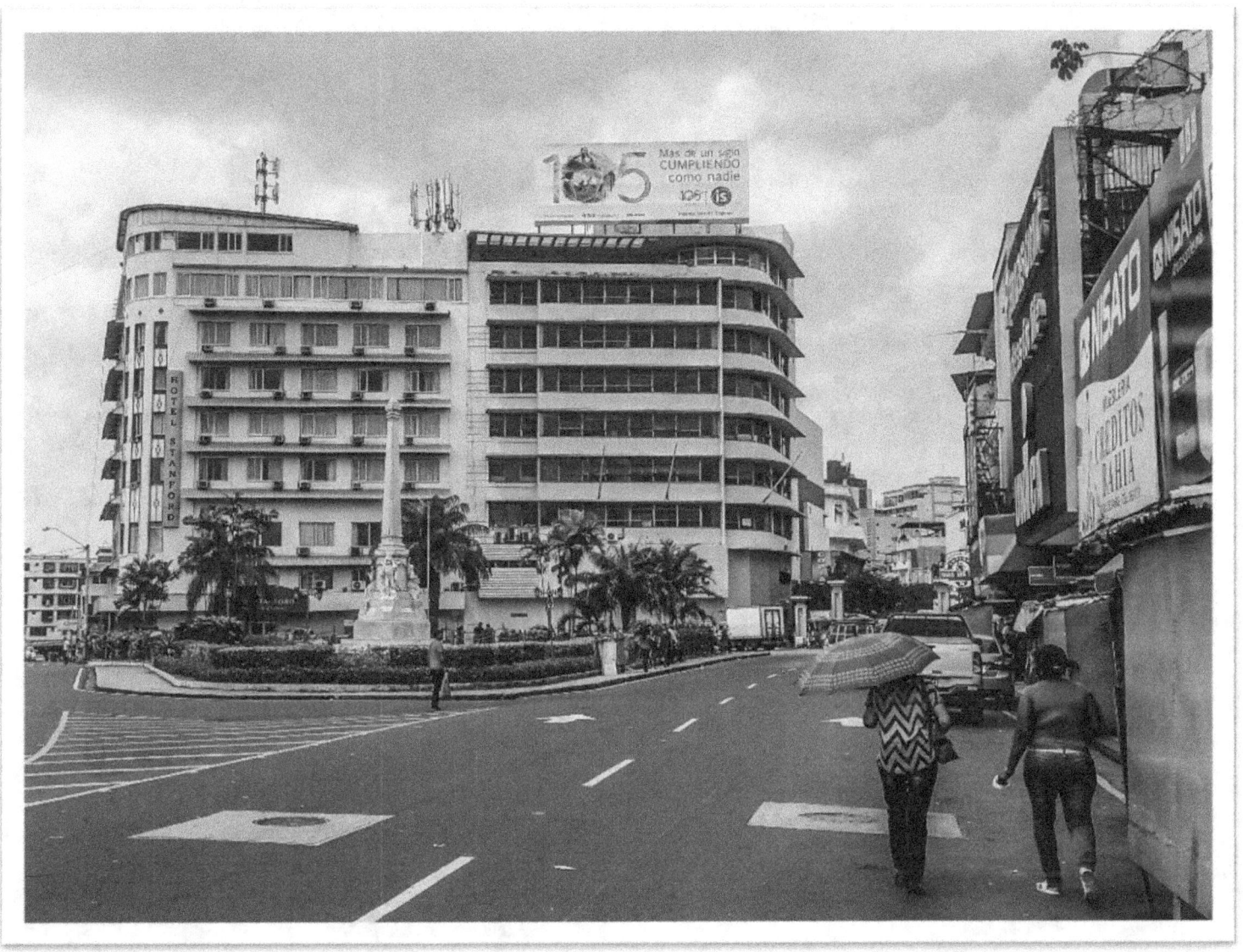

08-035-CMHN

Plaza 5 de Mayo

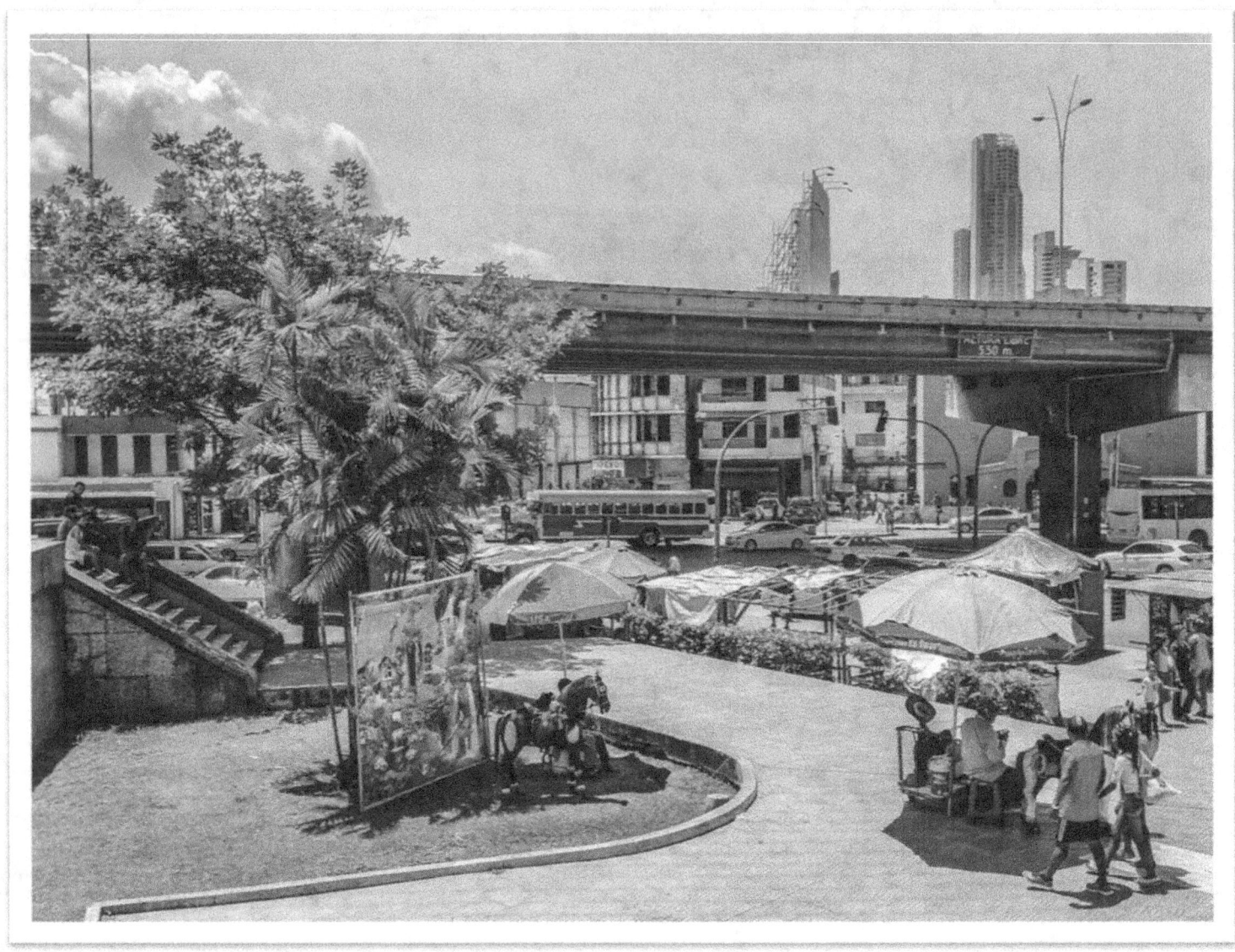

08-036-CMHN
Plaza José Remón Cantera

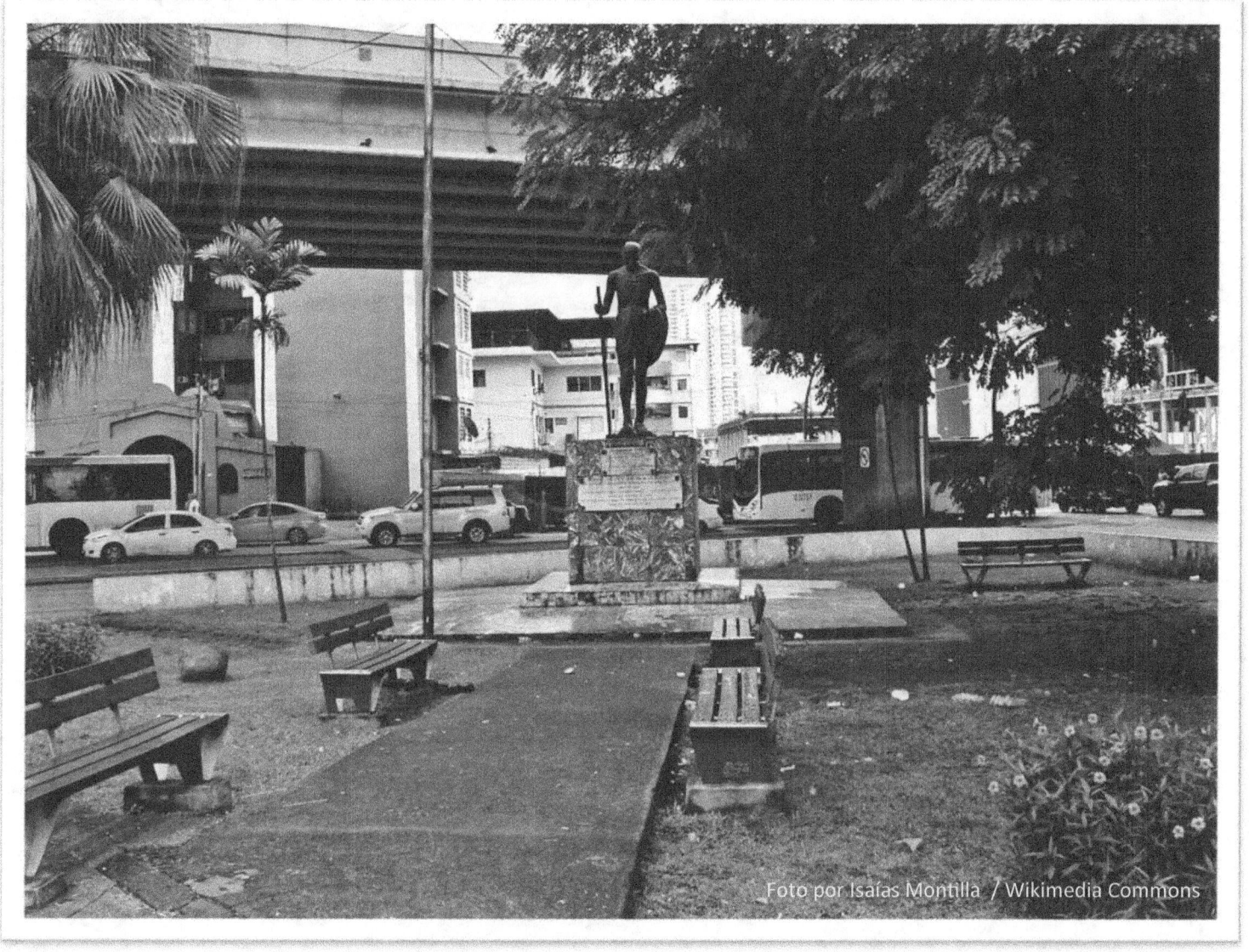

Foto por Isaías Montilla / Wikimedia Commons

08-037-CMHN

Plaza Mahatma Gandhi

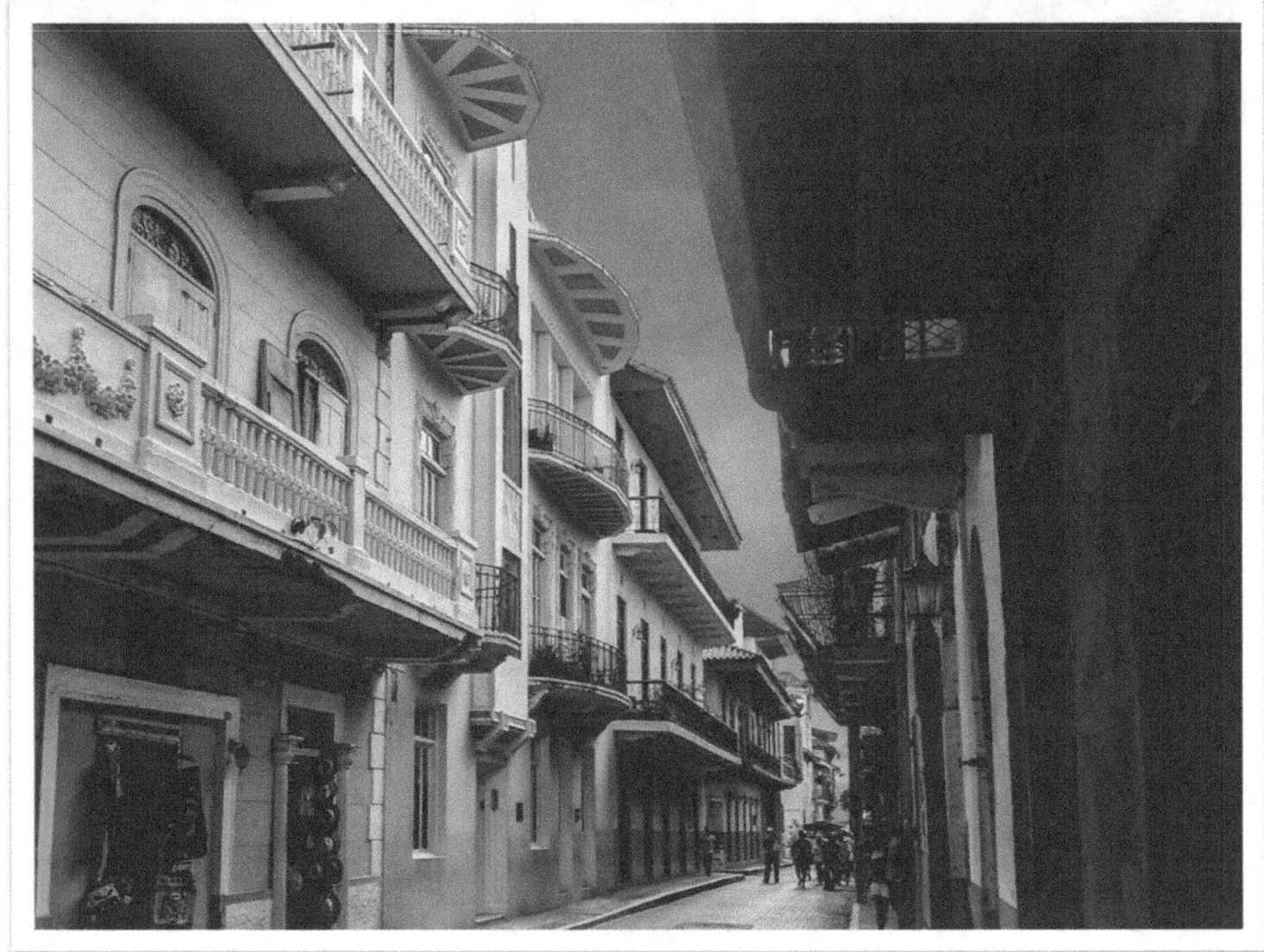

08-038-DCMHN

Antigua residencia Duque
- Casa Art Decó

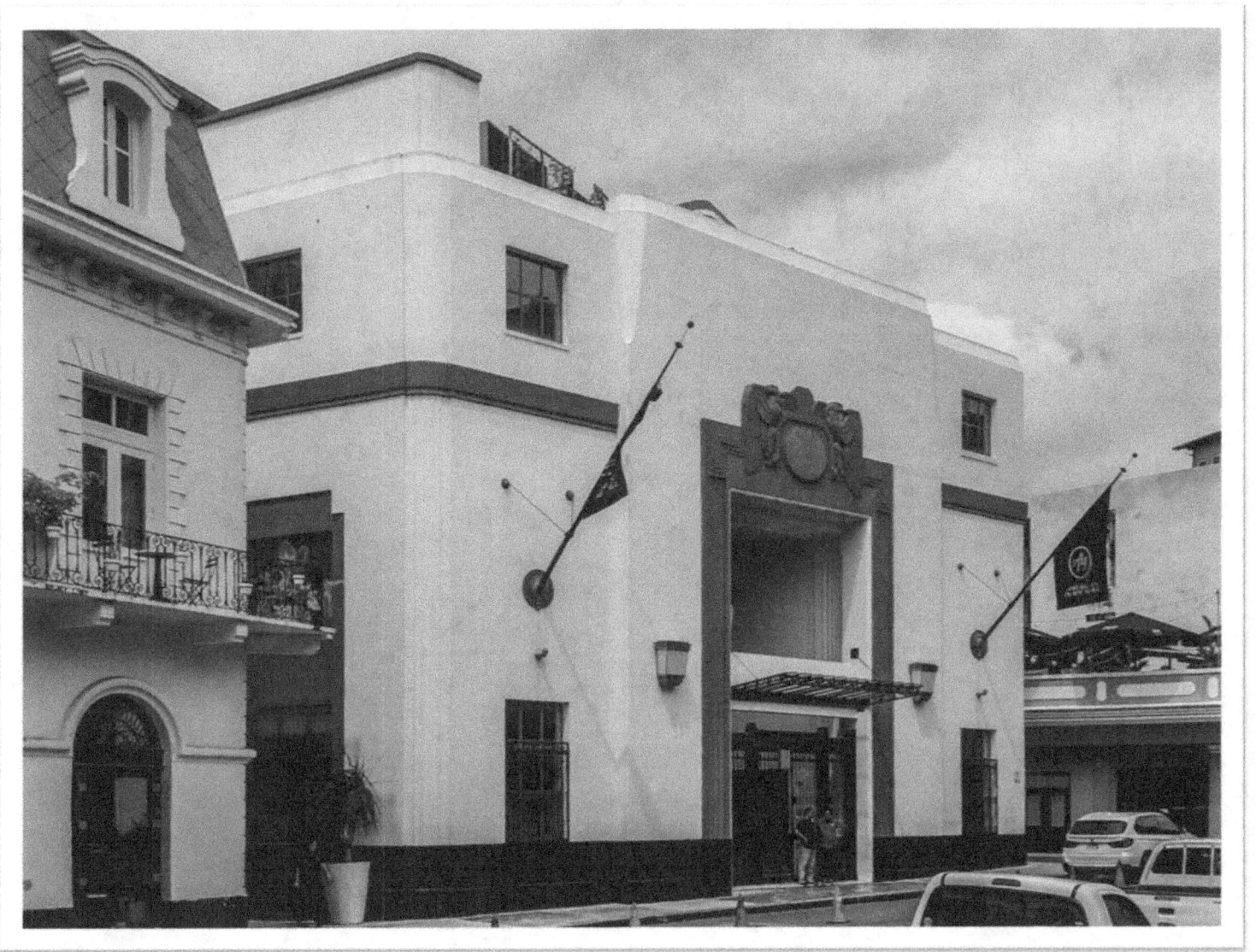

08-039

Antigua sede del First
National City Bank

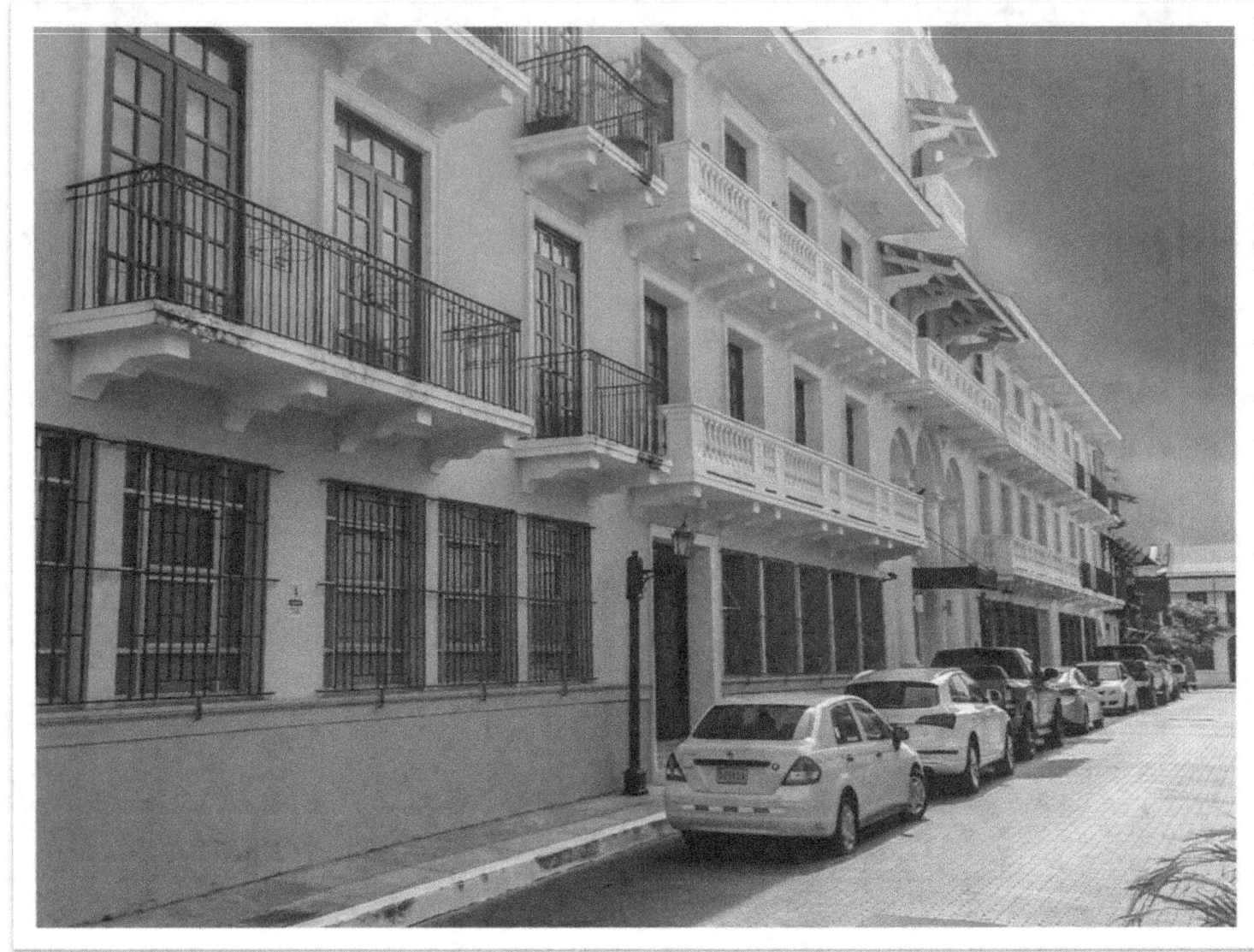

08-040

Antiguas oficinas de
la Estrella de Panamá

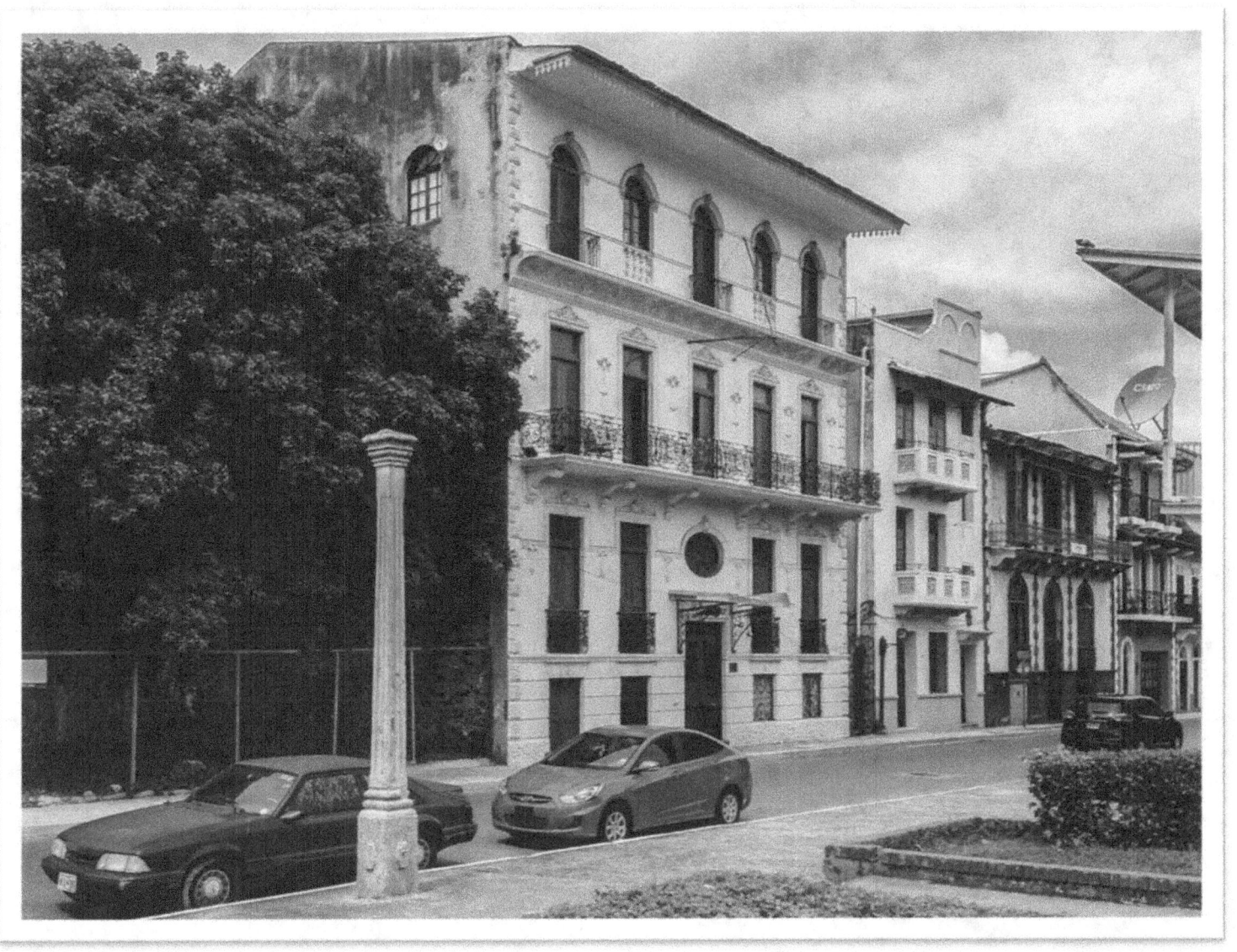

08-041-DCMHN
Antiguo Conservatorio
Nacional

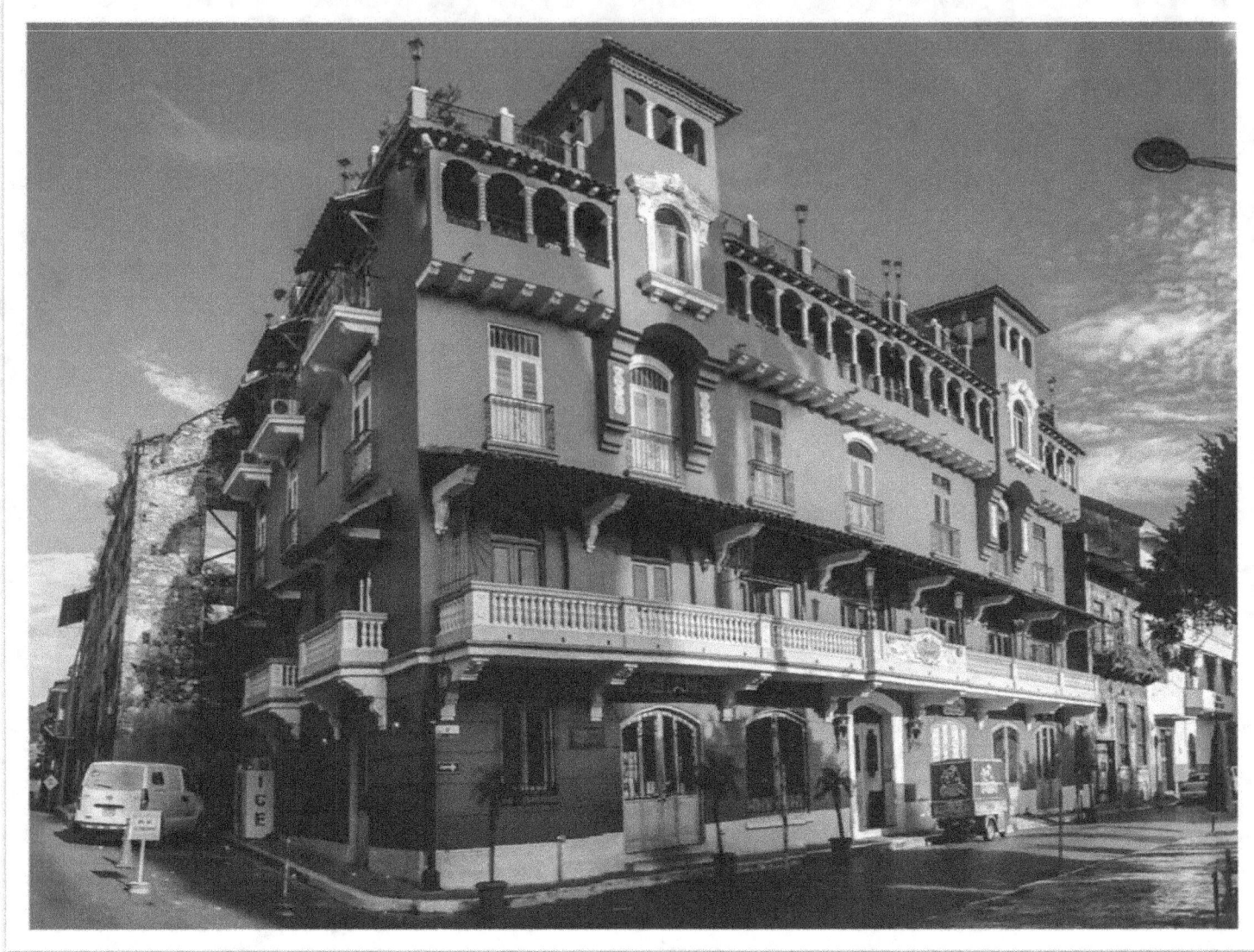

08-042

Antiguo Hotel Colombia

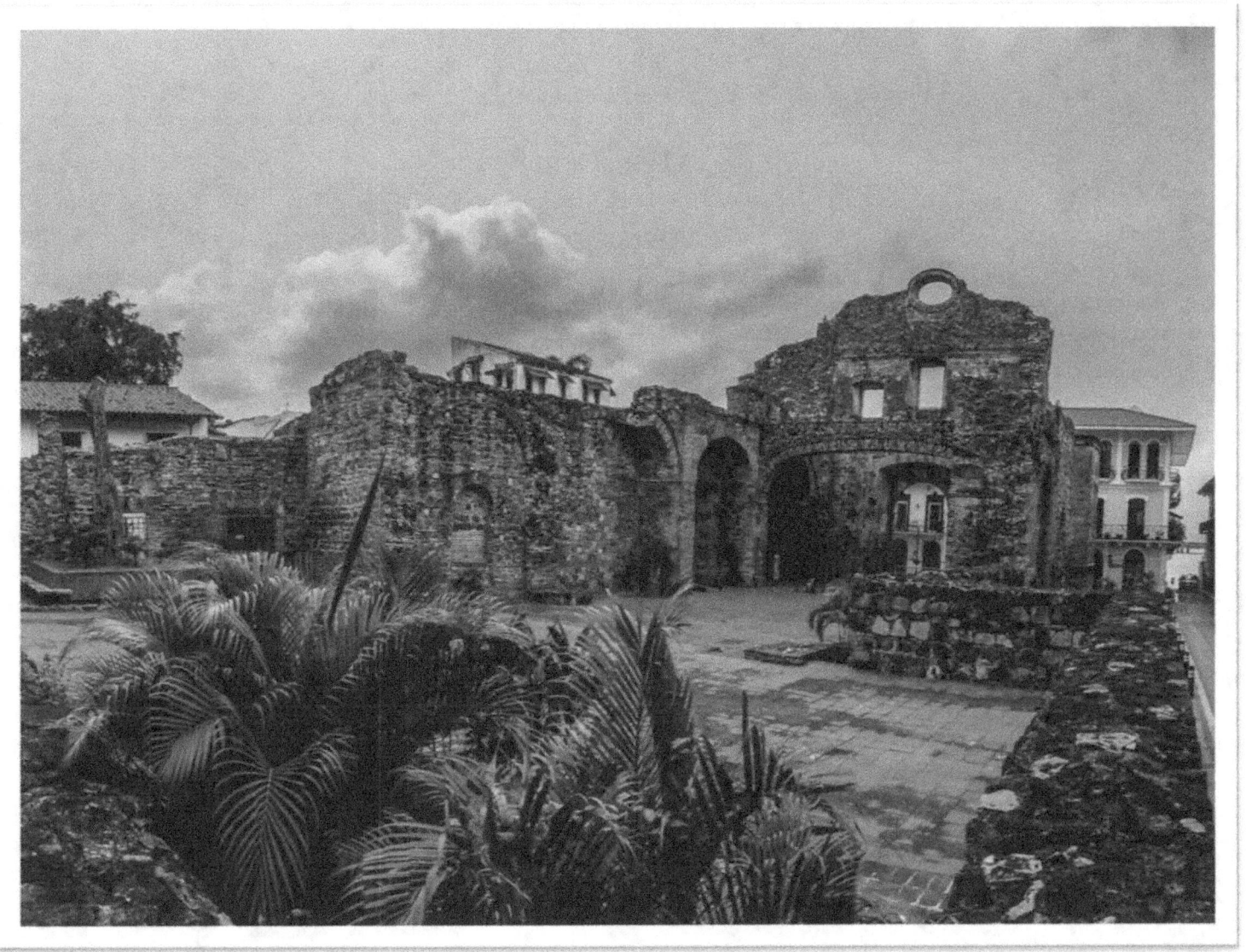

08-043-DCMHN

Arco Chato

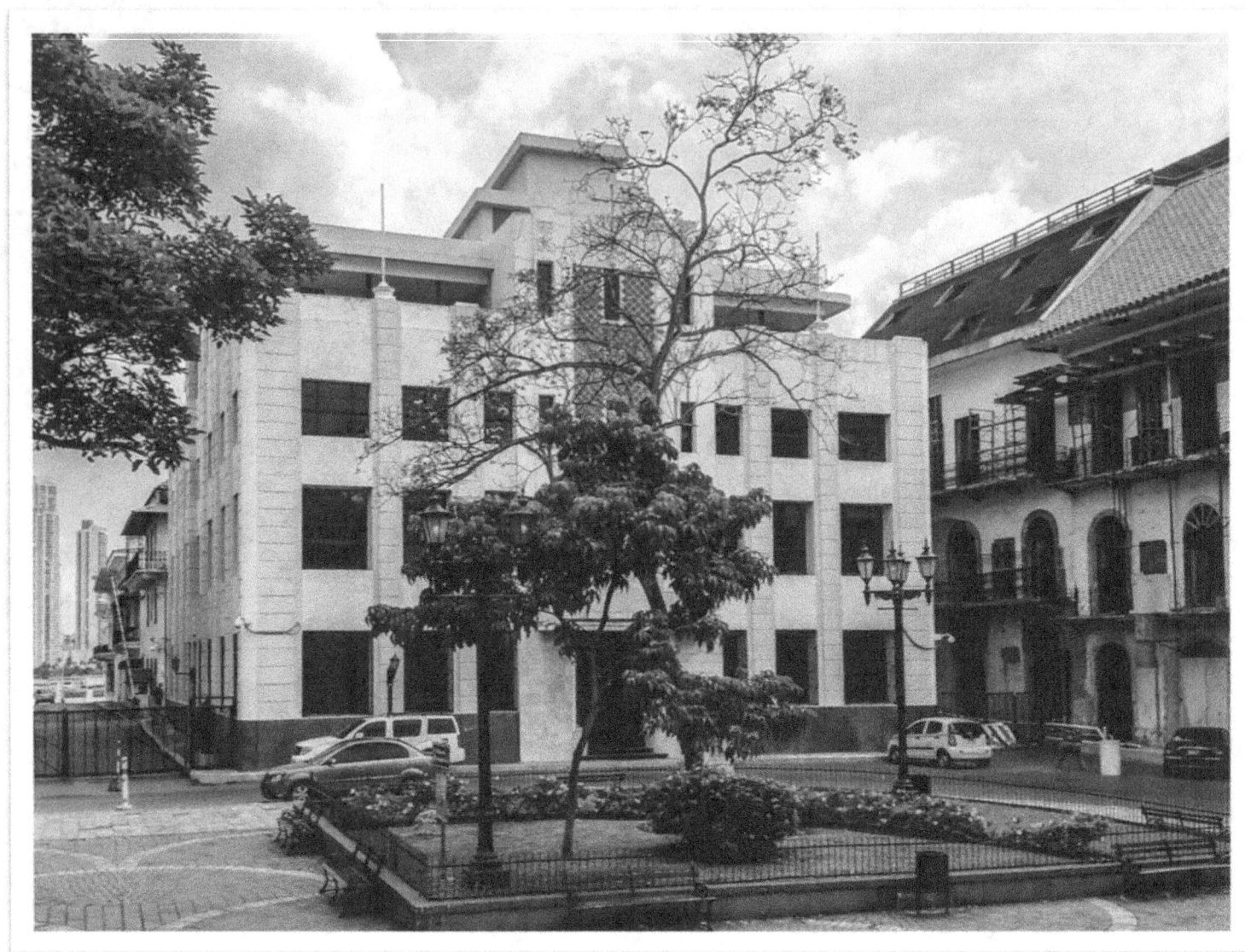

08-044

Casa Alianza

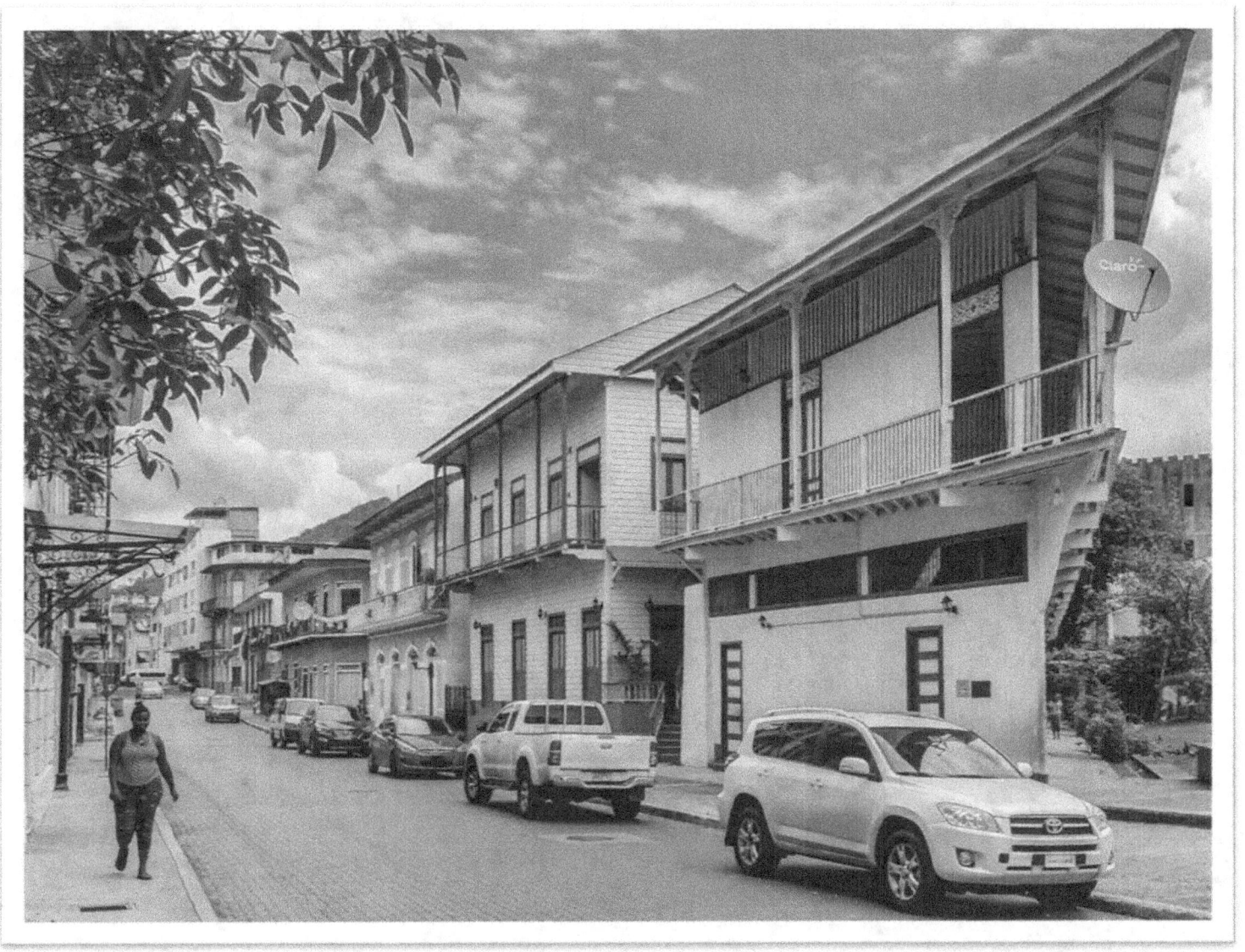

08-045-DCMHN

Casa Boyacá

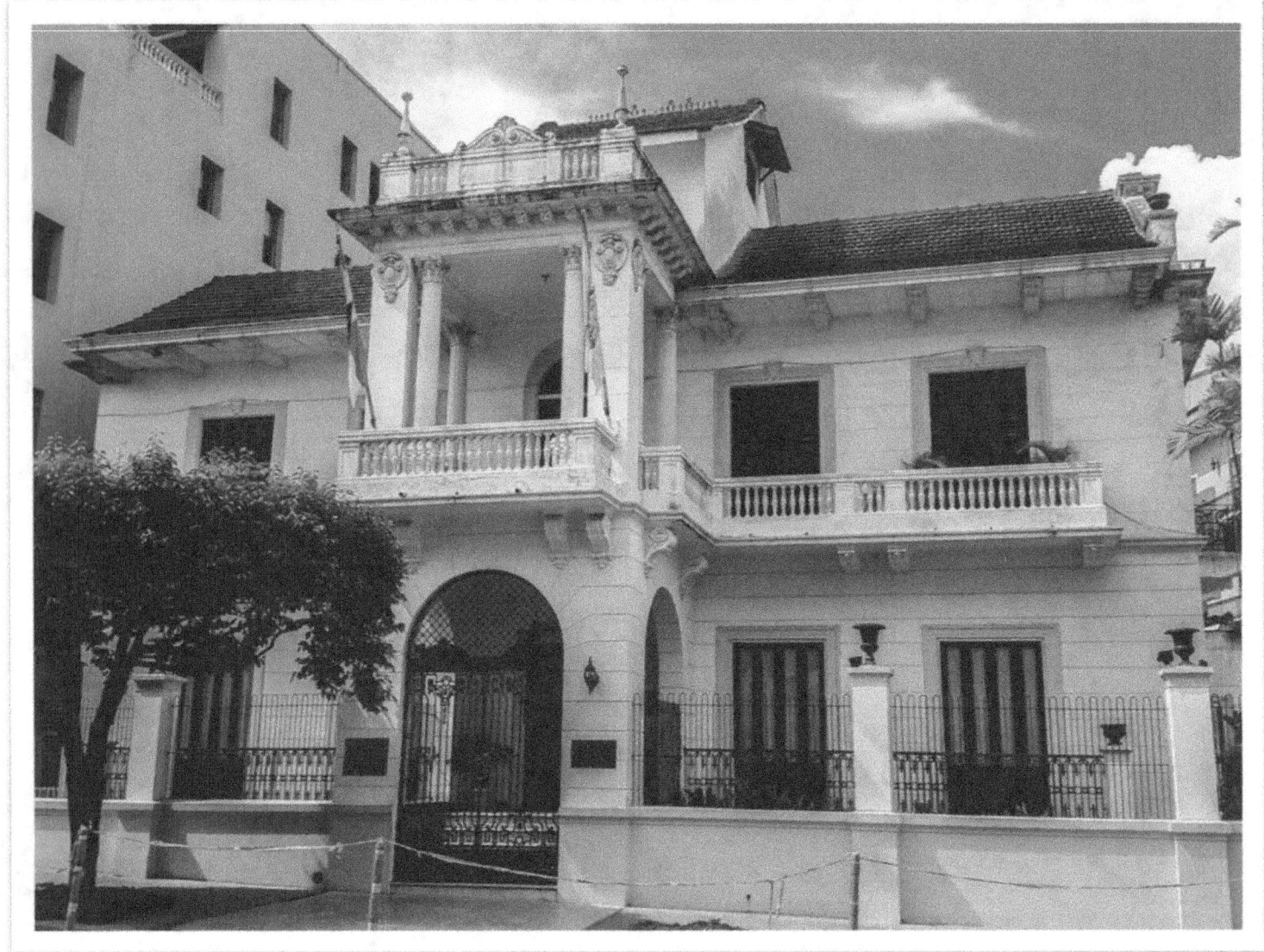

08-046-DCMHN

Casa de la Municipalidad

o Casa Arias Feraud

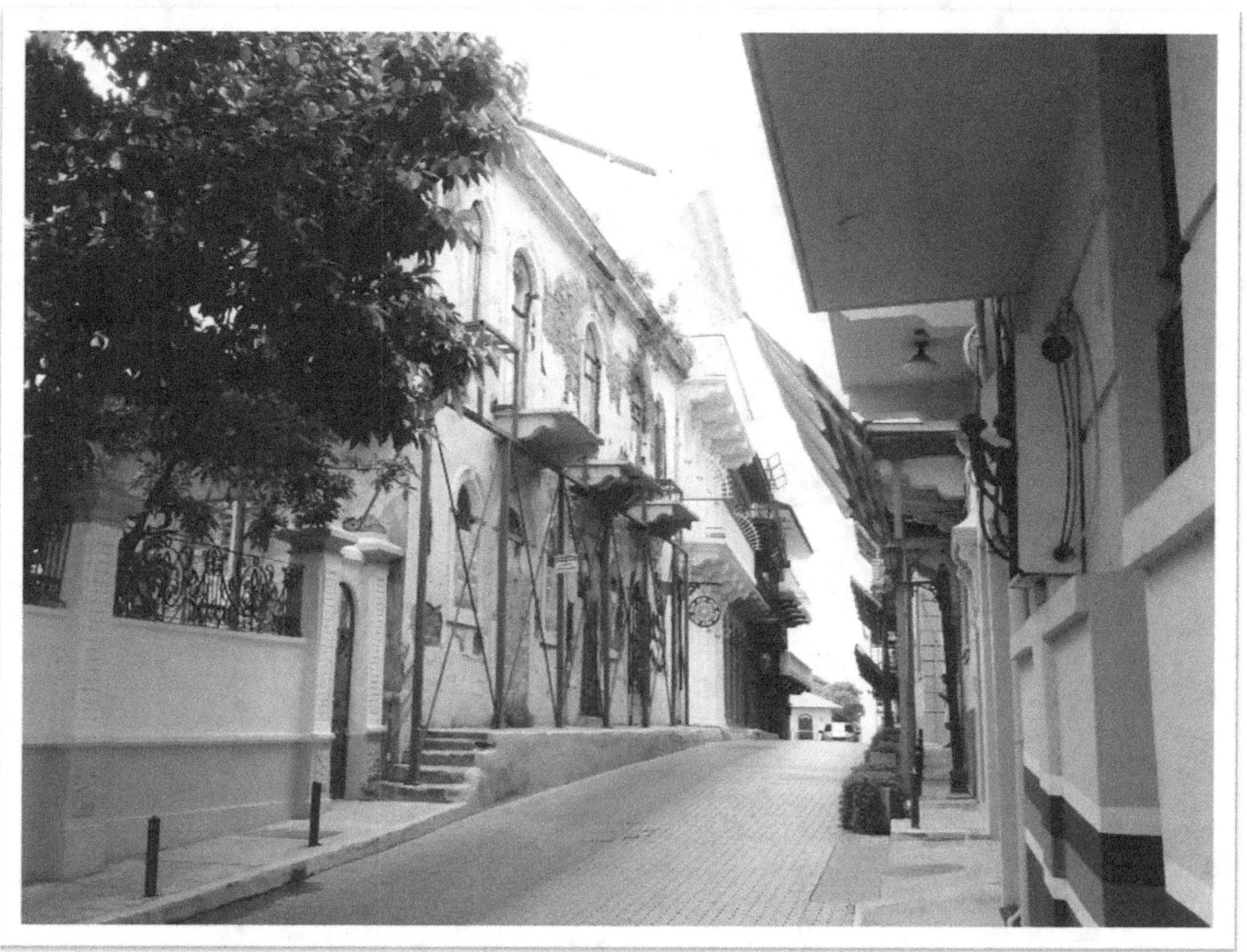

08-047

Casa del Arte

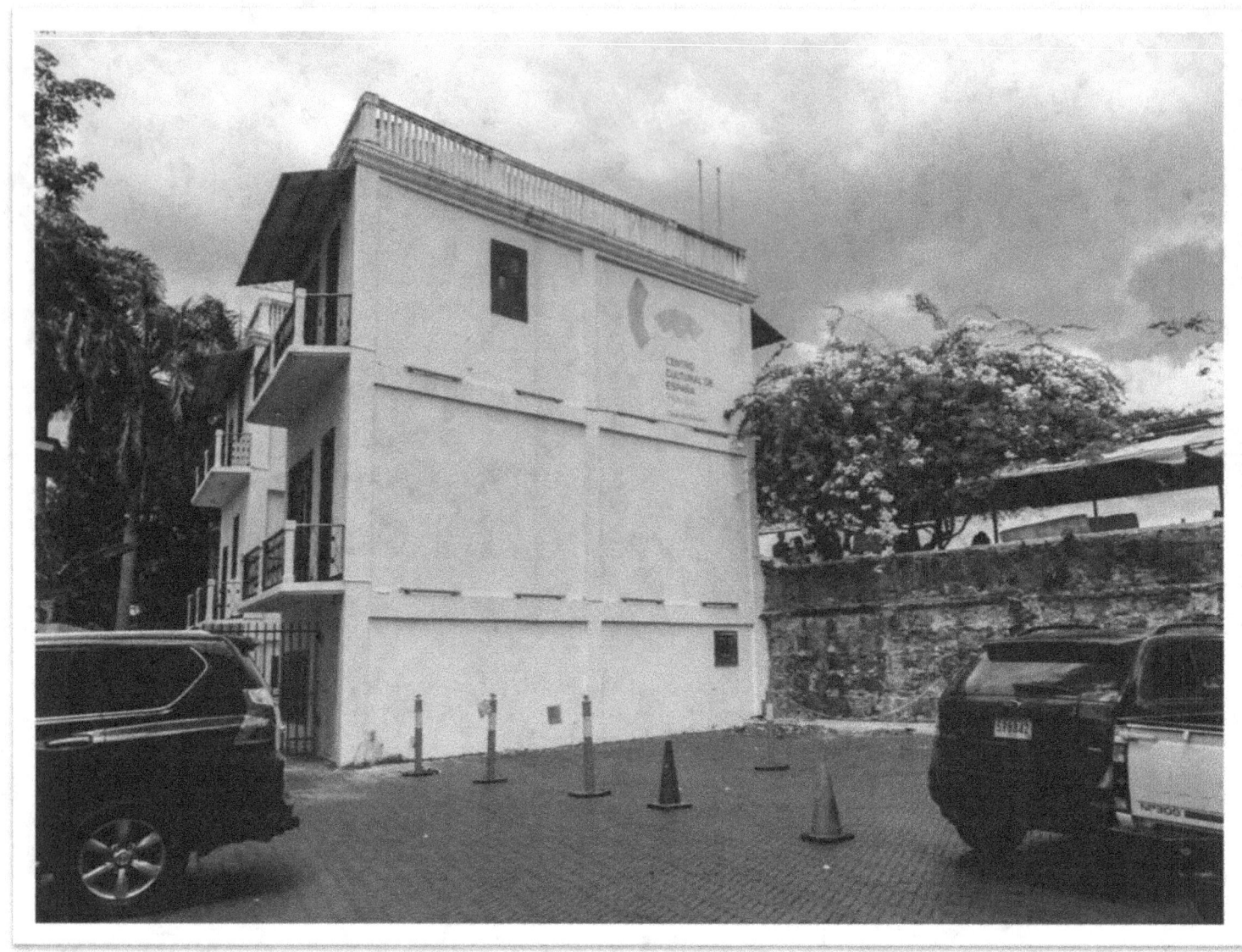

08-048
Casa del Soldado
de la Independencia

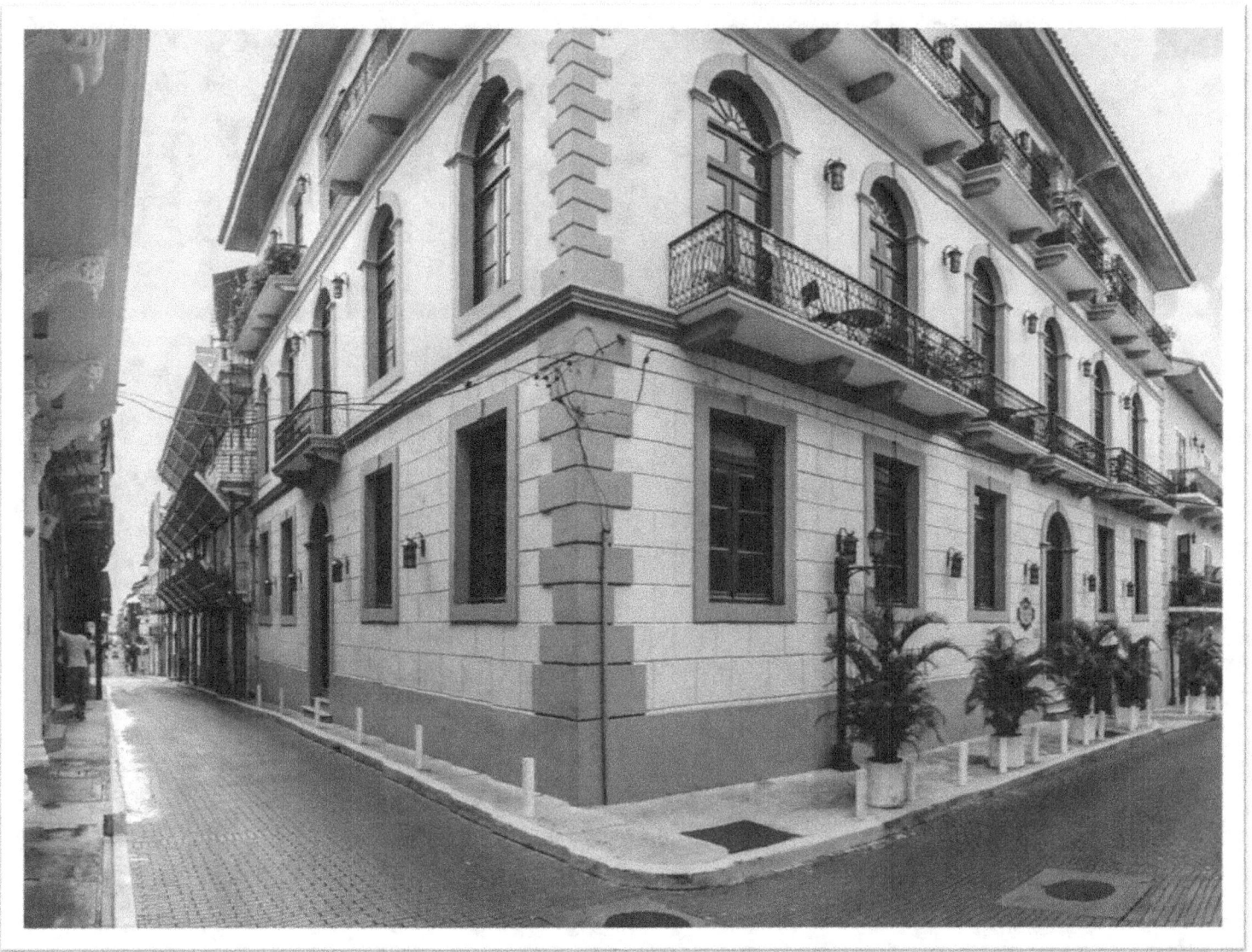

08-049

Casa Garay

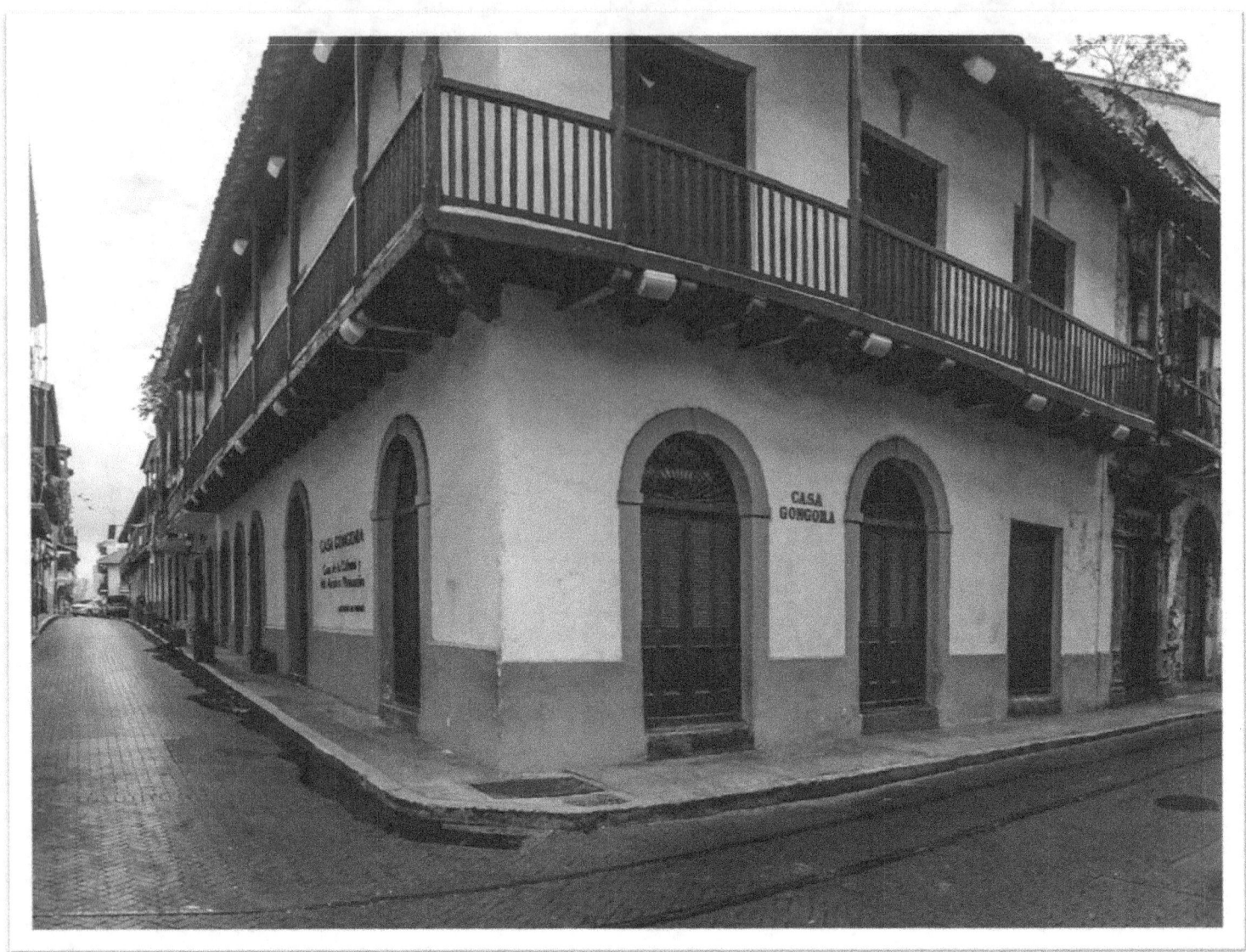

08-050-DCMHN

Casa Góngora

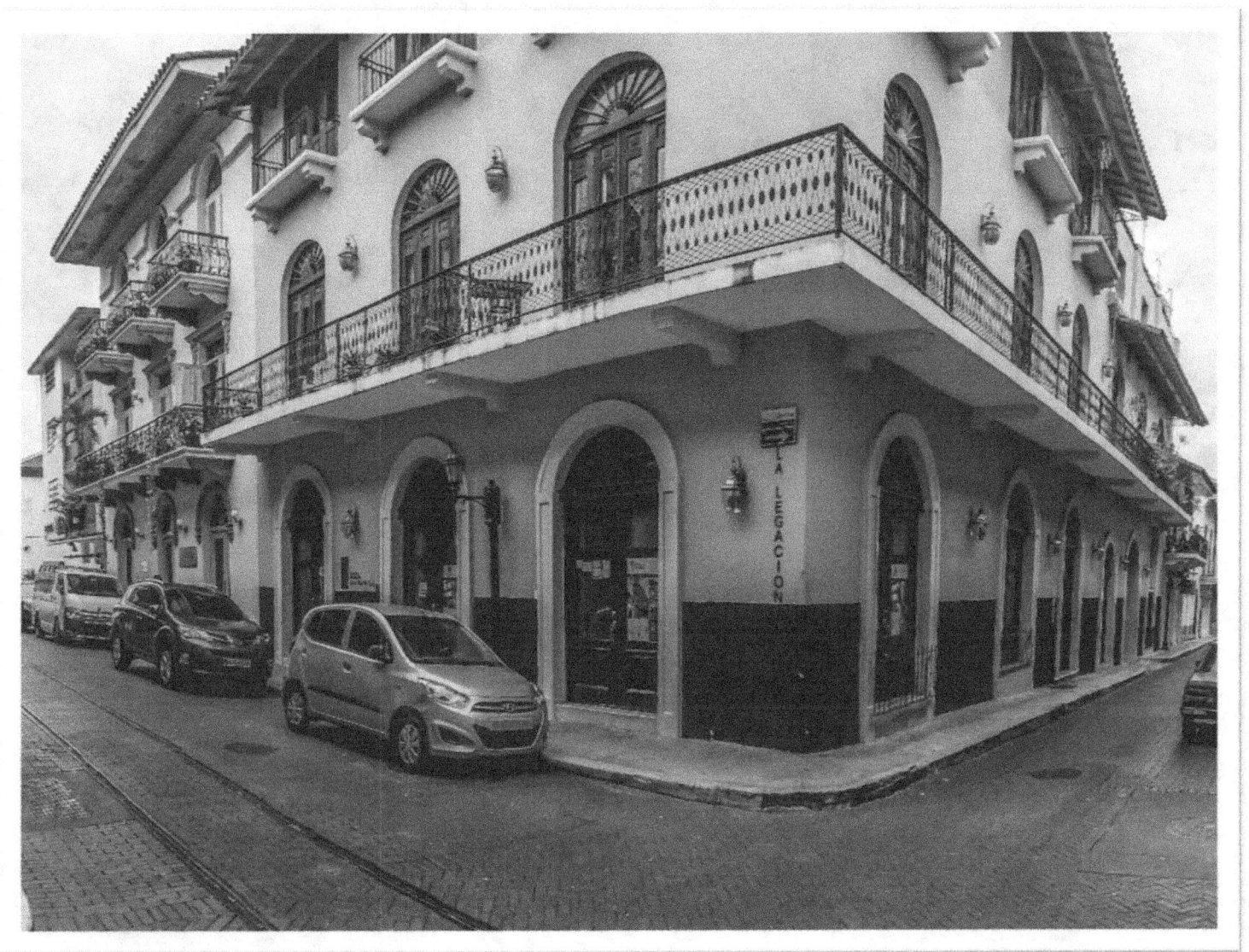

08-051-DCMHN

Casa La Legación

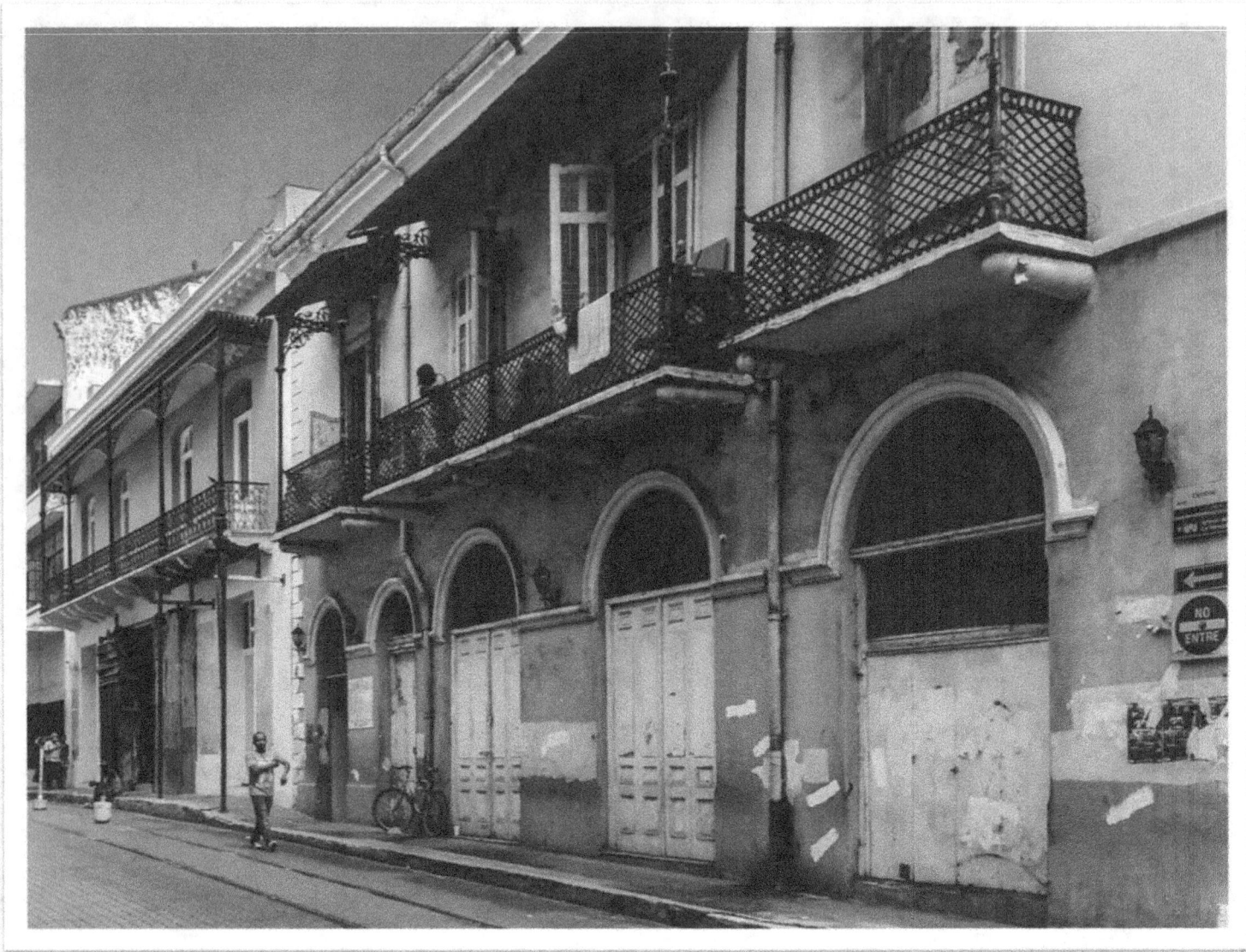

08-052

Casa Piza y antigua
ferretería Lyons

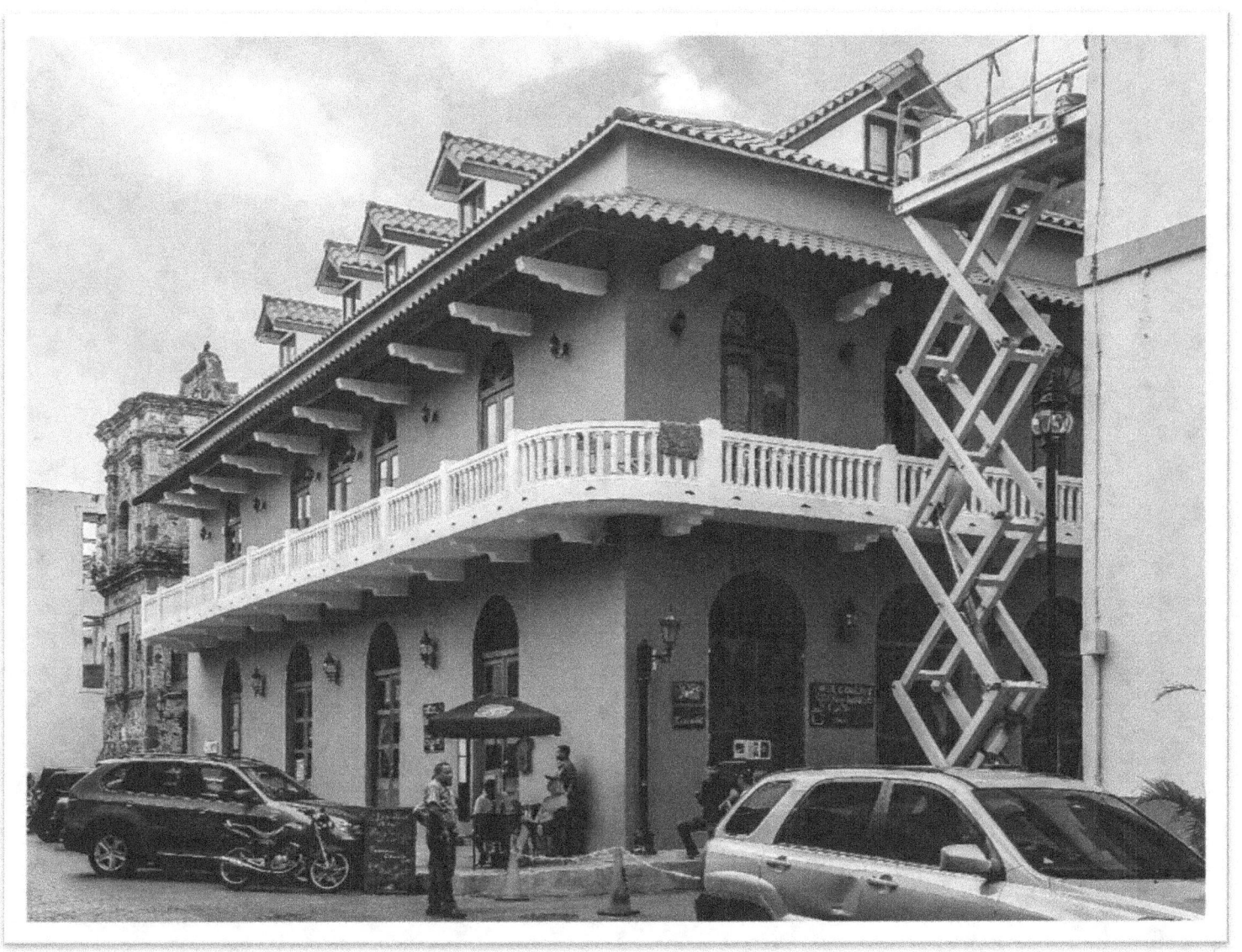

08-053-DCMHN

Casa Testa

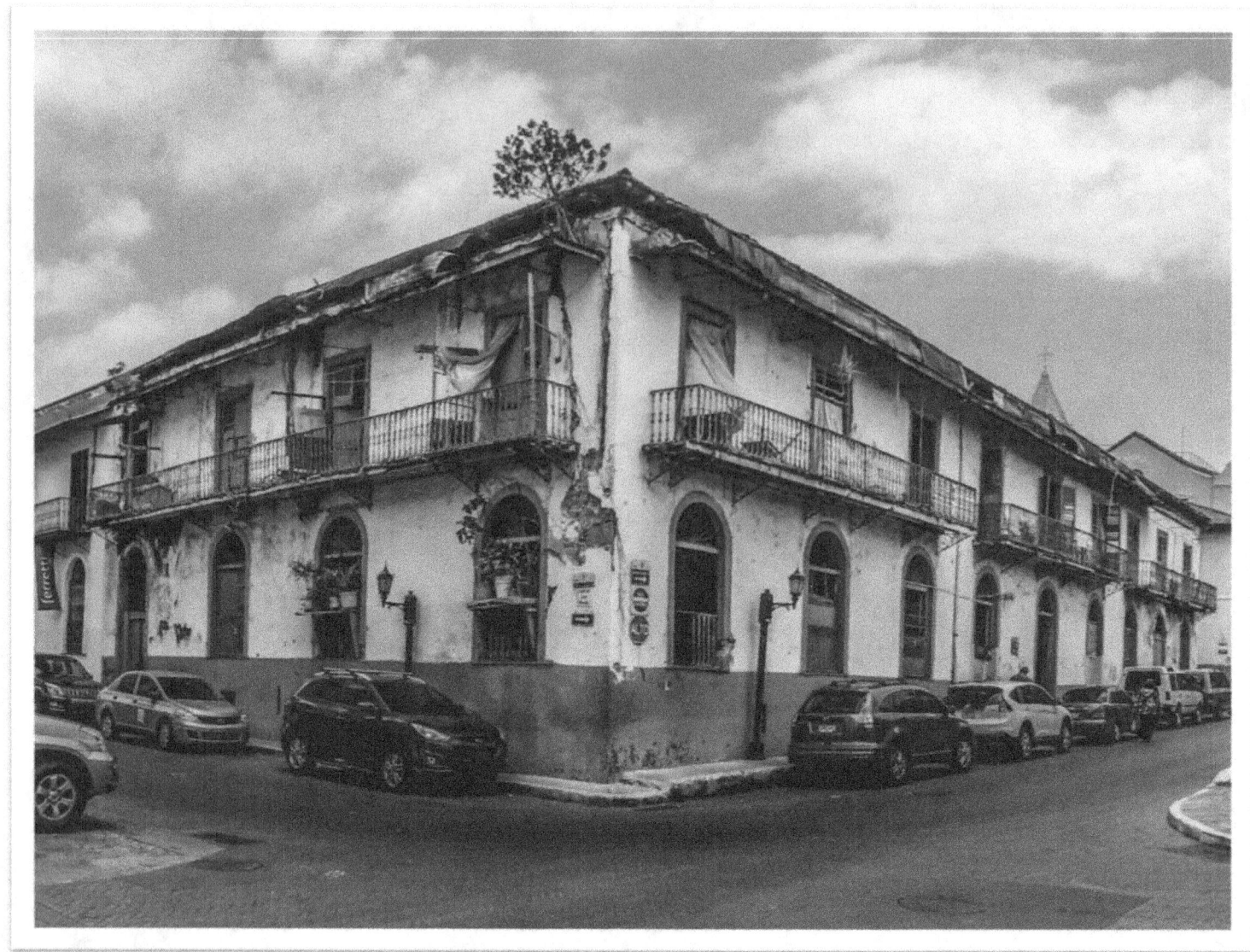

08-054

Casas de San Francisco

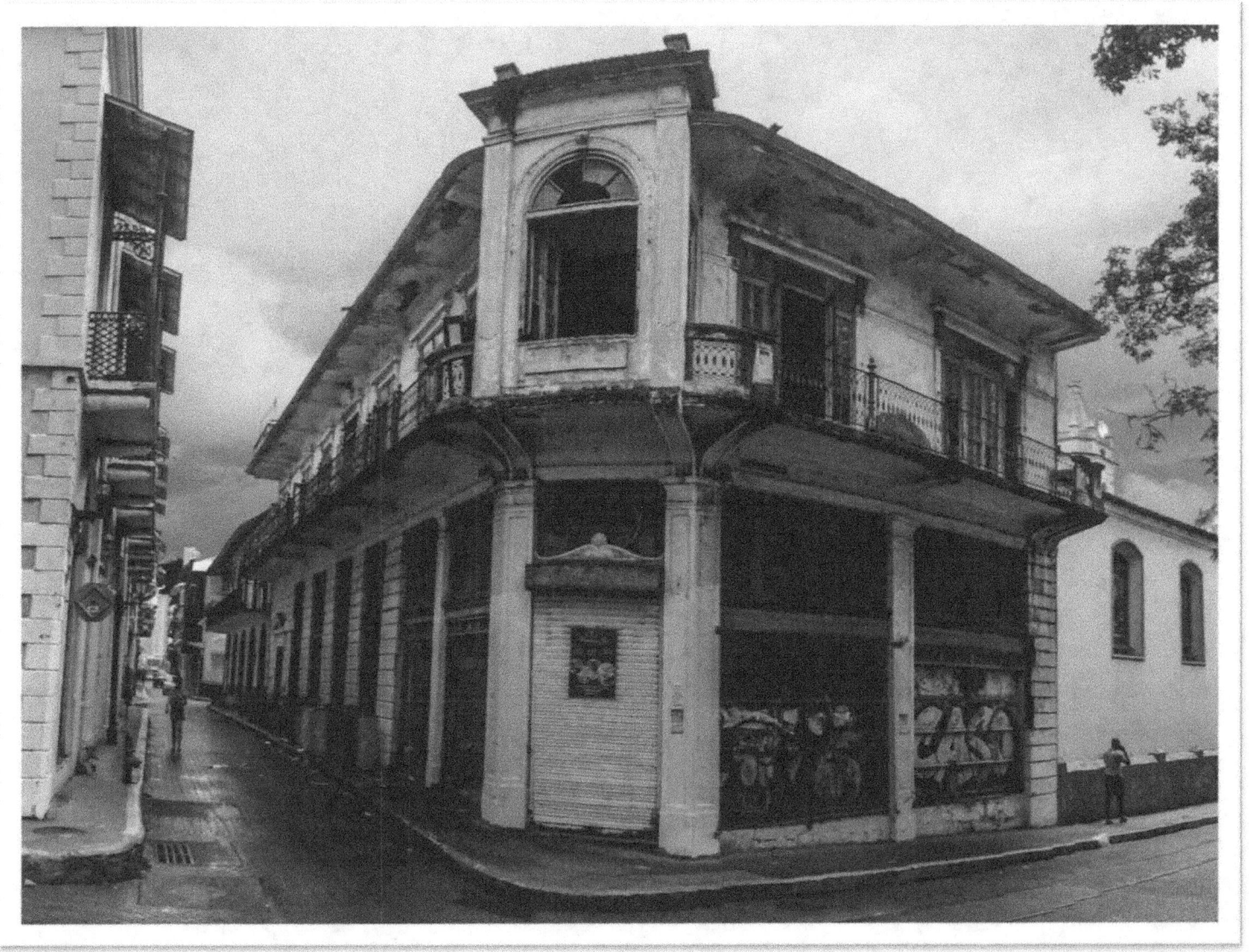

08-055-DCMHN

Casas Heurtematte

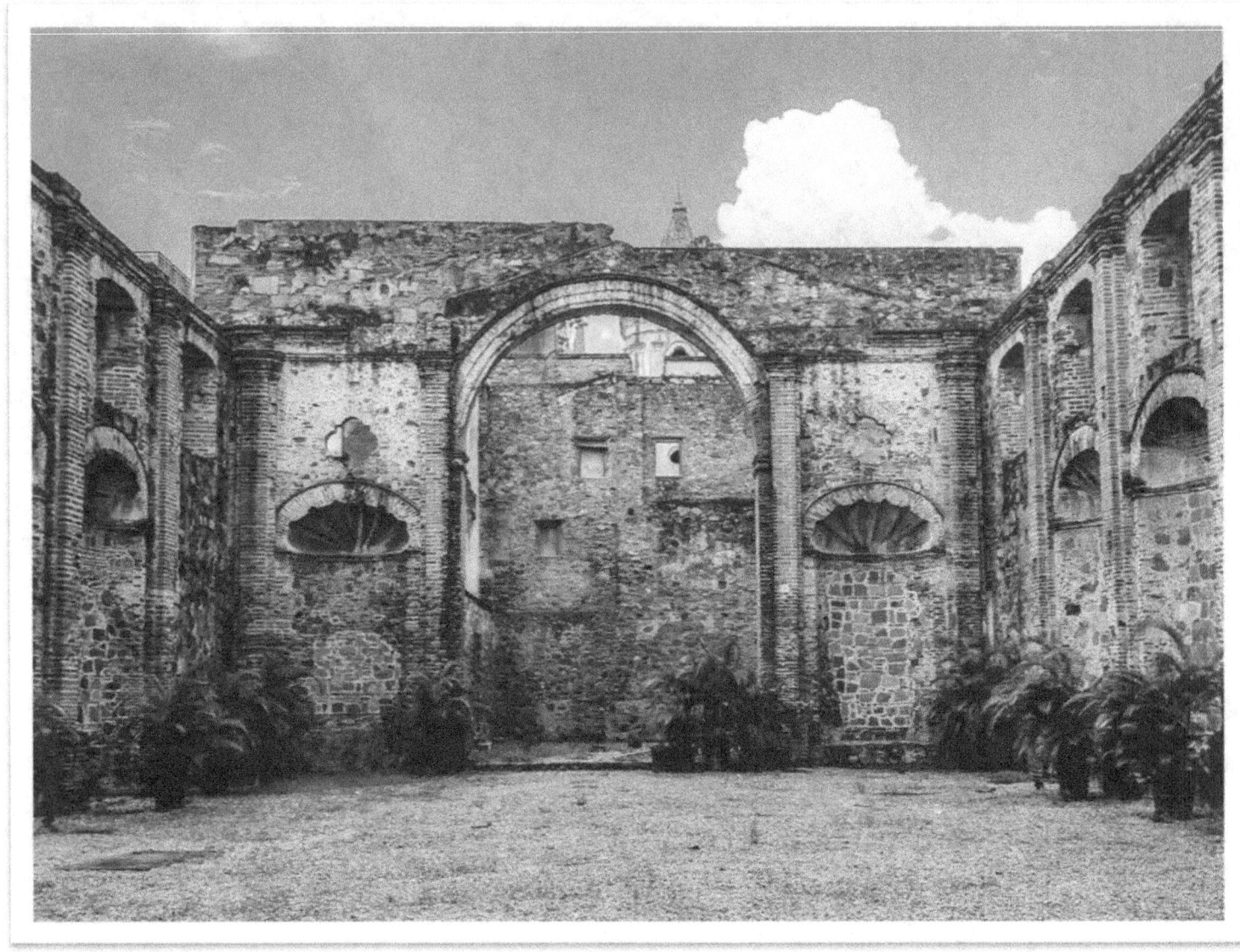

08-056-DCMHN
Compañía de Jesús

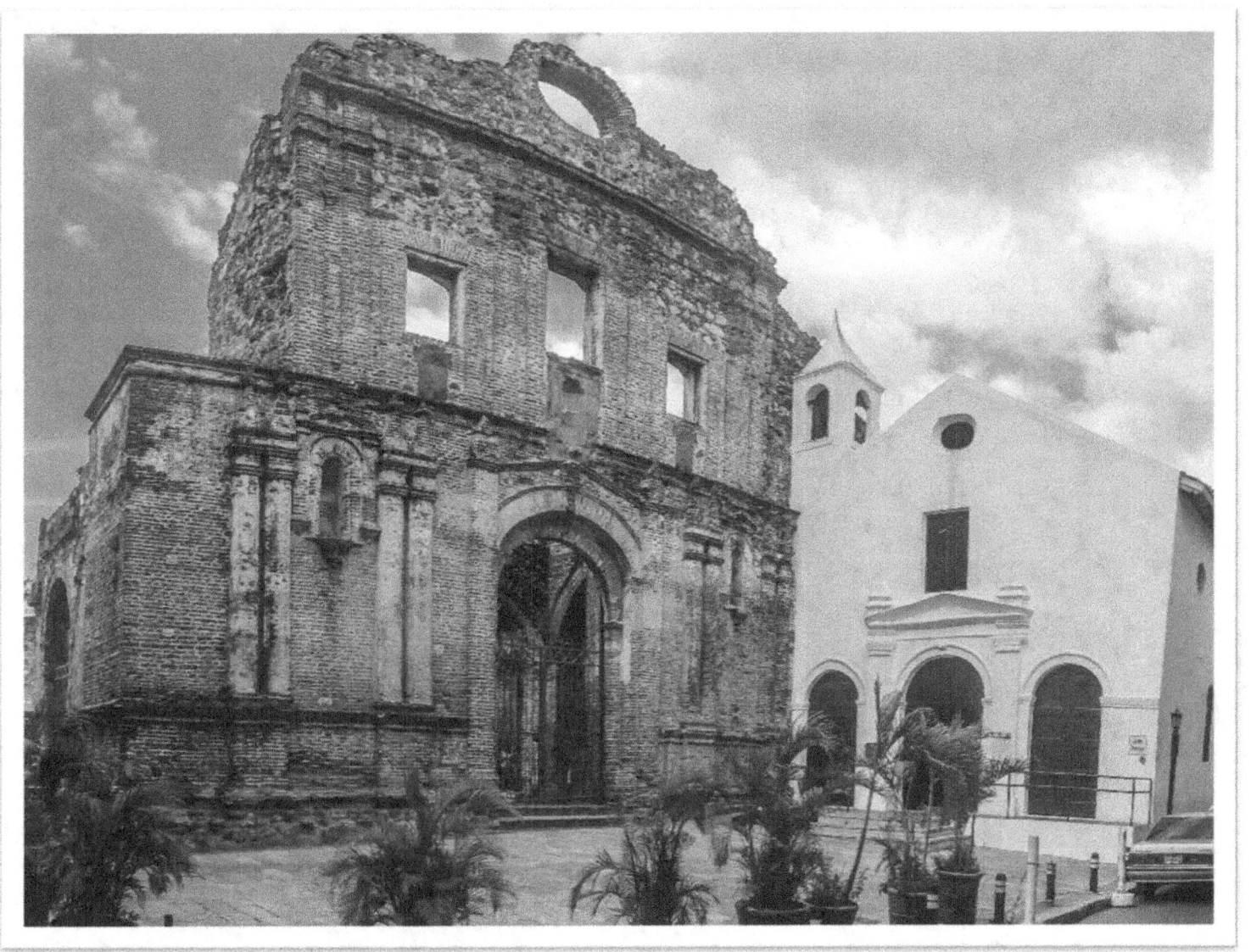

08-057-DCMHN

Convento de
Santo Domingo

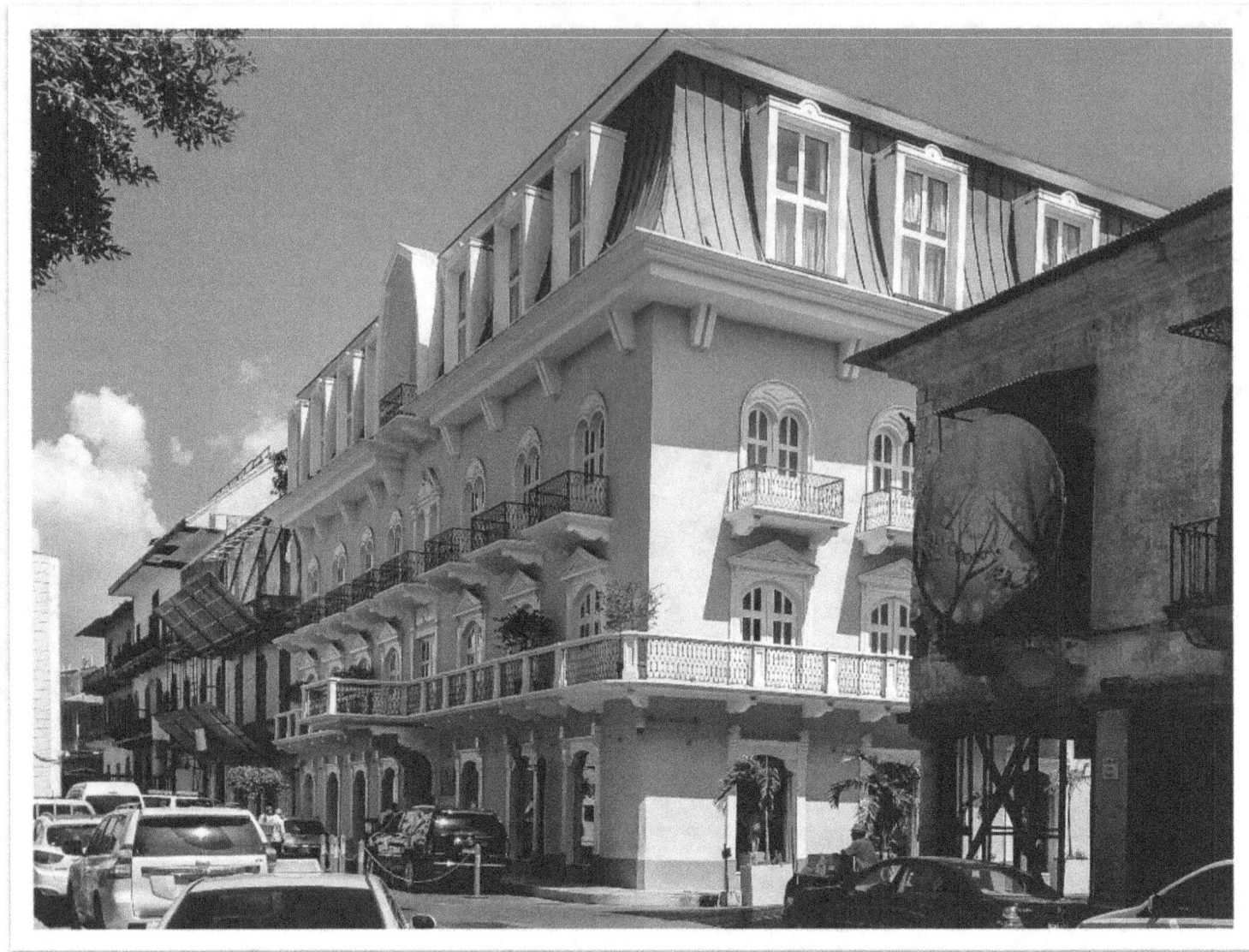

08-058

Hotel Central

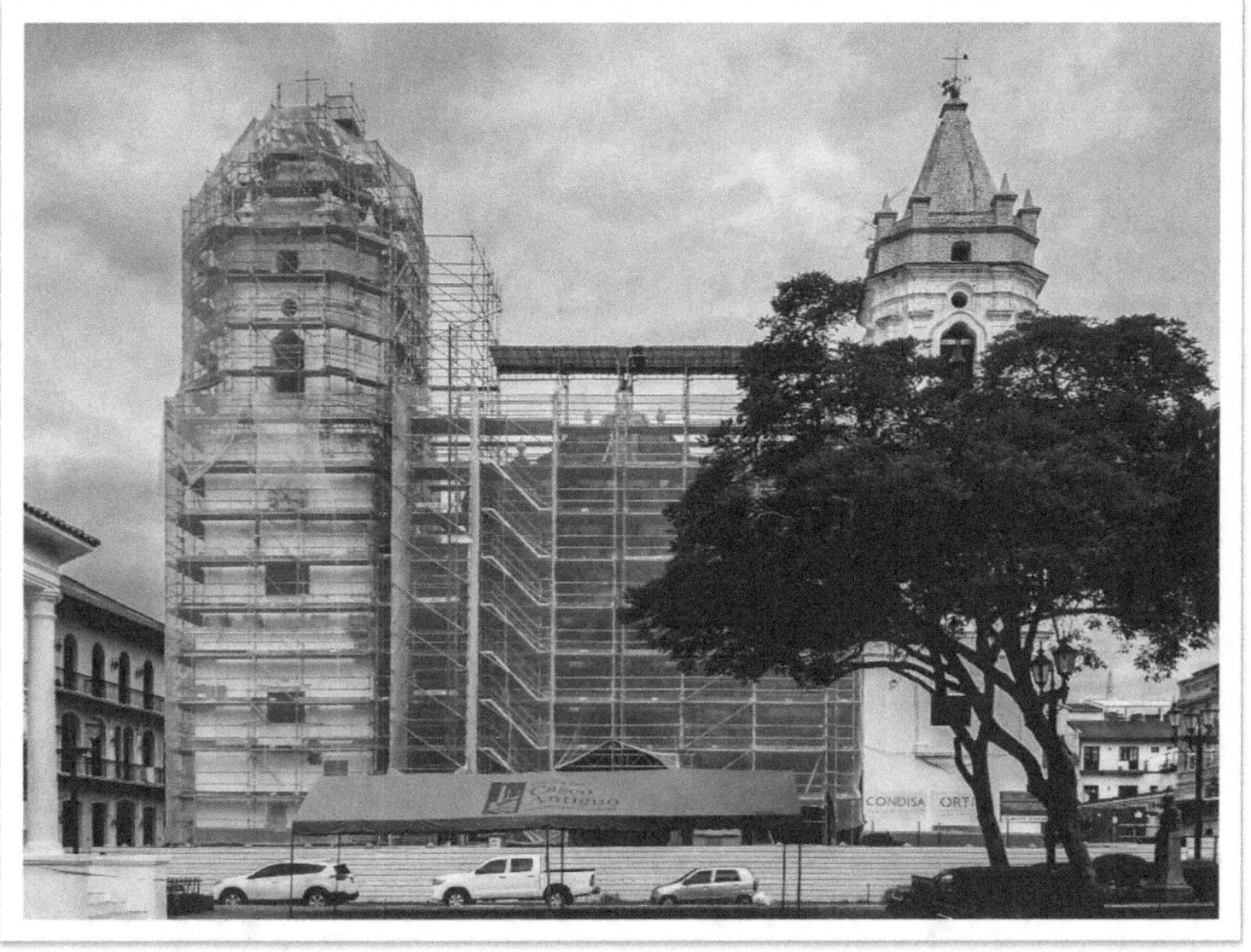

08-059-DCMHN

Iglesia Catedral

Metropolitana

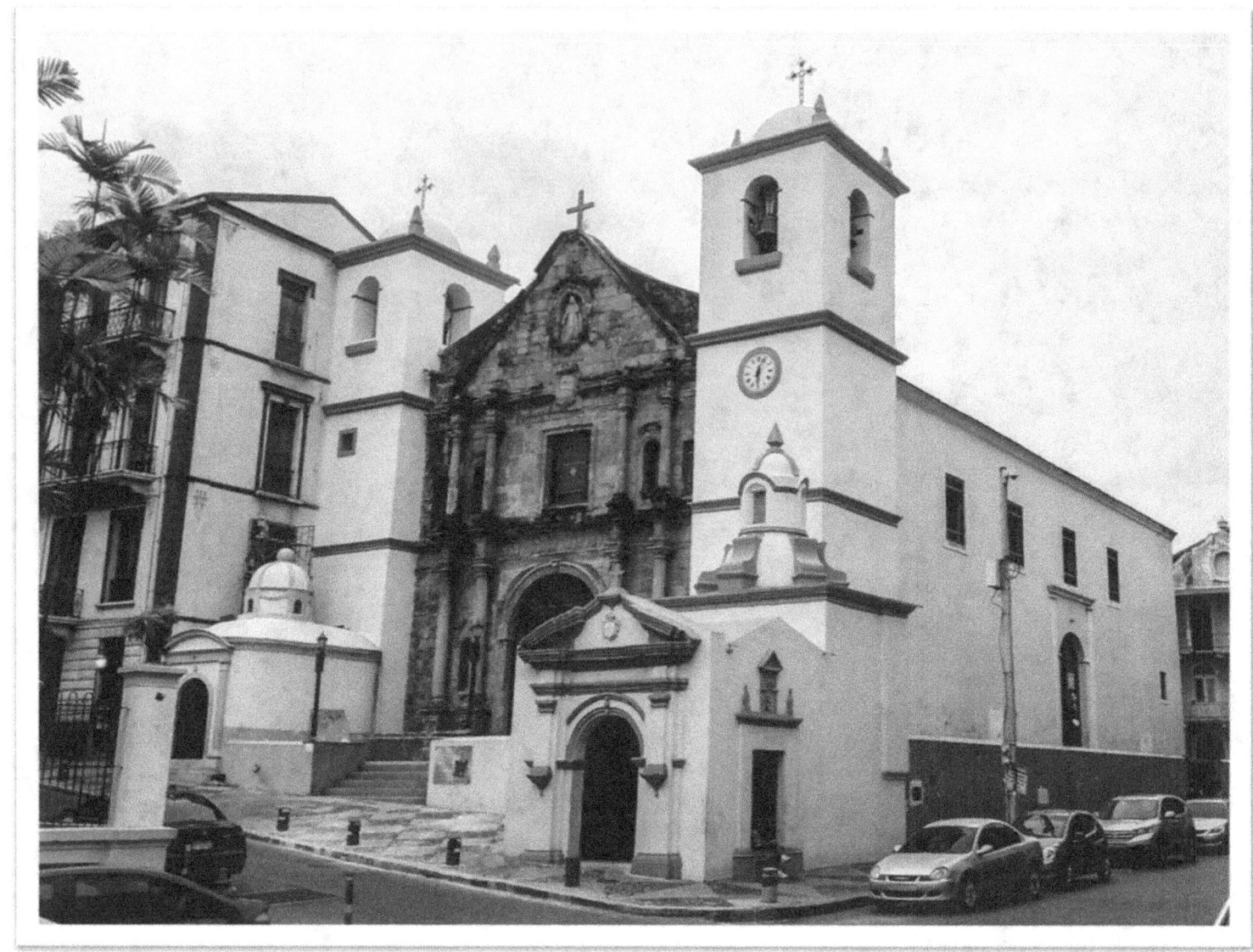

08-060-DCMHN
Iglesia de Nuestra Señora de La Merced

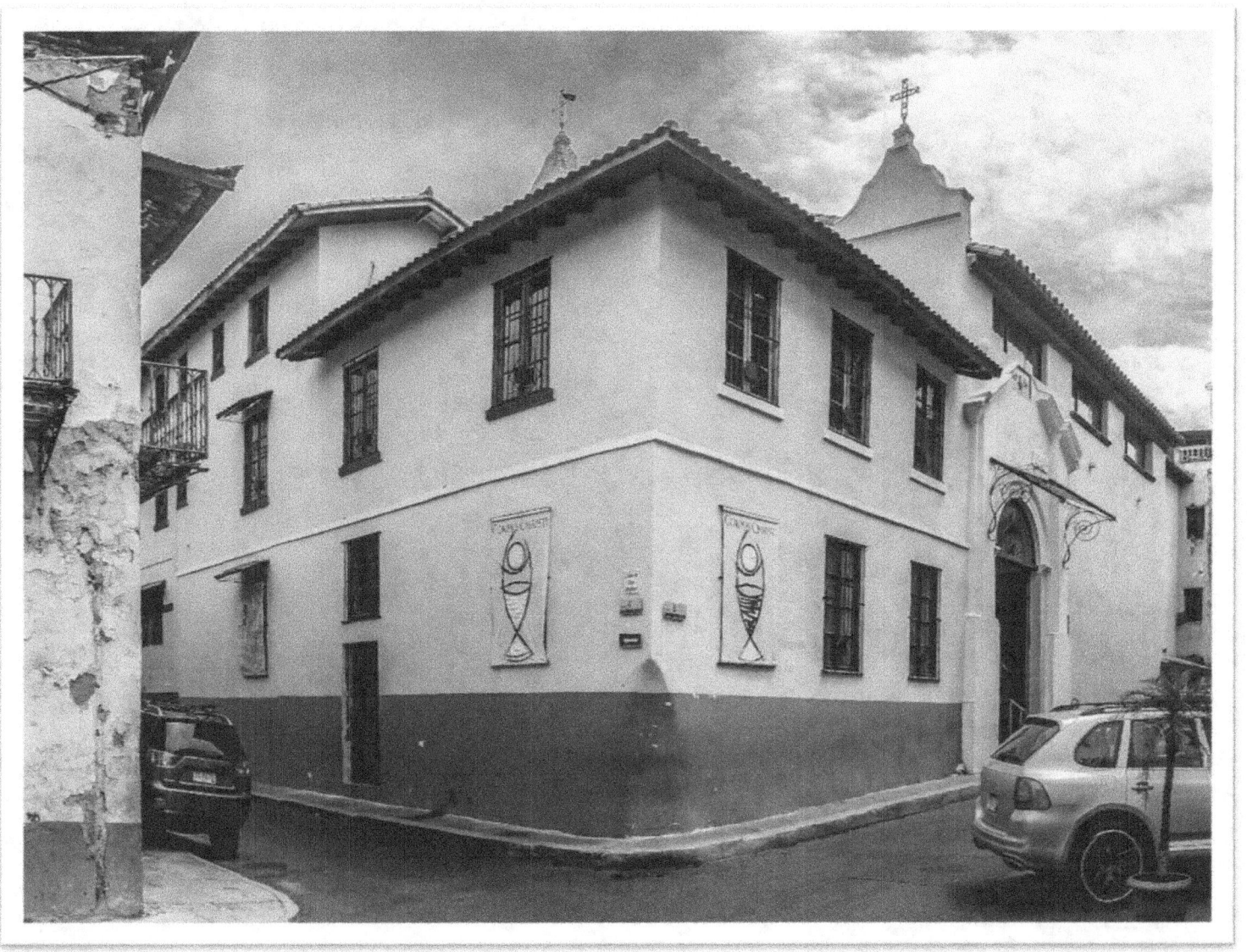

08-061-DCMHN

Iglesia de San

Felipe de Neri

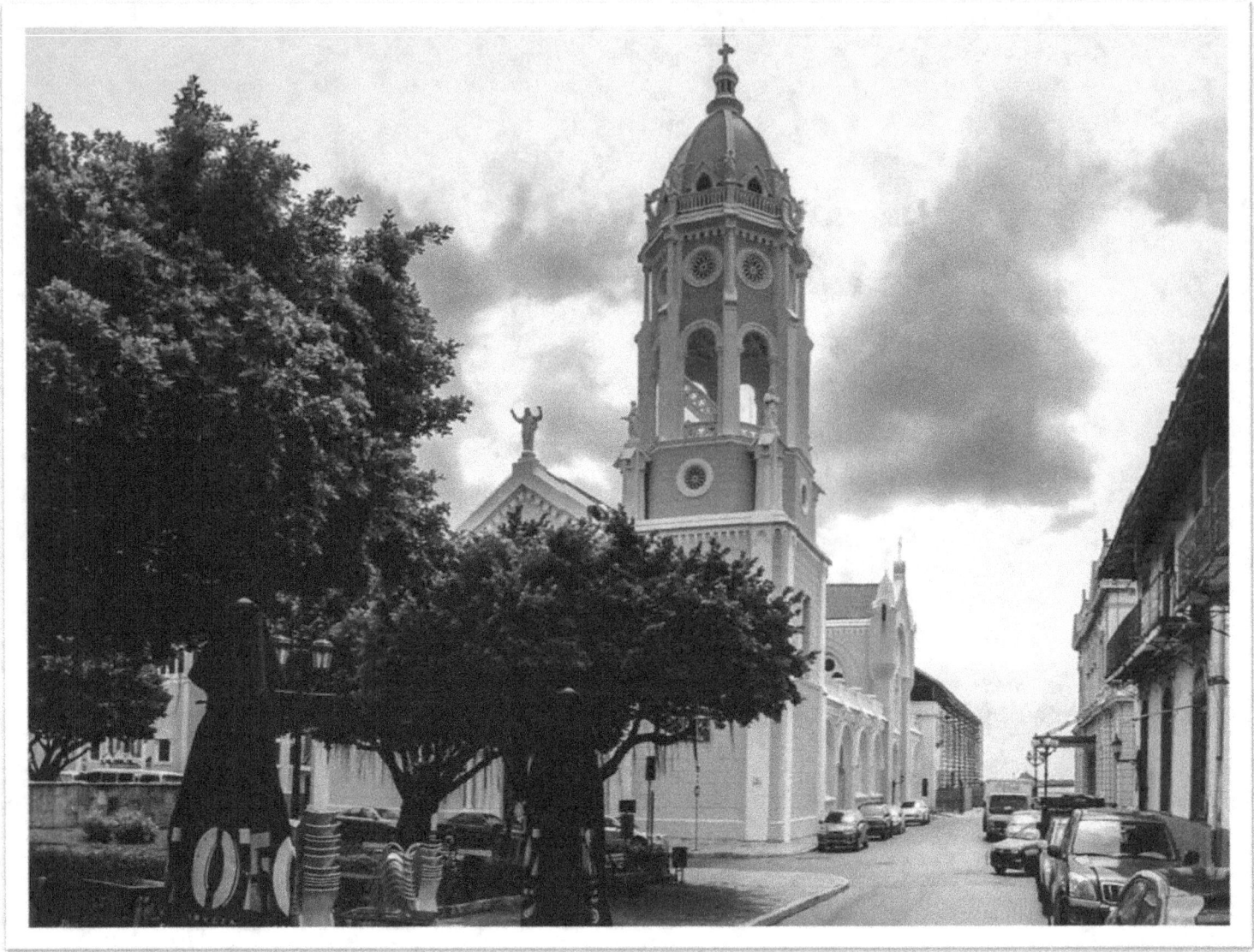

08-062-DCMHN
Iglesia de San
Francisco de Asís

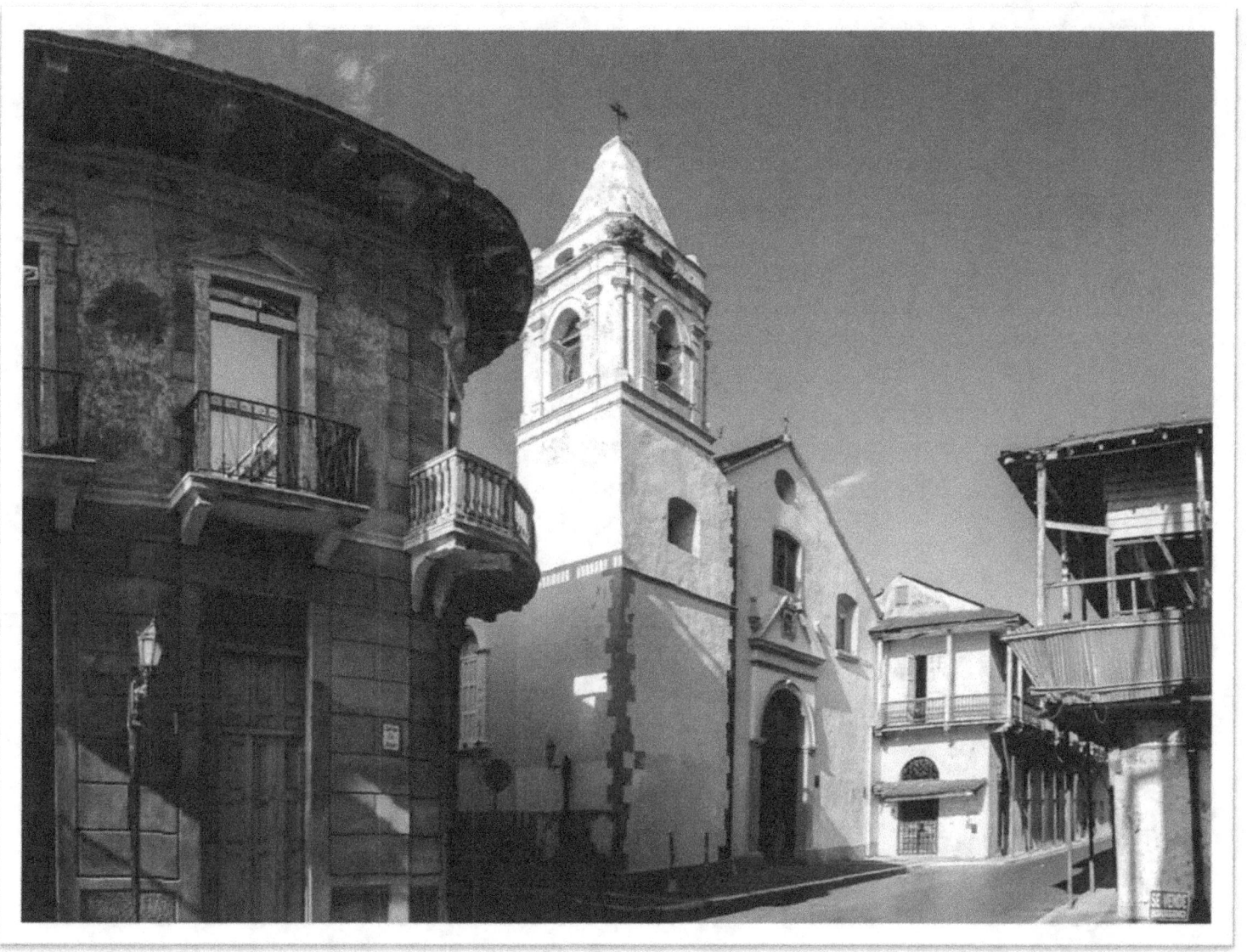

08-063-DCMHN

Iglesia de San José

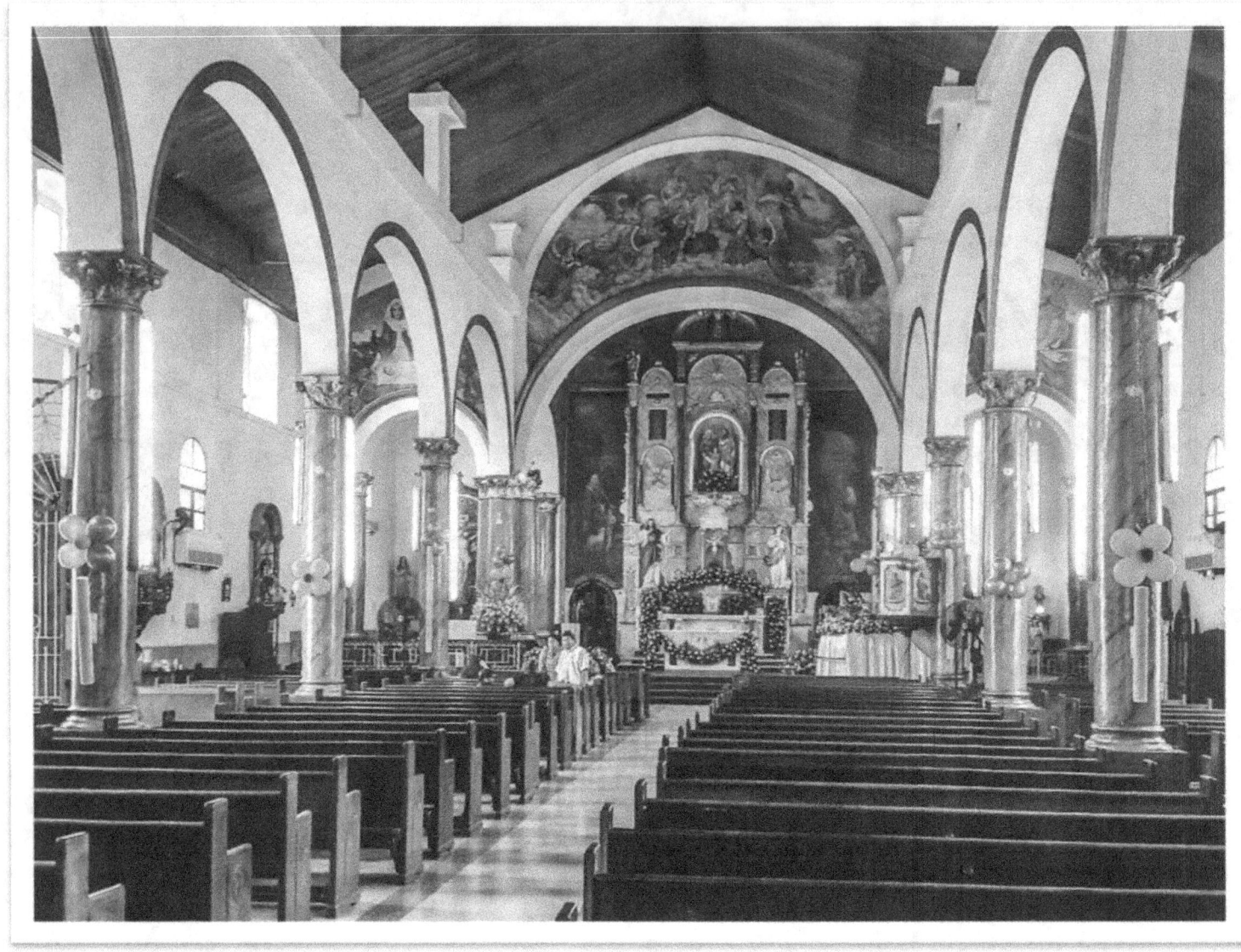

08-064-DCMHN
Iglesia de Santa Ana

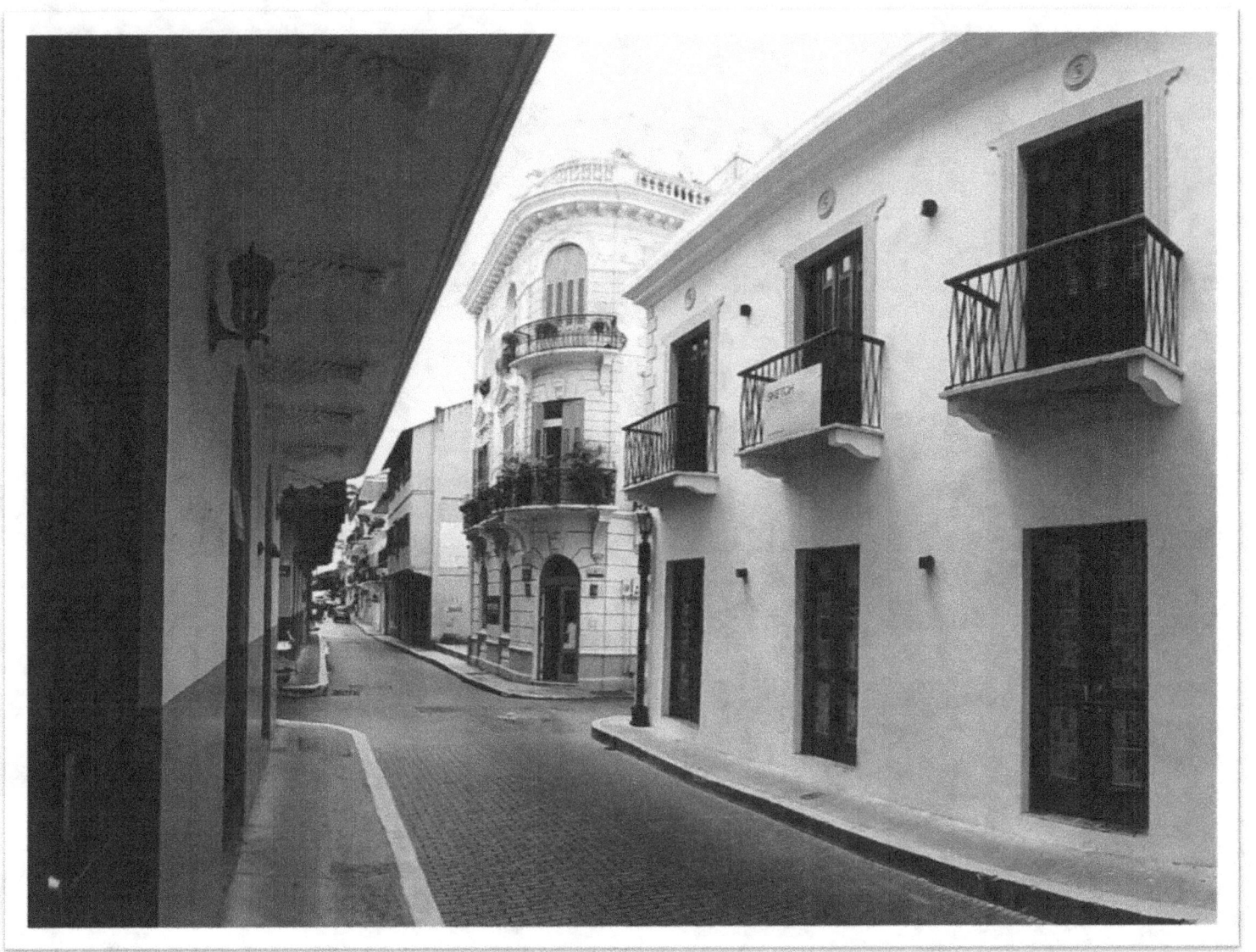

08-065-DCMHN

Mansión Calvo

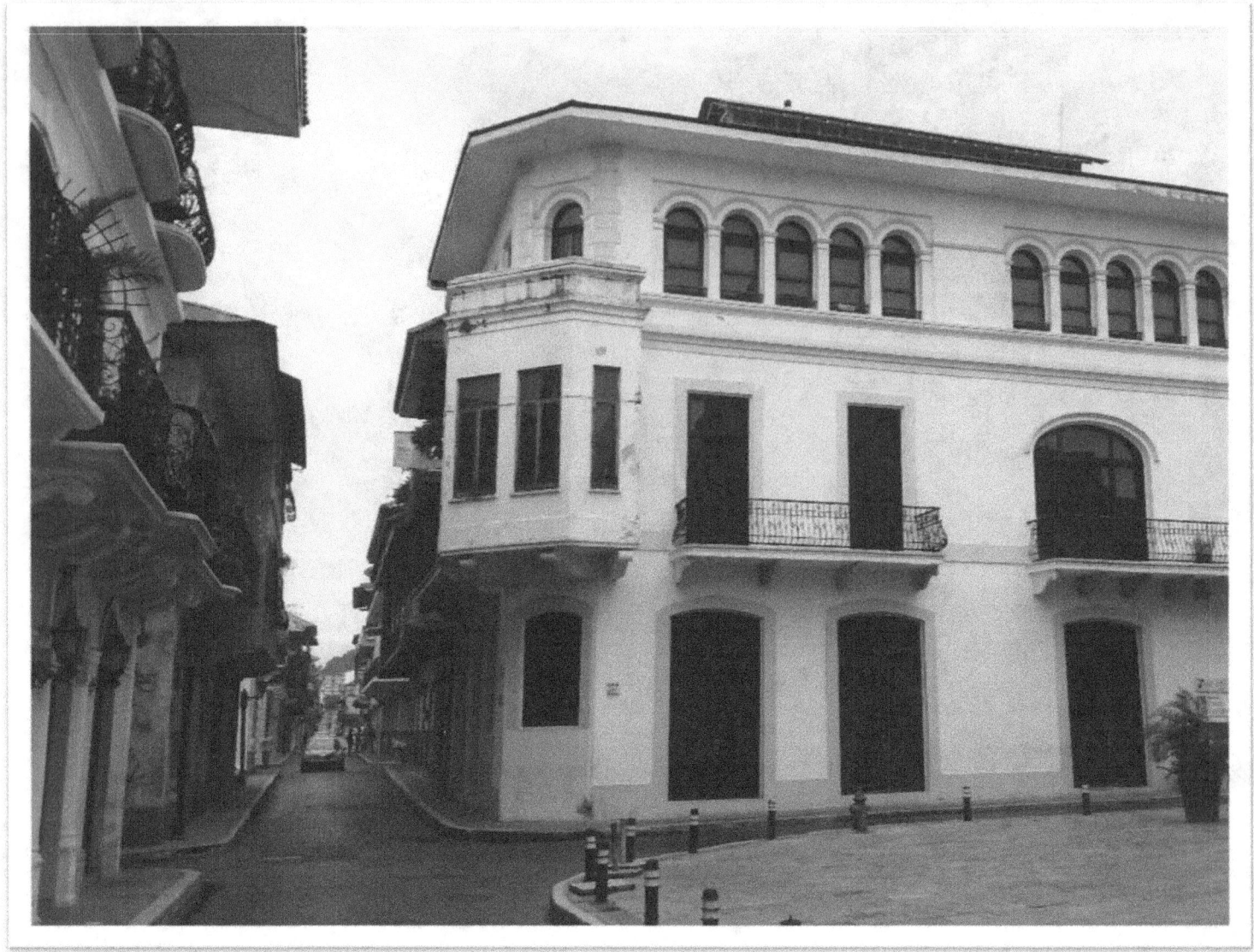

08-066-DCMHN

Mansión Obarrio

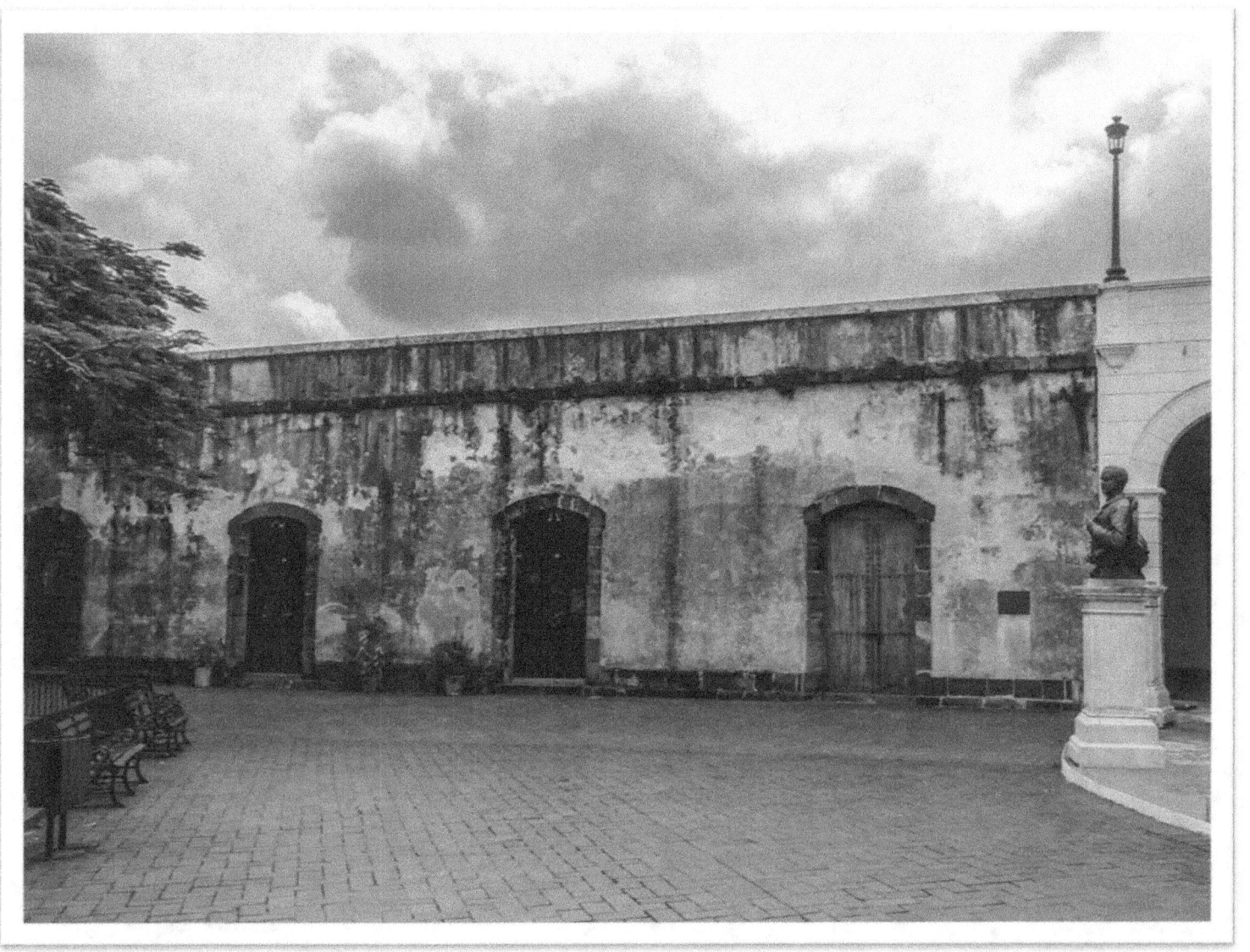

08-067-DCMHN

Muralla de las Bóvedas, Baluarte de Chiriquí

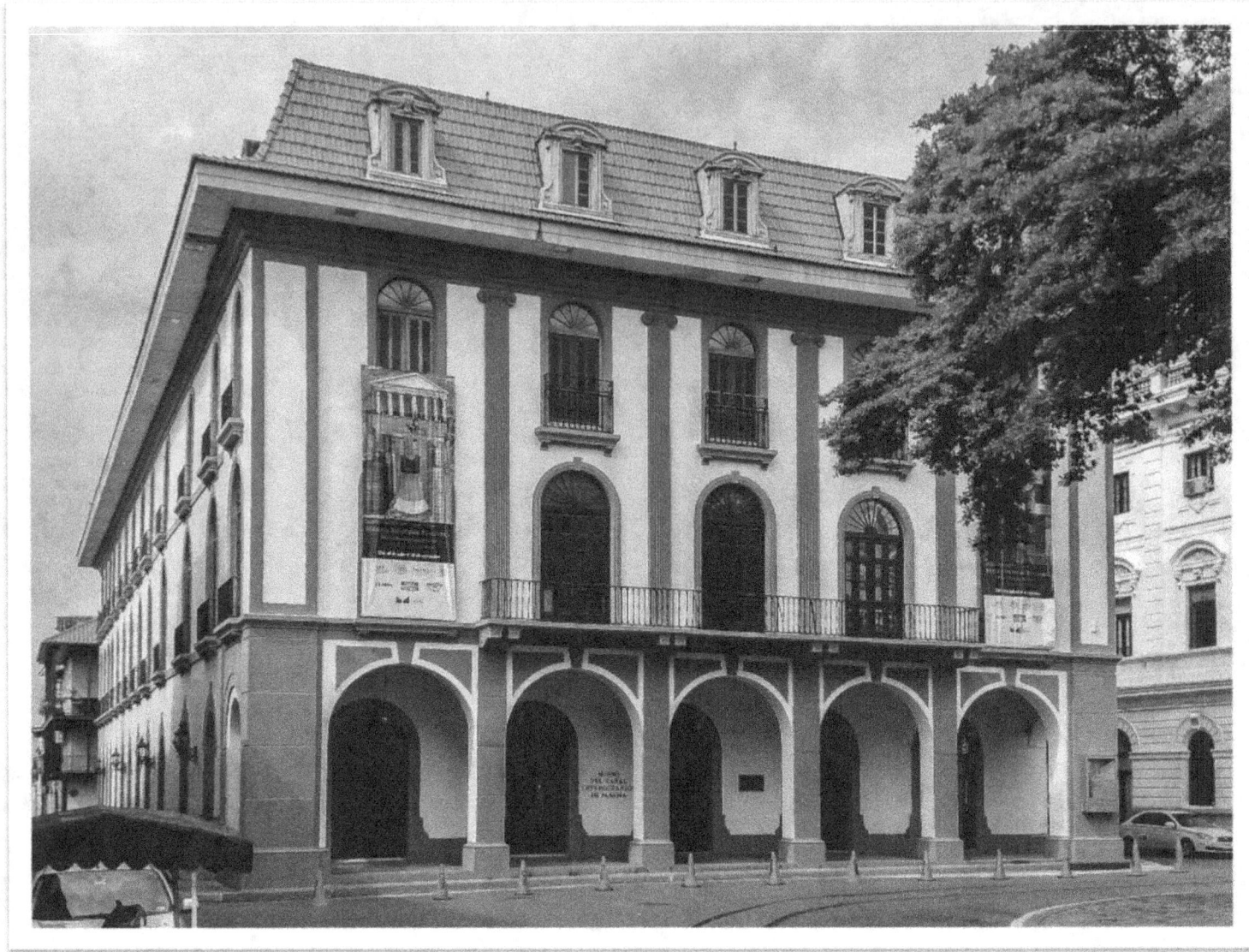

08-068-DCMHN
Museo del Canal
Interoceánico de Panamá

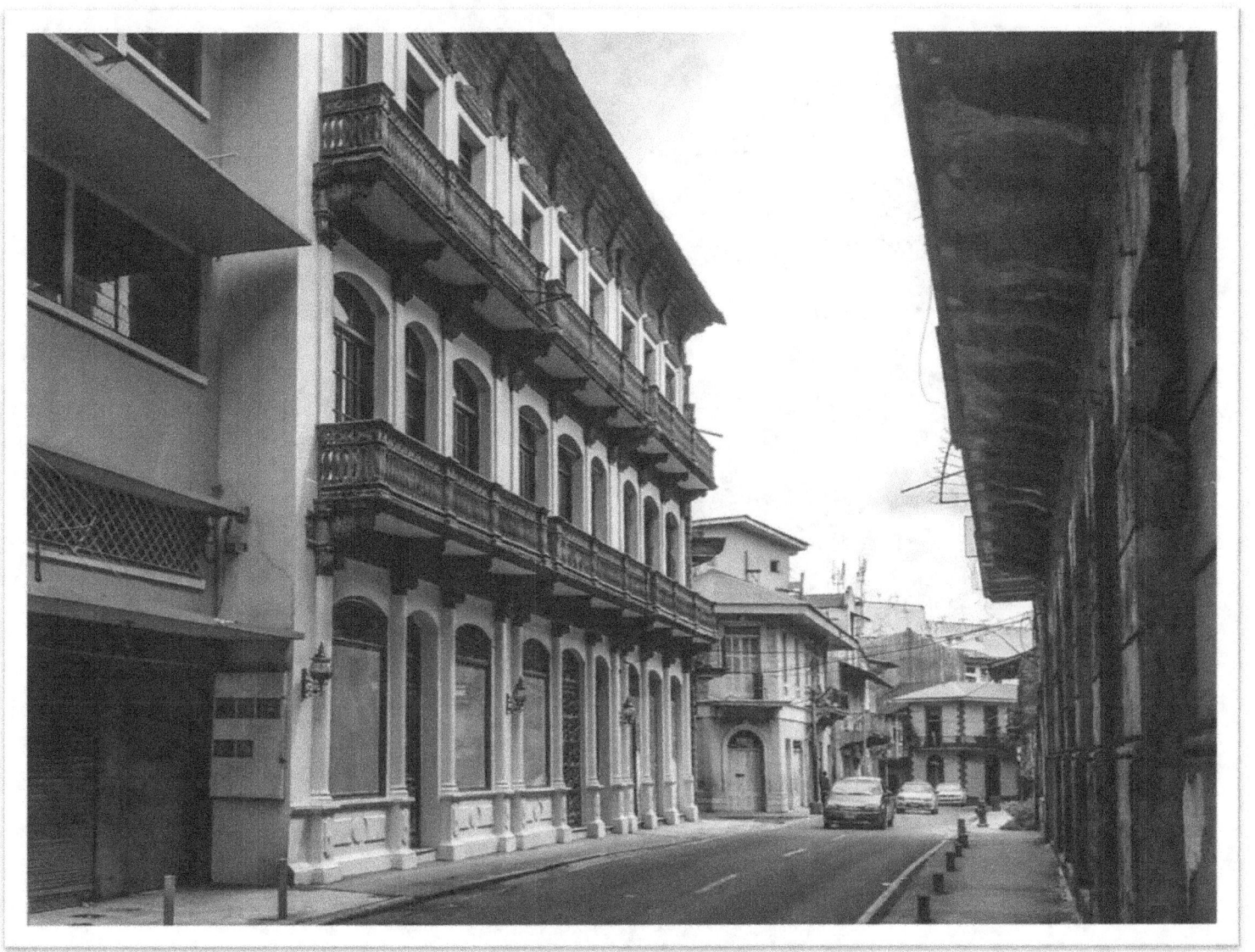

08-069-DCMHN

Museo Endara

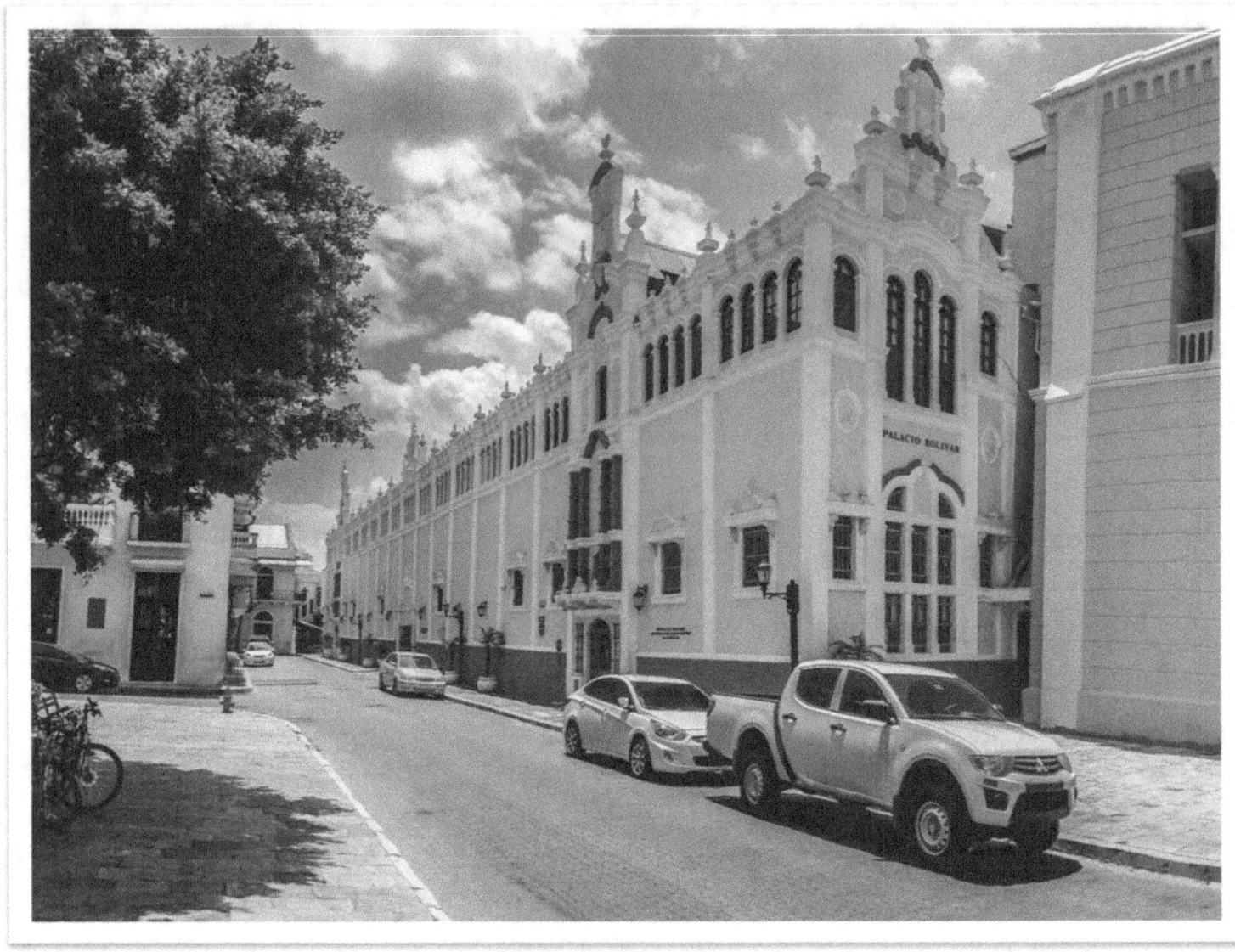

08-070-DCMHN

Palacio Bolívar

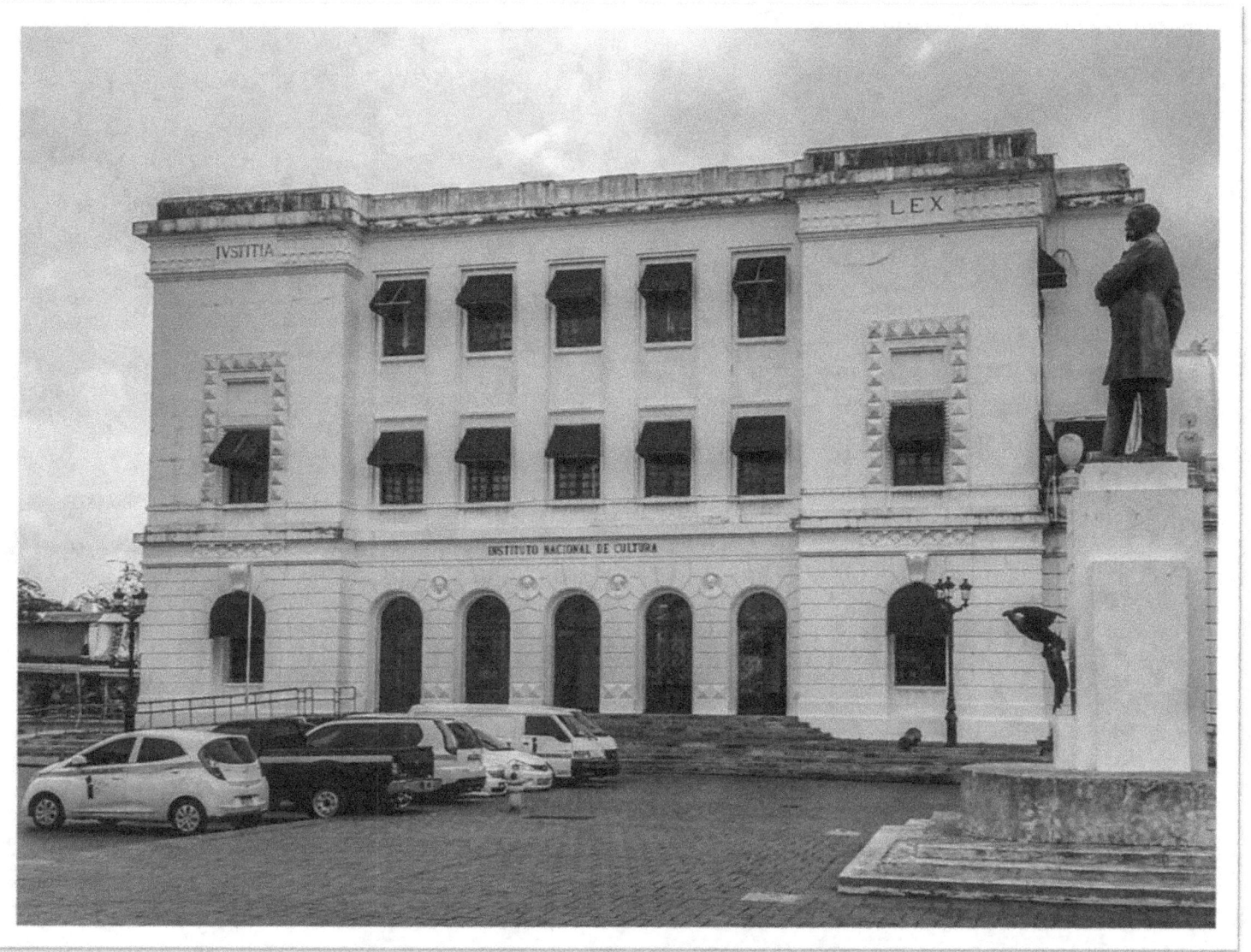

08-071-DMHN
Palacio de Justicia
(Instituto Nacional
de Cultura)

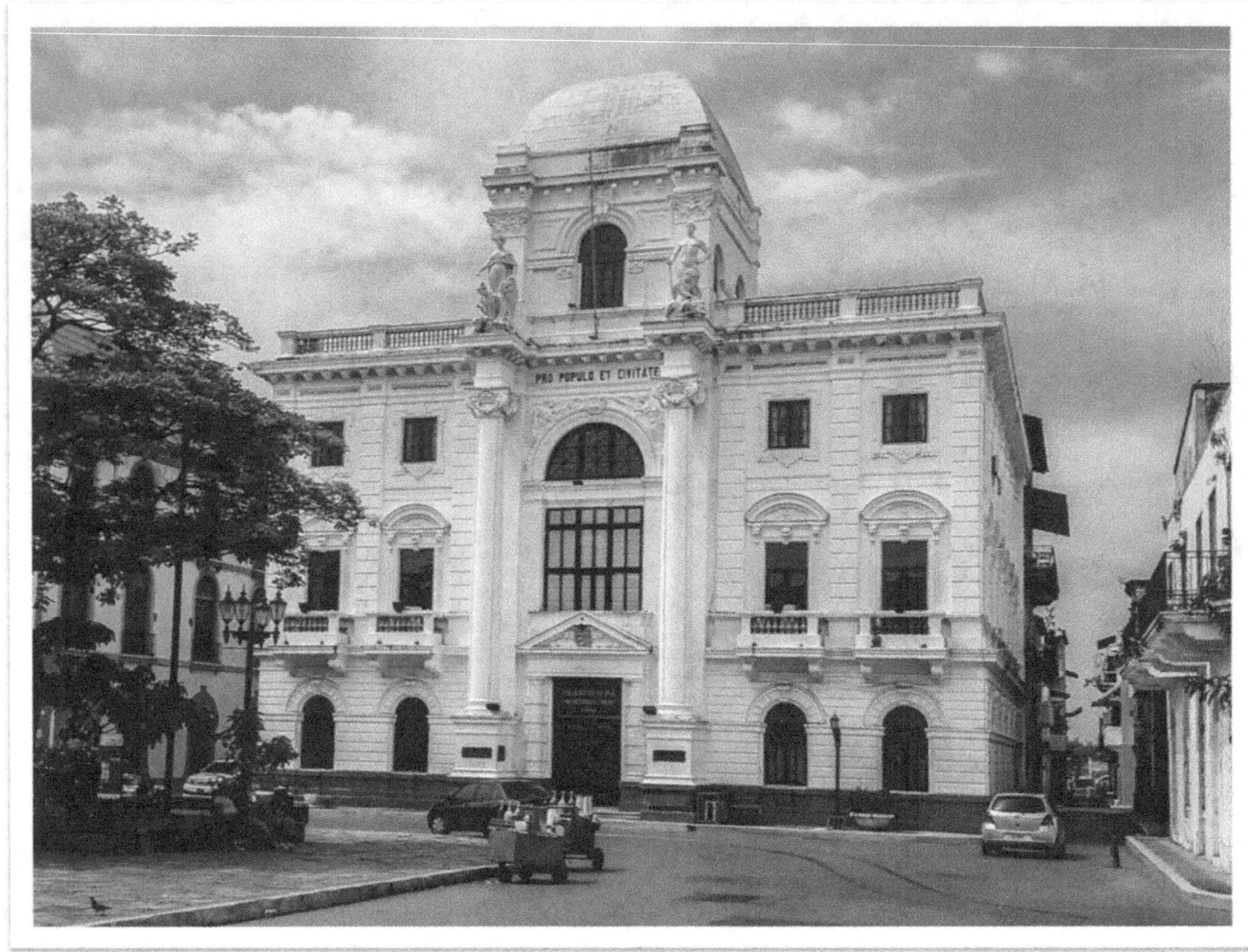

08-072-DMHN

Palacio Municipal

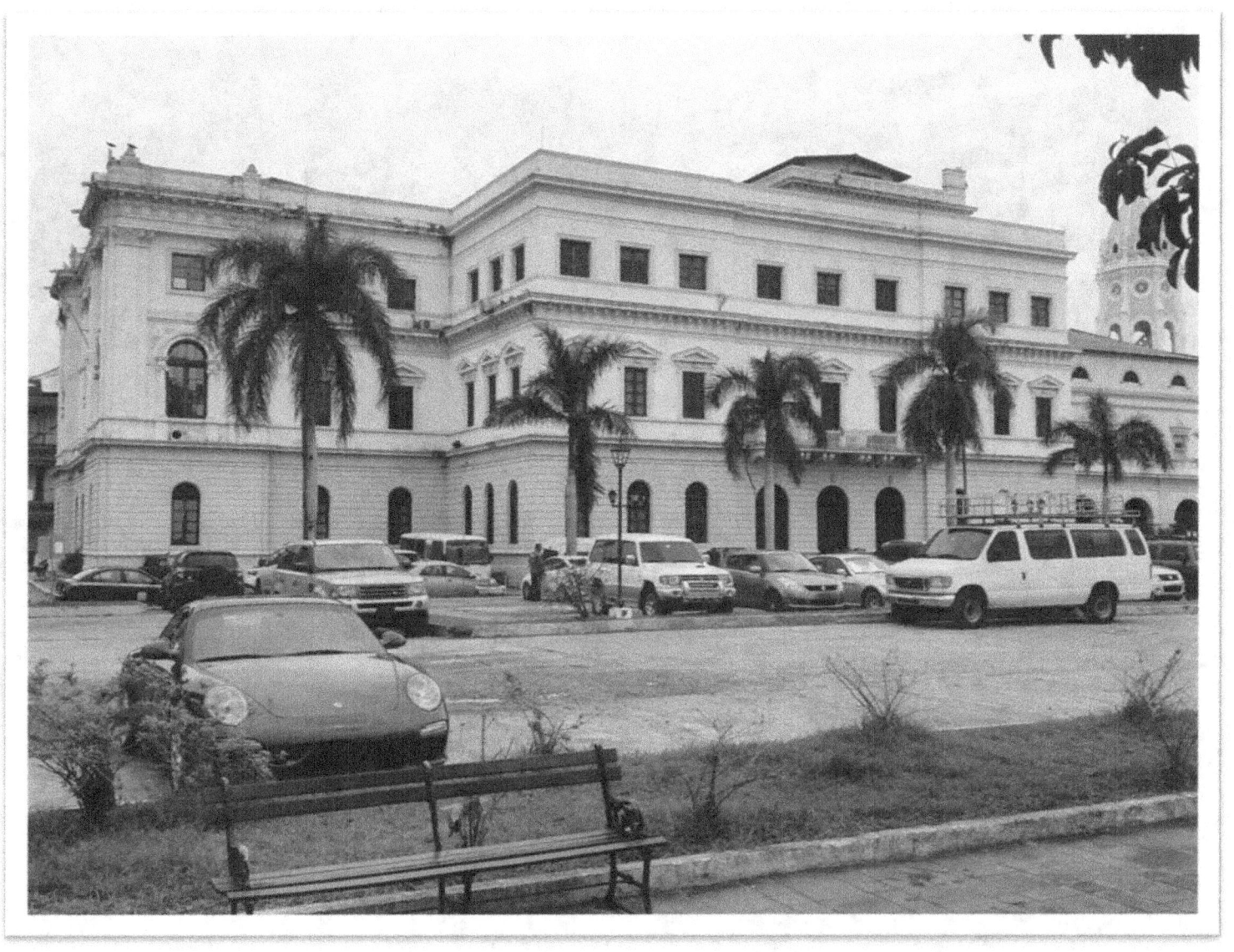

08-073-DMHN
Palacio Nacional de
Gobierno y Justicia

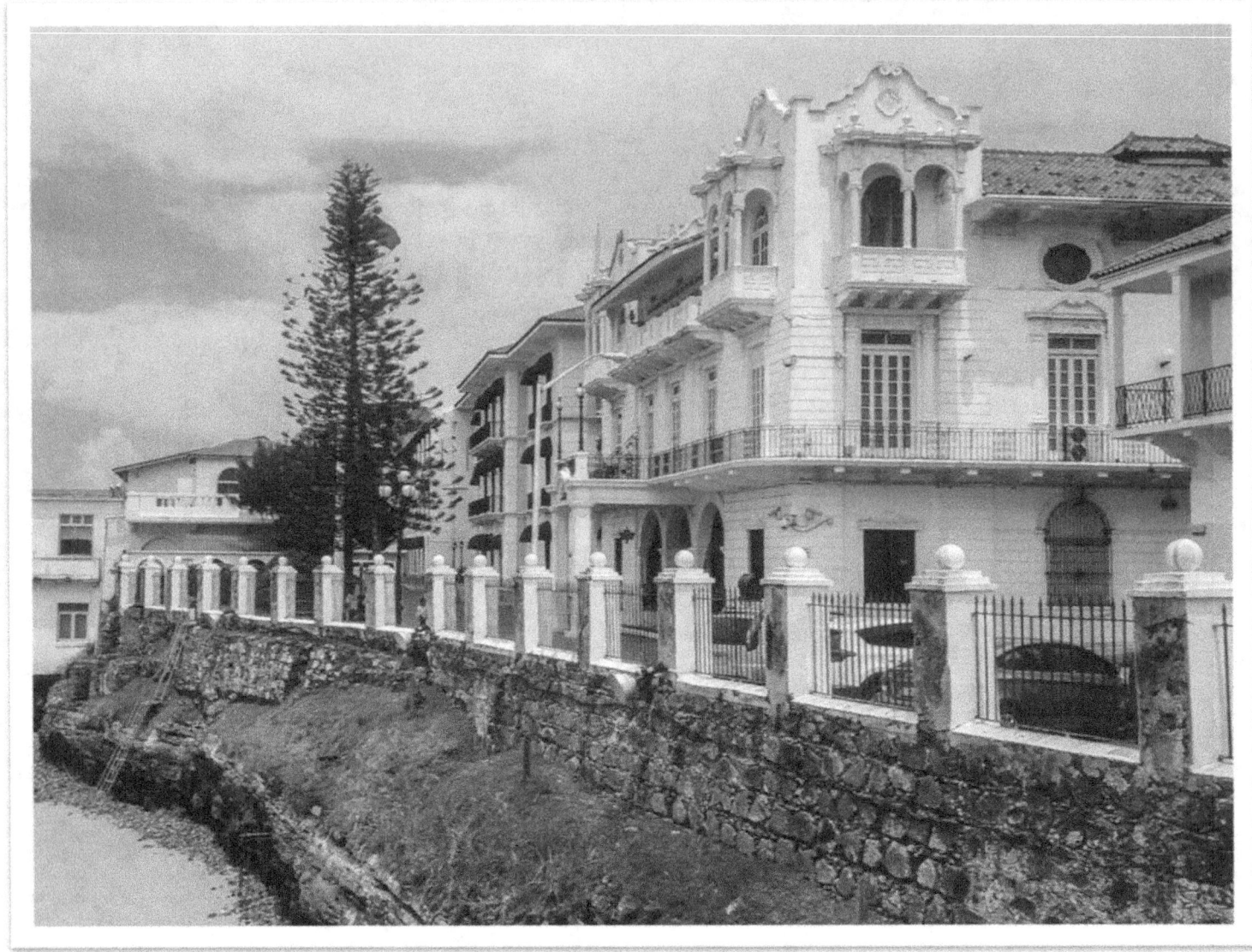

08-074-DMHN
Palacio Presidencial o
Palacio de las Garzas

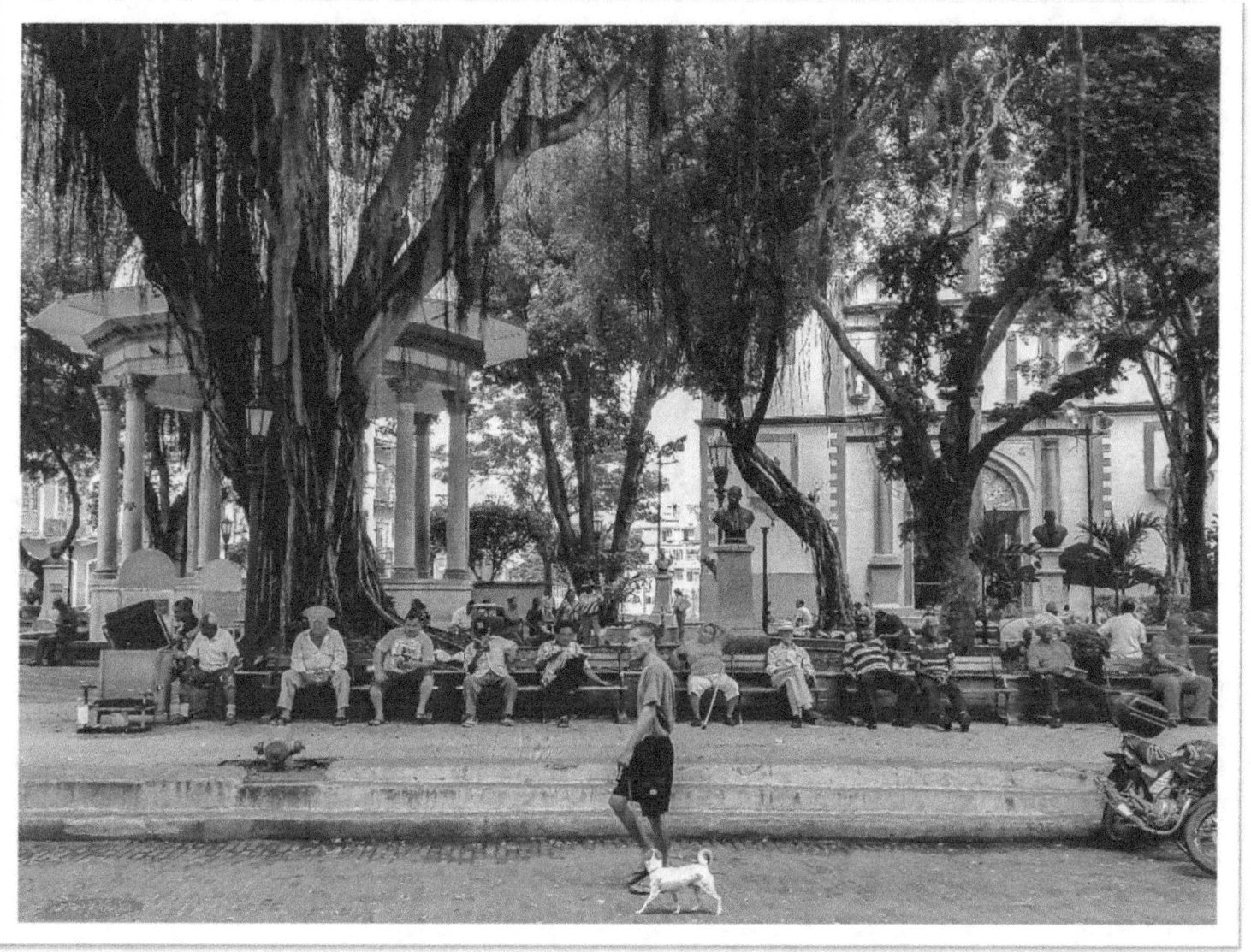

08-075-DMHN

Parque de Santa Ana

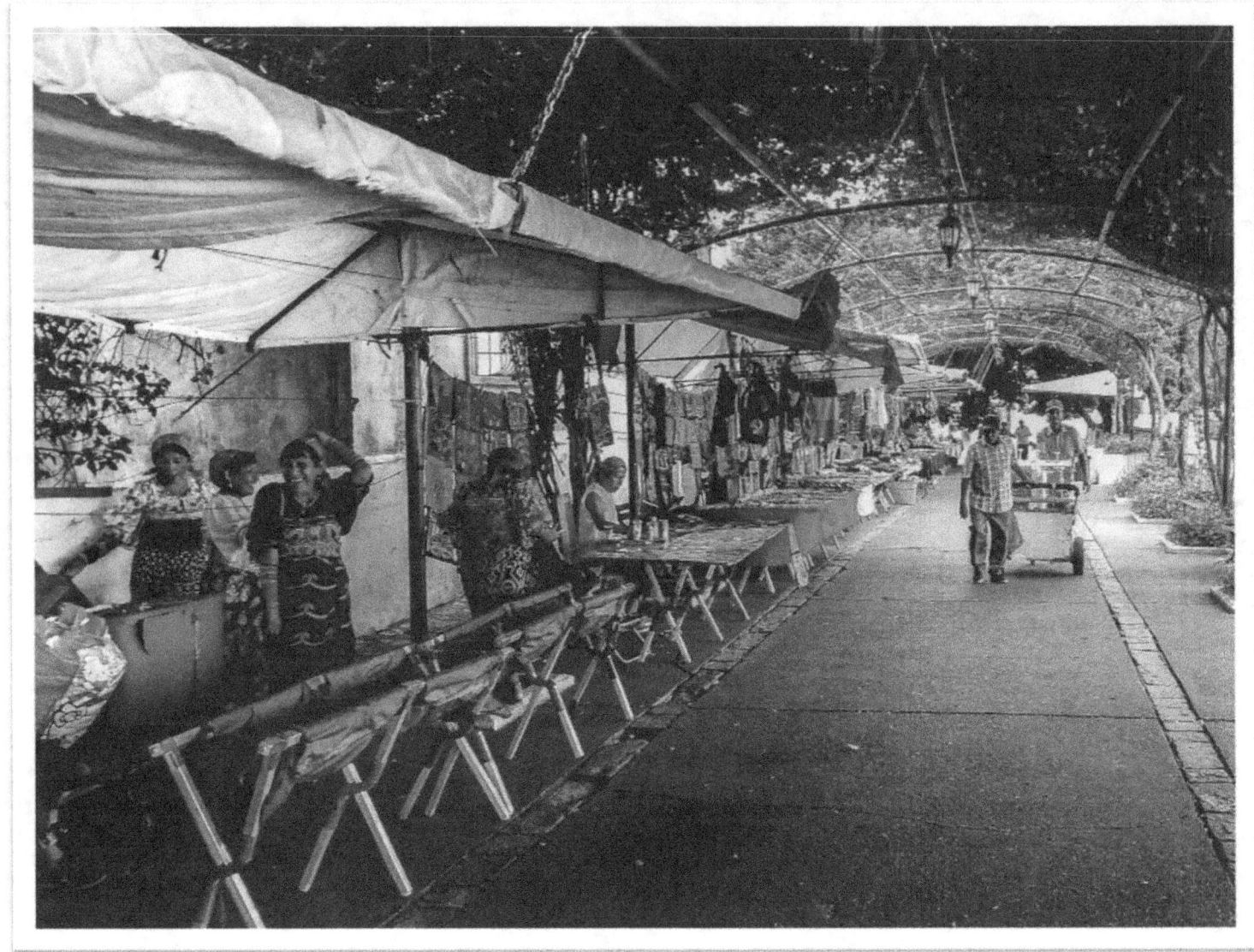

08-076-DMHN

Paseo Esteban Huertas

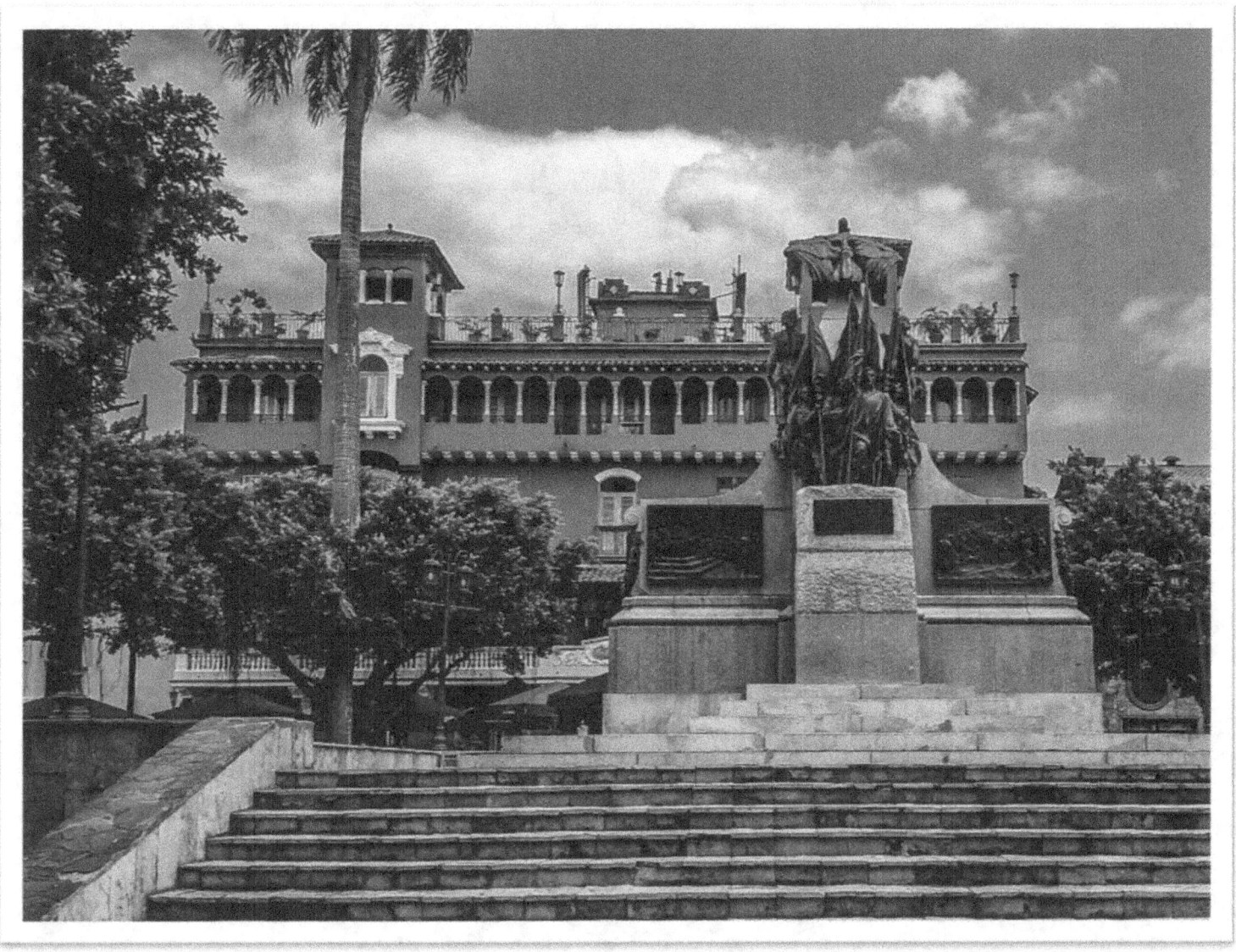

08-077-DMHN

Plaza Bolívar

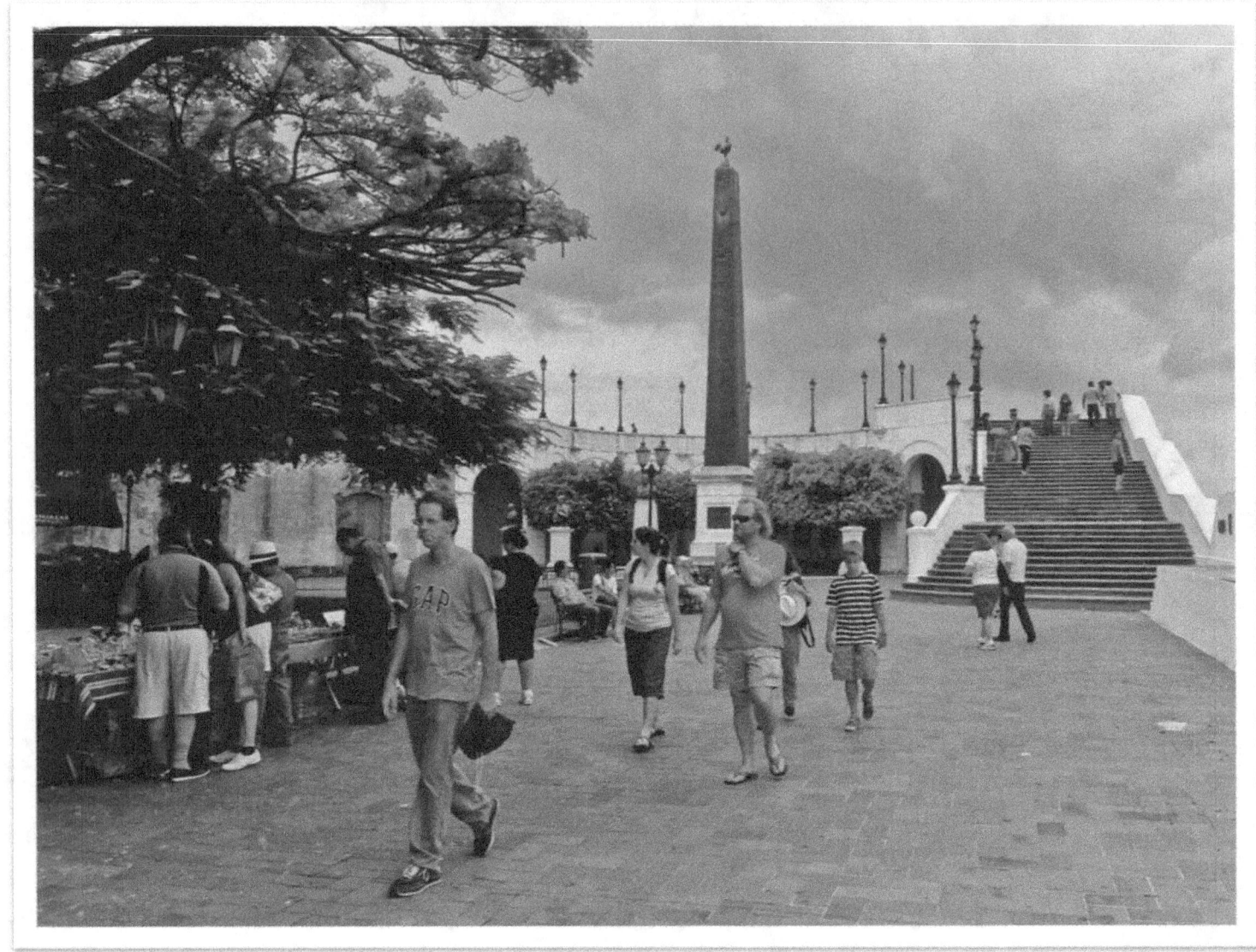

08-078-DMHN

Plaza de Francia

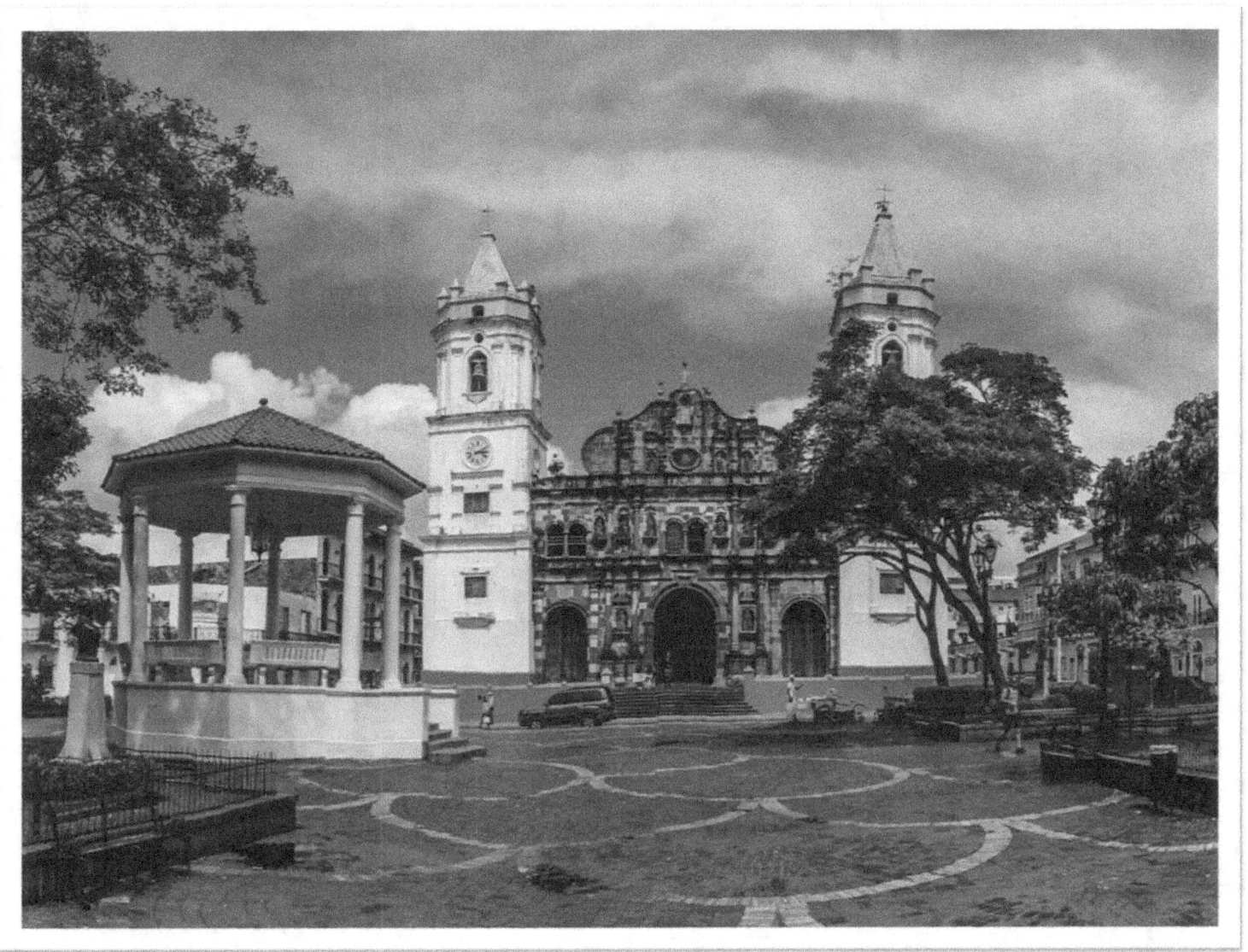

08-079-DMHN

Plaza de la Catedral

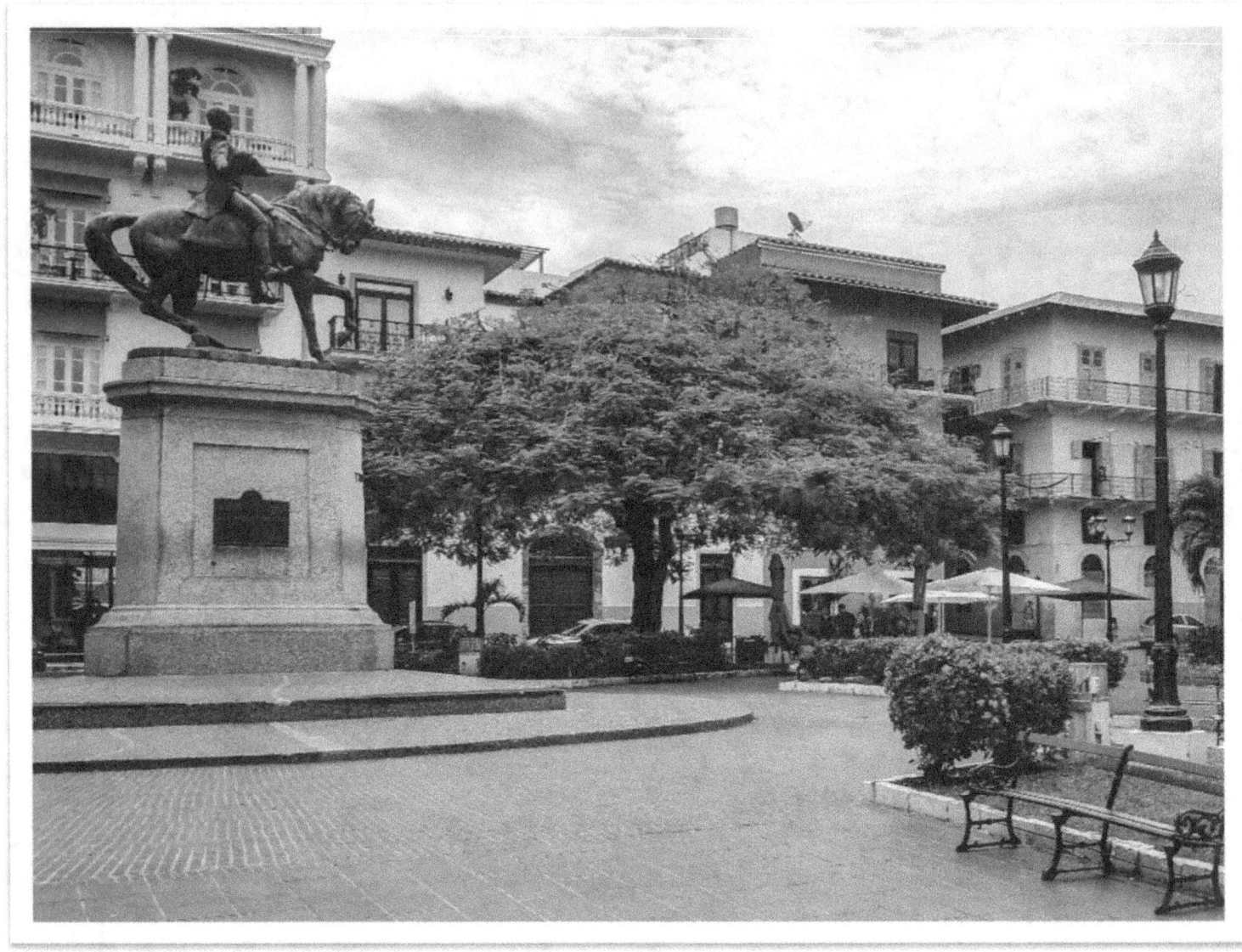

08-080-DMHN

Plaza Herrera

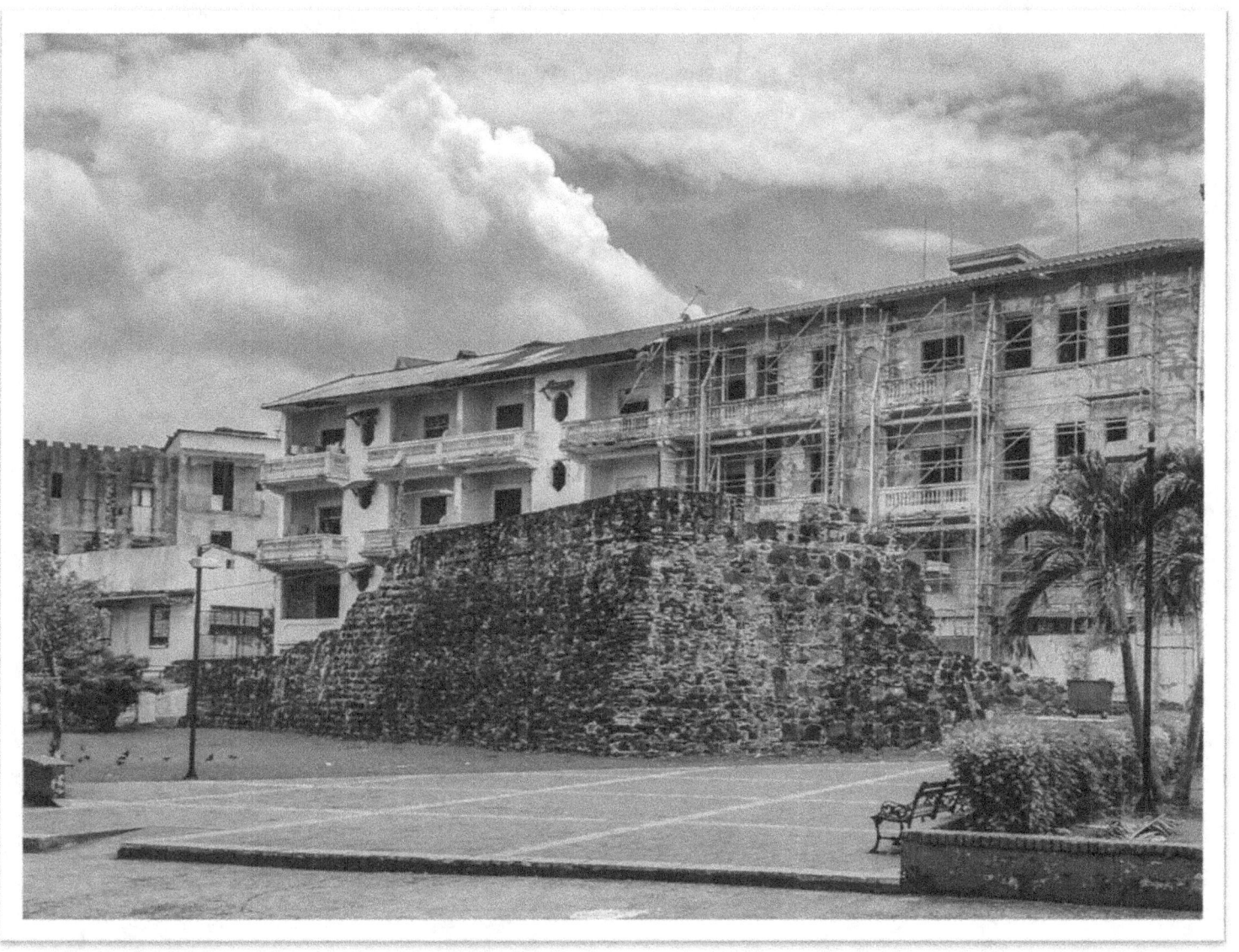

08-081-DMHN
Ruinas del Baluarte
de Jesús o Baluarte
Mano de Tigre

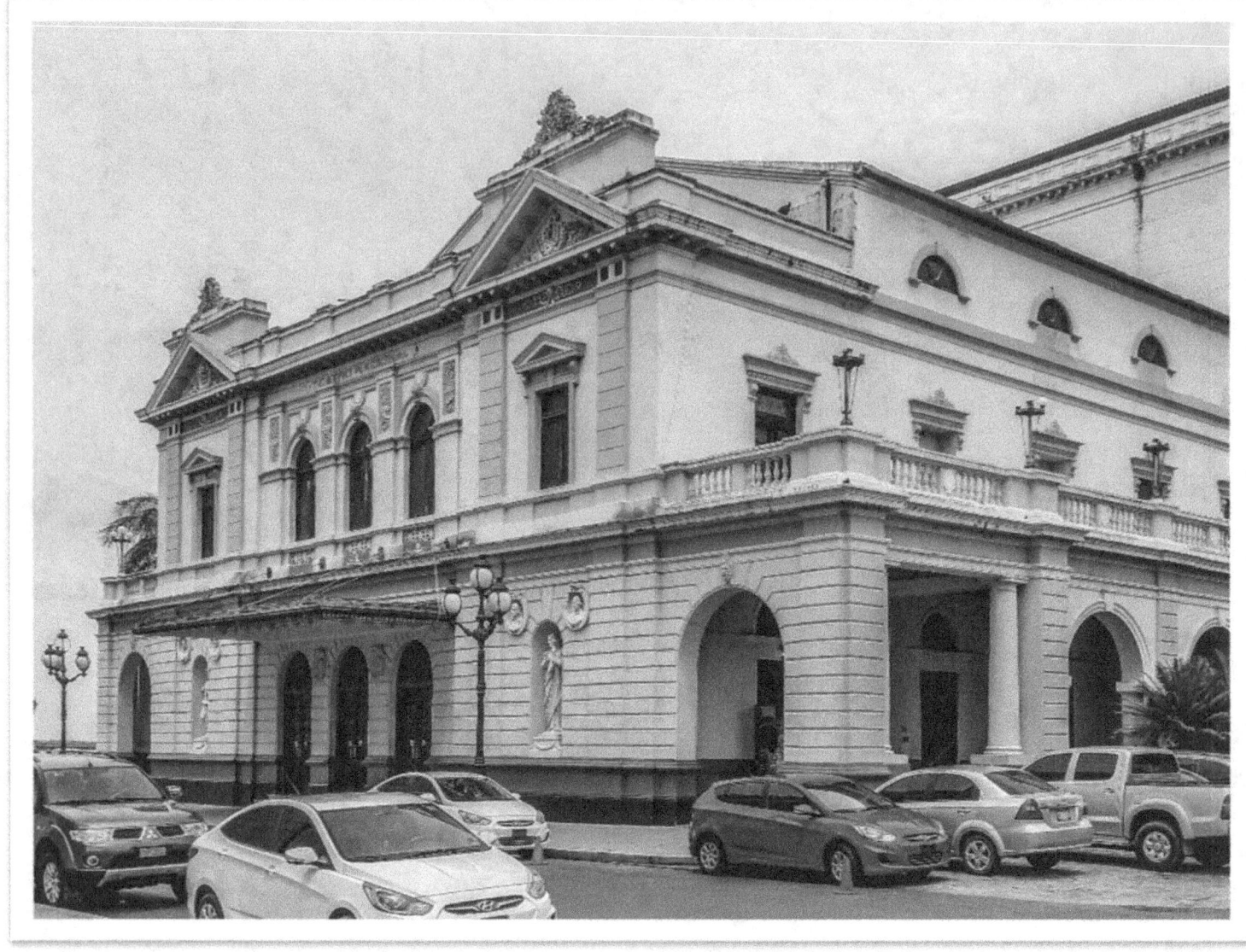

08-082-DMHN

Teatro Nacional

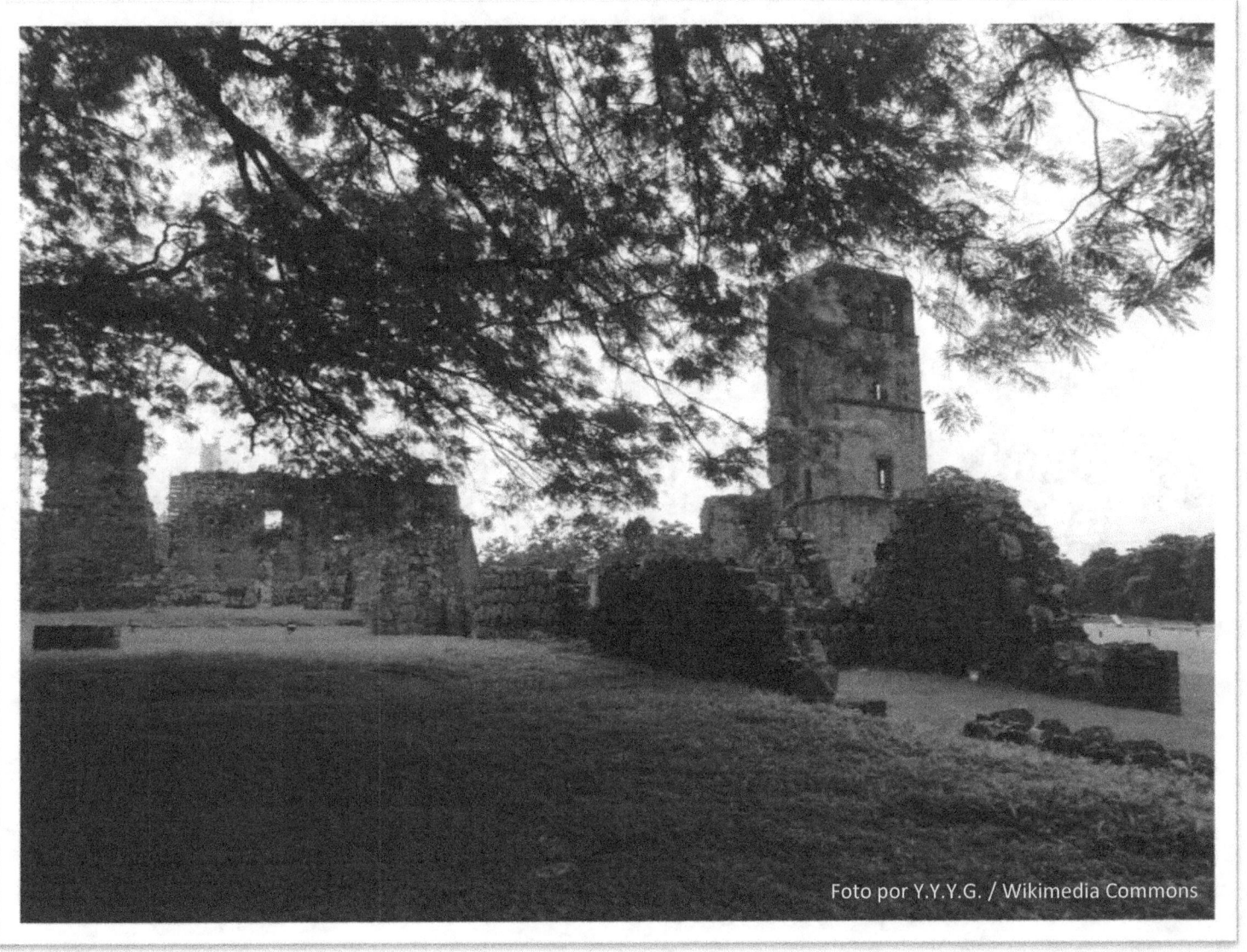

Foto por Y.Y.Y.G. / Wikimedia Commons

08-083-DCMHN

Cabildo

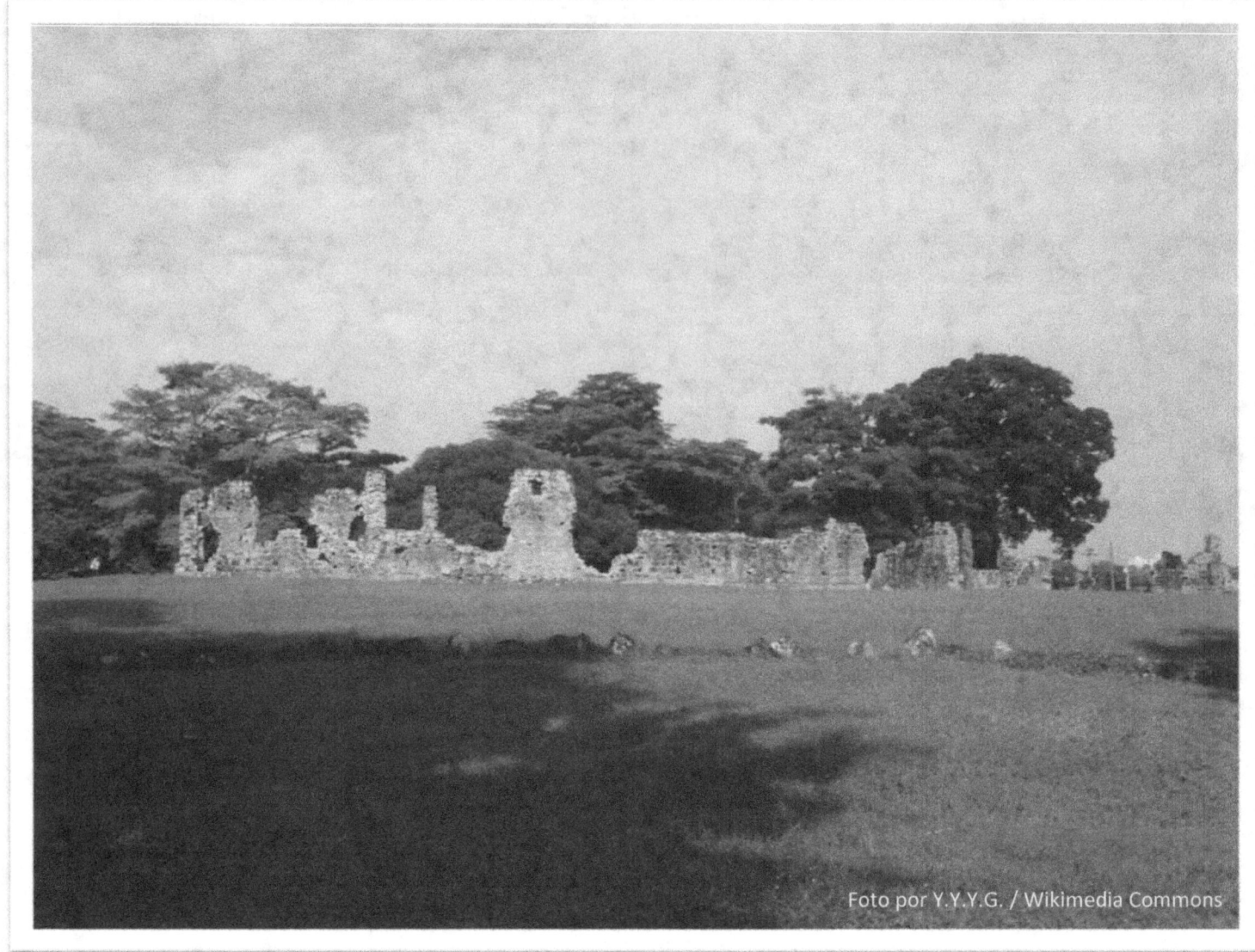

08-084-DCMHN

Casa Alarcón

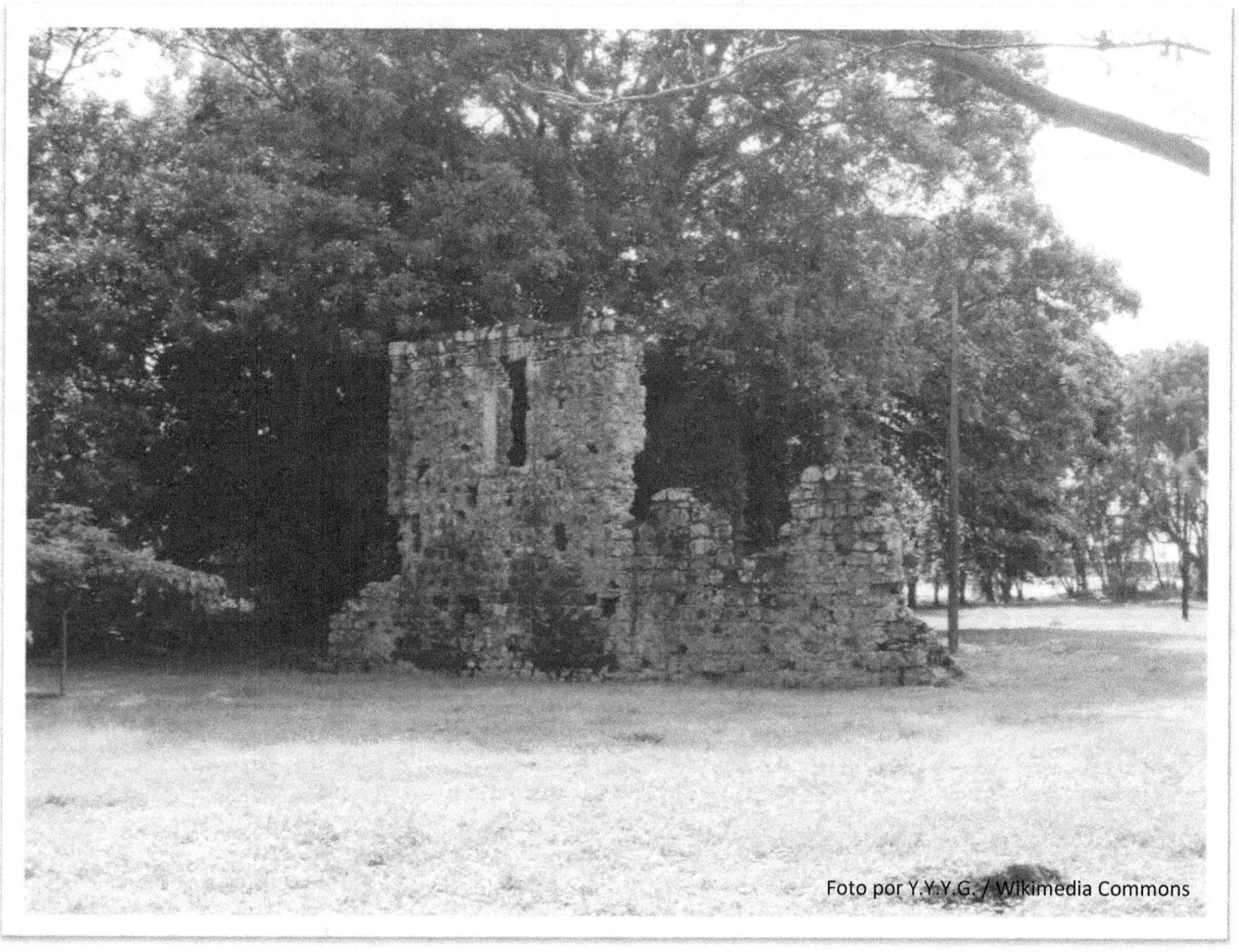

08-085-DCMHN
Casa de los Genoveses

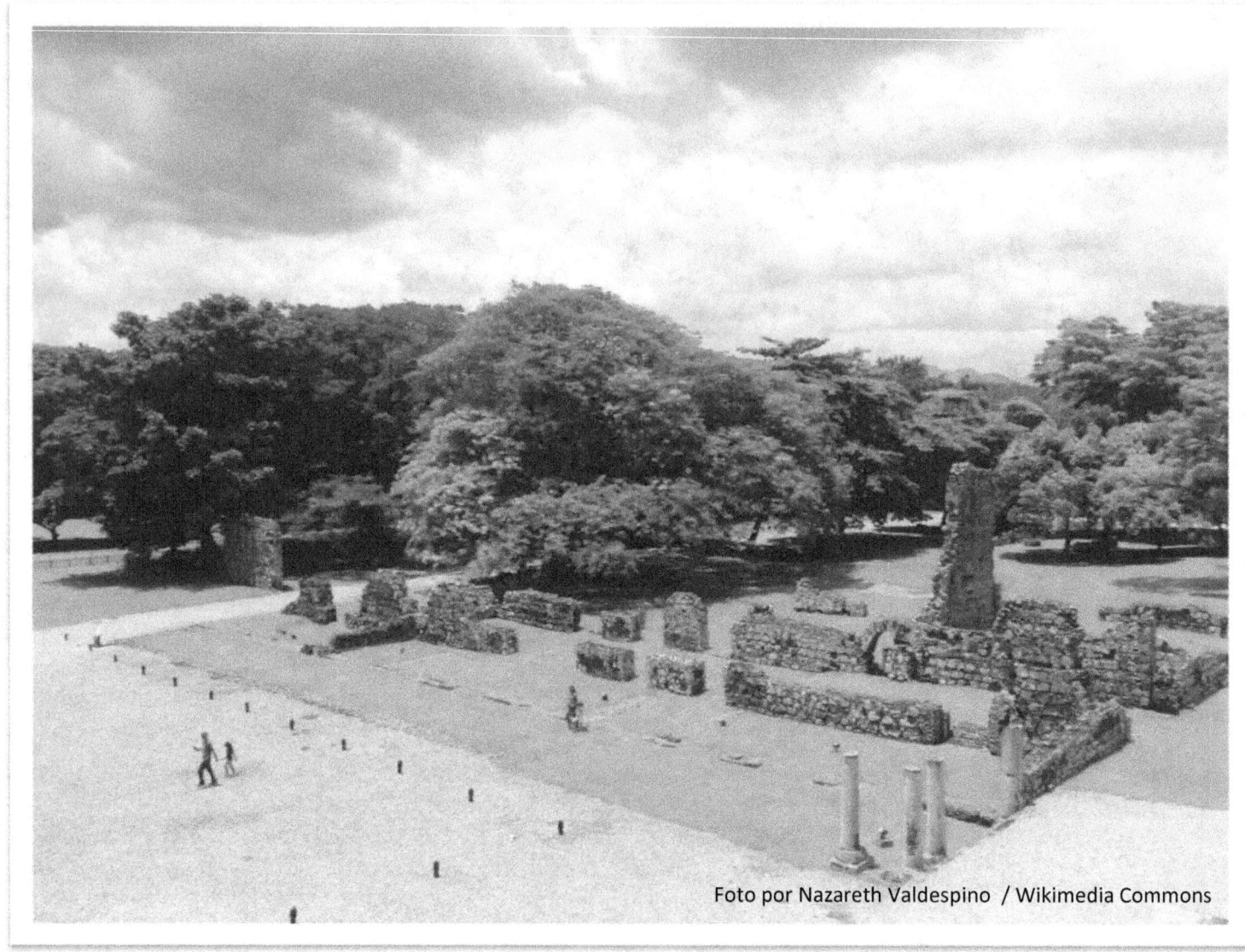

Foto por Nazareth Valdespino / Wikimedia Commons

08-086-DCMHN

Casa Terrín

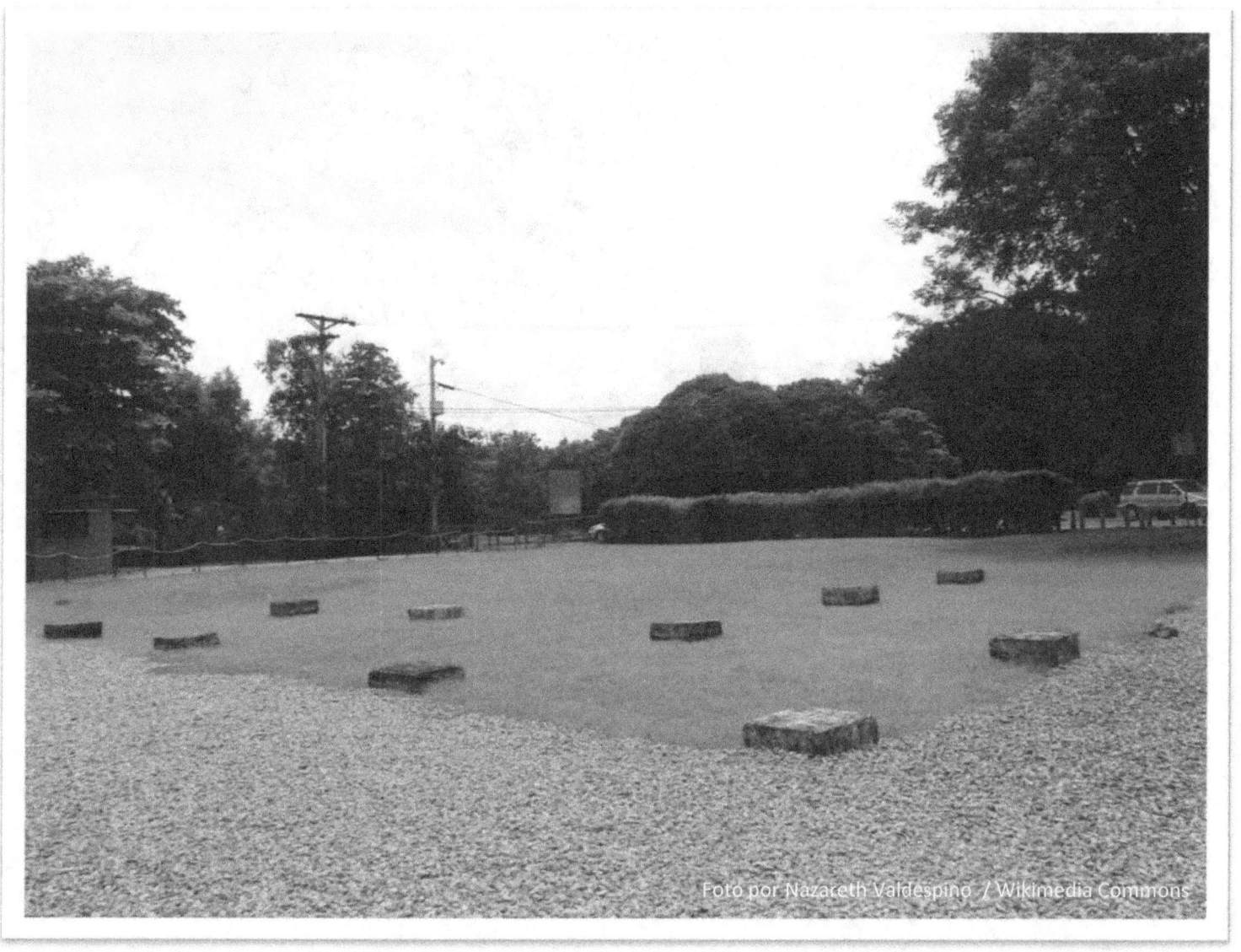

Foto por Nazareth Valdespino / Wikimedia Commons

08-087-DCMHN

Casas Oeste

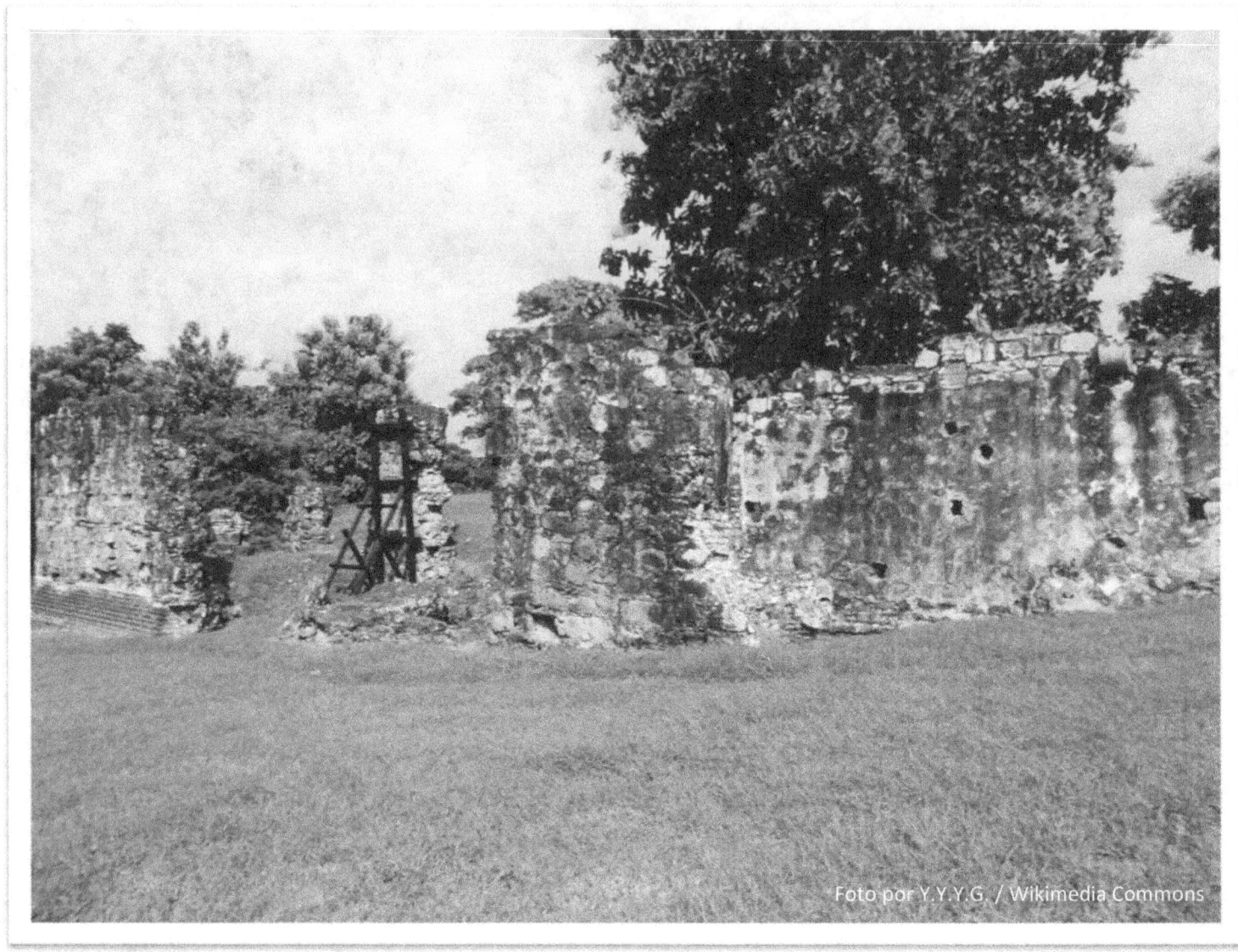

08-088-DCMHN

Casas Reales

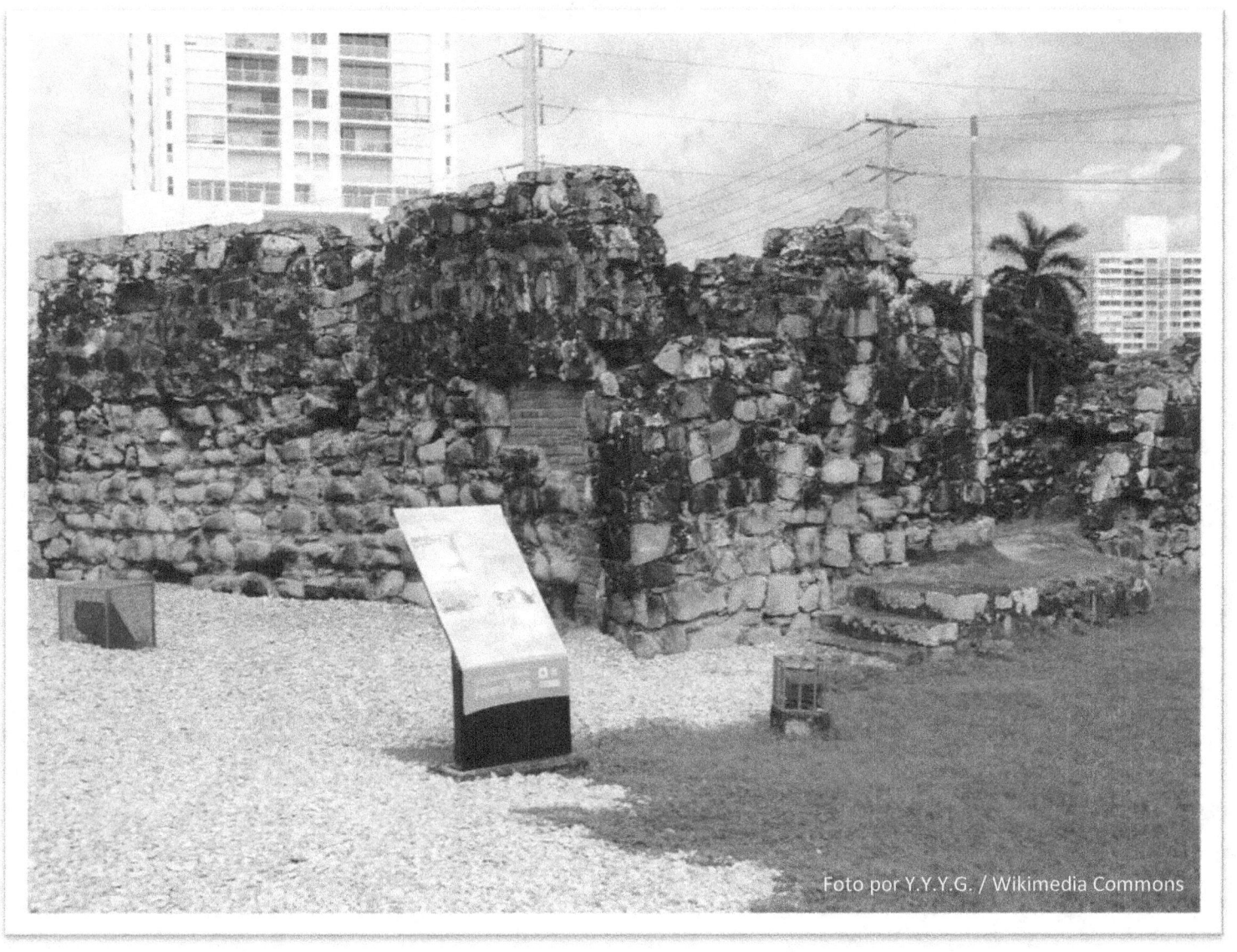

08-089-DCMHN
Fortín de la Natividad

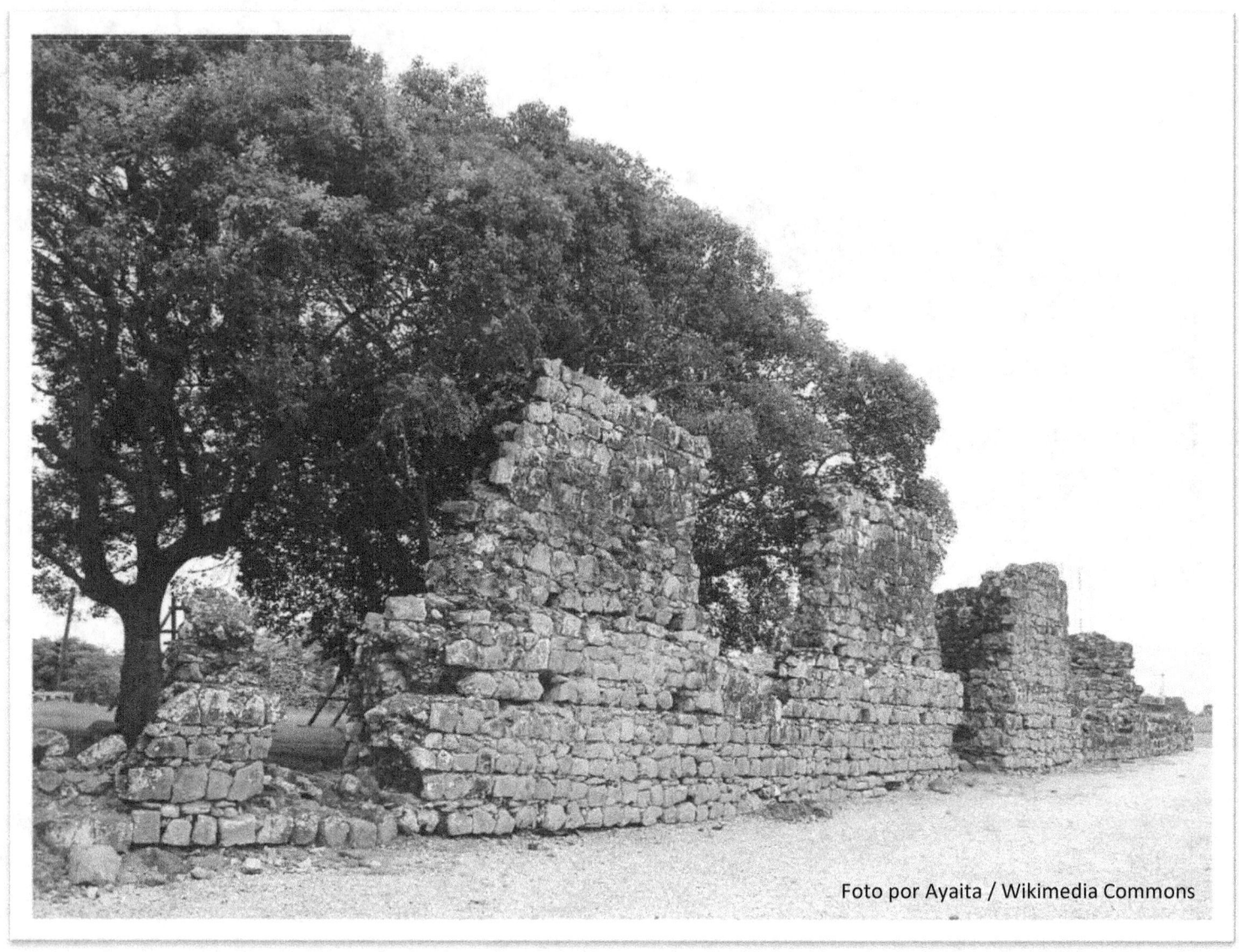

Foto por Ayaita / Wikimedia Commons

08-090-DCMHN

Hospital de San

Juan de Dios

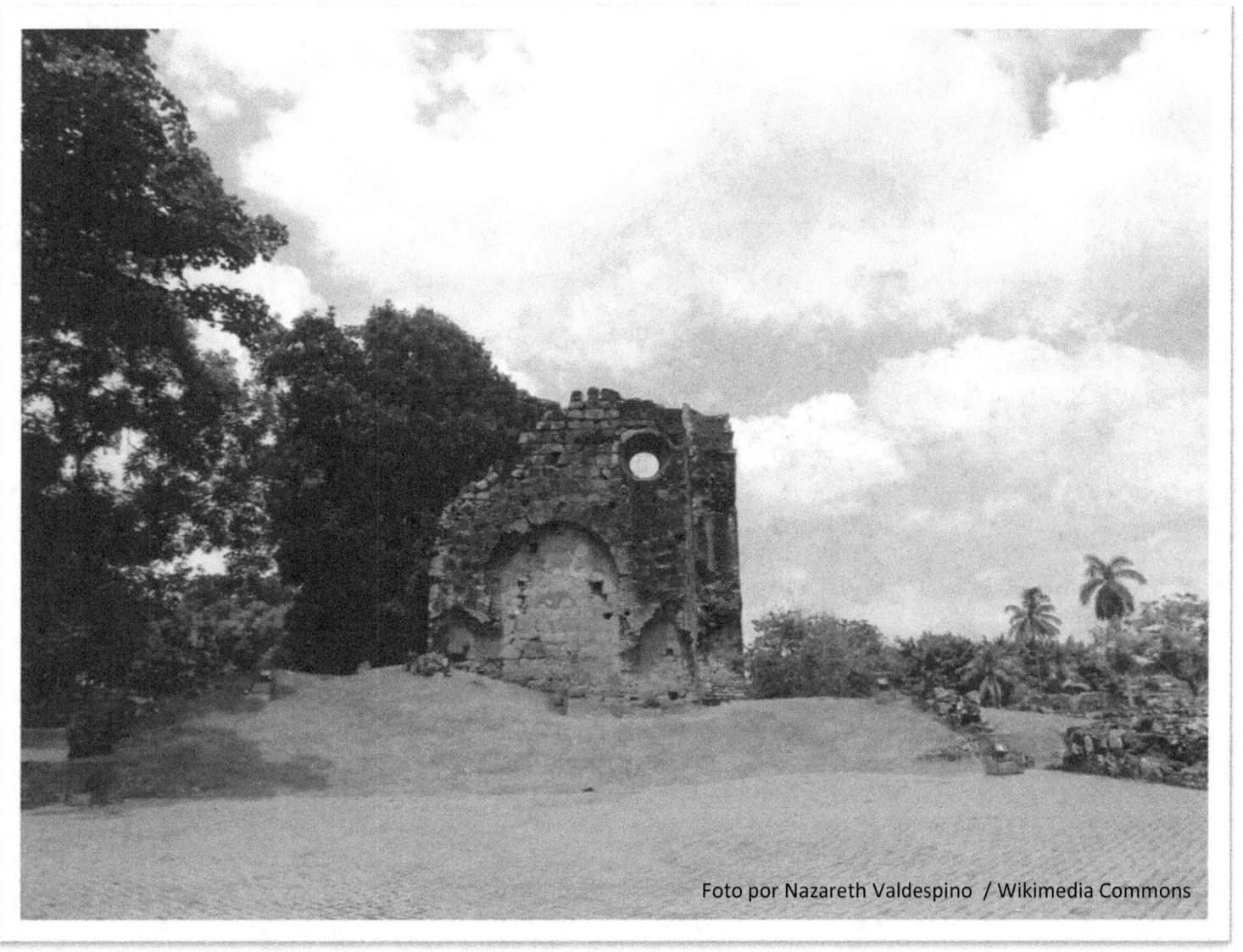

Foto por Nazareth Valdespino / Wikimedia Commons

08-091-DCMHN

Iglesia y Convento de
la Compañía de Jesús

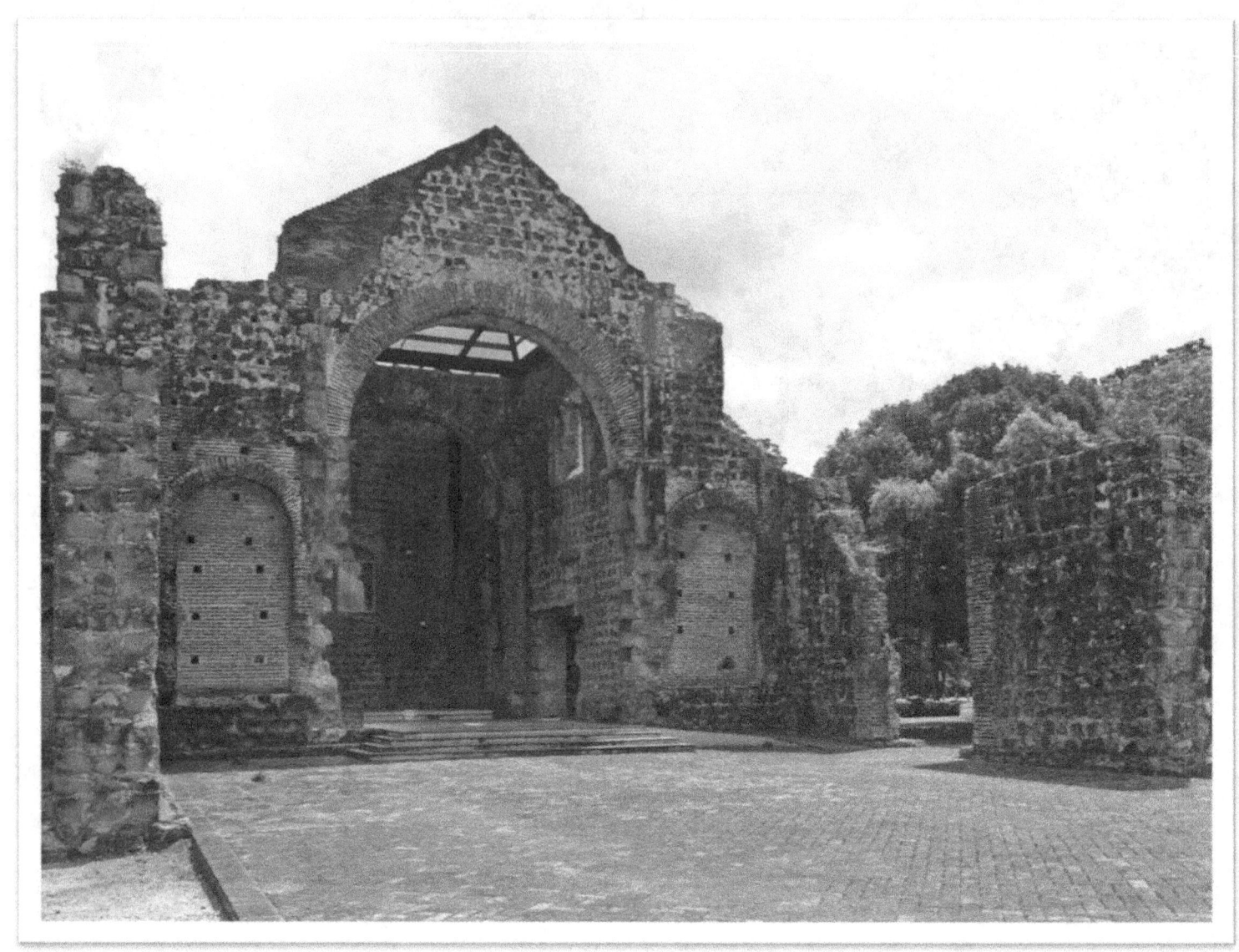

08-092-DCMHN

Iglesia y Convento de las Monjas de la Concepción

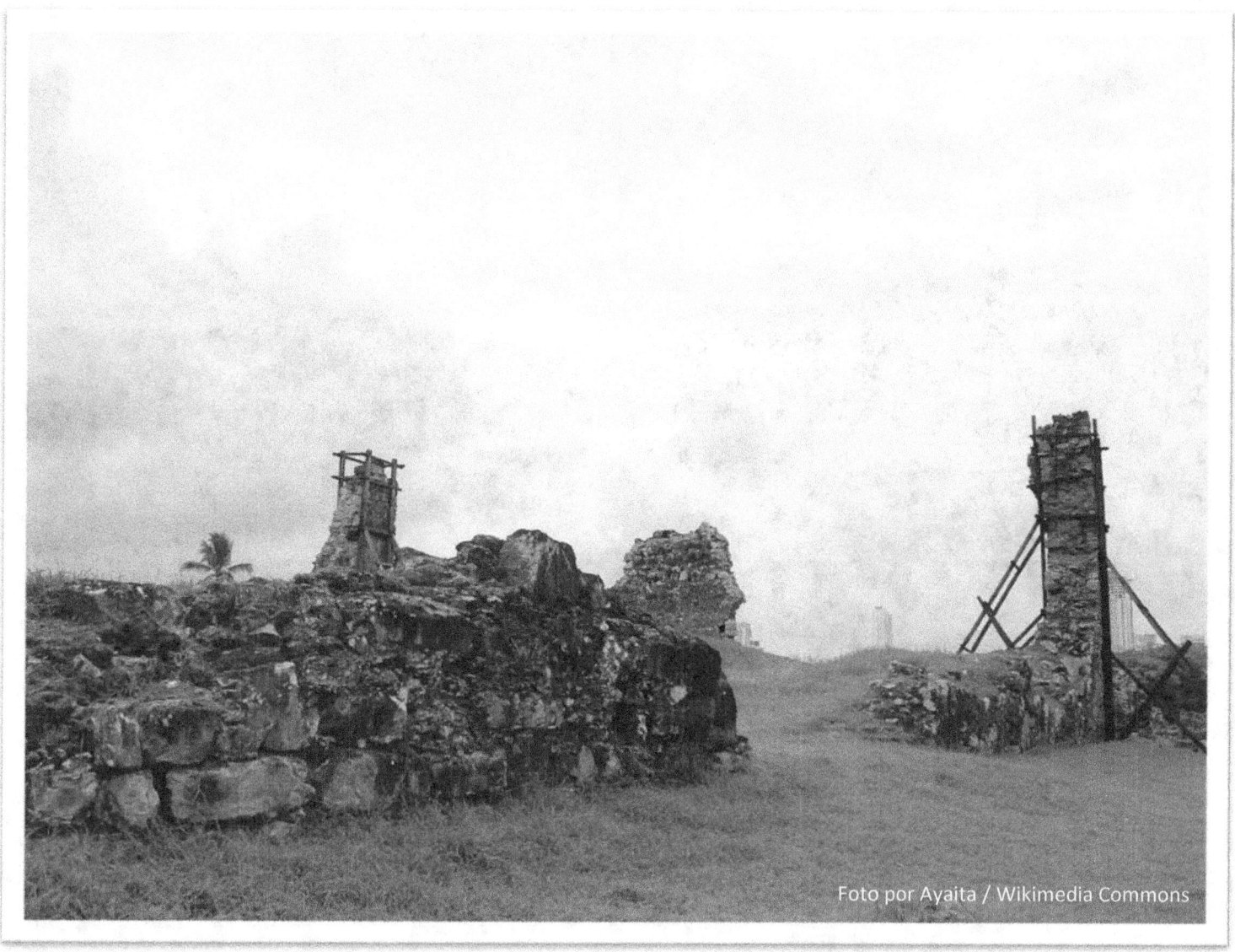

Foto por Ayaita / Wikimedia Commons

08-093-DCMHN

Iglesia y Convento
de San Francisco

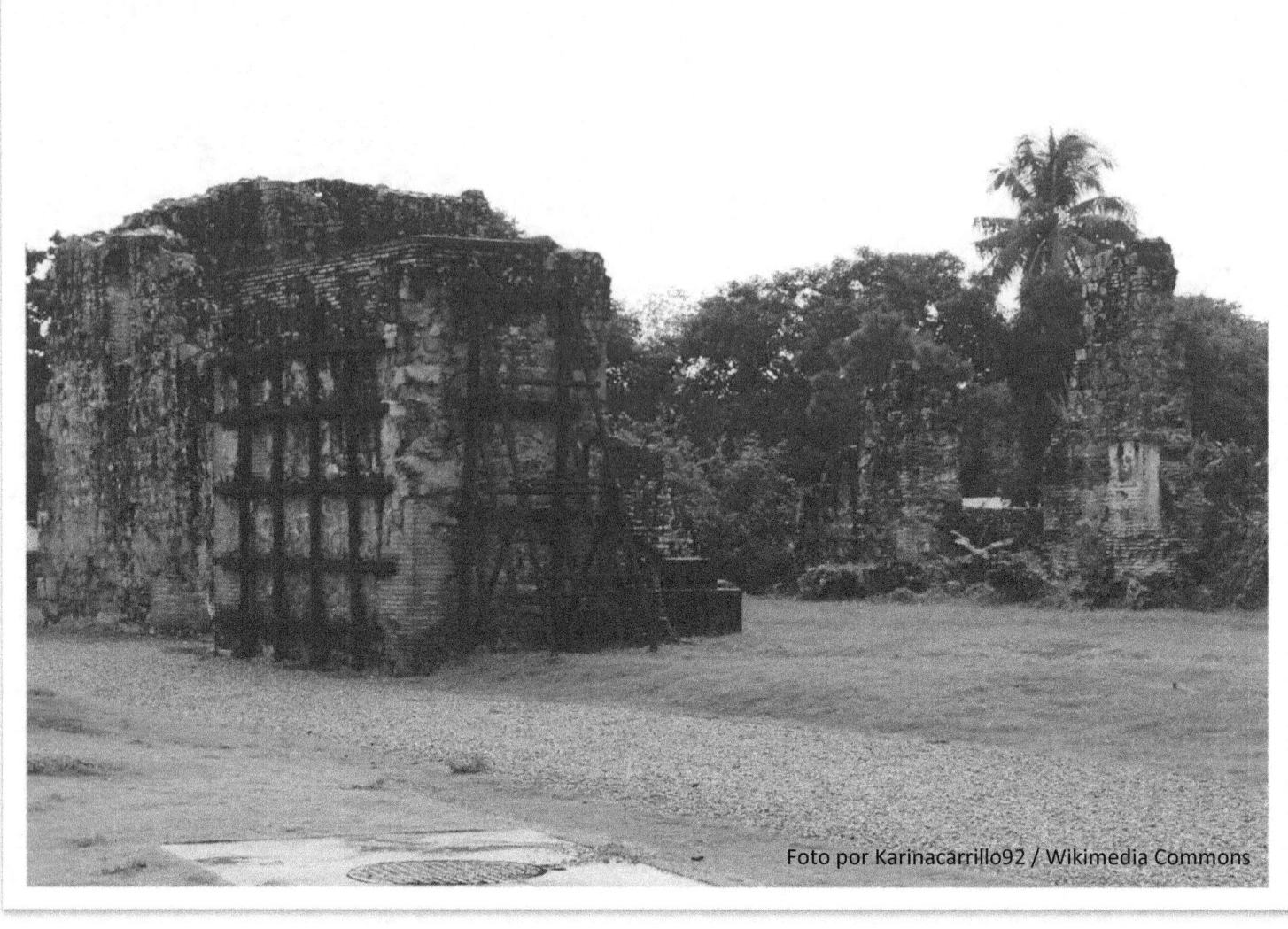

Foto por Karinacarrillo92 / Wikimedia Commons

08-094-DCMHN
Iglesia y Convento
de San José

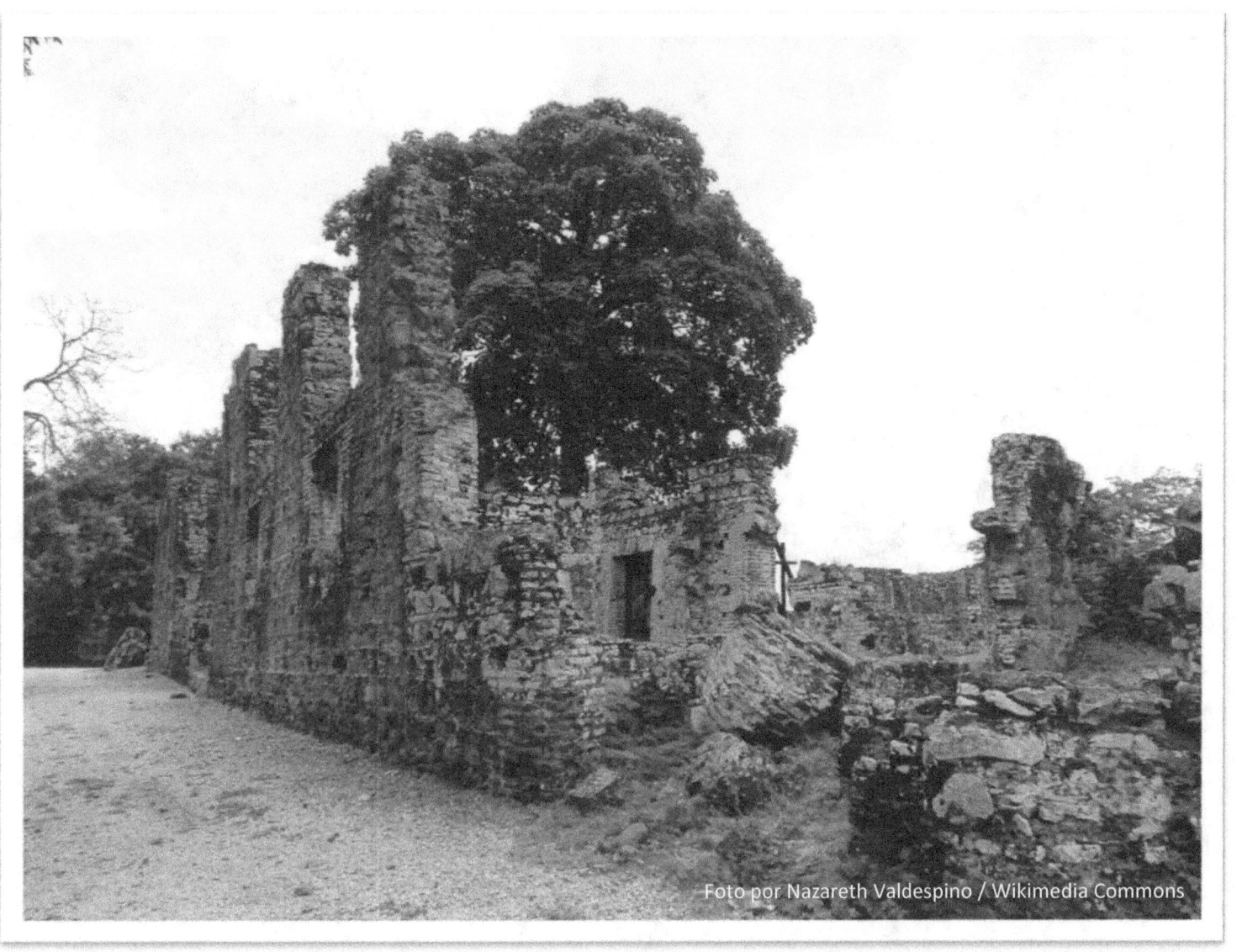

Foto por Nazareth Valdespino / Wikimedia Commons

08-095-DCMHN
Iglesia y convento
de Santo Domingo

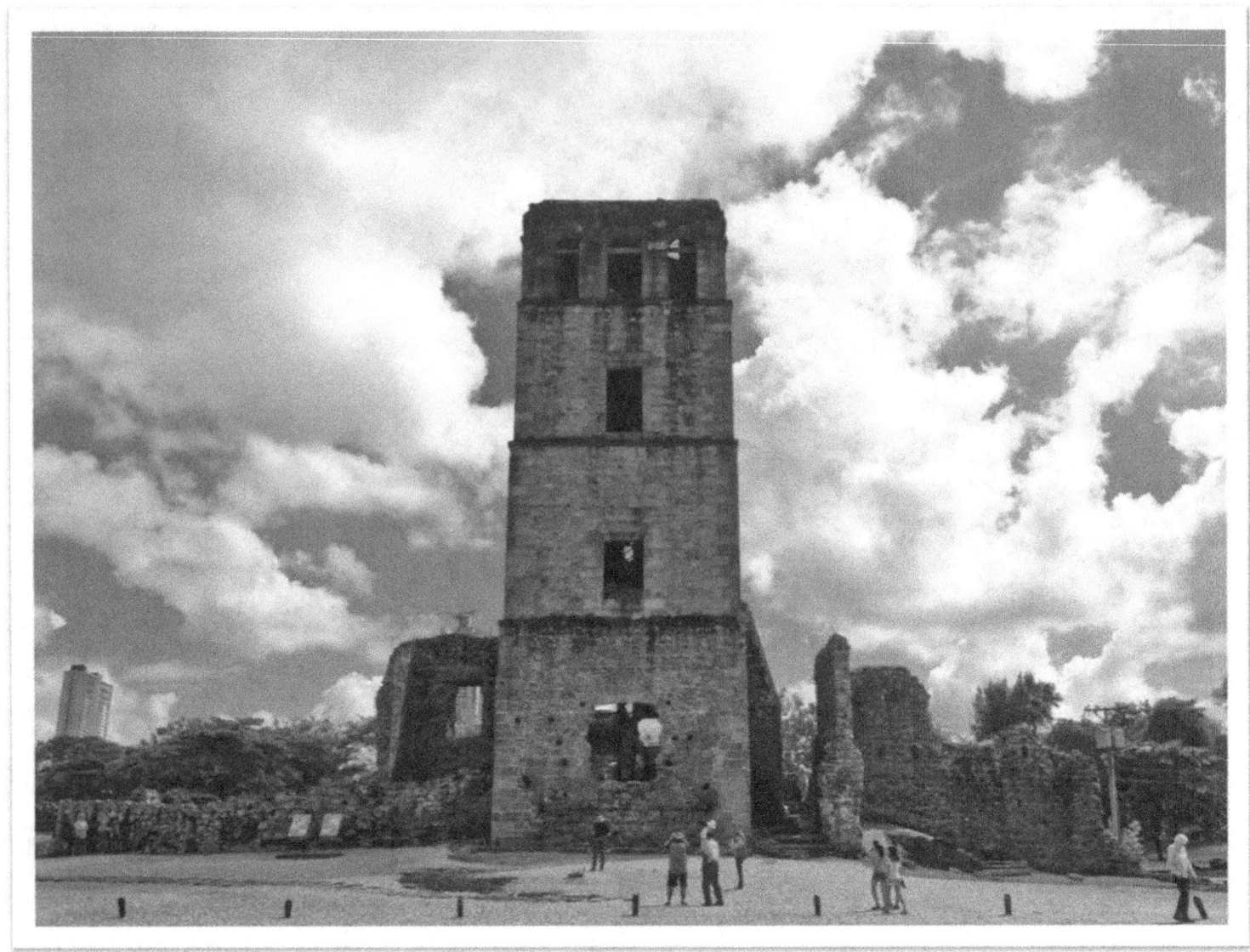

08-096-DCMHN

Plaza Mayor

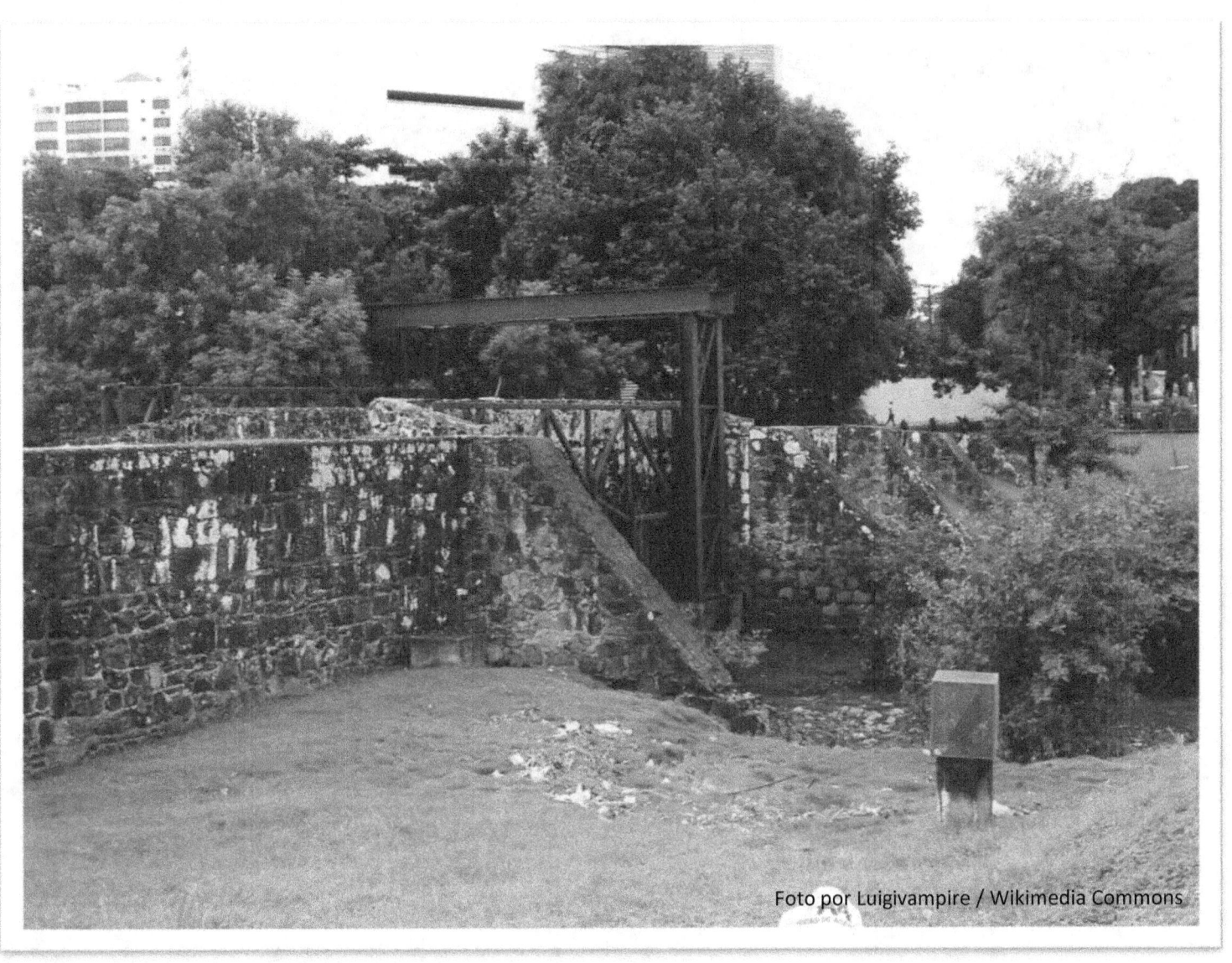

08-097-DCMHN

Puente del Matadero

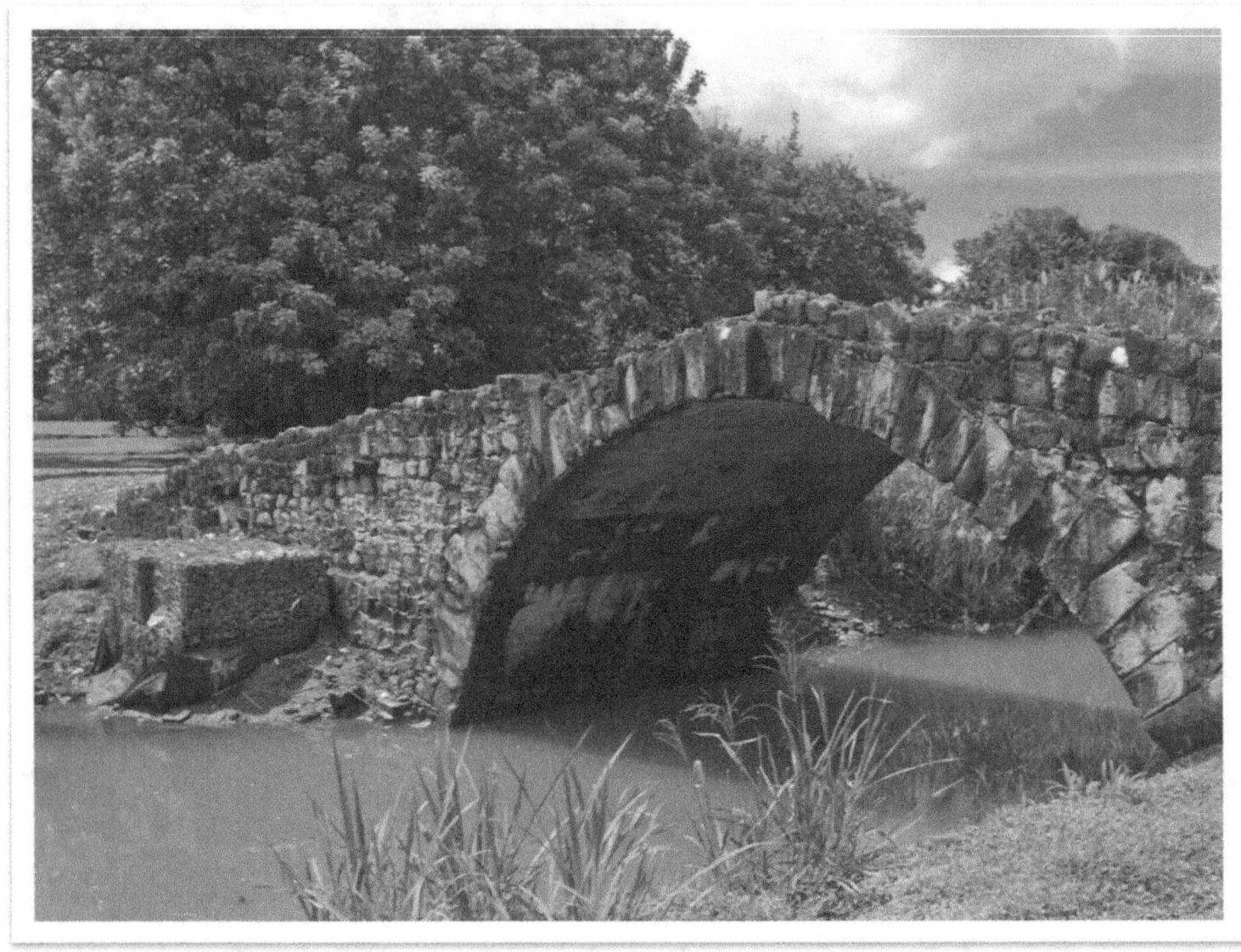

08-098-DCMHN

Puente del Rey

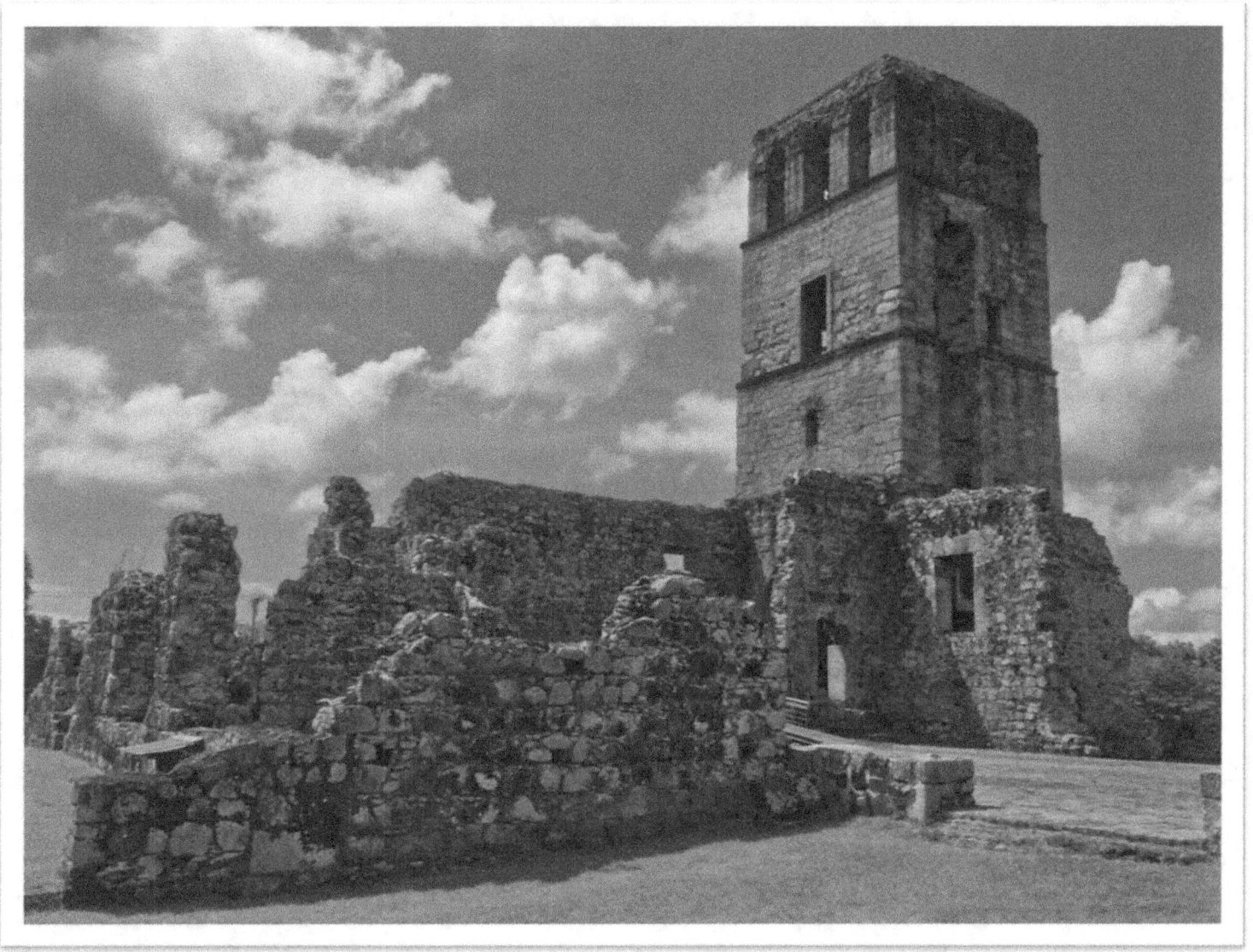

08-099-DCMHN

Torre de la Catedral

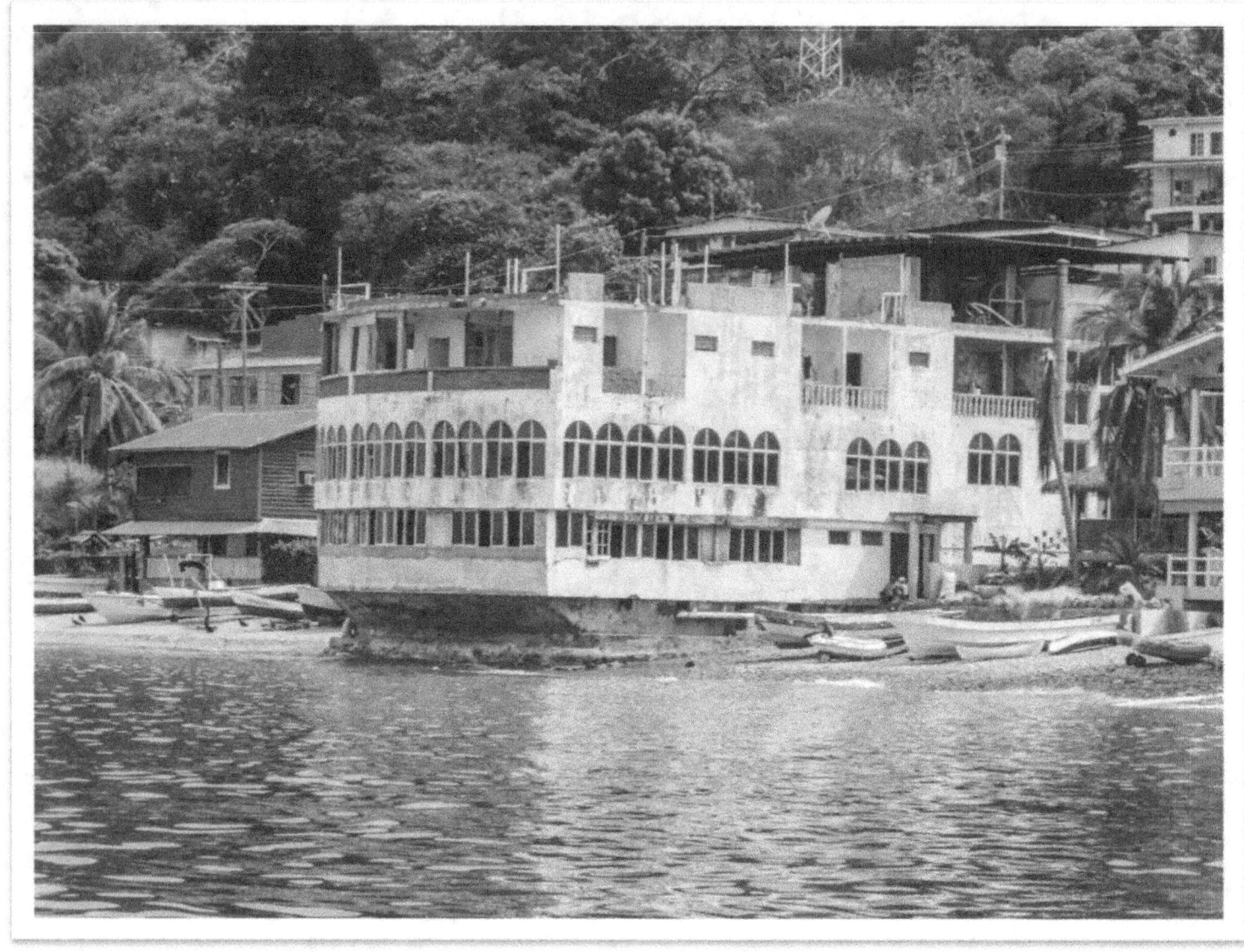

08-100-DCMHN

Antiguo Hotel
White House

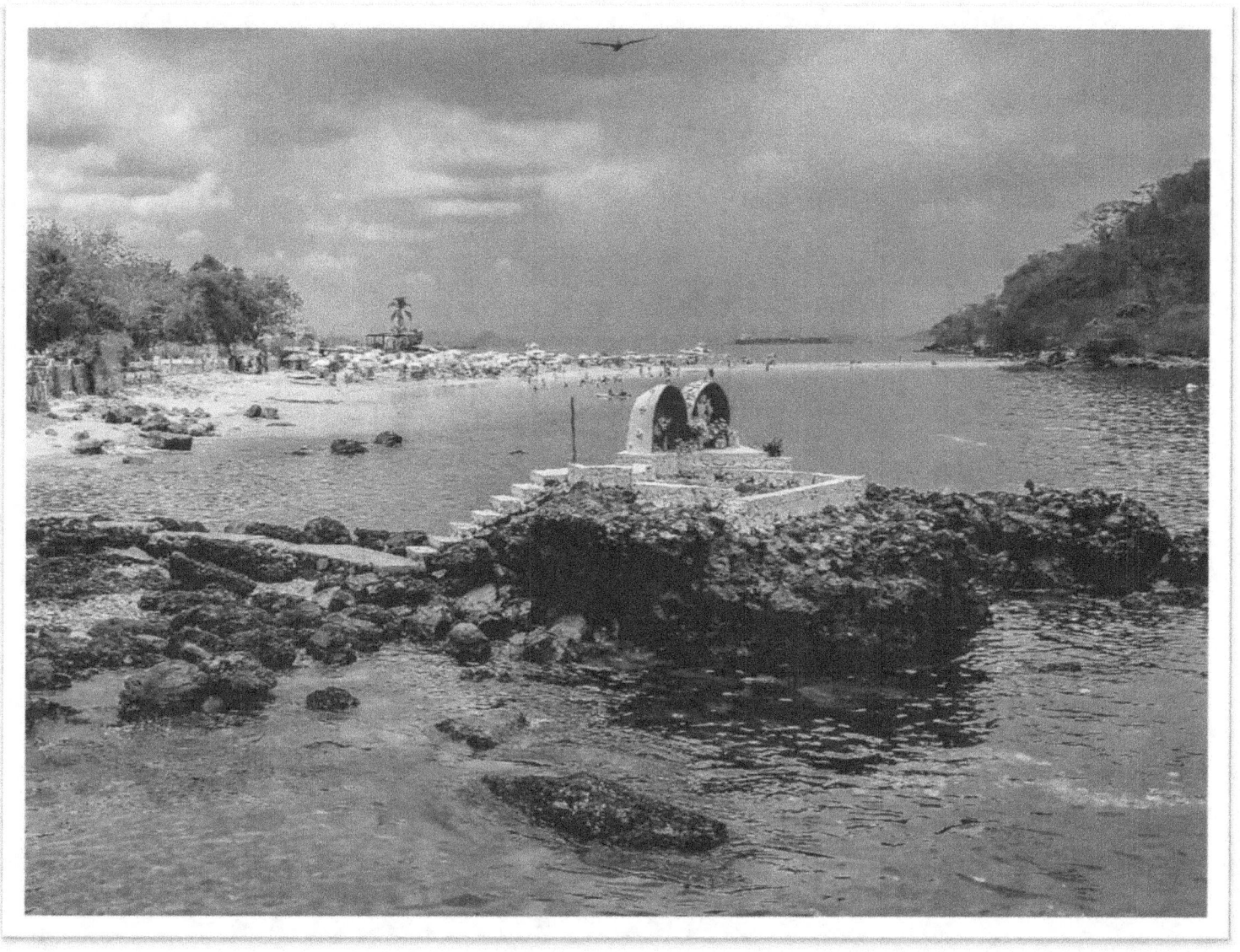

08-101-DCMHN

Área del Morro
y La Restinga

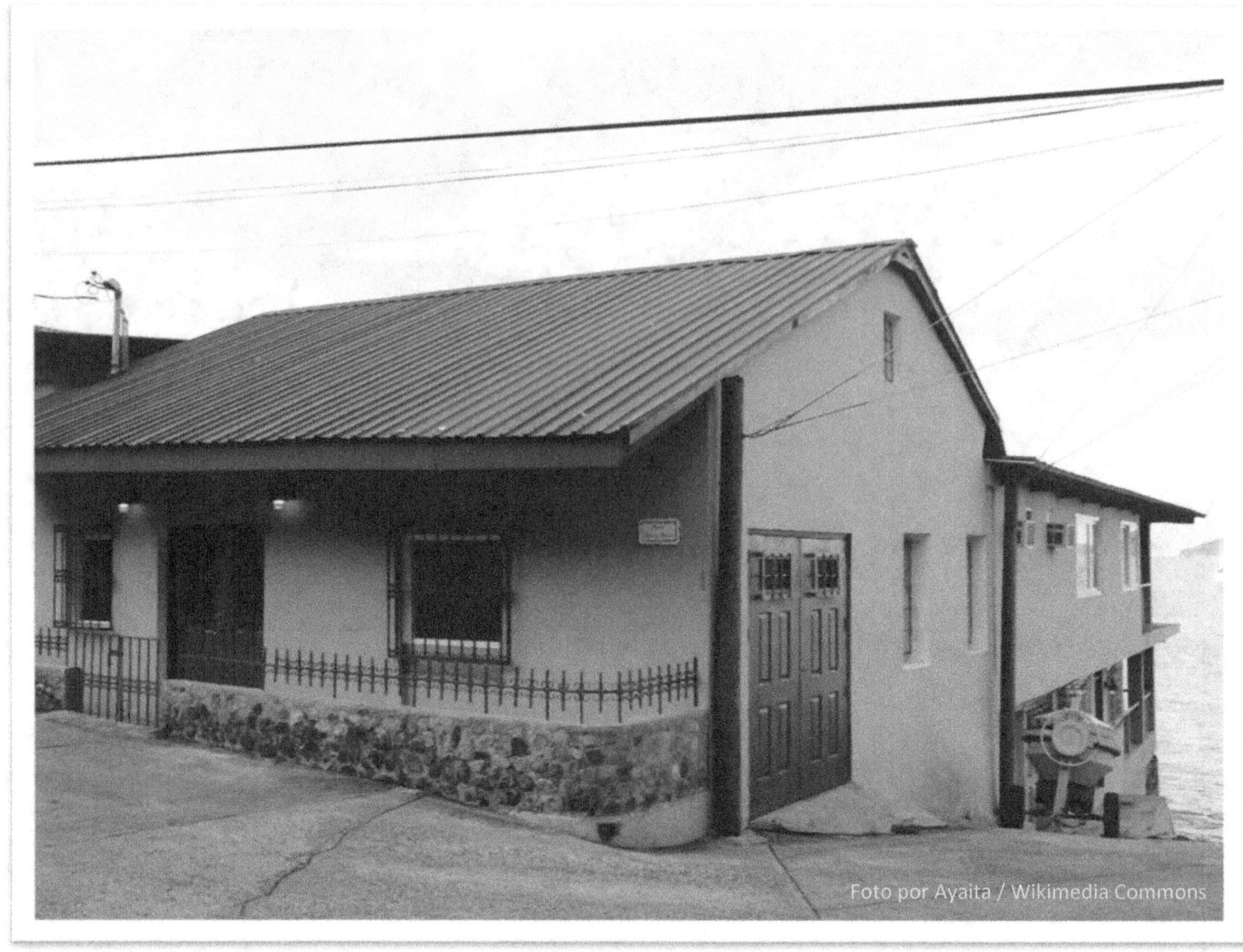

08-102-DCMHN

Casa de Francisco Pizarro

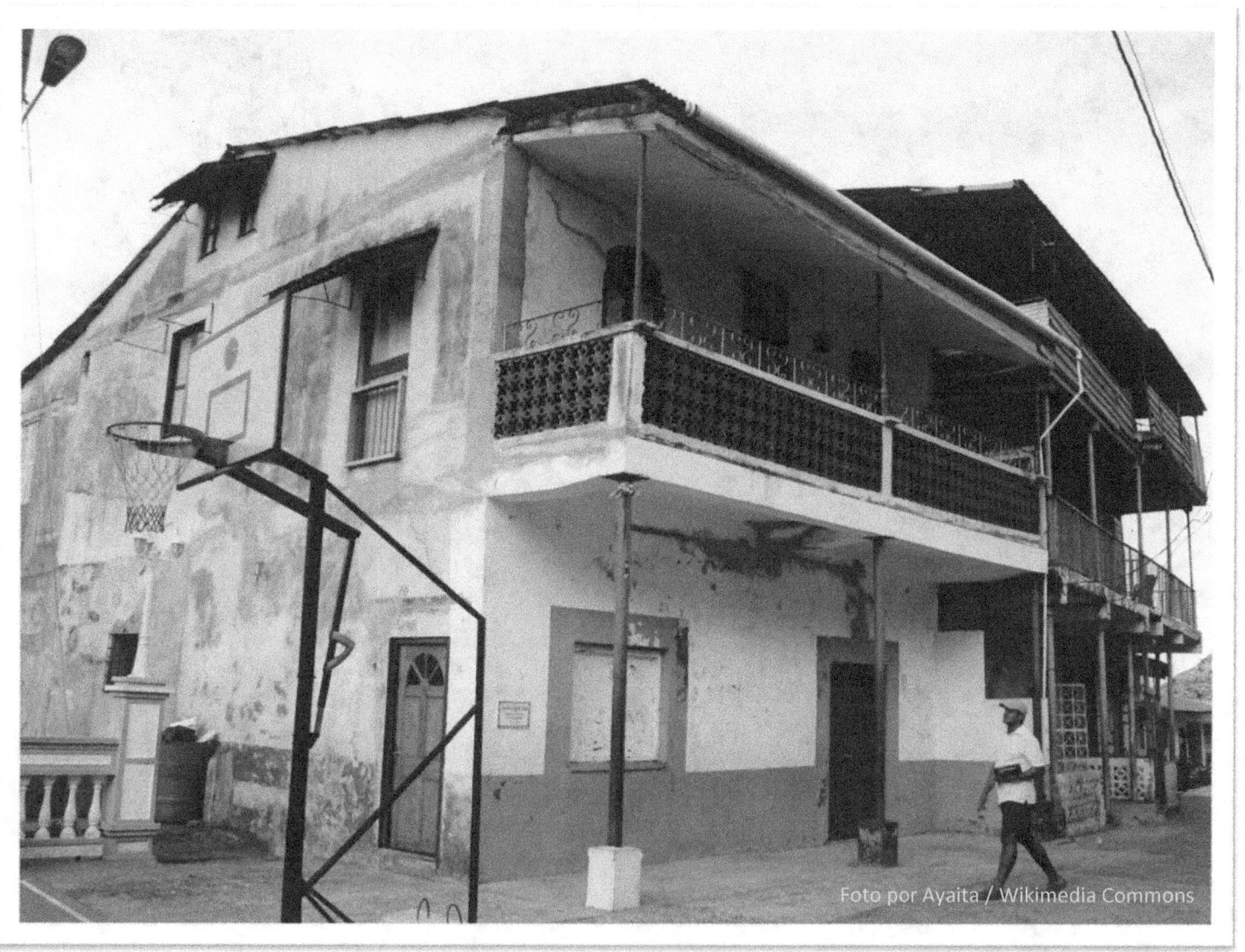

08-103-DCMHN
Casa del escritor
Rogelio Sinán

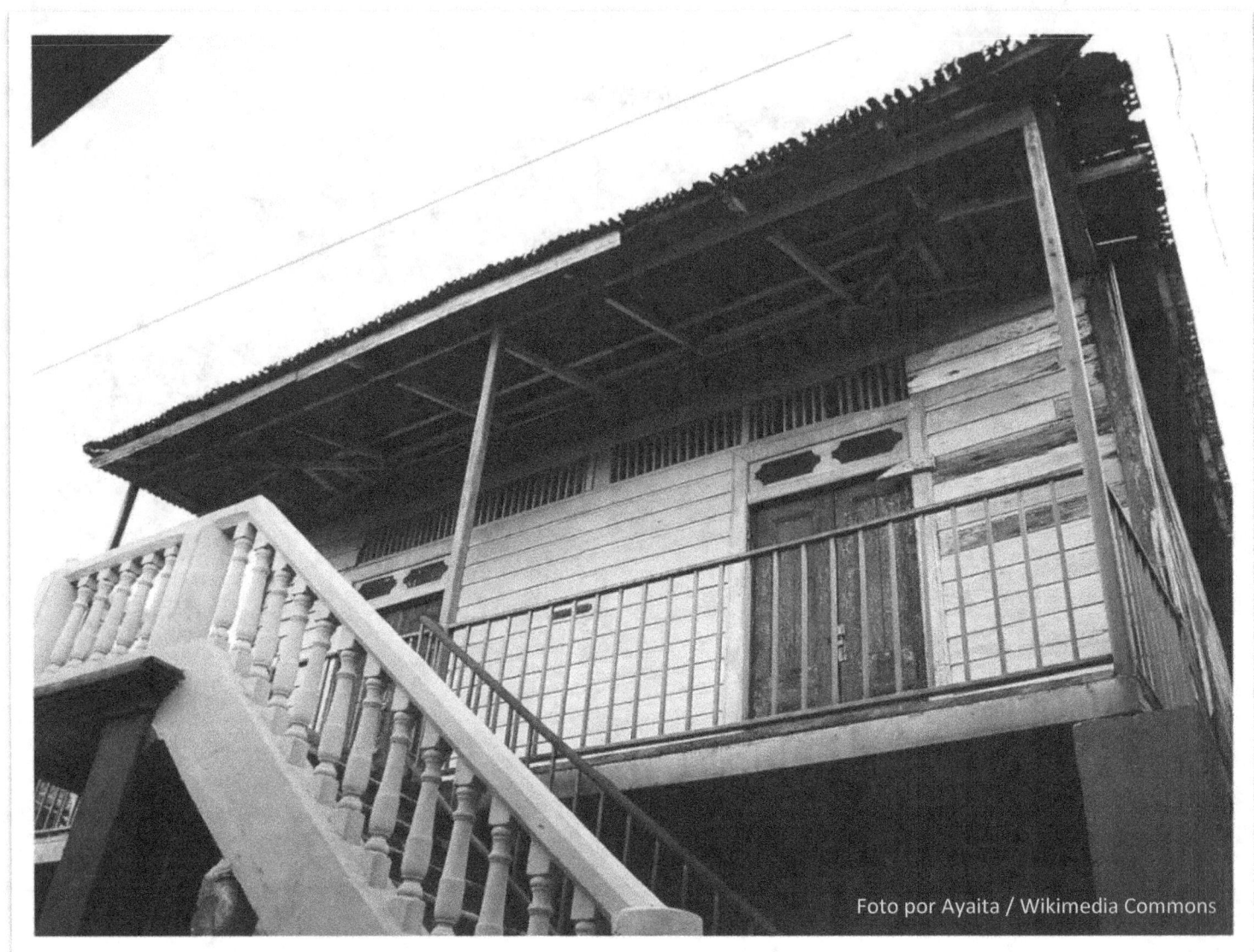
Foto por Ayaita / Wikimedia Commons

08-104-DCMHN

Casa del pintor

Roberto Lewis

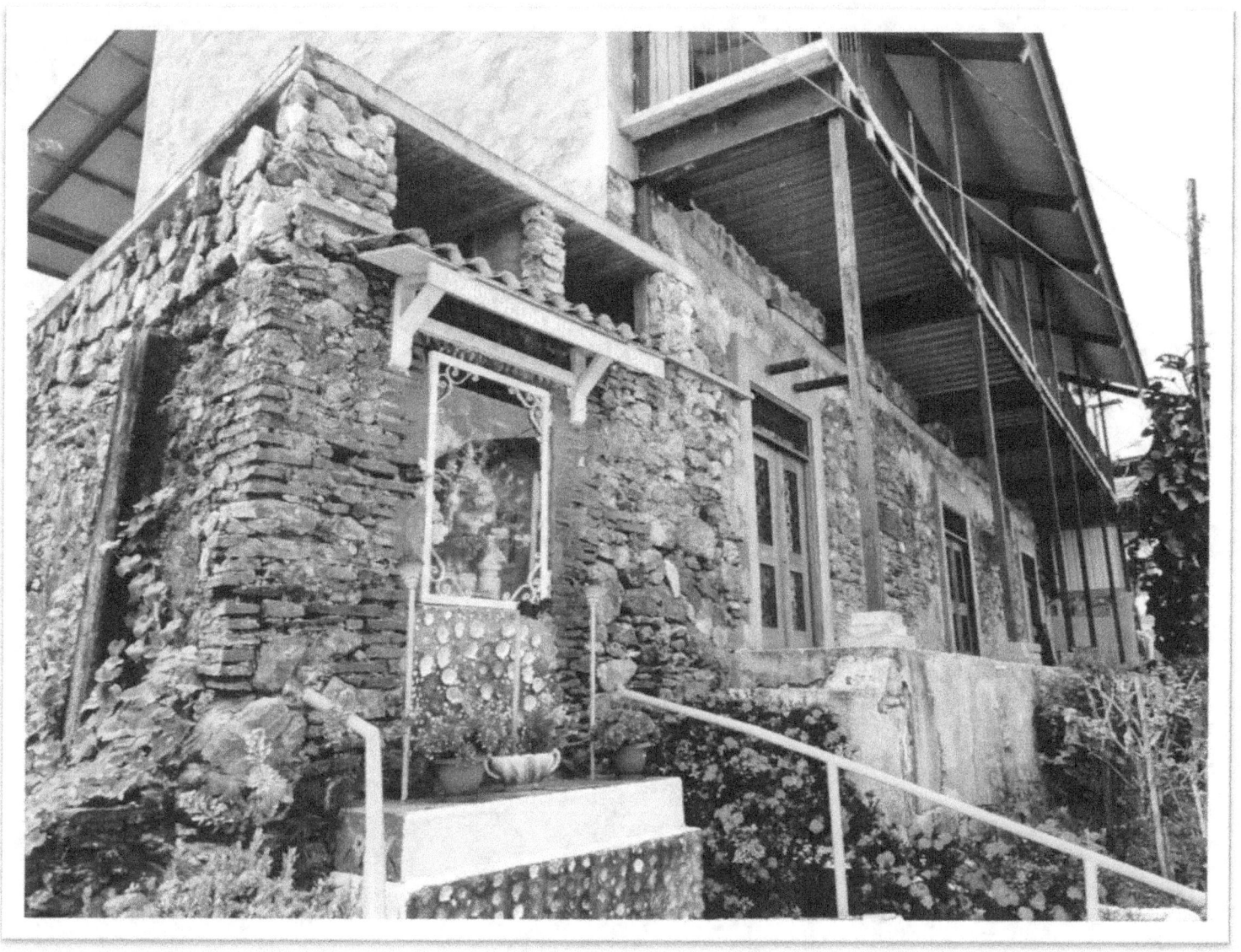

08-105-DCMHN

Casa monasterio de Hernando de Luque

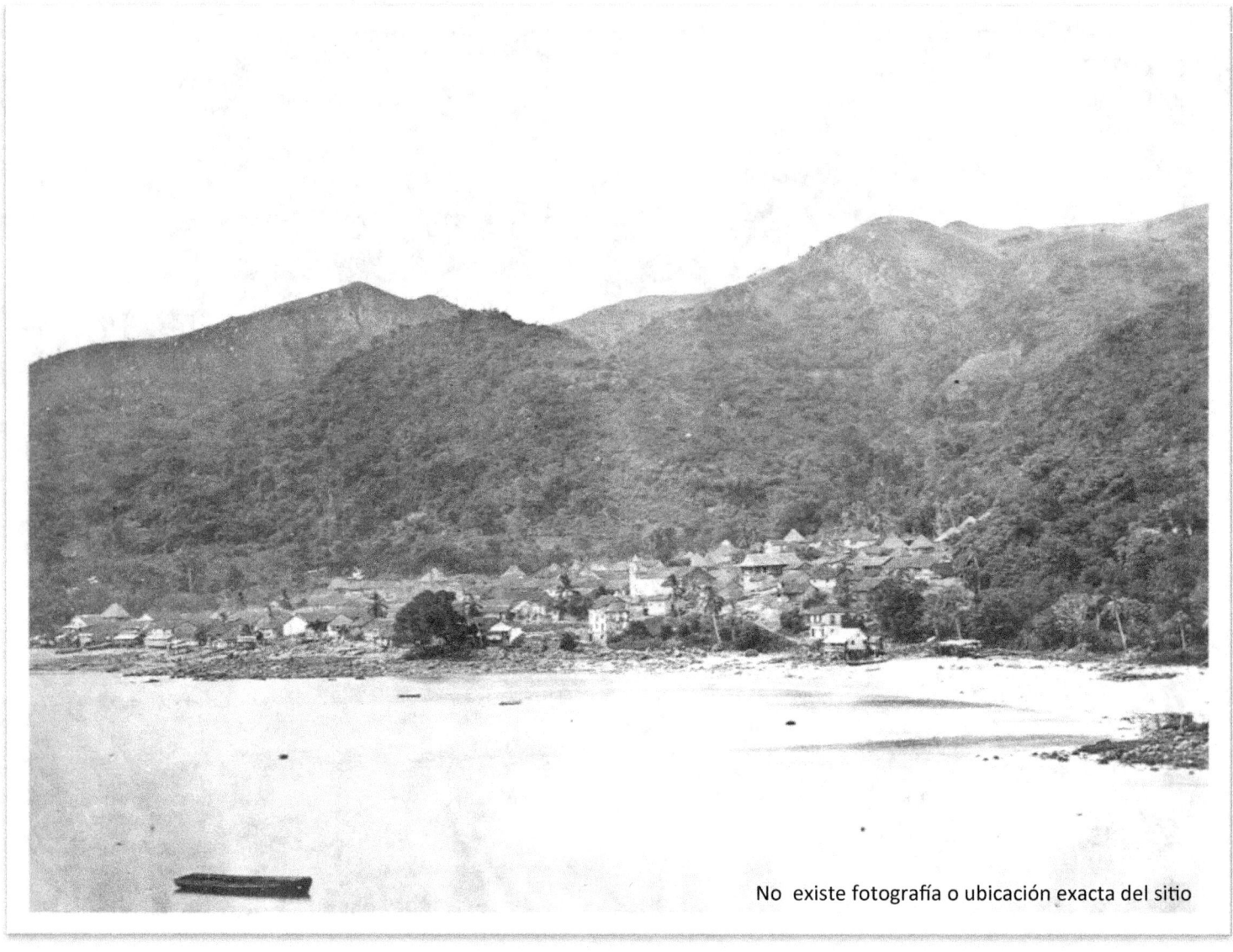

No existe fotografía o ubicación exacta del sitio

08-106-DCMHN
Cochera de Barlovento

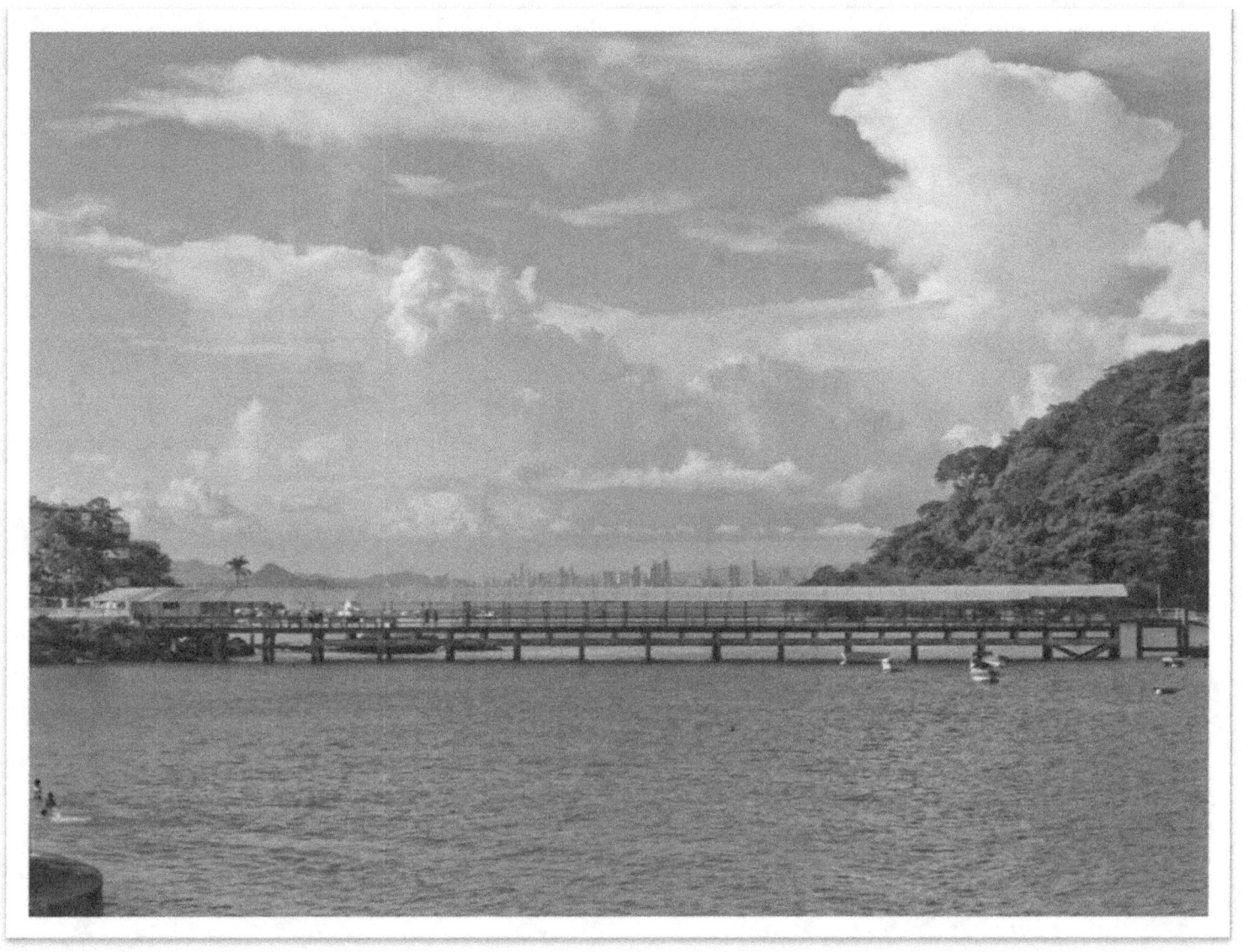

08-107-DCMHN
Embarcadero de Taboga

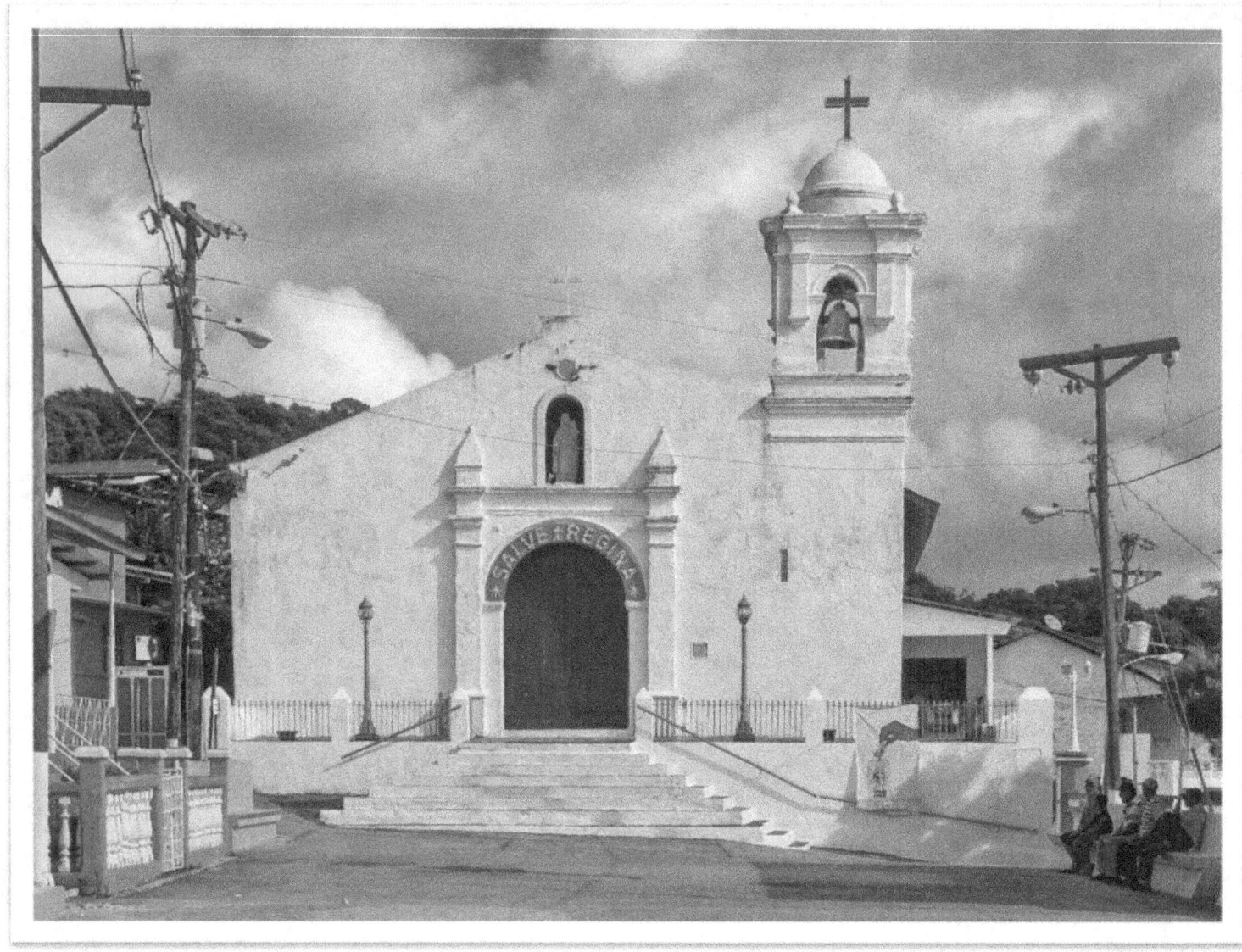

08-108-DCMHN

Monasterio de San Pedro

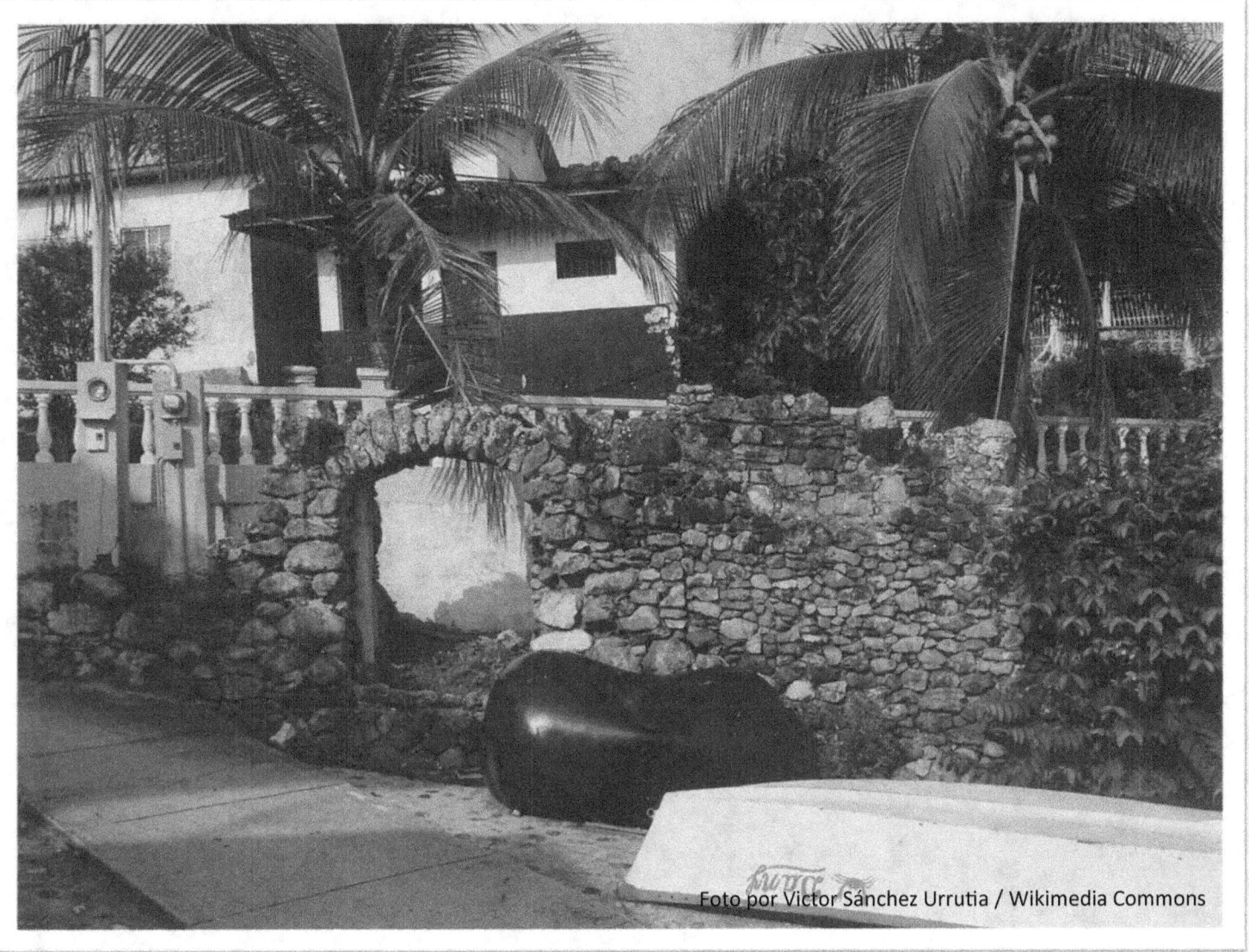

08-109-DCMHN

Murallas perimetrales

de Taboga

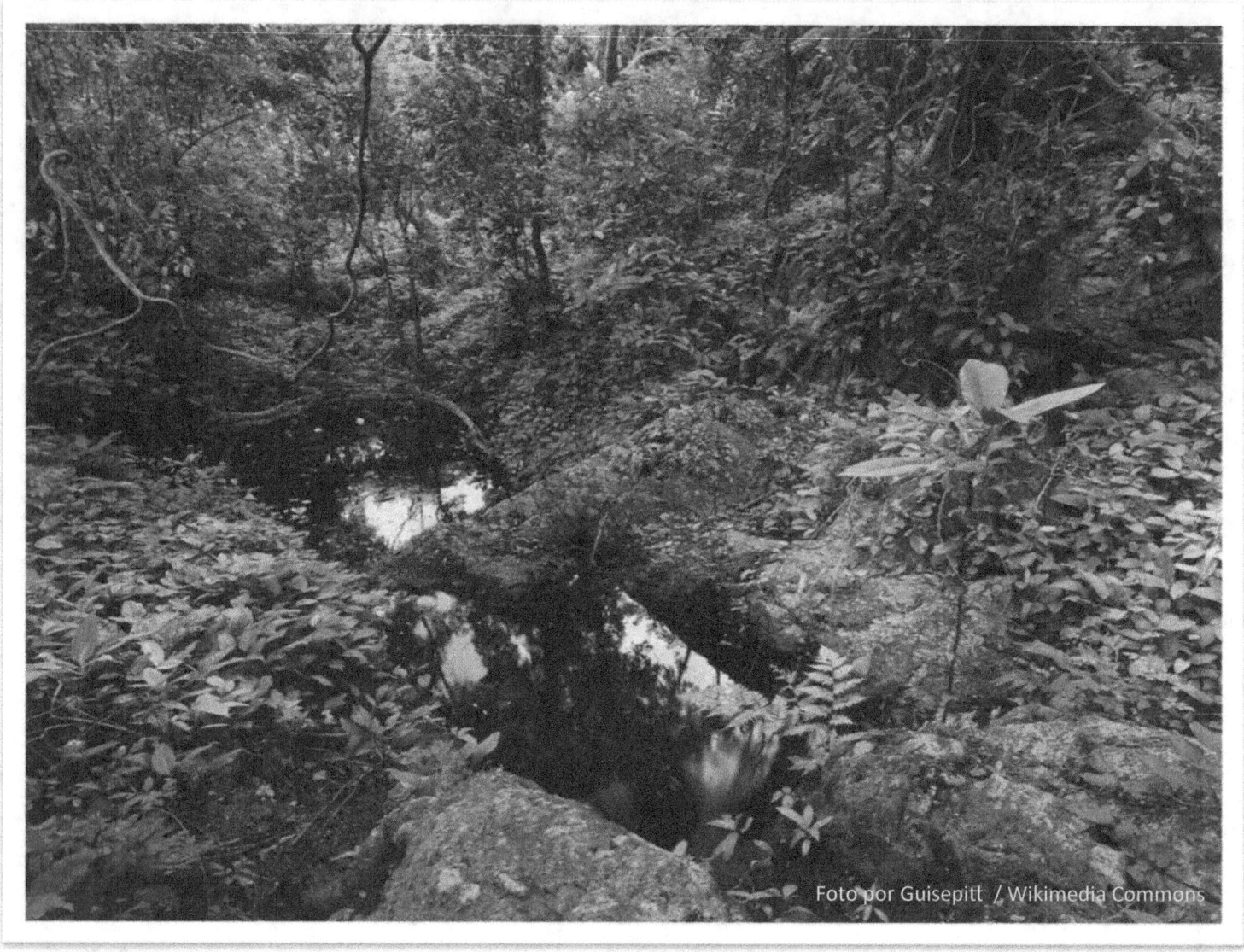

Foto por Guisepitt / Wikimedia Commons

08-110-DCMHN

Pozas del obispo

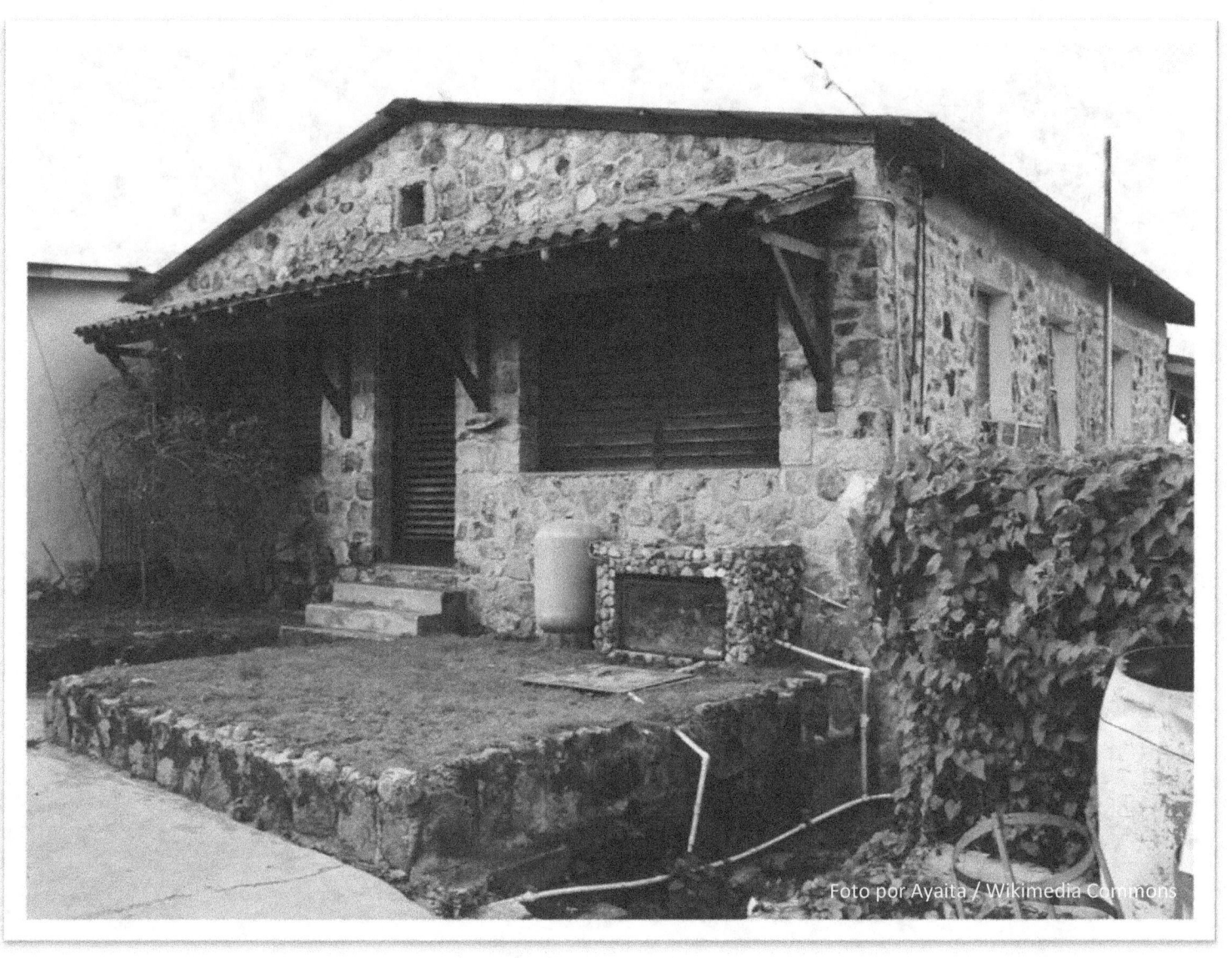

Foto por Ayaita / Wikimedia Commons

08-111-DCMHN
Ruinas de la casa de
Santa Rosa de Lima

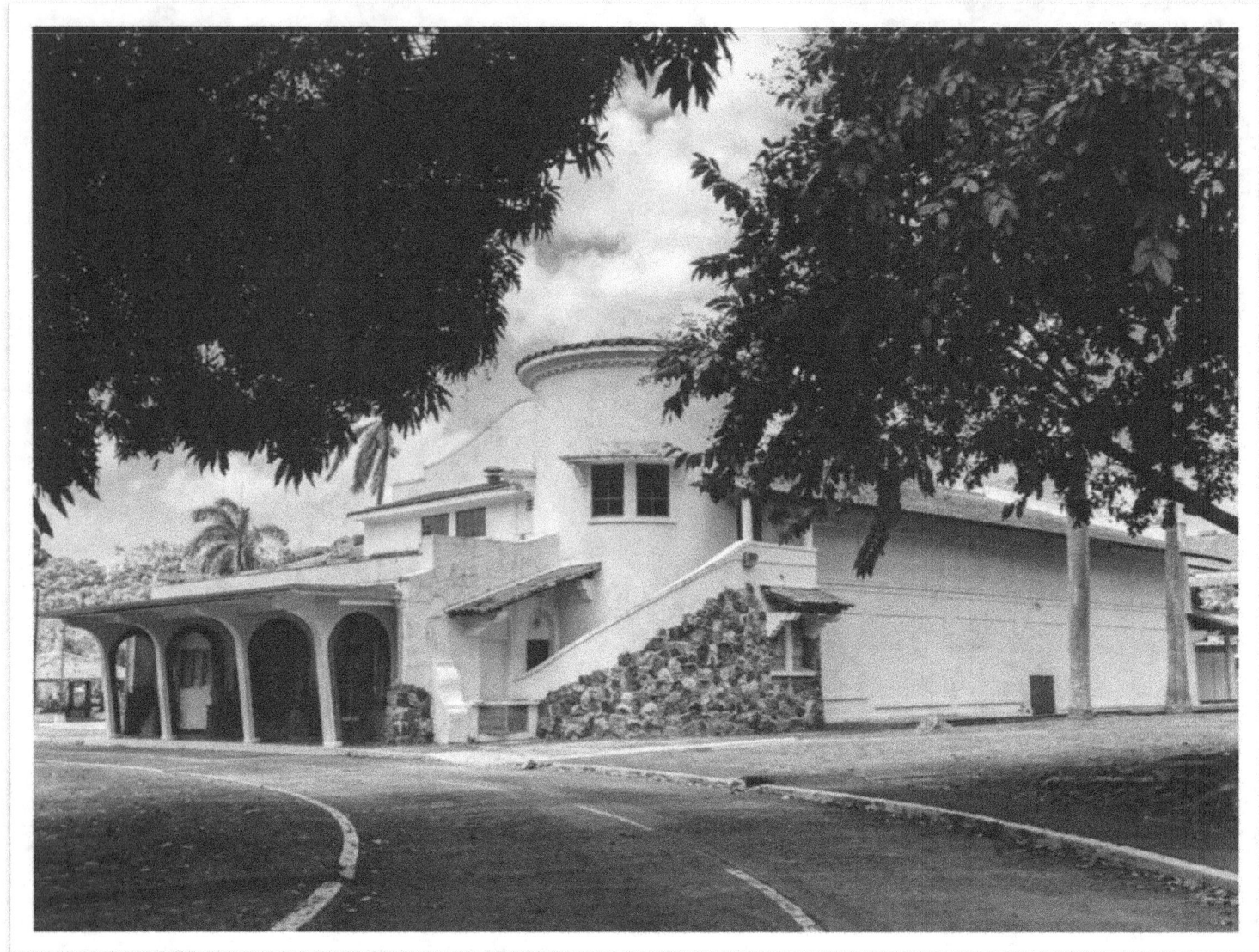

08-112

Ateneo

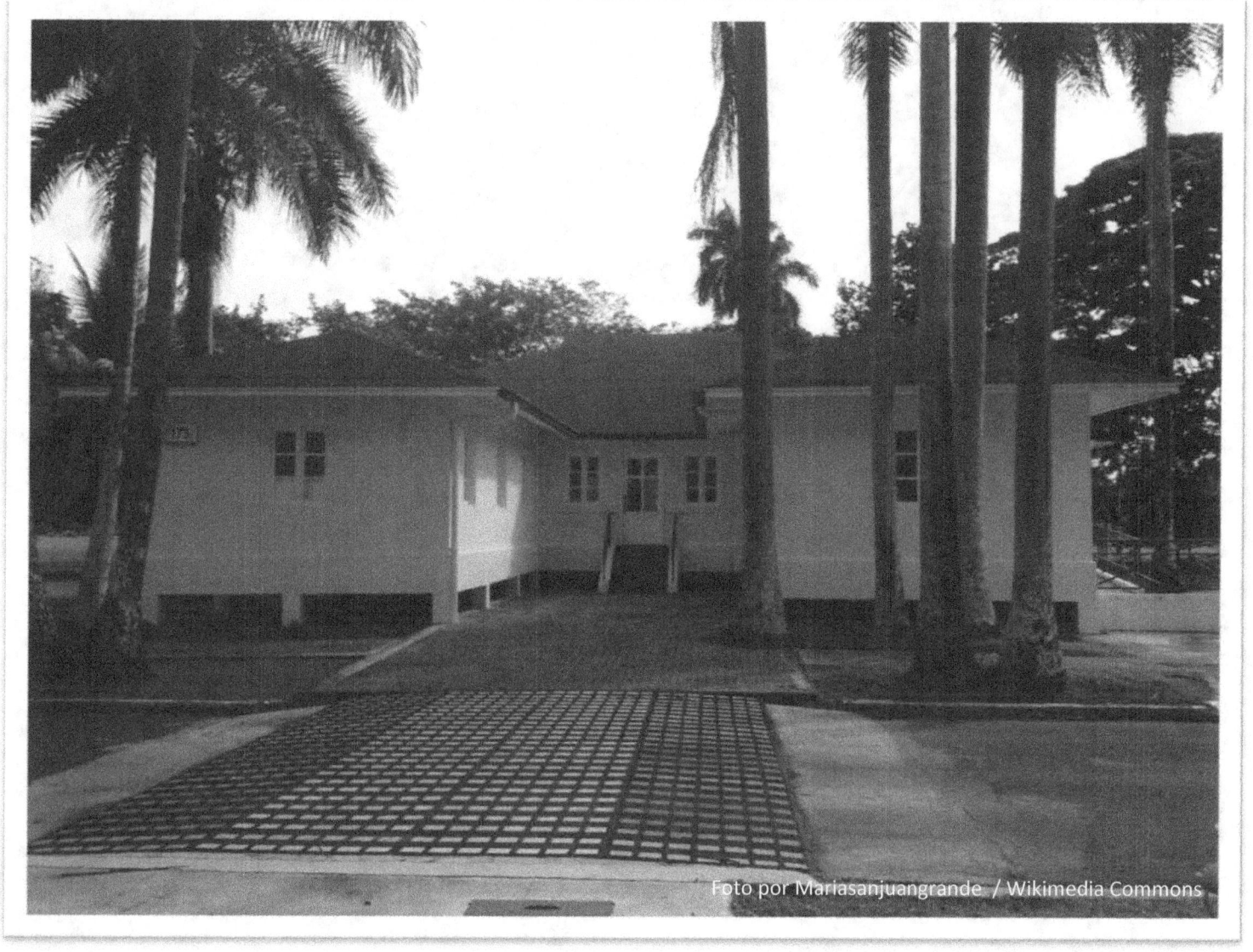

Foto por Mariasanjuangrande / Wikimedia Commons

08-113

Residencia original del Comandante / Actual Centro de Visitantes

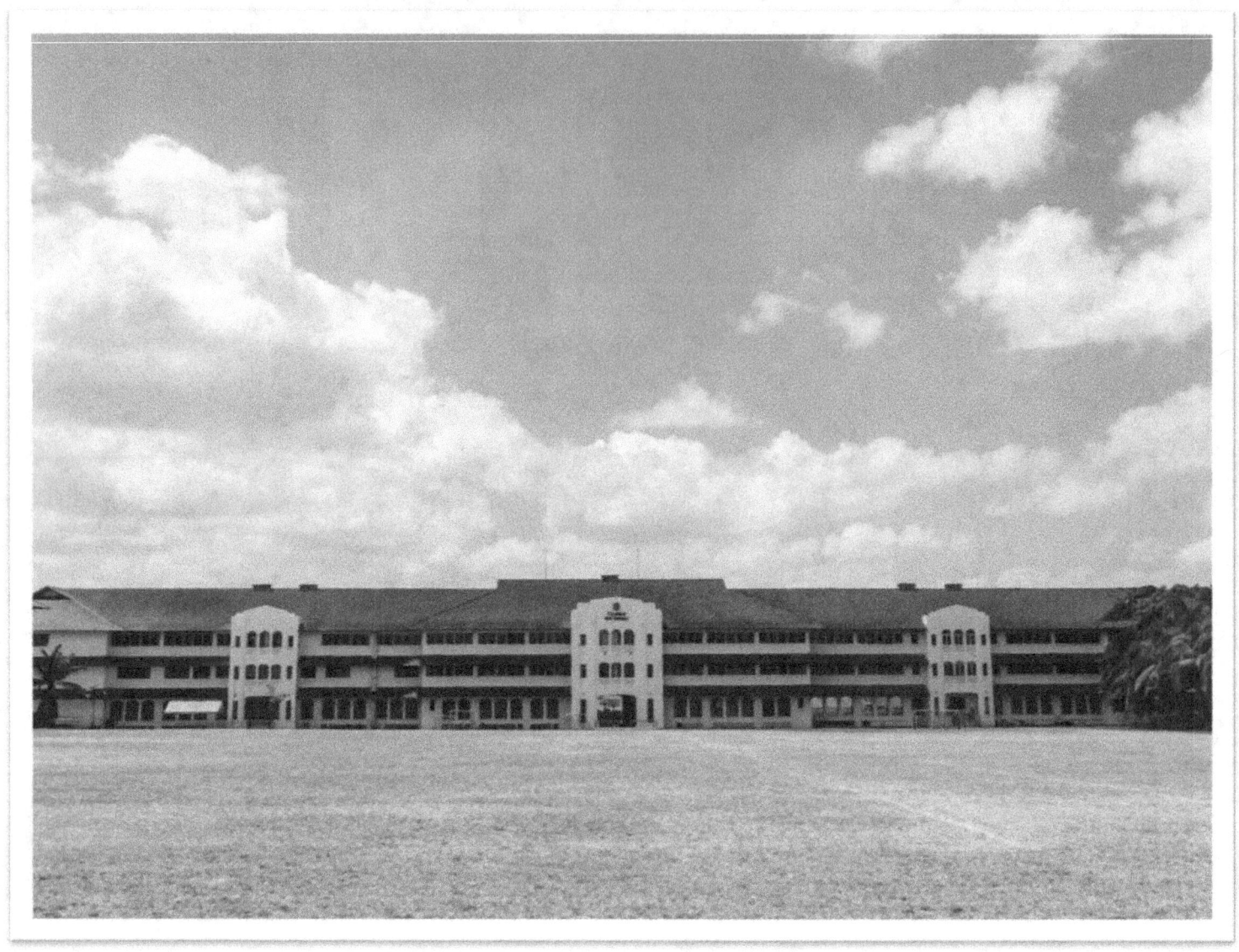

08-114

Edificio 104

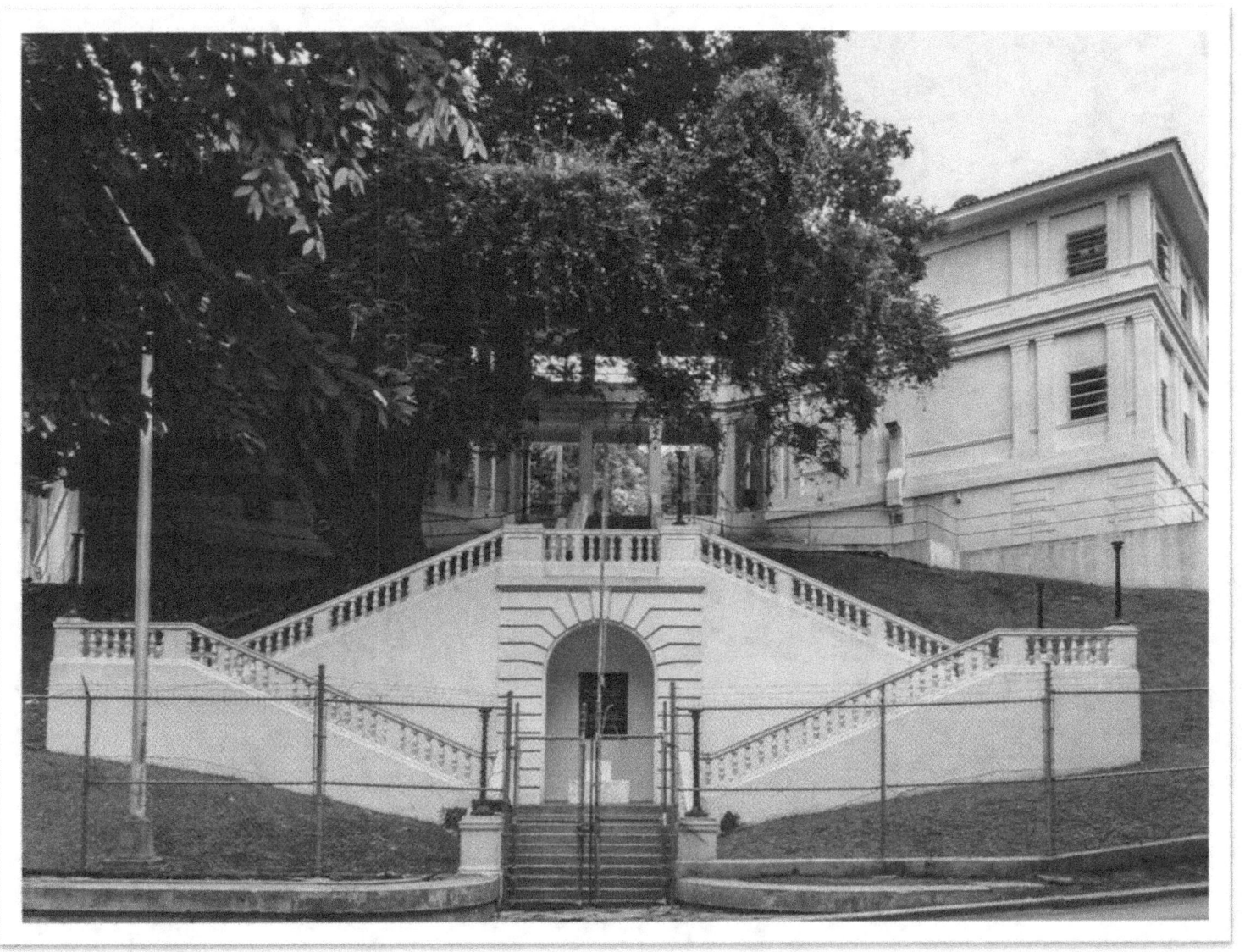

08-116

Antiguo hospital Gorgas

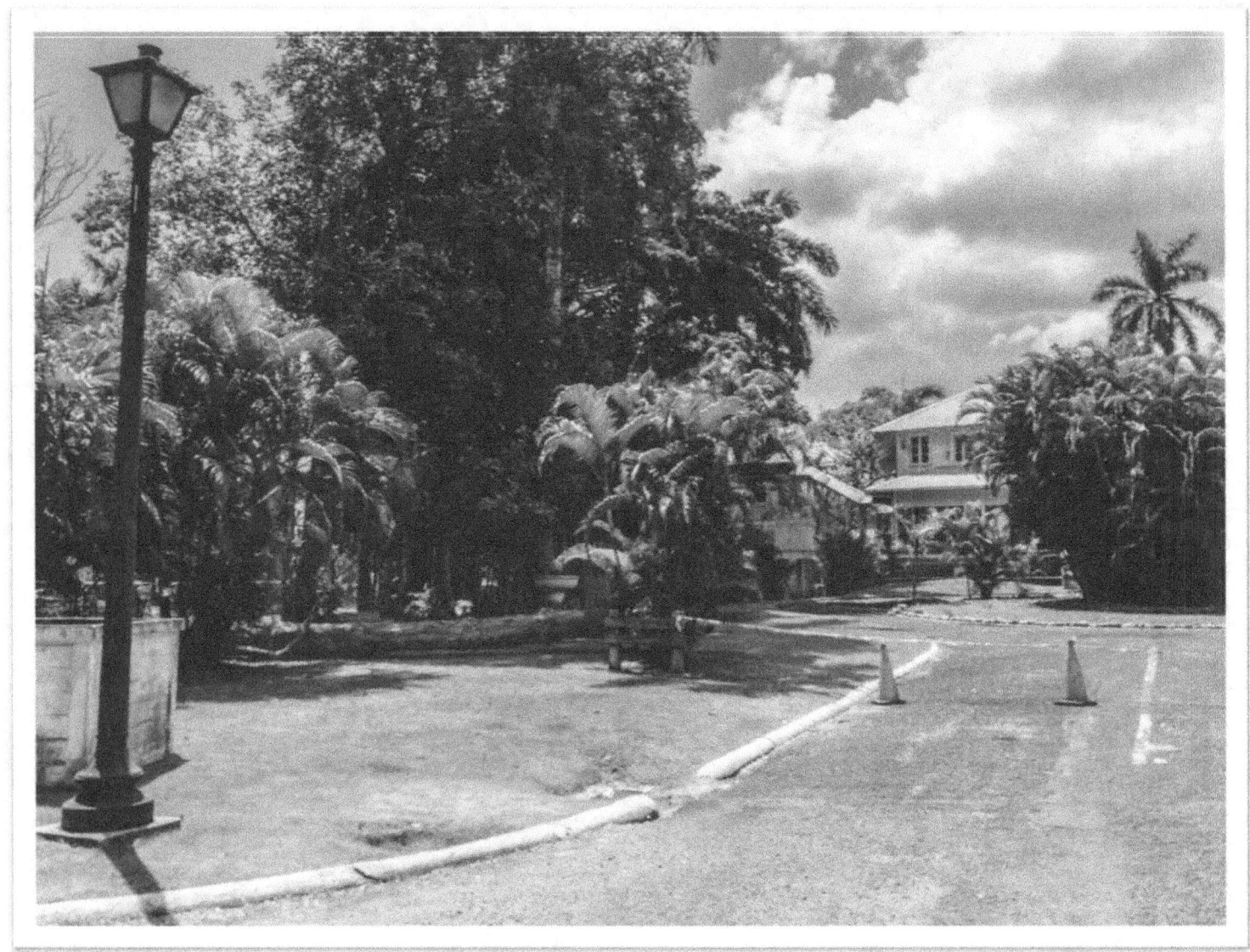

08-117

Barrio Quarry Heights

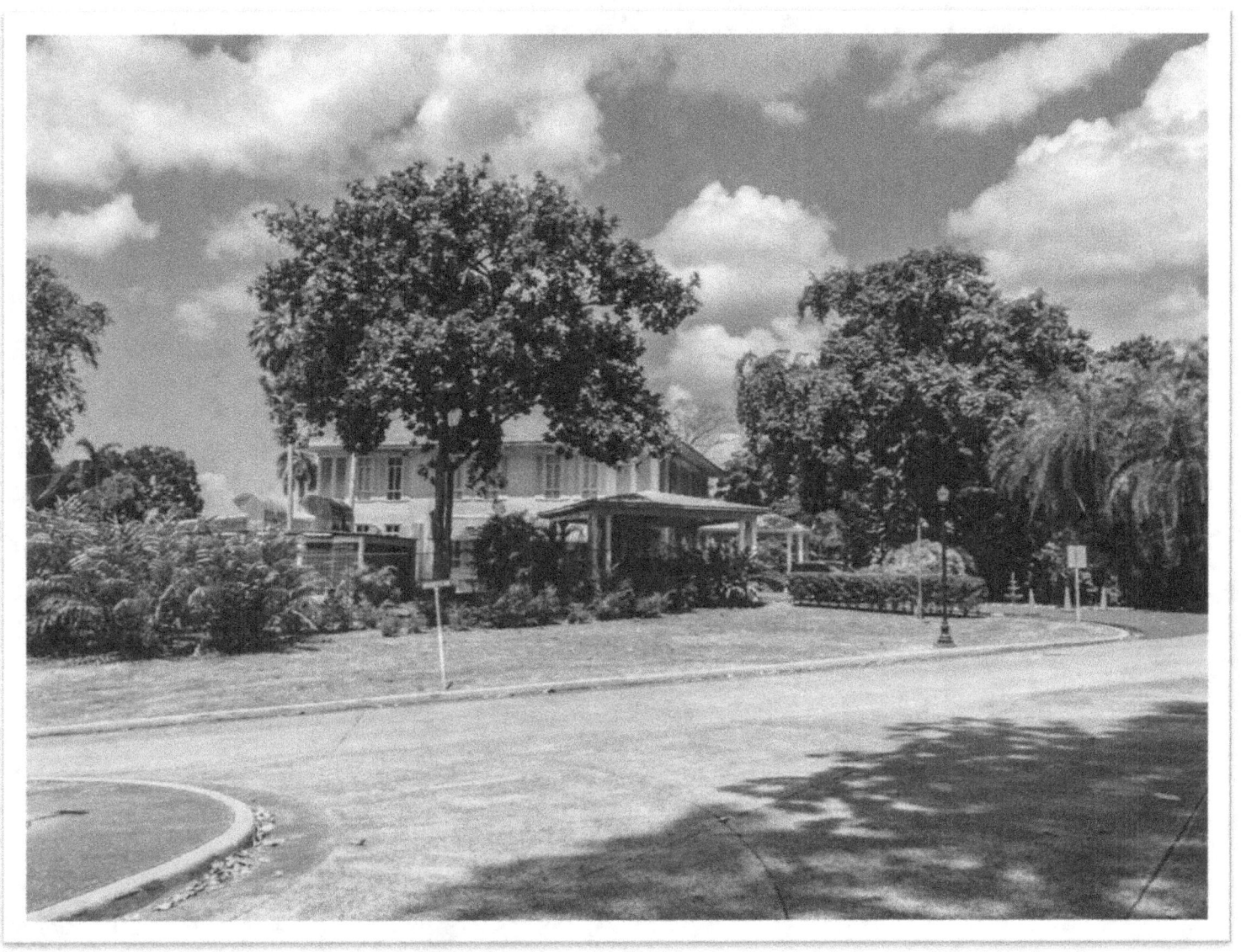

08-118
Casa del Administrador

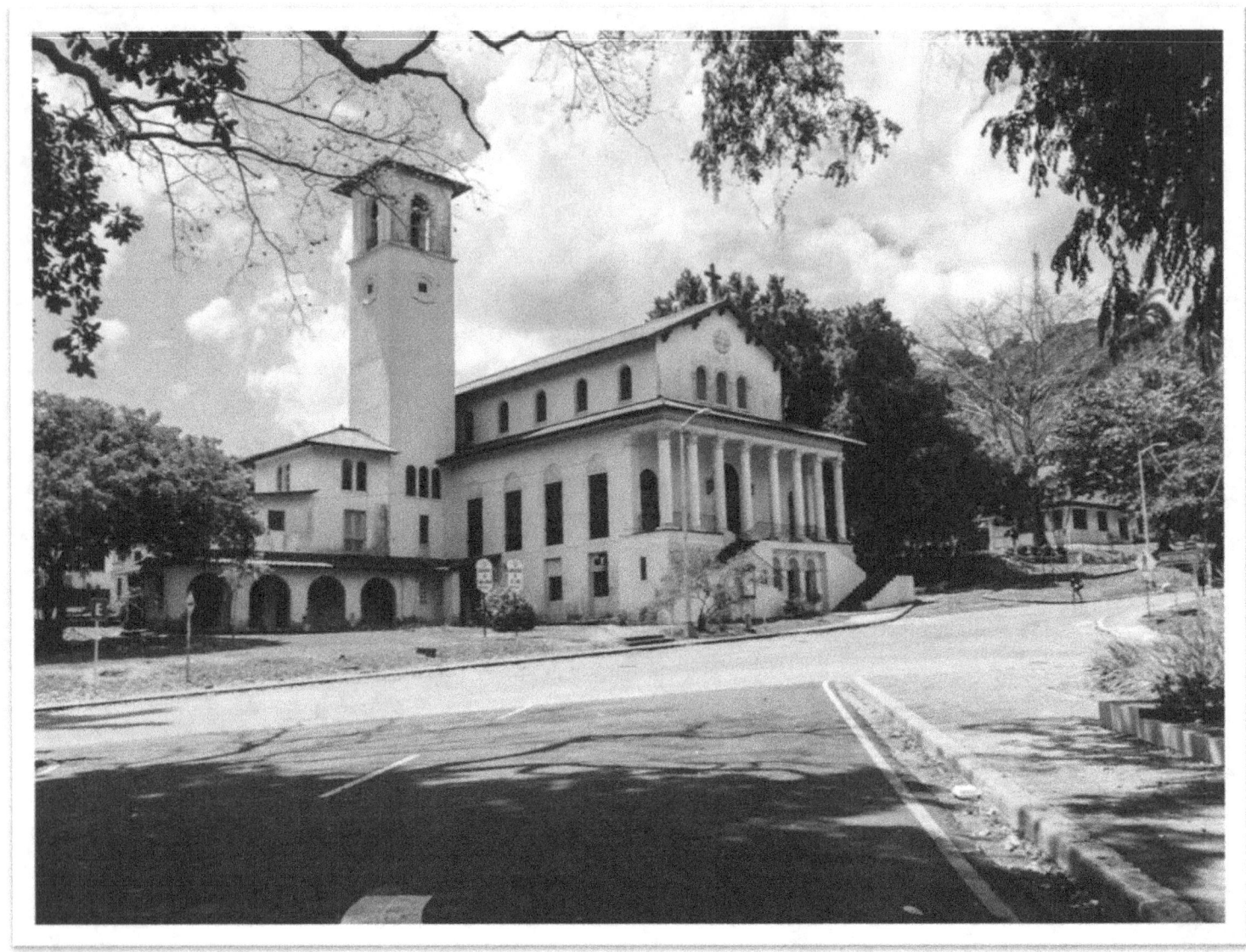

08-119
Catedral de San Lucas

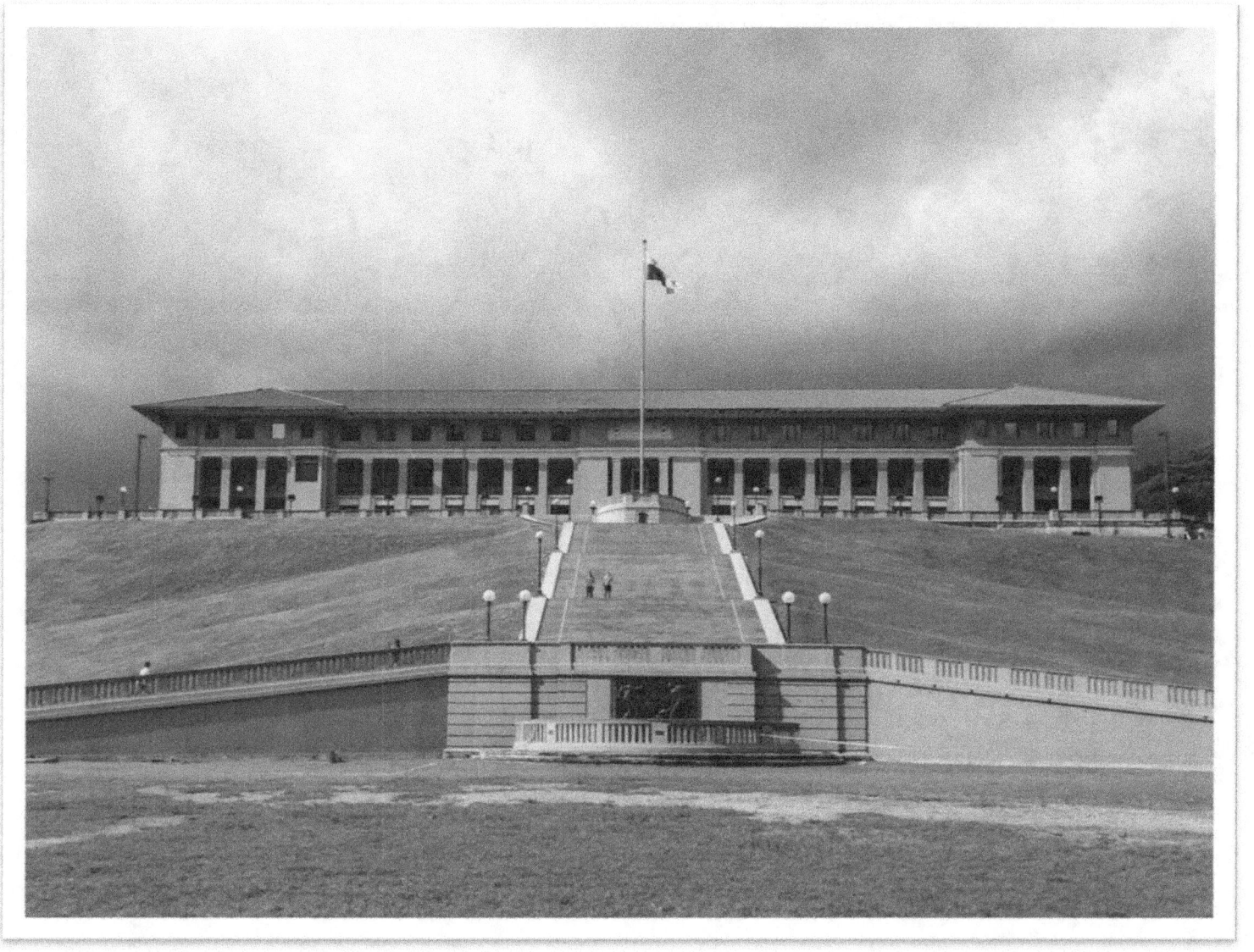

08-120
Edificio de la
Administración

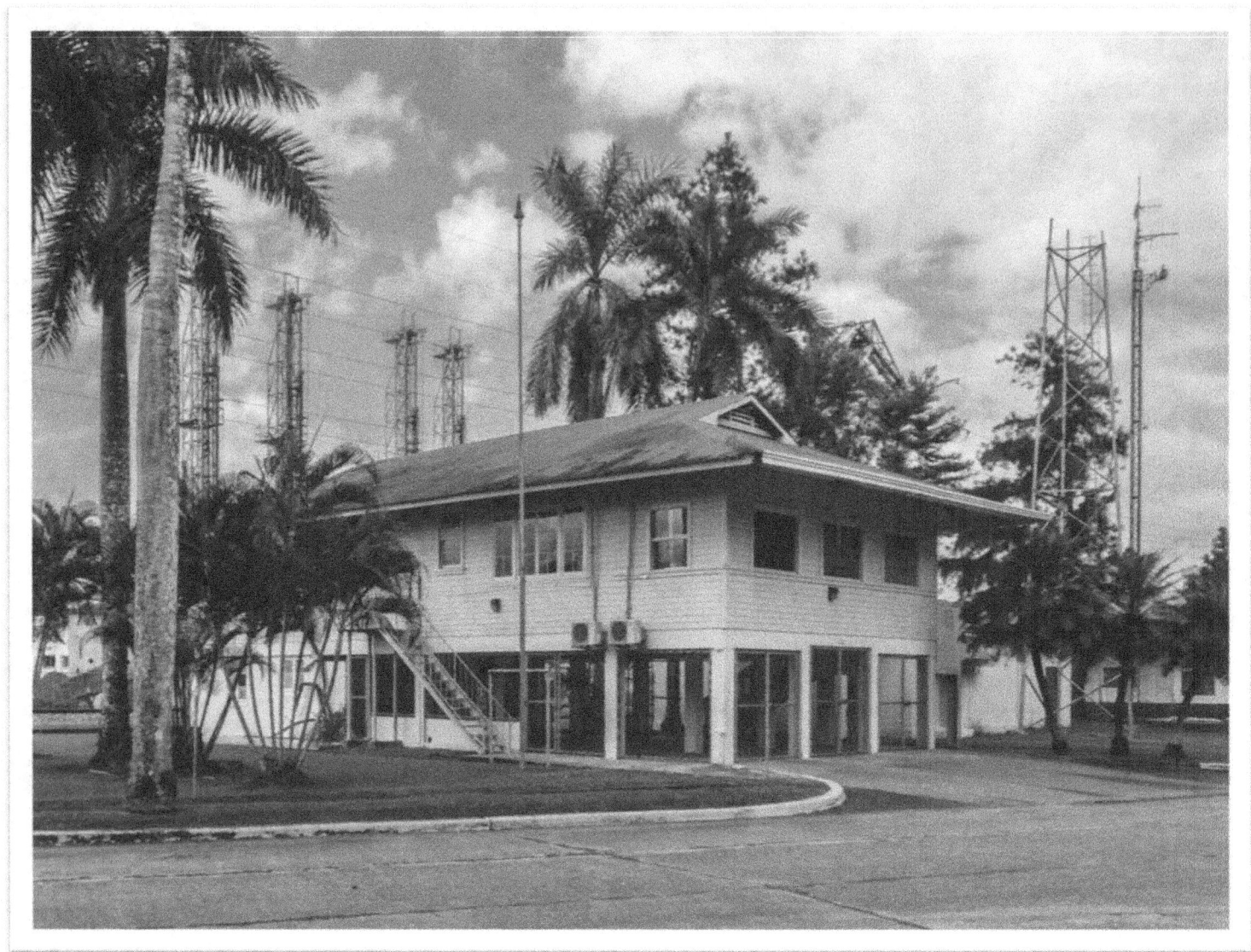

08-121
Edificios del poblado
de Gamboa

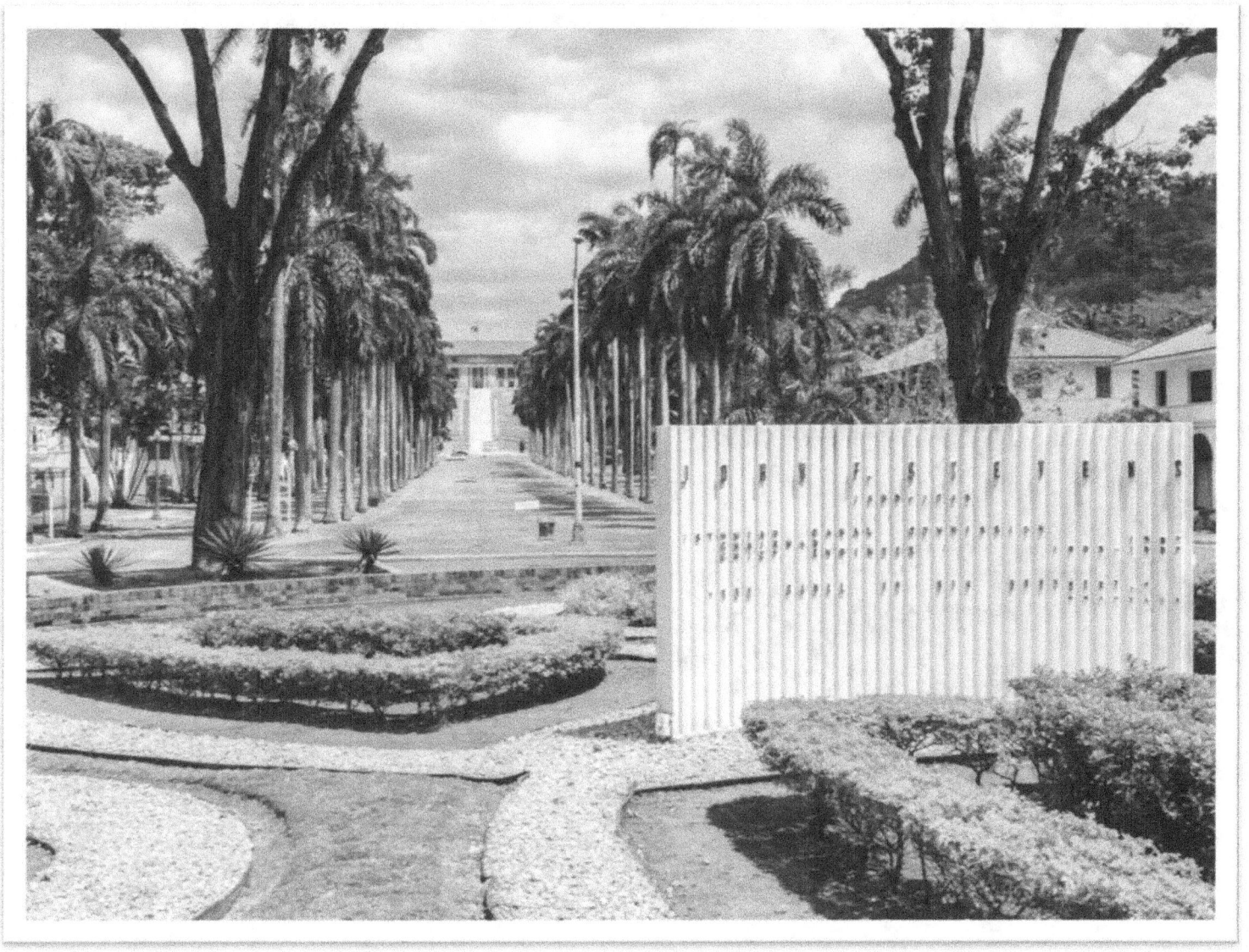

08-122
El Prado y su entorno

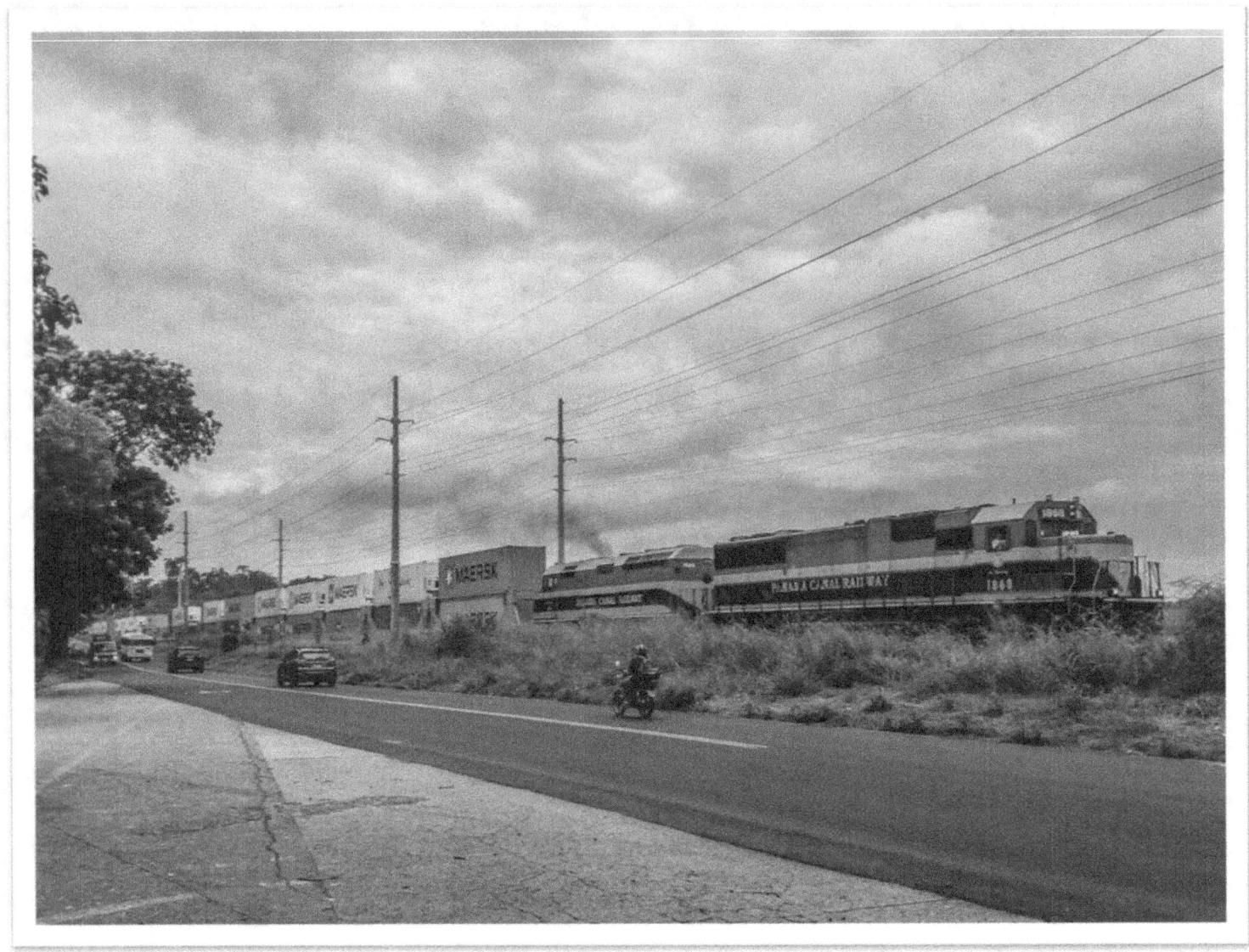

08-123

Ferrocarril

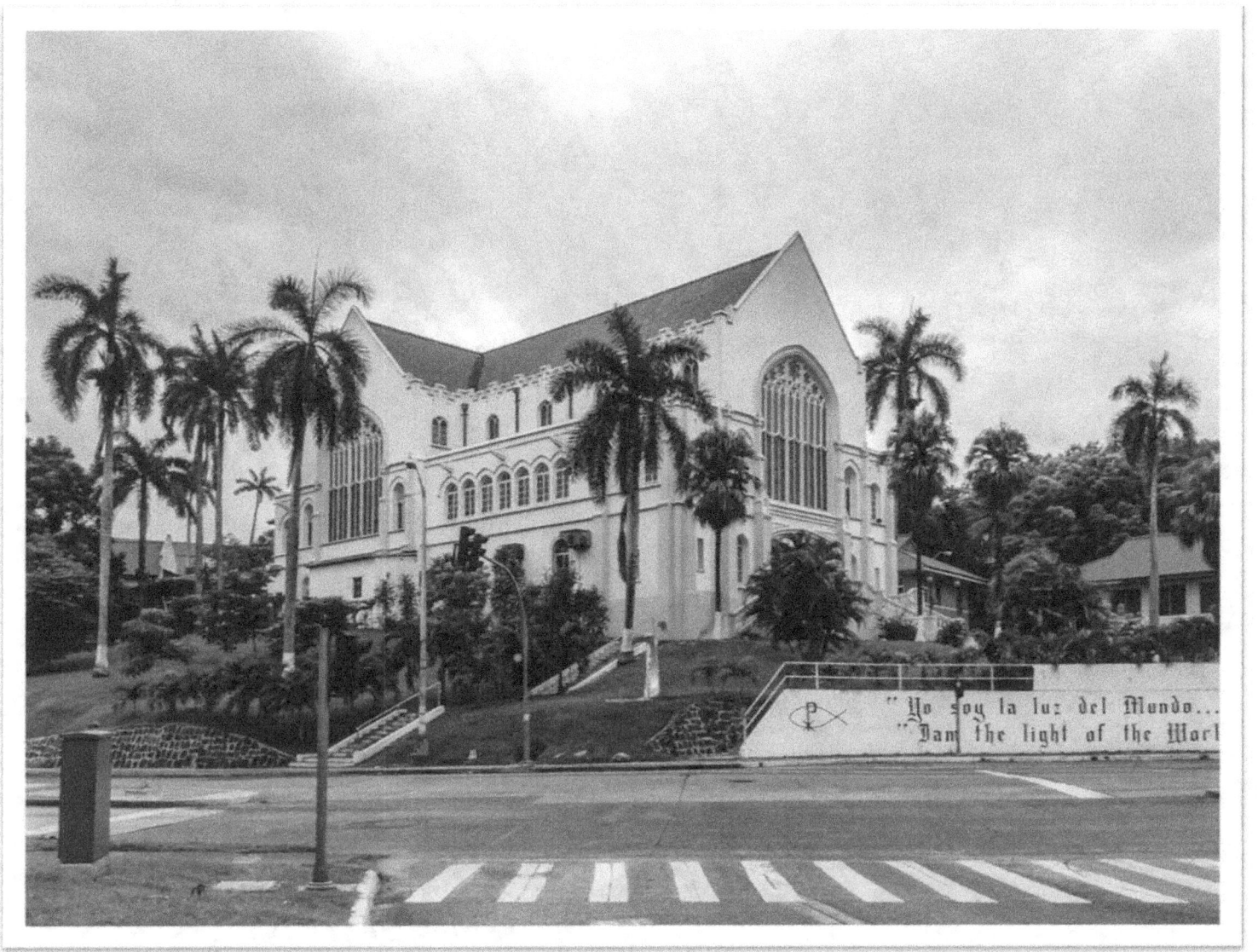

08-124

Iglesia Unión de Balboa

(Balboa Union Church)

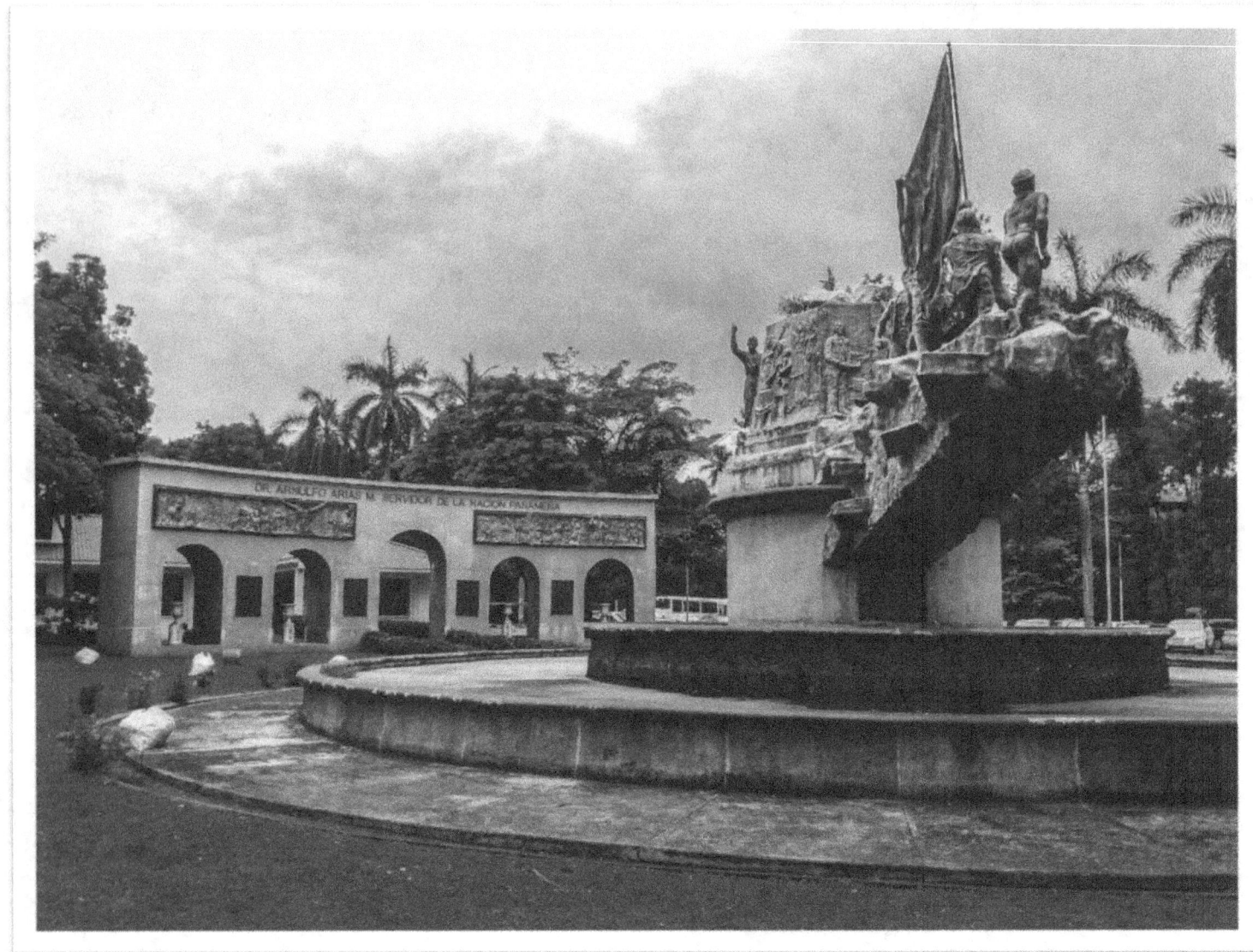

08-125

Monumento a Arnulfo Arias Madrid

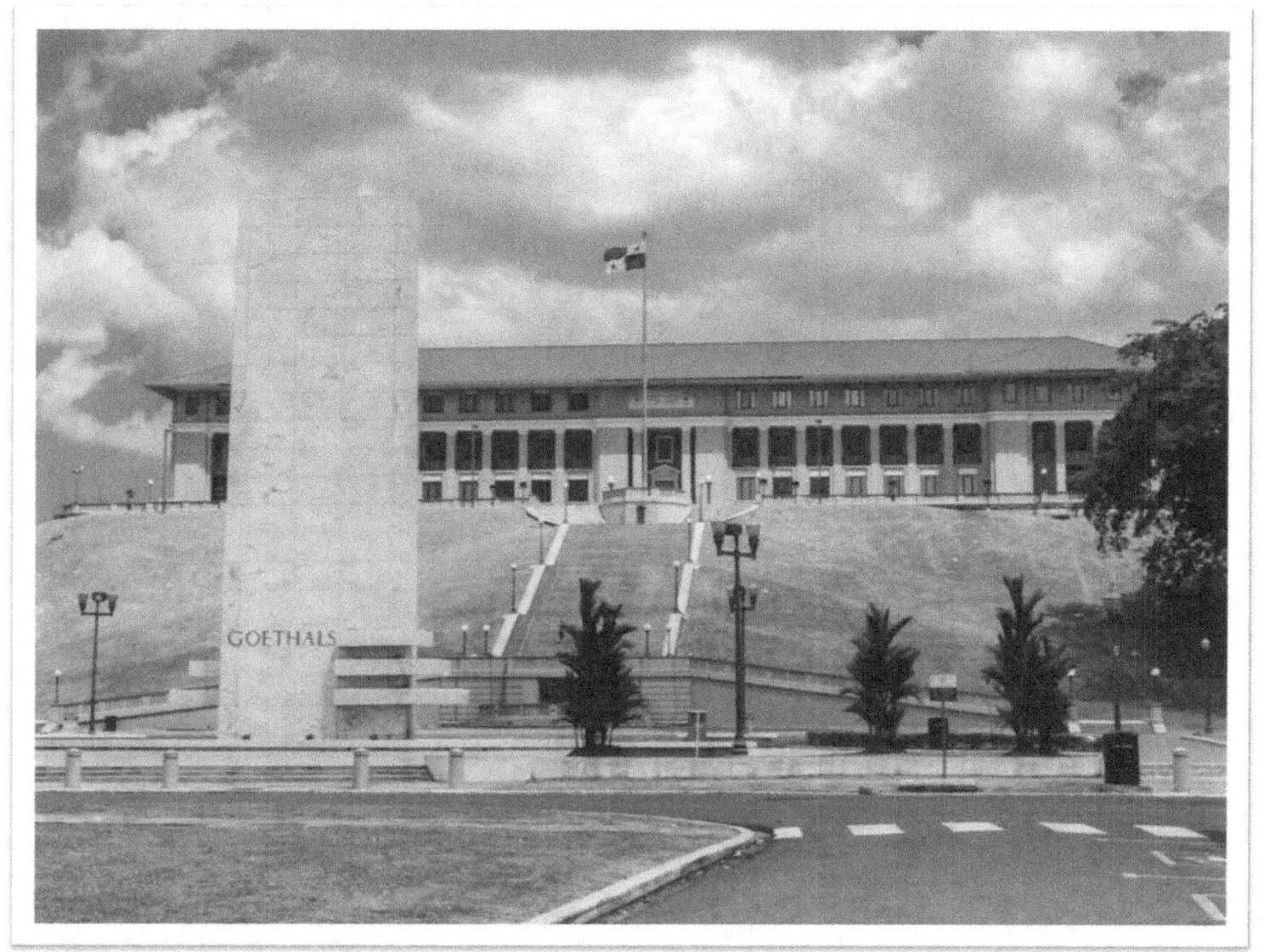

08-126

Monumento a Goethals

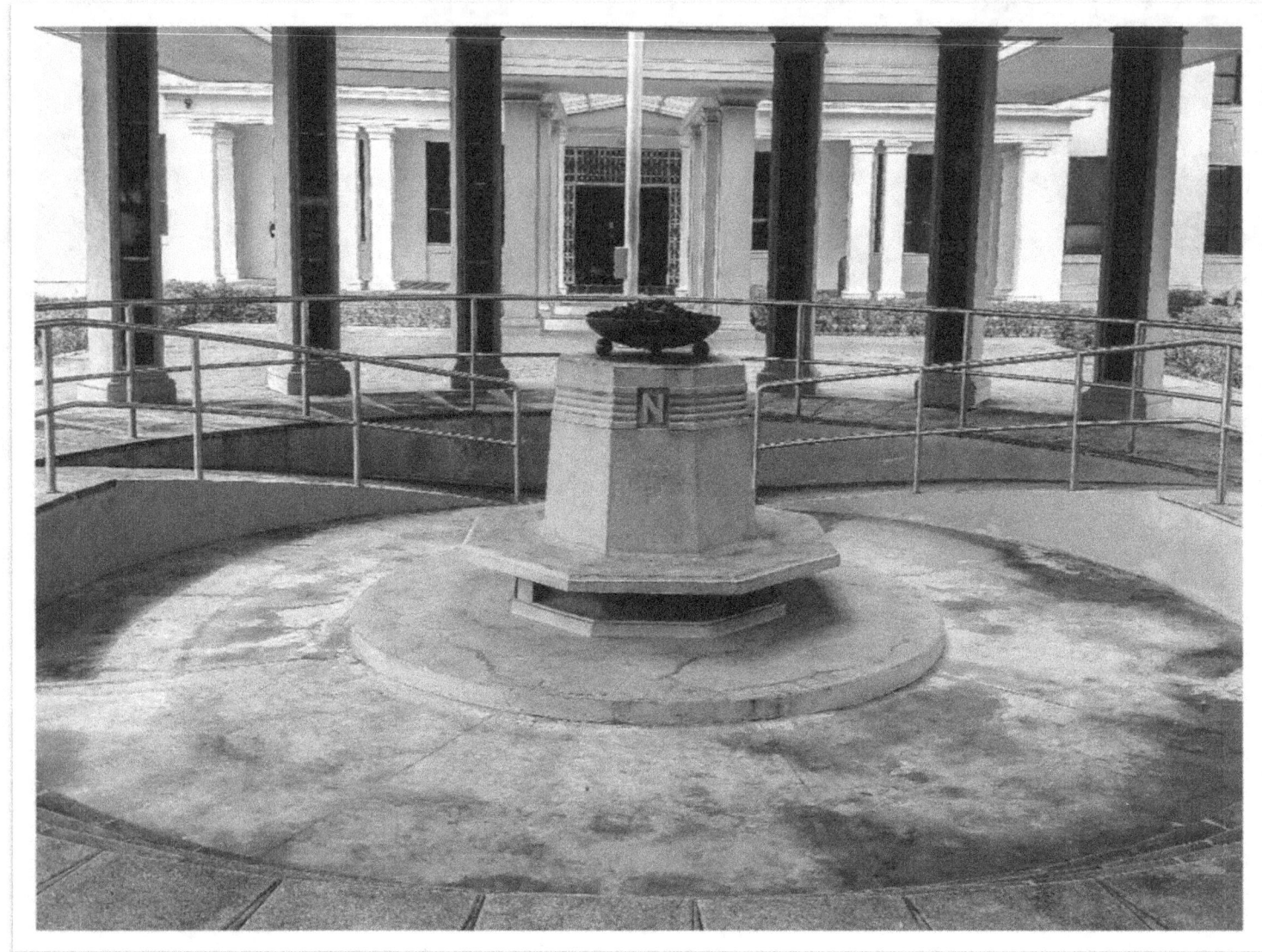

08-127

Monumento a los Mártires

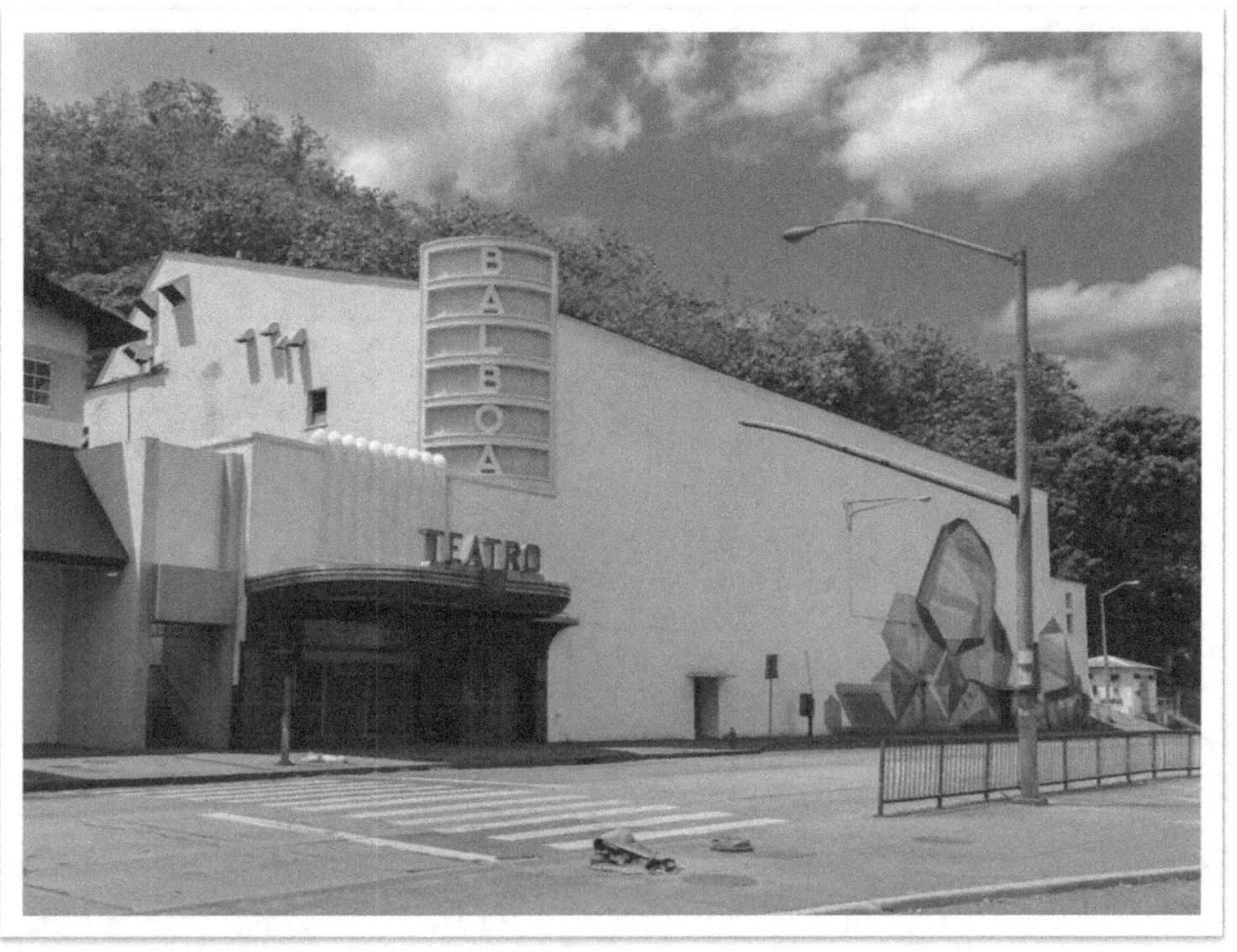

08-128

Teatro de Balboa

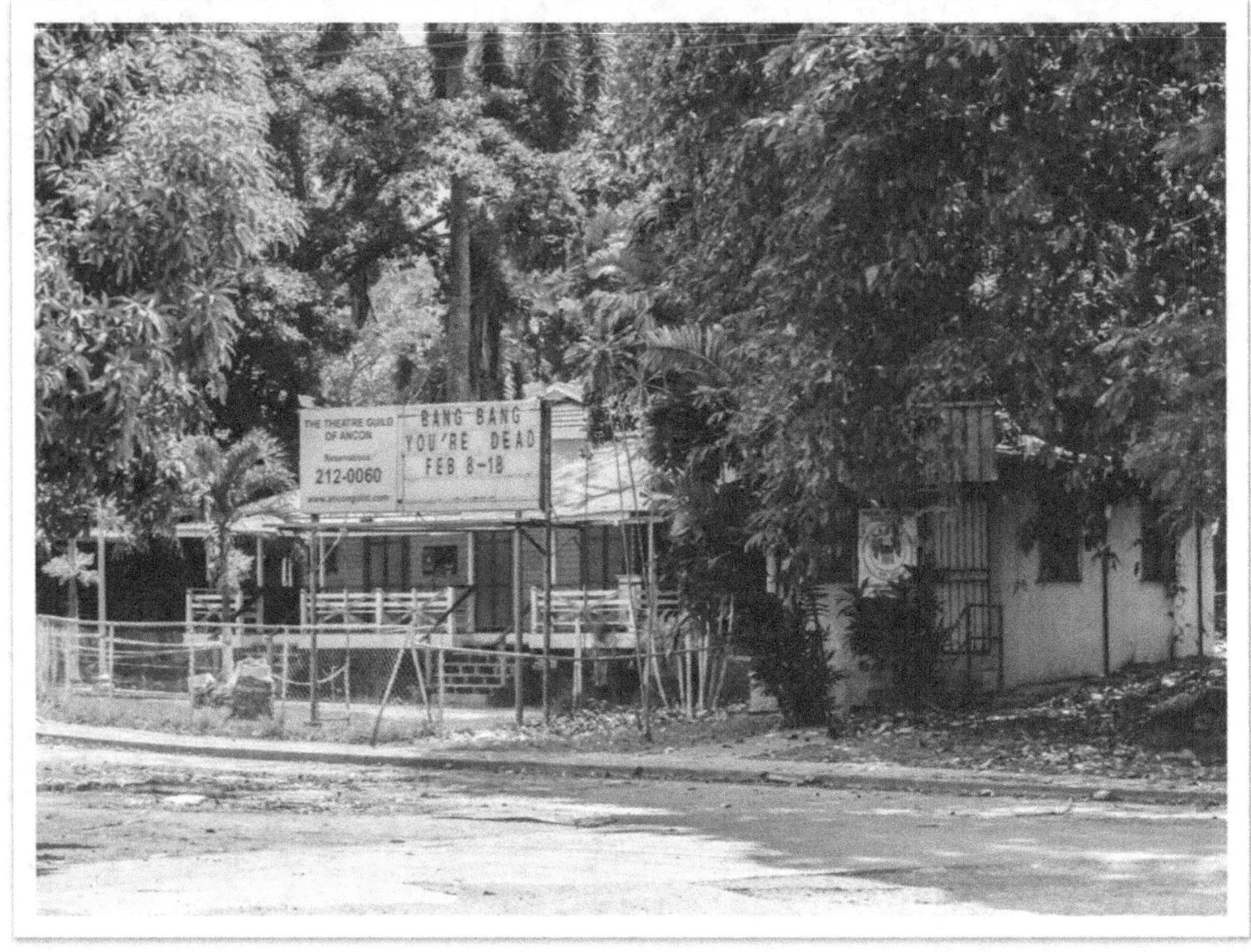

08-129
Teatro Guild de Ancón

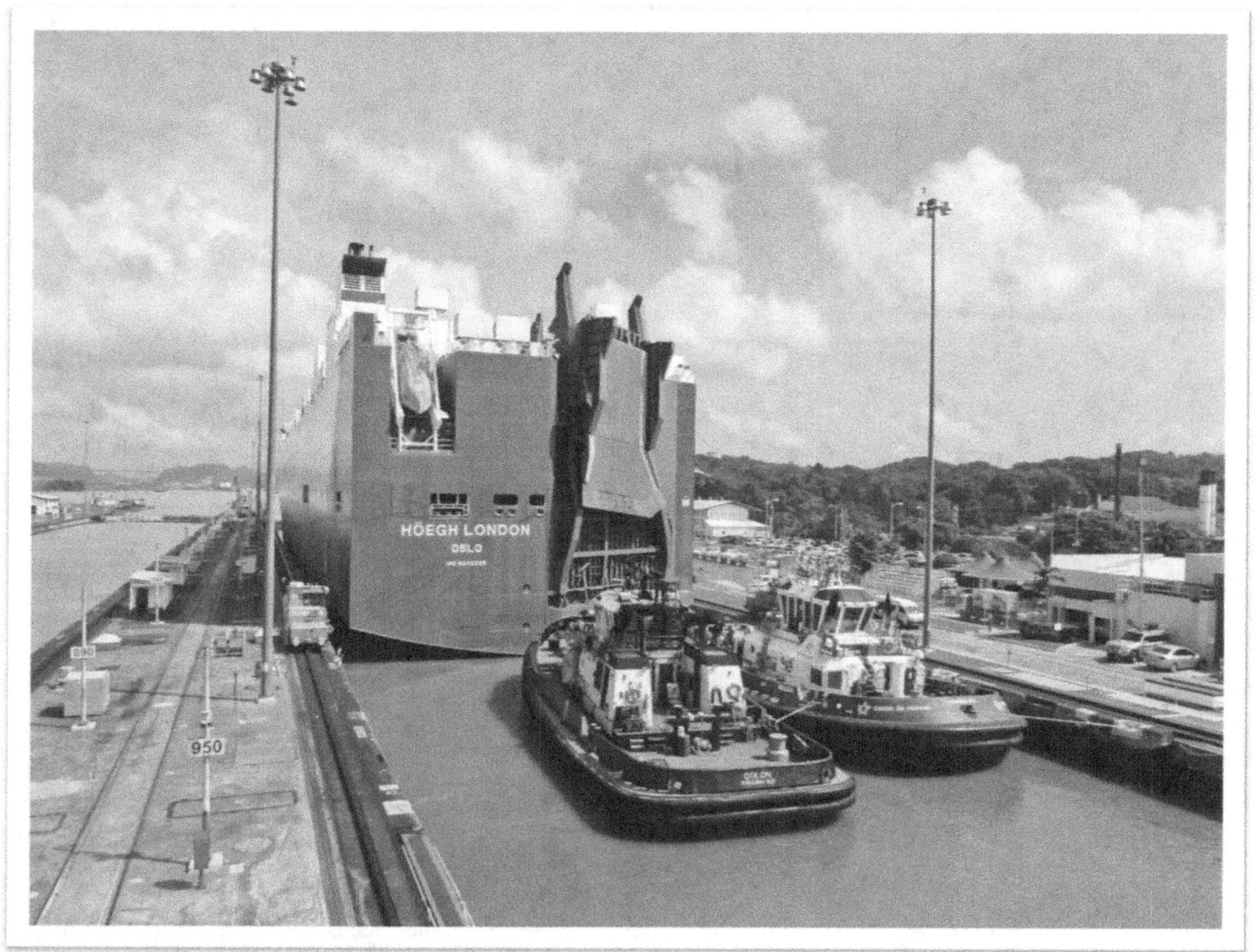

08-130

Esclusas de Miraflores

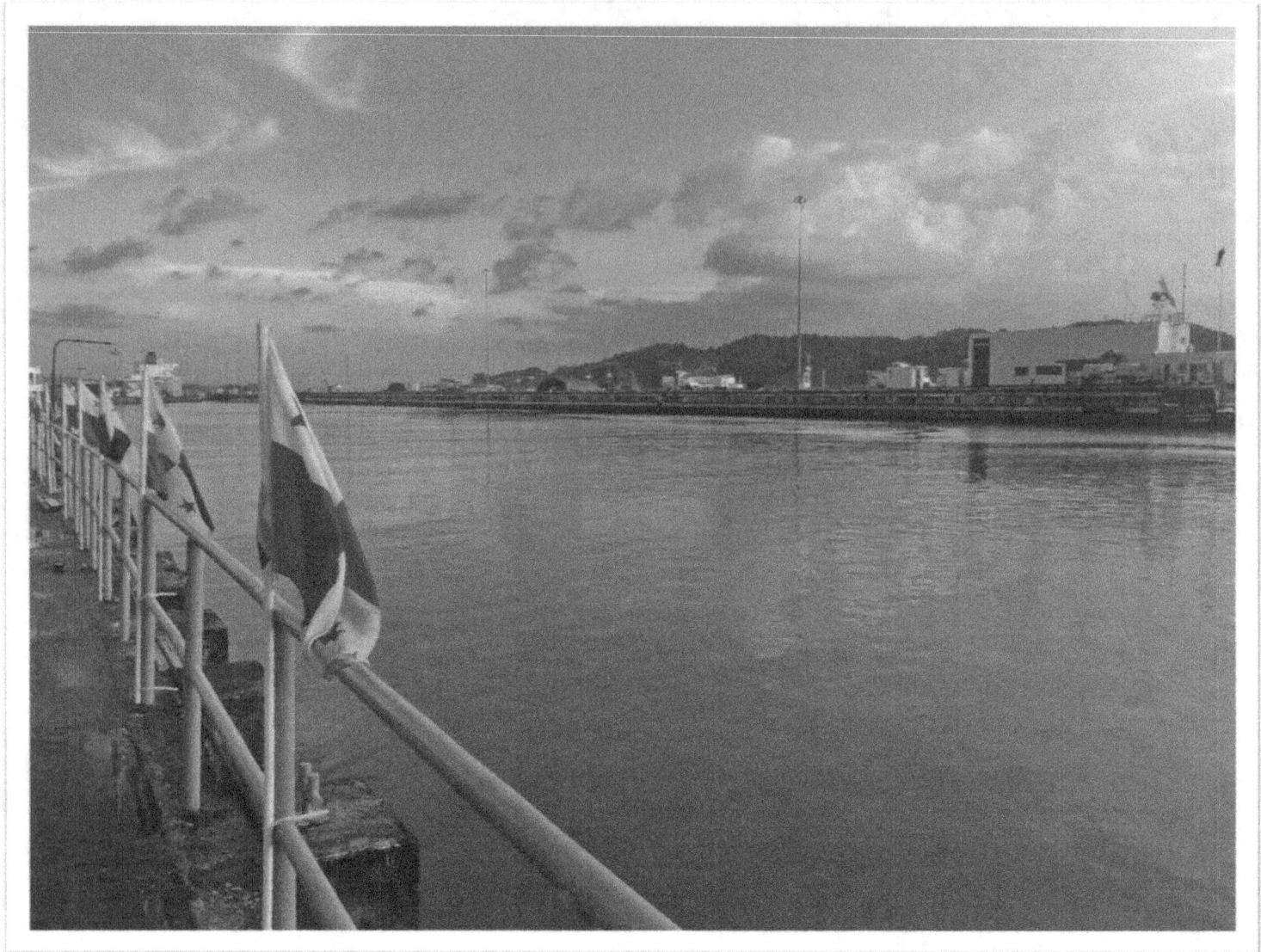

08-131
Esclusas de Pedro Miguel

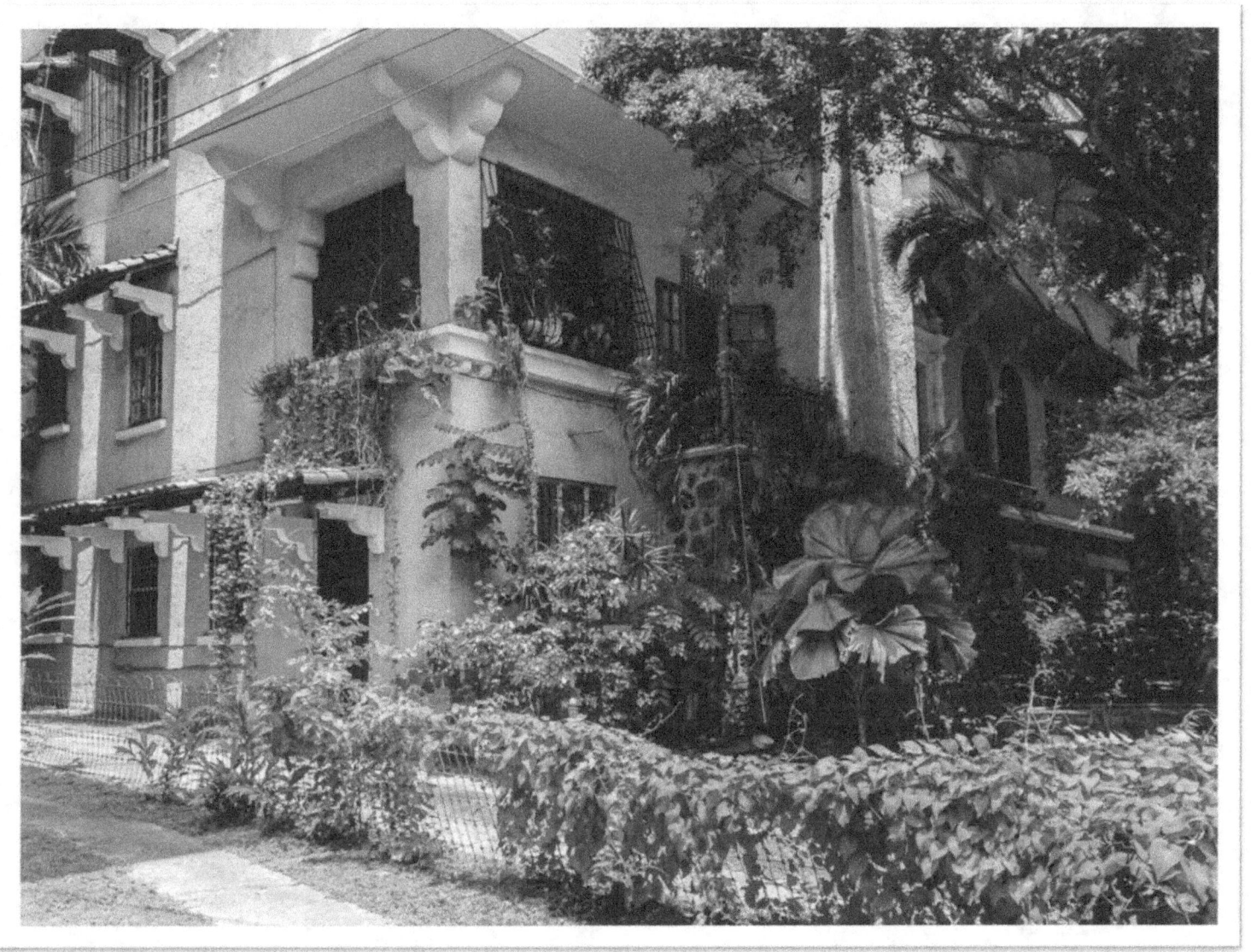

08-132
Edificio Hispania

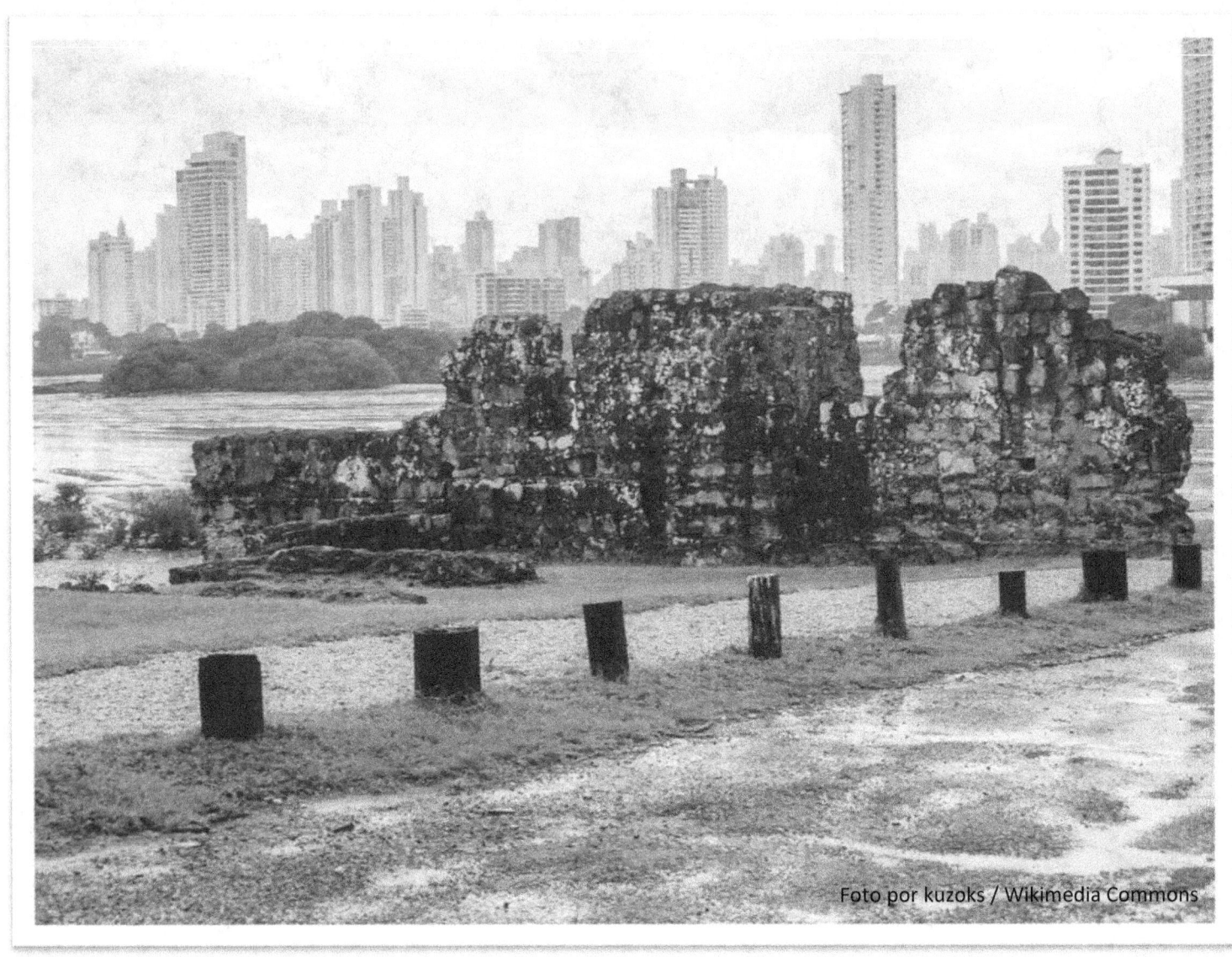

Foto por kuzoks / Wikimedia Commons

08-133-DCMHN
Iglesia y Convento
de la Merced

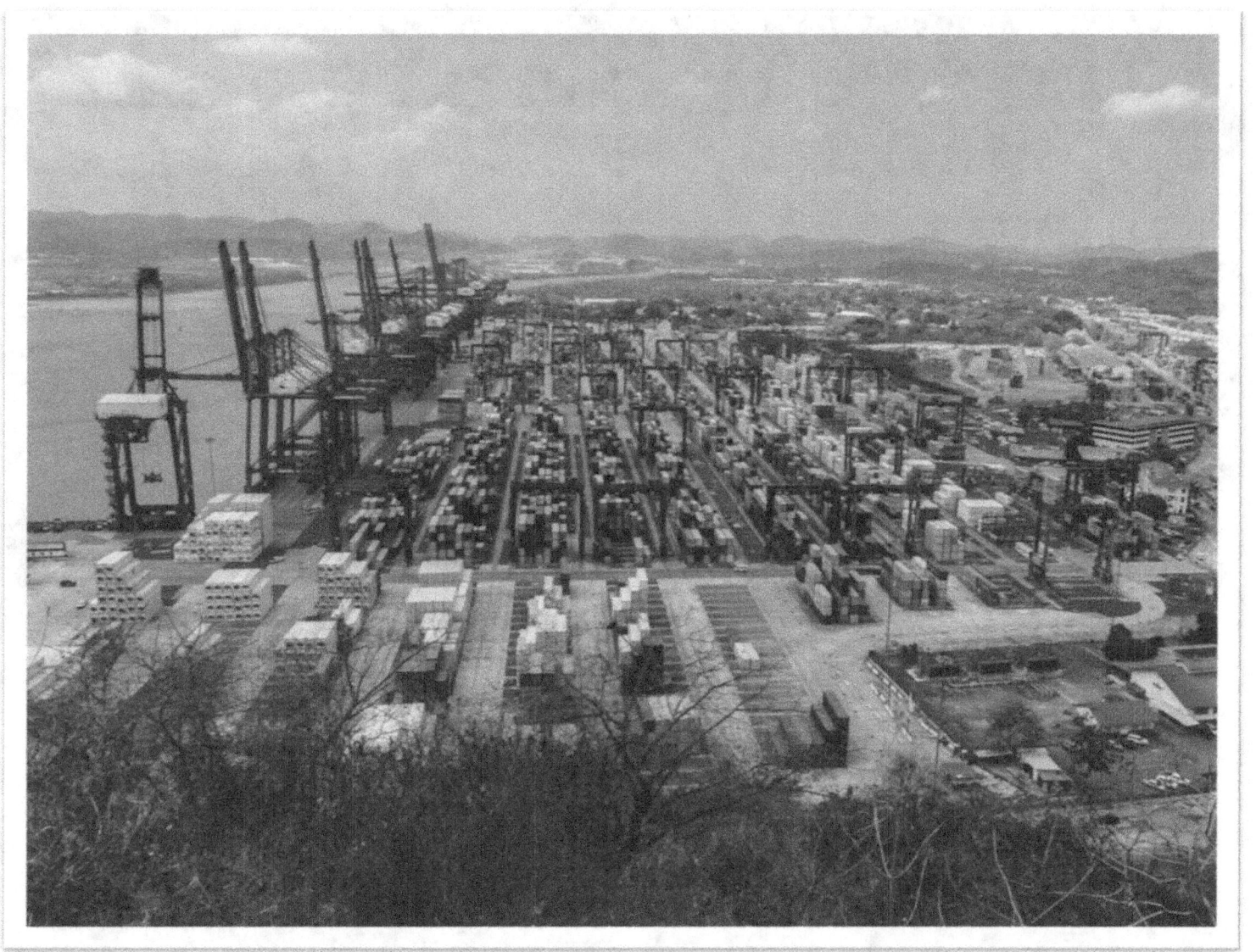

08-134

Puerto de Balboa

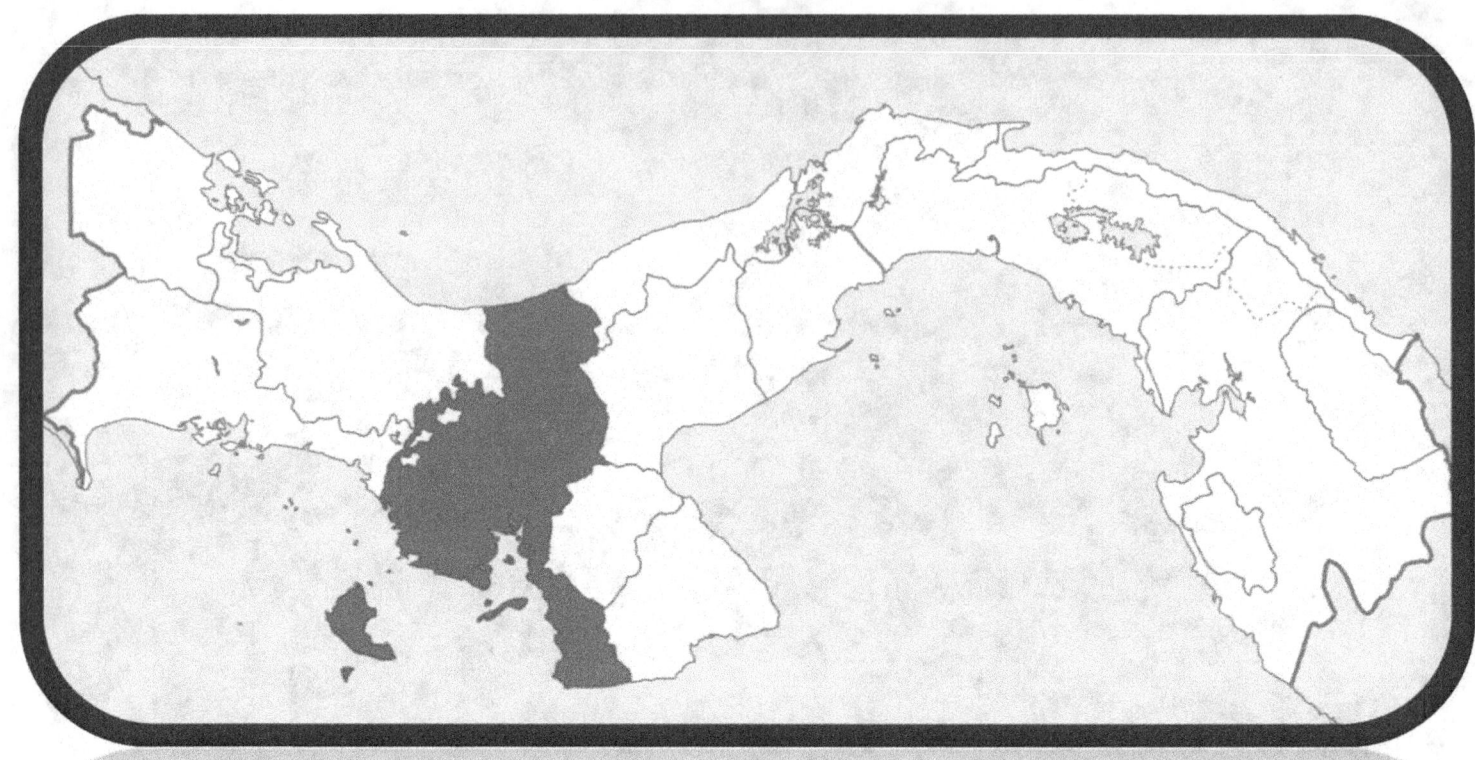

Veraguas

Monumentos Nacionales	Monumentos Históricos Nacionales	Conjuntos Monumentales Históricos
0 (0%)	2 (5%)	0 (0%)

Población

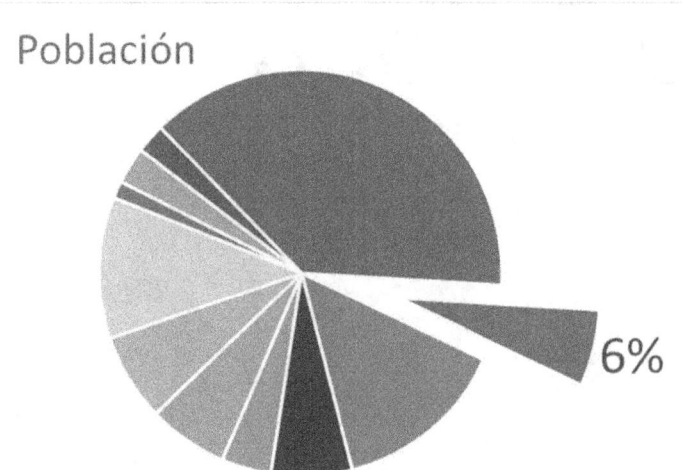

6%

Superficie

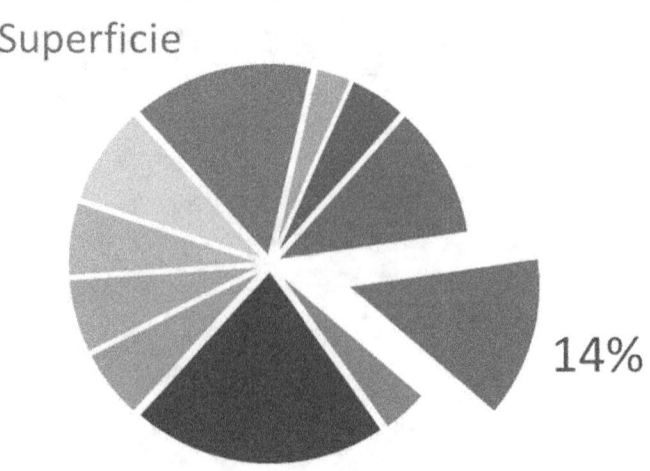

14%

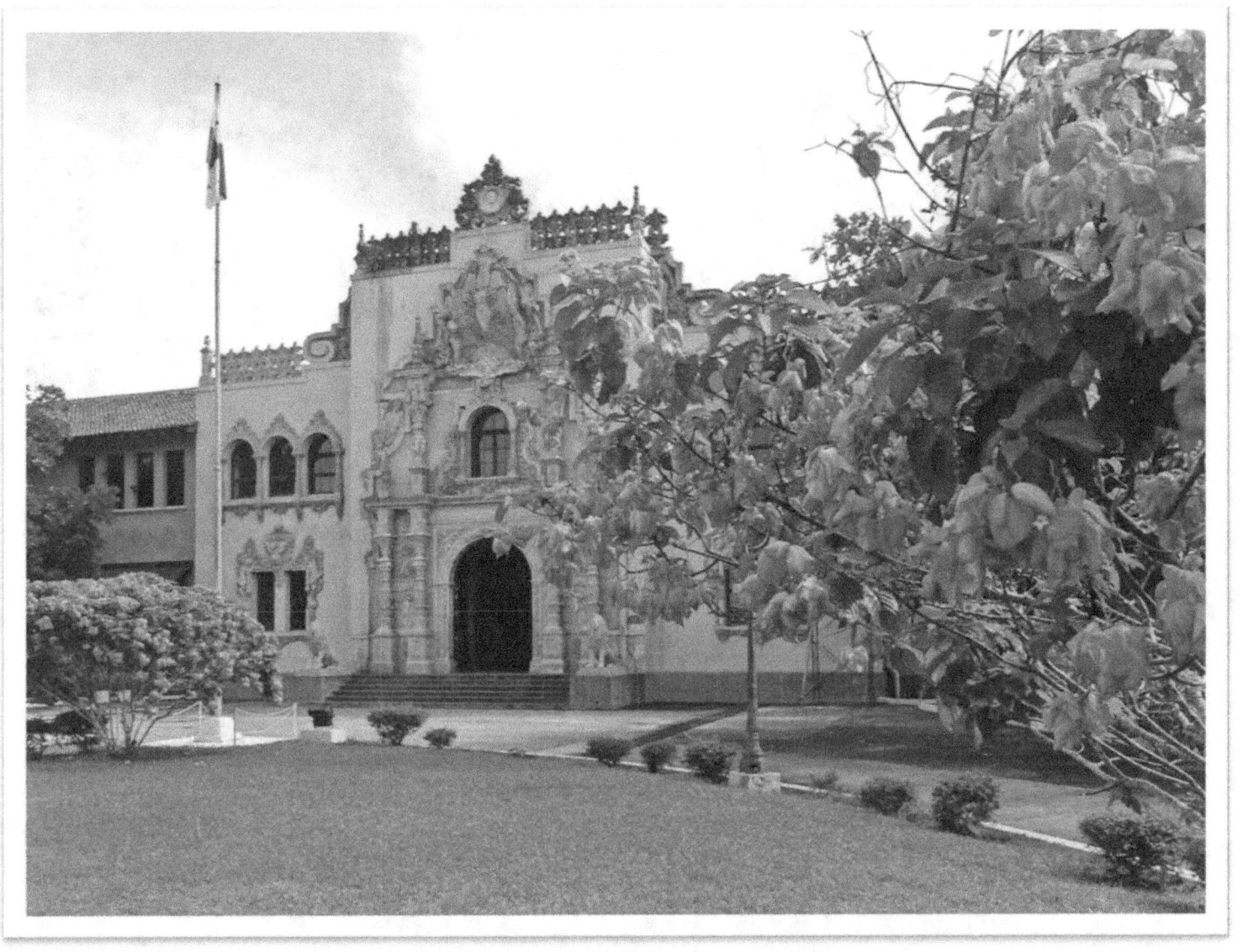

09-001-DMHN

Escuela Normal Juan
Demóstenes Arosemena

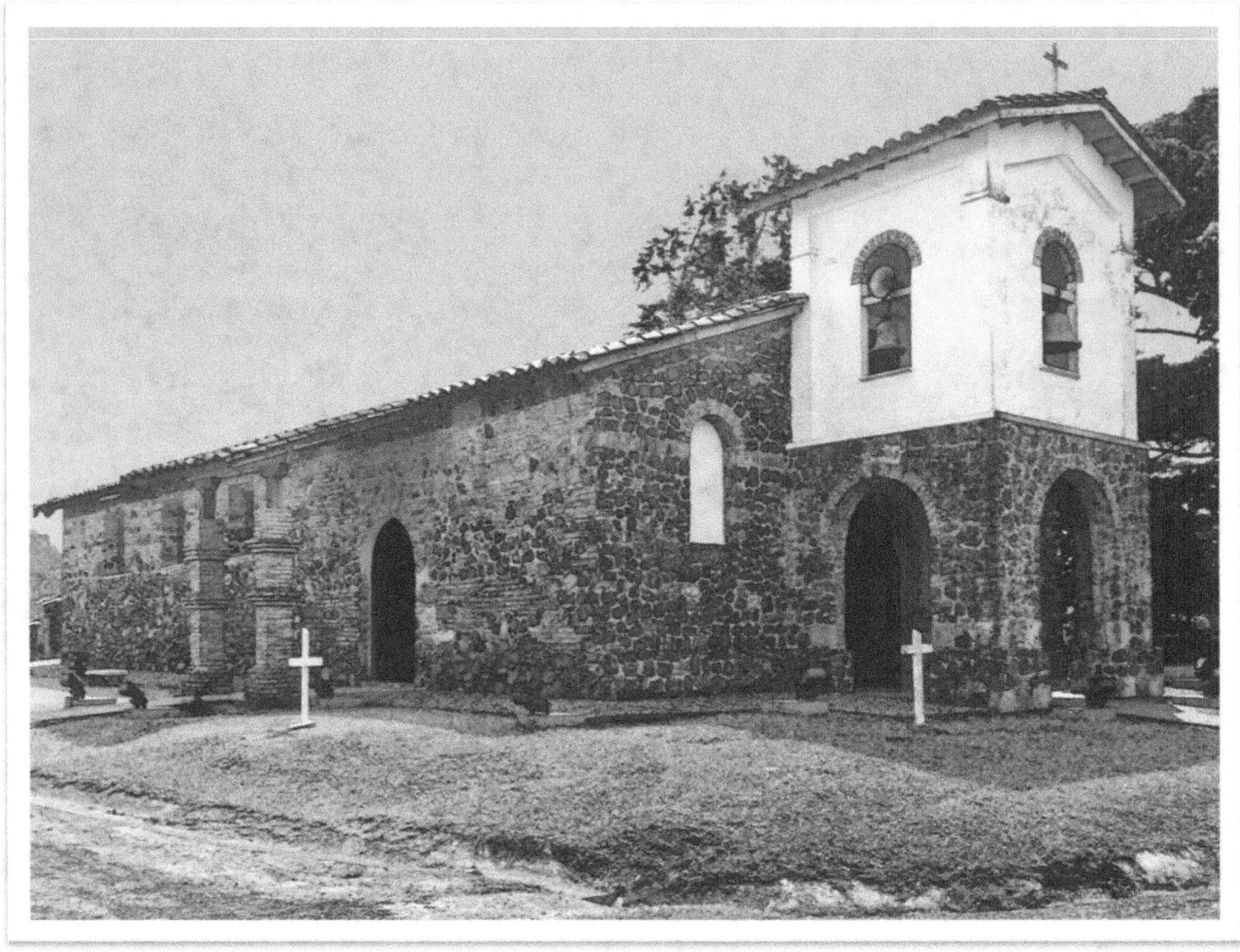

09-002-DMHN
Iglesia de San Francisco
de la Montaña

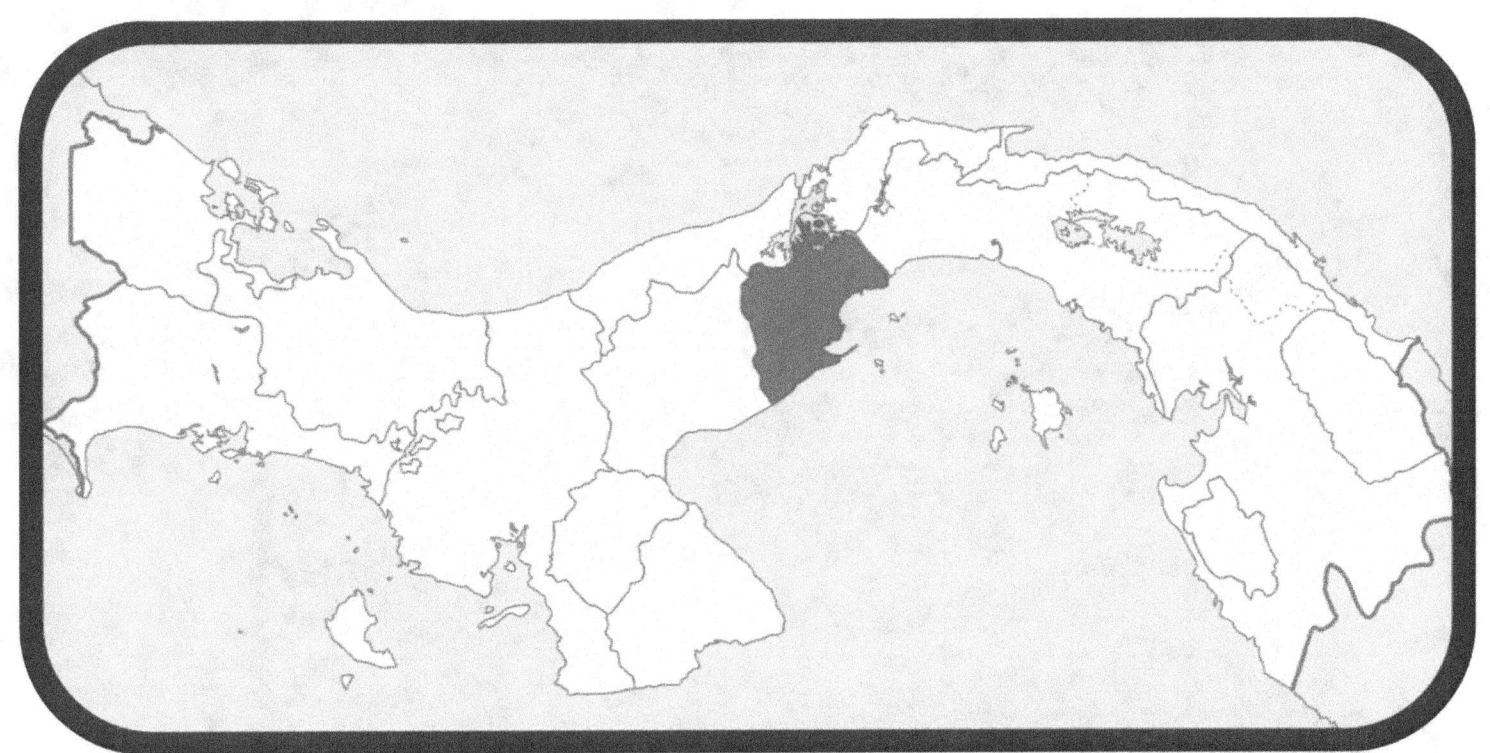

Panamá Oeste

Monumentos Nacionales	Monumentos Históricos Nacionales	Conjuntos Monumentales Históricos
0 (0%)	0 (0%)	0 (0%)

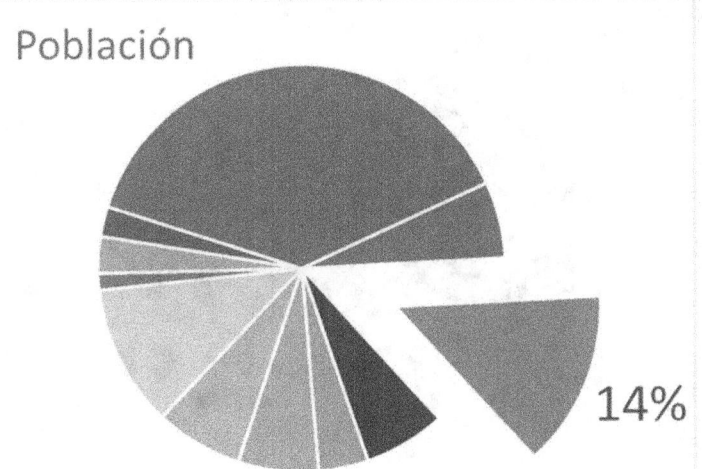

Población

14%

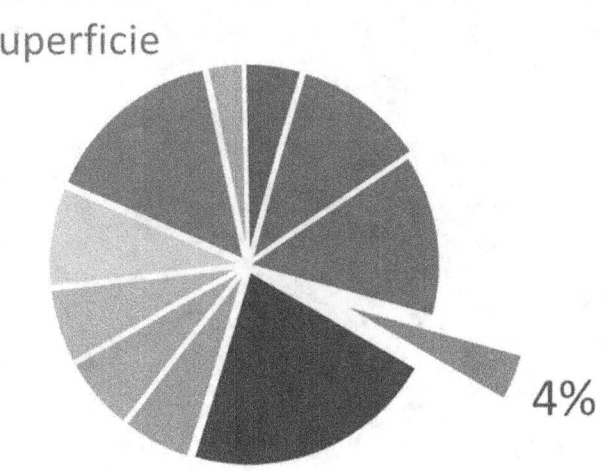

Superficie

4%

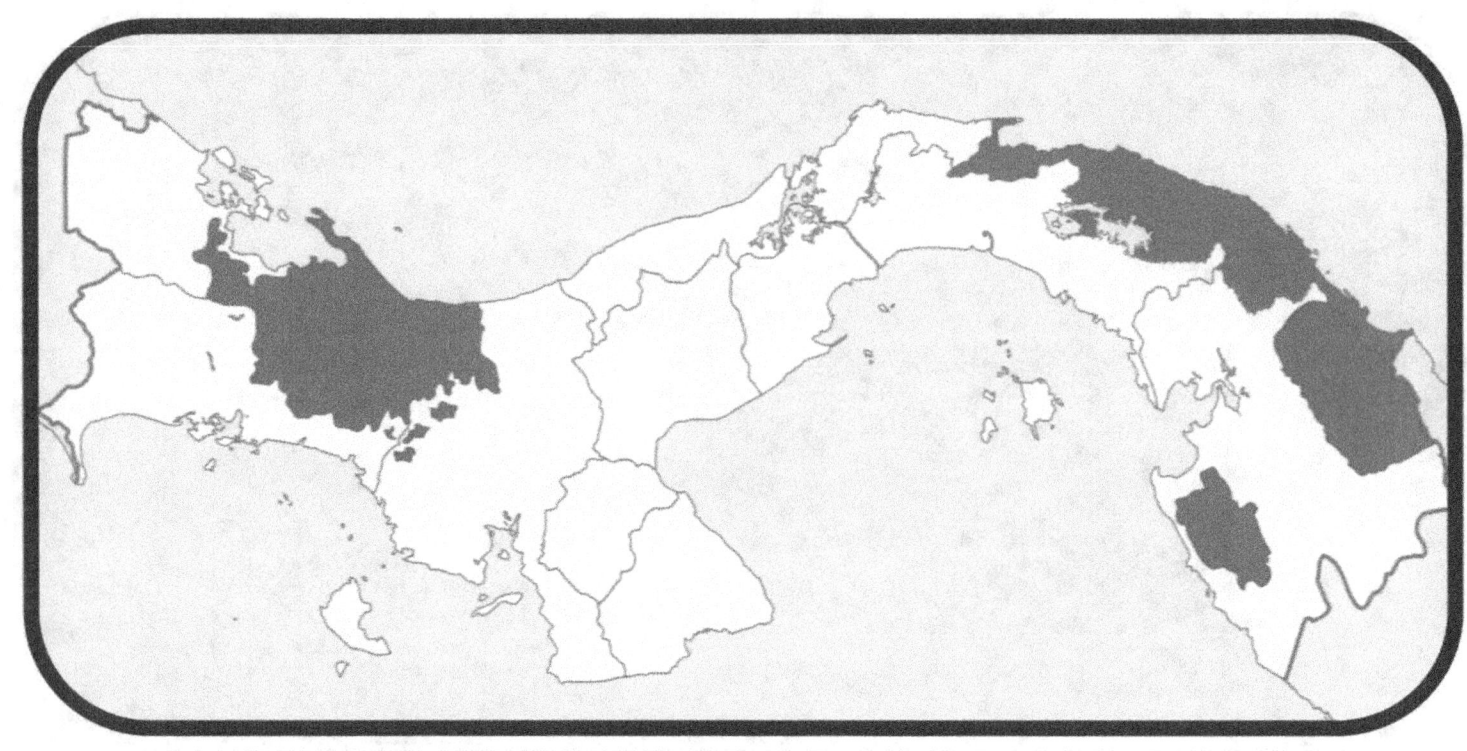

Comarcas

Monumentos Nacionales	Monumentos Históricos Nacionales	Conjuntos Monumentales Históricos
0 (0%)	0 (0%)	0 (0%)

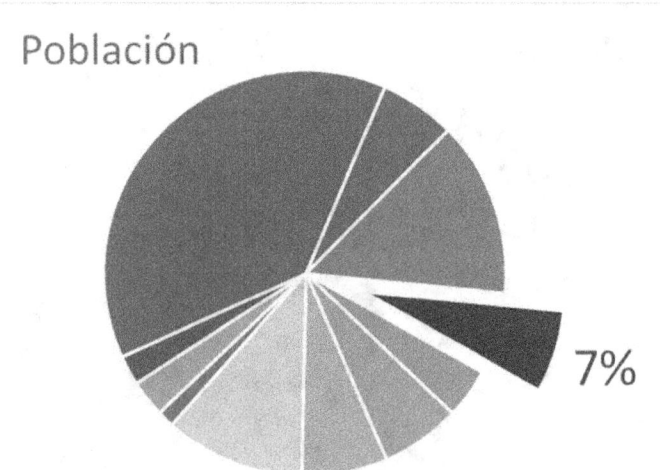

Población

7%

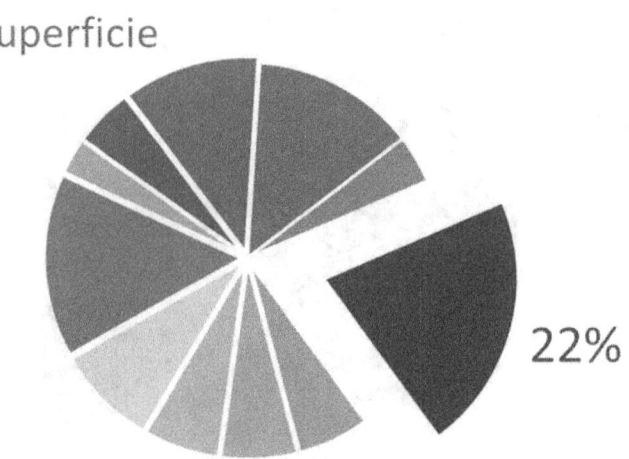

Superficie

22%

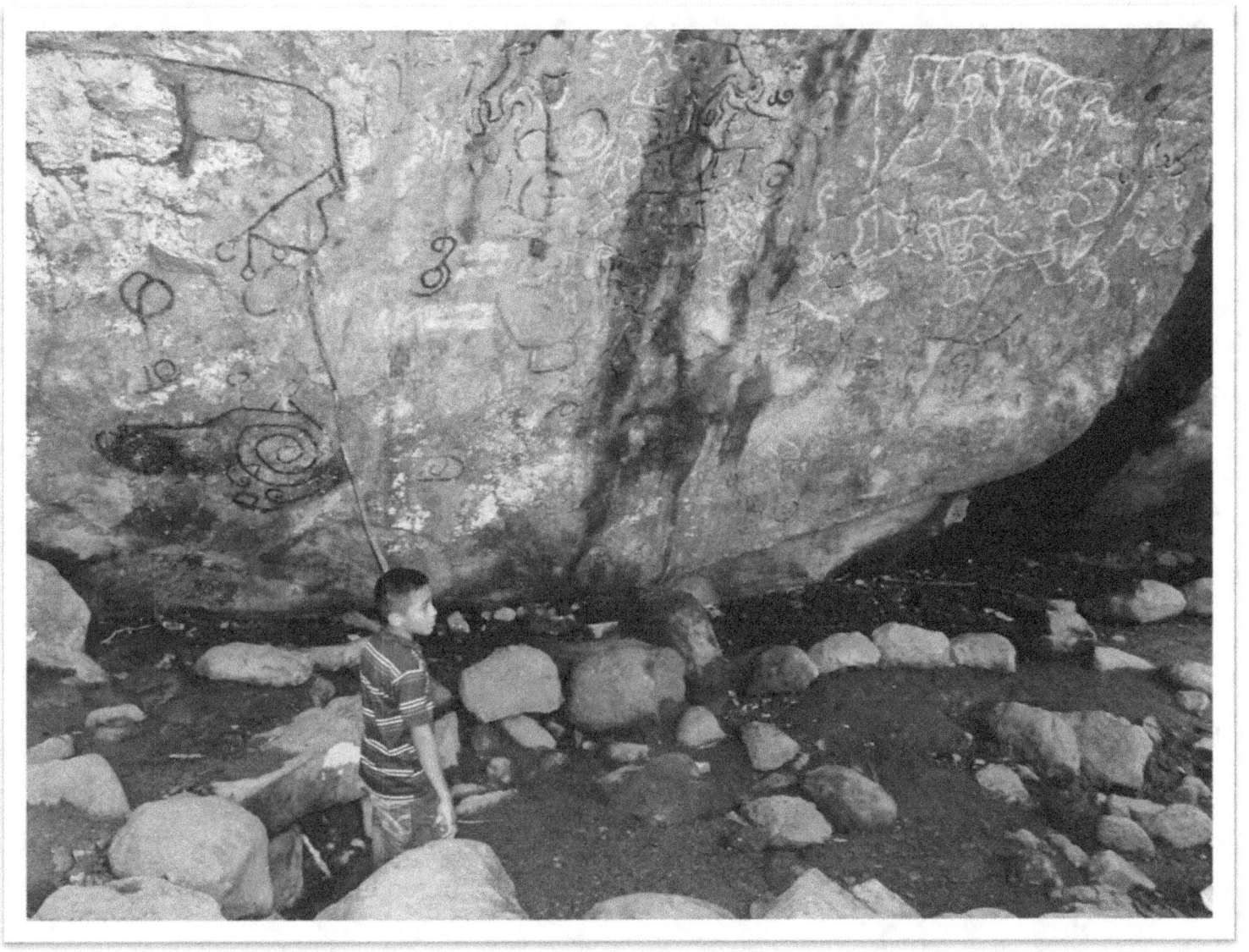

10-001-DMHN

Los petroglifos en Panamá

Referencias Bibliográficas / Páginas Web:

1. Monumentos de Panamá:

https://es.wikipedia.org/wiki/Monumentos_de_Panam%C3%A1

2. Anexo: Monumentos Históricos de Panamá:

https://es.wikipedia.org/wiki/Anexo:Monumentos_Hist%C3%B3ricos_de_Panam%C3%A1

3. Wikipedia en español:

https://es.wikipedia.org/wiki/Wikipedia_en_espa%C3%B1ol

4. Concurso de fotografías sobre patrimonio histórico / Wiki Loves Monuments Panamá 2016:

http://wlmpanama.ciudaddelsaber.org/

5. Instituto Nacional de Cultura:

http://www.inac.gob.pa/

6. Guía de arquitectura y paisaje de Panamá:

https://ws147.juntadeandalucia.es/obraspublicasyvivienda/publicaciones/04%20COOPERACION%20INTERNACIONAL/guia_arquitectura_paisaje_panama/libro_electronico_panama/index.html

7. Compendio de leyes, decretos y regulaciones sobre patrimonio histórico de Panamá:

http://www.ucp.ac.pa/wp-content/uploads/2015/04/Compendio-de-patrimonio-historico.pdf

8. Fotografías de los monumentos históricos de Panamá:

https://commons.wikimedia.org/w/index.php?search=jaime+massot&title=Special:Search&go=Ir&uselang=es&searchToken=exufmlvjuyfu5esnh2xww3ts

9. Biografía de Reina Torres de Araúz:

https://es.wikipedia.org/wiki/Reina_Torres_de_Ara%C3%Baz

10. Retrato de Reina Torres de Araúz:

https://commons.wikimedia.org/wiki/File:Dr_Reina.jpg

Las fotografías de esta publicación fueron captadas por el autor a excepción de aquellas donde aparece señalado.